DER ROTE ST★RN ÜBER DEM PAZIFIK

DER ROTE ST★RN ÜBER DEM PAZIFIK

Chinas Aufstieg als Seemacht – und wie antworten die USA

Toshi Yoshihara und James R. Holmes

Ein Gesamtverzeichnis der lieferbaren Titel schicken wir Ihnen gern zu.
Bitte senden Sie eine E-Mail mit Ihrer Adresse an:
vertrieb@mittler-books.de
Sie finden uns auch im Internet unter: www.mittler-books.de

Bibliografische Information der Deutschen Nationalbibliothek
Die Deutsche Nationalbibliothek verzeichnet diese Publikation
in der Deutschen Nationalbibliografie; detaillierte bibliografische
Daten sind im Internet über http://dnb.d-nb.de abrufbar.

ISBN 978-3-8132-0929-7
© 2011 by E.S. Mittler & Sohn GmbH, Hamburg, Berlin, Bonn
Ein Unternehmen der Tamm Media
Alle Rechte vorbehalten

Übersetzung: Ingo Bauernfeind
Layout und Produktion: Marisa Tippe
Produktionsmanagement: impress media GmbH, Mönchengladbach

Printed in Germany

Titel der Originalausgabe: Red star over the Pacific: China's rise and challenge to U.S. maritime strategy
USA 2010
Die Originalausgabe wurde produziert von Naval Institute Press,
291 Wood Road, Annapolis, MD 21402, USA

© 2010 by Toshi Yoshihara and James R. Holmes

INHALT

ABKÜRZUNGEN UND ERKLÄRUNGEN

A2/AD	antiaccess/access denial	(Zugangsverwehrung)
AAW	antiair warfare	(Flugabwehr/Flugbekämpfung)
ASBM	antiship ballistic missile	(Ballistische Antischiffsrakete)
ASCM	antiship cruise missile	(Antischiffsmarschflugkörper)
ASUW	antisurface warfare	(Schiffsabwehr/Schiffsbekämpfung)
ASW	antisubmarine warfare	(U-Boot-Abwehr/Anti-U-Boot-Kriegsführung)
BMD	ballistic missile defense	(Ballistische Raketenabwehr)
CSBA	Center for Strategic and Budgetary Assessments	(Zentrum für Strategische und Finanzielle Prüfungen)
CCP	Chinese Communist Party	(Chinesische Kommunistische Partei)
CMSI	China Maritime Studies Institute	(Institut für chinabezogene maritime Studien)
CNO	chief of naval operations	(Chef der Marineoperationen)
CVN	nuclear-powered carrier	(Nuklearbetriebener Flugzeugträger)
DDH	helicopter destroyer	(Zerstörer mit Hubschrauberdeck)
EEZ	exclusive economic zone	(Ausschließliche Wirtschaftszone)
EMP	electromagnetic pulse	(Elektromagnetischer Puls)
ICBM	intercontinental ballistic missile	(Ballistische Interkontinentalrakete)
JMSDF	Japan Maritime Self-Defense Force	(Japanische Meeresselbstverteidigungs-streitkräfte)
MAD	mutual assured destruction	(Gegenseitig zugesicherte Zerstörung)
MaRV	maneuvering reentry vehicles	(Manövrierfähige Wiedereintrittskörper)
MRBM	medium-range ballistic missiles	(Ballistische Mittelstreckenraketen)
PLA	People's Liberation Army	(Volksbefreiungsarmee)
PLA Navy	People's Liberation Army Navy	(Marine der Volksbefreiungsarmee)
PRC	People's Republic of China	(Volksrepublik China)
PSI	Proliferation Security Initiative	(Initiative zum Schutz vor der Weiterverbreitung von Massenvernichtungswaffen)
SLBM	submarine-launched ballistic missile	(U-Boot-gestützte ballistische Rakete)
SLOC	sea lines of communication	(Seeverbindungswege)
SOSUS	Sound Surveillance System	(Geräuschüberwachungssystem)
SSBN	nuclear-powered ballistic-missile submarines	(Nuklearbetriebene U-Boote mit ballistischen Raketen)
SSN	nuclear-powered attack submarines	(Nuklearbetriebene Jagd-U-Boote)
TBM	theater ballistic missile	(Taktische Boden-Boden-Rakete)
VSTOL	very short takeoff and landing	(Senkrechtstart und -landung)

VORWORT

Das vorliegende Buch markiert den Gipfelpunkt von mehr als fünf Jahren gemeinsamer Forschungs- und Publikationstätigkeit über Chinas Zuwendung zur See. Die Idee, geostrategische Untersuchungen und Seemachtheorien neu zu überdenken, kam uns in den Sinn, als wir im Sommer 2004 über einer Asienkarte in Athens im US-Bundesstaat Georgia brüteten – einem Ort im Binnenland, der eher ungeeignet erscheint, um sich mit dem Geschehen auf See zu befassen. Seit diesem Denkanstoß haben wir unsere Arbeiten auf internationalen Kongressen vorgelegt, zahlreiche Artikel verfasst sowie zwei Bücher über die chinesische Macht auf See und Marinestrategien in Asien veröffentlicht. Unsere erste größere Abhandlung, *Chinese Naval Strategy in the Twenty-First Century: The Turn to Mahan* („Die chinesische Marinestrategie im 21. Jahrhundert: Die Zuwendung zu Mahan") war die Bestrebung, eine faszinierende geistige Anomalie in China wahrzunehmen. In den ersten Jahren seit 2000 ist uns aufgefallen, dass chinesische Denker einem bereits lange verstorbenen amerikanischen Seemachtstheoretiker huldigten, der vom maoistischen China verschmäht wurde. Die offensichtliche Popularität von Alfred Thayer Mahan erregte unsere Aufmerksamkeit, weil uns dies signalisierte, dass chinesische Strategen seine Arbeiten studierten und als Vorausnahme von Chinas Eintritt in die nautische Domäne verinnerlichten. Unsere These besagte, dass China sich auf die Mahan'schen Theorien beziehen und diese an seine besonderen Gegebenheiten anpassen würde. Seitdem hat sich die Erforschung Mahans beträchtlich weiterentwickelt, und politische Bekundungen von Vertretern höchster Regierungskreise in Peking bekräftigen unsere Mutmaßung.

Wir betrachten dieses Buch als Begleitlektüre, die unsere Bestandsaufnahme über die chinesische Auslegung der Mahan'schen Theorien bestätigt, verfeinert sowie erweitert. Jedoch geht es über reine Strategietheorien hinaus. Die internationale Politik ist ein von Rivalität geprägtes Unterfangen, und die Wechselwirkung zwischen Widersachern, die um wichtige Interessen ringen, bestimmt ihre Natur. Die Vereinigten Staaten müssen daher ihre Position bei ihrer Wechselbeziehung zu China ernsthaft überdenken, wenn sie ihre strategische Stellung, die ihnen selbst und Asien über viele Jahrzehnte zugute gekommen ist, weiterhin behaupten wollen.

Kurzum, wir glauben, dass Chinas Kapazität auf See – gemessen nicht nur an seiner sogenannten „Hardware", sondern auch in Form von Seemannskunst und Kriegstauglichkeit – einen Punkt erreicht hat, an dem die Theorien chinesischer Strategen auf die Probe gestellt werden. Mit anderen Worten ausgedrückt, Peking steht an der Schwelle, die See – um eine unter hohen chinesischen Beamten und Denkern gängige Redensart zu gebrauchen – mit „chinesischem Charakter" zu beherrschen.

Warum China sich der See zuwendet ist ausreichend dokumentiert worden. Welche Kapazitäten das Land braucht, um seine maritimen Ambitionen zu verwirklichen, ist zudem ein stark beanspruchtes Thema innerhalb der Forschung. Zwar veröffentlichen unsere Kollegen am China Maritime Studies Institute des Naval War College routinemäßig ausgezeichnete Studien über die chinesische Marine, jedoch bleibt weitgehend unbehandelt, *wie* im Einzelnen Peking seinen Eintritt in das maritime Miteinander durchführen wird. Wir gedenken, diese Lücke mit dem westlichen Verständnis von chinesischer Seemacht zu schließen. Das vorliegende Buch untersucht insbesondere die Wirkung chinesischer Strategie, Operationen und Taktiken im Wechselspiel mit der US-Seemacht in Asien. Es berücksichtigt außerdem nichtmilitärische Hilfsmittel als nationale Macht, welche in den kommenden Jahren bei der chinesischen Macht auf See wahrscheinlich eine bedeutende Rolle spielen werden.

Wir wenden hierbei eine Recherchemethodologie an, die beim CSMI (China Maritime Studies Institute), dem wir als Mitglieder angehören, entwickelt wurde. Die Kapitel in diesem Buch beziehen sich auf eine Auswahl chinesischer Literatur aus offenen Quellen („open-source"). Die Quellen stammen von einer beeindruckenden Sammlung, die in den vergangenen Jahren von der CMSI-Bibliothek zusammengetragen worden ist: Die China National Infrastructure Knowledge Online Database, die mehr als 7.200 Volltext-Artikel beinhaltet, der Open-Source-Center (der vormalige Foreign Broadcast Information Service) und selbst getätigte Erwerbungen bei Buchhandlungen in China und Taiwan. Die von uns zitierten Veröffentlichungen beinhalten auch wissenschaftliche Abhandlungen, internationale und regionale Themenbereiche, Arbeiten über die Überschneidungen zwischen Strategien und Operationen, Bestandsaufnahmen von fortschrittlicher Waffentechnik weltweit sowie rein wissenschaftliche und technische Fachblätter. Im Laufe unserer Nachforschungen analysierten und interpretierten wir auch den Inhalt Hunderter diskreter Beiträge. Nur ein geringer Prozentsatz dieser gründlichen Literaturbestandsaufnahme wird in diesem Buch zitiert. Alle Übersetzungen chinesischer Werke stammen, falls nicht anderweitig vermerkt, von uns und daher sind wir allein für Übersetzungsfehler verantwortlich.

Betrachtet man das explosionsartige Wachstum von Verlagswesen, Märkten und Quellen in China, so ist es oft unmöglich, die Fachkompetenz und die institutionelle Zugehörigkeit chinesischer Autoren zu verifizieren. Aus diesem Grund beschäftigen sich China-Experten zunehmend mit der Qualitätskontrolle und der Sicherstellung der Integrität von Literaturangaben. Angeführt sei, dass die Quellen in unserer Studie eine sorgfältige Authentizitätsprüfung auf fünf Bewertungskriterien basierend widerspiegeln. Erstens, wir ermitteln nach bestem Glauben den Sachverstand der Autoren und ordnen die Fachzeitschriften nach ihrer institutionellen Glaubwürdigkeit ein. Beispielsweise räumen wir den Veröffentlichungen der Academy of Military Sciences, der Chinese Academy of Social Science sowie weiteren universitätsbezogenen Fachzeitschriften Vorrang ein. Zweitens, Artikel mit einer unpräzisen Analyse oder weit hergeholten Schlussfolgerungen werden von unserer Auswertung ausgeschlossen.

Wenn eine Quelle eine technische Untersuchung beinhaltet, die über unseren Sachverstand hinausgeht, ziehen wir aktive oder pensionierte Offiziere mit Ingenieurskenntnissen oder hinreichender operativer Erfahrung zurate. Glücklicherweise gibt es diese Fachleute in ausreichender Zahl beim Naval War College.

Drittens, wir benutzen auch Studien, die westliche und vor allem amerikanische Abhandlungen nachzuahmen scheinen, solange diese bei der Ermittlung des Grades von eigenständigem intellektuellem Denken in China helfen. Chinesische Übersetzungen amerikanischer Schriften werden sparsam benutzt und nur dann, um das Interesse an einem bestimmten Thema zu unterstreichen. Viertens, häufige und fortwährende Diskussionen sowie Debatten zu bestimmten Themen sind attraktive Anwärter für Zitate und stellen in dieser Studie die überwiegende Mehrheit von Quellen. Anhaltende Diskurse geben uns nachprüfbare Hinweise, ob ähnliche Debatten auf offizieller Ebene stattfinden oder ob sie von politischen Entscheidungsträgern aufgegriffen werden. Zu guter Letzt gehören Anzeichen abweichender Überlegungen oder – und das ist wichtiger – die Übereinstimmung bei einem Konzept oder bei beschlossenen politischen Richtlinien zu den wertvollsten Quellen in diesem Buch. Anhaltende Einigkeit weist darauf hin, dass eine intellektuell relevante Schicht bei einem bestimmten Thema erreicht worden ist, was Erkenntnisse und Voraussagen ermöglicht.

Mit dieser ausführlichen Literaturbestandsaufnahme wollen wir die geistige Entwicklung und deren Fortschritt innerhalb chinesischer Marinekreise ermitteln. Wir erheben keinen Anspruch bezüglich der Zuverlässigkeit der Artikel oder zu welchem Grad diese Schriften die politischen Entscheidungen in Peking beeinflussen. Allerdings bietet diese von unten nach oben durchgeführte Begutachtung der gegenwärtigen chinesischen Strategieüberlegungen eine Basis, um die möglichen Wechselwirkungen und den Austausch zwischen Chinas sich zu Wort meldenden Schichten und offiziellen Regierungsvertretern zu erfassen. Letzten Endes haben „populär-wissenschaftliche" oder fachmännische Militärzeitschriften wie das Magazin *Proceedings* vom U.S. Naval Institute in den USA eine tiefe und nachhaltige Auswirkung auf die US-Navy und das Pentagon im Gesamten. Wir dürfen hierbei nicht den möglichen Einfluss von Foren, die nicht mit Regierungsinstitutionen assoziiert sind, auf chinesische Strategieüberlegungen unberücksichtigt lassen.

Wir sind zu dem Schluss gekommen, dass darüber hinaus offizielle Quellen oft unter einer unnachgiebigen ideologischen „Correctness" und geistlosen Auswertungen leiden, das Umfeld im inoffiziellen Wirkungsbereich jedoch überragende geistige Vitalität und Kreativität aufzeigt. In der Tat wurden wir fortwährend von der Bildung, Objektivität und Unabhängigkeit beeindruckt, die chinesische Denker an den Tag legen. Diejenigen, die „die Chinesen" pauschal als eine undifferenzierte Masse betrachten, erweisen sich selbst einen schlechten Dienst.

Der den chinesischen Staat und seine Gesellschaft erschütternde „Hals-über-Kopf-Wandel" wird in den kommenden Jahren den Streit der Ideen verstärken und es der Regierung erschweren, äußere Stimmen aus der Strategieplanung hinauszudrängen. Es ist ebenso möglich, dass sie auch gar nicht die Notwendigkeit hierfür sieht – in der Tat könnte Peking nach äußeren Quellen zur Anregung schauen.

Daher glauben wir weiterhin, dass der Einfluss von externen geistigen Impulsen auf chinesische politische Entscheidungsträger und -planer im Wesentlichen unserem Verständnis dient, wie Chinas Verteidigungskreise ihre Debatten zum Thema Strategie und Operationen führen. Eine solche Bewertung ist schlichtweg unmöglich ohne genaue Kenntnisse und Beherrschung von Chinas aufkeimender „Open-Source"-Literatur.

In den vergangenen fünf Jahren hat unsere Arbeit über die chinesische Seemacht von der Großzügigkeit vieler Freunde und Kollegen profitiert. Wir richten daher unseren Dank an jene, die uns unterrichtet und als Mentoren unterstützt sowie unsere Art zu Denken mitgeformt und wichtige Anlaufstellen für unser Gedankengut geschaffen haben. Wir möchten unsere Dankbarkeit auch gegenüber Peter Liotta, dem geschäftsführenden Direktor des Pell Center for International Relations and Public Policy an der Salve Regina University, zum Ausdruck bringen. Er gab der Verbreitung unserer Ideen über die chinesische Strategie zur See eine Basis und führte uns durch die Podiumsdiskussionen zum Thema Seemacht bei zwei Konferenzen der International Studies Association. Geoffrey Till vom King's College London und Ralph Sawyer rezensierten unsere bisherigen Arbeiten über Chinas Zuwendung zu Mahan, boten uns Orientierungshilfen und ermutigten uns durch ihre freundlichen Worte. Alan Wachman von der Fletcher School of Law and Diplomacy gestattete uns, seine Studenten an unserer Recherche teilhaben zu lassen. Und zu guter Letzt sei erwähnt, dass viele Redakteure ihre Türen für unsere Arbeit öffneten.

Wir drücken unsere innige Wertschätzung gegenüber John Maurer, dem Vorsitzenden des Strategy and Policy Department am Naval War College, aus, der ein großartiger Chef und Kollege, aber ein noch besserer Freund ist und unsere Recherche großzügig unterstützt hat. Lyle Goldstein und Andrew Erickson vom China Maritime Studies Institute (CMSI) haben uns freigiebig Zugang zu den Ressourcen des CMSI gewährt, insbesondere zu denen in der CMSI-Bibliothek, dem Aufbewahrungsort einer seefahrtsbezogenen Sammlung, die in den USA ihresgleichen sucht. Die jährlichen CMSI-Konferenzen, bei denen wir unsere Fachbeiträge vorstellten, boten zusätzliche Foren, die äußerst wichtig für die Entwicklung und die Feinabstimmung des an dieser Stelle dargelegten Gedankenguts waren. Wir danken Commander William Murray (USN a.D.), für seine Expertise zur U-Boot-Kriegsführung und Commander Peter Dutton (USN a.D.), unserem Lehrpartner über die chinesische Staatskunst, für die manchmal stechend scharfe Prüfung unserer Ideen.

Schließlich würden wir gerne unseren Ehefrauen und Töchtern für ihr Verständnis und ihre Unterstützung danken. Das vorliegende Buch ist ihnen gewidmet.

DER ROTE ST★RN ÜBER DEM PAZIFIK

KAPITEL 1
DIE BEIDEN DREIZACKE DES MAHAN

I m Dezember 2006 sagte der chinesische Präsident, Hu Jintao, zu einer Gruppe von Marineoffizieren: „Wir sollten die Anstrengung unternehmen, eine mächtige Volksmarine zu bauen, die sich an ihre historische Mission in einem neuen Jahrhundert und einem neuen Zeitalter anpassen kann". Die Flotte sollte bereitstehen, um chinesische Interessen „zu jeder Zeit" aufrechterhalten zu können. „Es ist eine glorreiche Aufgabe", schloss Hu.[1] Wie die Worte des Präsidenten ahnen lassen, bricht für Seestreitkräfte eine Zeit des Wandels an. Betrachten wir zunächst die materiellen und damit sichtbaren Ausmaße von maritimen Strategien. Dies ist der am leichtesten wahrnehmbare und quantitativ bestimmbare Ausdruck von strategischen Überlegungen auf See. Professor Paul Kennedy von der Yale University bemerkt, dass europäische und asiatische Marinen sich materiell betrachtet auf gegensätzlichen Entwicklungsbahnen bewegen. Europäische Regierungen scheinen sich damit abgefunden zu haben, ihre Flotten schrumpfen zu lassen, was eigentlich einem Verzicht ihres Seemachtanspruchs gleichkommt. Diese rückläufige Entwicklung findet statt, obwohl die Europäische Union im Golf von Aden und im Roten Meer eine Führungsrolle anstrebt, wo die Piraterie die für den globalen Wohlstand äußerst wichtige Handelsschifffahrt gefährdet.[2] Für die Europäer ist das Thema Seemacht, allgemein ausgedrückt, gegenwärtig eher eine Frage von polizeiähnlichen Einsätzen als von bewaffneten Auseinandersetzungen, welche bestimmen, wer die Meere beherrscht.[3]

Die Piratenbekämpfung vor der Küste Somalias ist eine besser passende Metapher für die gegenwärtige europäische Seemacht als das Aufeinandertreffen von feindlichen Flotten. Hochmoderne Seestreitkräfte mit hohem Leistungsvermögen bestimmen die schwindende Unterstützung der Bevölkerung und der Eliten in den europäischen Hauptstädten – dies beweist die kürzlich getroffene Entscheidung der britischen Royal Navy, auch jene Überwasserkampfschiffe außer Dienst zu stellen, welche noch über eine verwendbare betriebliche Restlebensdauer verfügen. In der Tat verpfändet die Royal Navy ihre Zukunft, um zwei mittelgroße Flugzeugträger zu finanzieren, nur um dann zuzusehen, wie die britische Regierung erwägt, einen dieser Träger zu stornieren.[4] Im November 2009 meldete *The Guardian* in London, dass das Verteidigungsministerium des Vereinigten Königreichs den Verkauf eines der Träger an Indien in Betracht zieht.[5] Welch eine Metapher für die nun stattfindende Verlagerung von Seemacht in Richtung Osten! Finanzielle Belastungen und die Rivalität zwischen den einzelnen Waffengattungen haben die Struktur der britischen Streitkräfte unaufhaltsam in den Niedergang getrieben. In der Tat ist die Royal Navy heute zum ersten Mal seit der Schlacht von Trafalgar im Jahre 1805 – als Lord Horatio Nelsons Flotte eine verbündete französisch-spanische Flotte im Mittelmeer besiegte – kleiner als die französische Marine.

Der Niedergang europäischer Seefahrt kehrt ein halbes Jahrtausend maritimer Geschichte um. Die westliche Apathie gegenüber traditioneller Seemacht zeigt sich sogar weiterhin, während die Asiaten mit Enthusiasmus ihre Flotten aufbauen. Europa übernahm seine Dominanz über asiatische Gewässer beinahe ohne Gegenwehr, als portugiesische Seefahrer ihren Weg in den Indischen Ozean fanden, von wo sich die Herrscher der Hindus und Chinesen als die bisherigen Machthaber auf See bereits zurückgezogen hatten. Kennedy vergleicht die heute augenscheinliche Aufgabe von maritimer Geschichte mit einer ähnlichen Diskontinuität als Folge der Entscheidung von Chinas Ming-Dynastie, die gewaltigste Flotte der damaligen Welt aufzulösen: Admiral Zheng Hes „Schatzflotte".[6] China räumte die Meere nur wenige Jahrzehnte bevor Vasco da Gama seinen Anker entlang der Küste des indischen Subkontinents warf, was zu einem Zeitalter ausländischer Herrschaft über nationales asiatisches Leben führen sollte.[7]

Die Kontrolle über die Seeverbindungswege in Asien ermöglichte es europäischen Eroberern, Indien in der langen Geschichte des Subkontinents das einzige Mal seiner Unabhängigkeit zu berauben, einen Weg in das vom Zerfall gezeichnete China zu finden sowie Stützpunkte und Kolonien an den Küsten ganz Asiens zu gründen. Erst in den 1950er Jahren, nach zwei Weltkriegen und langen Jahrzehnten des imperialen Niedergangs, zog Großbritannien sich östlich von Suez zurück und überließ somit stillschweigend der US-Navy die Seeherrschaft. Durch den Rückzug aus asiatischen Gewässern läutete die Royal Navy den Anfang vom Ende der „Epoche Vasco da Gamas" in der Geschichte Asiens ein.[8]

Während die Europäer dem konventionellen Kampf auf See den Rücken zukehren, haben sich die Asiaten selbstbewusst mit „großer Fanfare" in maritime Unternehmungen gestürzt. Nach Jahrzehnten der Zurückhaltung und Beobachtung hat China sich schließlich mehr oder weniger zu seinen Flugzeugträger-Ambitionen bekannt. In den letzten zehn Jahren hat die Marine der Volksbefreiungsarmee (People's Liberation Army Navy – PLA Navy) fünf neue Klassen moderner konventioneller sowie nuklearbetriebener Unterseeboote eingeführt. Hochtechnisierte Lenkwaffenzerstörer (guided-missile destroyer) der PLA Navy erschienen zum ersten Mal im Indischen Ozean, um ihren Dienst bei der Piratenbekämpfung zu verrichten. Berichten zufolge soll Peking angeblich versuchen, eine ballistische Schiffsabwehrrakete (antiship ballistic missile) zu bauen, welche sicherlich die Richtlinien für das Ringen um die Seeherrschaft im Fernen Osten verändern könnte. Präsident Hus Worte über eine starke Volksmarine manifestieren sich in solchen Plattformen und Systemen. Seine Formulierung ist mehr als bloße Rhetorik. Sie zeigt eine deutliche und entschlossene Zuwendung zur See. Sein Ausdruck ist zu einem festen Bestandteil in der chinesischen Presse und bei Strategiedebatten über maritime Fragen geworden.

China ist nicht das einzige Land, das an dem Aufbau einer großen Marine arbeitet. Japan, das sich bereits einer Weltklasseflotte rühmt, ließ kürzlich ein Schiff auslaufen, das es euphemistisch als einen „Helikopterzerstörer" bzw. Zerstörer mit Hubschrauberdeck (helicopter destroyer – DDH) bezeichnet. Dem äußeren Anschein nach stellt der DDH einen Prototyp für einen zukünftigen Leichten Flugzeugträger dar. Eine neue Generation japanischer U-Boote mit außenluftunabhängigem Antrieb (air-independent propulsion – AIP) – einer wegweisenden Technologie, die es dieselbetriebenen Unterseebooten ermöglicht, zeitlich unbegrenzt unter Wasser zu bleiben und sich somit der

Entdeckung zu entziehen – befindet sich gegenwärtig in der Indienststellungsphase. Südkorea führt gegenwärtig eine allgemeine Modernisierung seiner Marine durch. Seoul wird im Laufe des nächsten Jahrzehnts Fregatten, dieselbetriebene Untersee-boote sowie amphibische Angriffsschiffe (amphibious assault ship) erhalten, ganz zu schweigen von modernsten Aegis-Lenkwaffenzerstörern (Aegis guided-missile dest-royer). Weiter südlich plant auch Australien den Erwerb von Aegis-Zerstörern. Canberra wird darüber hinaus zwölf diesel-elektrische Unterseeboote im Wert von nahezu 17 Mil-liarden Dollar anschaffen. Das Unterseebootprojekt stellt das ehrgeizigste und teuerste militärische Projekt in der australischen Geschichte dar. Im Nordwesten Australiens bekennt sich Indien offen zu seinem Verlangen nach einer dominanten Marine. Während der indische Marineausbau eher unbeständige Fortschritte macht, hat Neu-Delhi den Kaufvertrag für einen außer Dienst gestellten russischen Flugzeugträger unterzeichnet und mit dem Bau von zwei eigenen Trägern begonnen – diese werden den Kern einer Hochseeflotte bilden.

Während ein Kulturkreis die Ozeane verlässt, rückt nun ein anderer auf die Meere mit Schiffen und in die Lufträume mit Kampfflugzeugen, die vor offensiv ausgelegten Waffensystemen nur so strotzen, nach. Was der Aufstieg asiatischer Seemacht für die Region bedeutet, wird sich erst noch zeigen, aber die maritimen Neuordnungen in der Vergangenheit sollten Fachleute und Denker für den Bereich Seemacht zur Wachsamkeit veranlassen. Beispielsweise rüsteten zwischen den Weltkriegen die späteren Gegner Seestreitkräfte aus, die sich dann im Zweiten Weltkrieg gegenseitig bekämpfen soll-ten. Es gibt kaum Grund zur Annahme, dass eine ähnliche Katastrophe zwischen Groß-mächten heutzutage als unmittelbar möglich erscheint. Dennoch sind die materiellen Bestandteile für Konkurrenz und Rivalität im engen Raum des ostasiatischen Küstenge-biets sicherlich präsent. Zwei chinesische Analysten warnen vor chinesisch-japanischen Spannungen angesichts der engen geografischen Nachbarschaft zwischen diesen zwei verwegenen Seemächten. Zhang Ming und Chen Xiangjun bemerken: „Aufgrund geo-strategischer Überlegungen ist es sehr schwer, zwei Weltklassemächte entlang der beengten westlichen Pazifikküste im Zaum zu halten und zwei hochseetüchtige Marinen innerhalb der ersten Inselkette voneinander abzugrenzen."[9]

Zhang und Chen prophezeien, dass die Wahrscheinlichkeit für Zwischenfälle, Fehl-kalkulationen und sogar absichtliche Provokationen ansteigen wird, wenn die starken Seestreitkräfte einer neuen Seemacht in asiatischen Gewässern auftauchen. Sie kom-men auf etwas Wesentliches zu sprechen, das den üblichen Beurteilungskriterien einer Seemacht trotzt: Die Aufzählung von Schiffen, Flugzeugen und Waffensystemen ist nur ein Bewertungskriterium für die Macht auf See, obwohl dies angemessen und in der Tat besorgniserregend ist. Die Bandbreite an Ideen ist zugegebenermaßen unklarer als die reiner Beurteilungen, aber das Verständnis, wie eine aufstrebende oder etablierte See-macht über Strategien nachdenkt, ist unverzichtbar für die Vorhersage, wie es auf See zugehen mag. Wenn die politischen Lehrmeister und Befehlshaber einer Marine zu einer offensiven Strategie neigen, so wird diese die zur Verfügung stehenden Mittel anderwei-tig einsetzen als eine Marine, die auf Verteidigung ausgelegt ist. Einige Wissenschaftler zum Beispiel verwerfen „den Brauch des Affronts", welcher als Teil des strategischen Denkens und militärischen Planens in Europa dazu beitrug, das Gemetzel des Ersten Weltkrieges zu verursachen.

Es überrascht daher wenig, dass die von Paul Kennedy wahrgenommene materielle Diskontinuität zwischen Asiens maritimem Aufstieg und dem Abwärtsstrudel europäischer Macht auf See eine geistige Parallele aufweist. Professor Geoffrey Till vom King's College London geht in diesem Punkt noch weiter, indem er anführt, dass die Europäer sich einer „postmodernen", „post-Mahan'schen" Einstellung hingeben. Der postmoderne Ansatz sieht eher kampflose Einsätze vor, um die „gute Ordnung auf See" angesichts nichttraditioneller Herausforderungen aufrechtzuerhalten, als den Beschuss feindlicher Flotten. Laut Till sind die Asiaten auf einem genau entgegengesetzten geistigen Kurs. Asien betritt eine „moderne", „neo-Mahan'sche" Welt, die sich stark von jener zu Mahans Lebzeiten unterscheidet, als westliche Seemächte und Japan diese ausfüllten. Sollte er recht haben, werden die Asiaten einen brutalen Vorgeschmack auf die Möglichkeiten eines bewaffneten Konflikts an den Tag legen. [10]

Und tatsächlich feiert Mahan unter dem martialischen Beiklang asiatischer Stimmen zu marinespezifischen Themen sein Comeback. Der Asien-Kolumnist des Magazins *Economist* nahm im Mai 2009 an einer Tagung des Shangri-La-Dialogs teil, welcher in Singapur unter der Schirmherrschaft des Internationalen Instituts für Strategische Studien (International Institute of Strategic Studies) einberufen wurde. Wenn er einen Vertreter des indischen oder chinesischen Militärs reizte, spross (gemäß einer englischen Redewendung) wie bei einer Banyan-Feige eine „*Mahanite-Wurzel*" heraus[11] [Anmerkung: das englische Magazine *The Economist* benutzt den Ausdruck „Banyan" als Oberbegriff für Asien-spezifische Themen]. Heutzutage ist der Name Mahan ein Kürzel für den fatalistischen Glauben, dass bei internationaler Rivalität und Krieg zur See die Summe der Siege und Verluste für alle Beteiligten letztendlich gleich null ist. Robert Kaplan, Kolumnist des *Atlantic Monthly*, geht nicht so weit mit solch düsteren Vorhersagen, doch merkt er an, „dass die US-Navy Mahan durch nach ihm benannte Schiffe ehrt, wohingegen die Chinesen ihn aufmerksam studieren – *heute sind die Chinesen die Mahanisten.*"[12] In Anlehnung an *Banyan* (Asien) vertritt Kaplan die Auffassung, dass dies jedoch nicht nur die Chinesen seien. „Seine Bücher sind heute aller Zorn", auch unter Indern.[13] Wenn die PLA Navy und die indische Marine tatsächlich versuchen, die Mahan'sche Theorie auf direktem Wege in maritime Strategien und damit in Streitkräfte umzusetzen, wird sich die Möglichkeit einer epischen Seeschlacht, wie sie Amerikas „Evangelist" oder „Kopernikus" der Seemacht zu propagieren scheint, vergrößern.[14]

Die USA scheinen für ihren Teil zu versuchen, sowohl in der neo- als auch in der post-Mahan'schen Welt präsent zu sein, um die wachsenden Anforderungen mit verminderten oder weiter abnehmenden Mitteln gerecht zu werden. Ein alter Marinescherz besagt, dass die Streitkräfte eines Tages alle ihre Aufgaben ohne Mittel bewältigen werden müssen, wenn sie weiterhin zunehmende Verantwortlichkeiten bei schrumpfenden Budgets übernehmen. Dies trifft auf eine Nation wie die USA zu, die sich zum einen als obersten Wächter der freien Schifffahrt auf den weltweiten Seewegen sehen – einer Aufgabe, welche die Aufrechterhaltung der Ordnung auf See einschließt.

Zum anderen betrachten die Vereinigten Staaten sich als Beschützer ihrer eigenen nationalen Interessen und ihrer Vorrechte gegenüber aufstrebenden „ebenbürtigen Mitbewerbern" – Rivalen, die den USA in den Beurteilungskriterien von diplomatischer, informationell-ideologischer, militärischer sowie wirtschaftlicher Größe gegenüber mehr oder weniger gleichwertig sind.

Die Einsätze der US-Navy im Indischen Ozean stellen einen Mikrokosmos dieses größeren strategischen Phänomens dar. Kampf- und Angriffsflugzeuge der Marine leisten Luftunterstützung in nächster Nähe der Truppen in Afghanistan. Dies ist die wirkungsvollste Art von Machtprojektion an Land, sogar dann, wenn Kriegsschiffe im Wert von Milliarden von Dollars unzählige, oft primitive und kleine Seefahrzeuge aufspüren, um die Piraterie zu unterdrücken und die Verbreitung von Massenvernichtungswaffen zu unterbinden. Gleichzeitig ist die Marine mit an absoluter Sicherheit grenzender Wahrscheinlichkeit bereit, Schläge gegen die iranische Nuklearanlage auszuführen, sollten die Staatsmänner in Washington hierzu die Order geben. Wie gut die Seestreitkräfte diese Doppelfunktion von Macht auf See ausüben, in der polizeiliche und kampftechnische Aufgaben gleichrangig auftreten, stellt die wesentliche Bewährungsprobe für das amerikanische Standvermögen im maritimen Wirkungsbereich dar. Diese Herausforderung ist besonders akut in Asien, wo die Ausdehnung von einheimischer Seemacht zunimmt, während die Präsenz der USA stagniert.

Falls sich die Prognosen von Kennedy, Till, Kaplan und anderer Gleichgesinnter als richtig erweisen, ist das asiatische Meer für die Neugestaltung der Macht auf See vorbereitet. Die Vereinigten Staaten darin zu unterstützen, mit der Unruhe in der regionalen Ordnung – weitestgehend – fertig zu werden ist der vorrangige Zweck unseres Buches. Es ist kein Geheimnis, dass Chinas Aufstieg eine elementare Herausforderung und – so hoffen wir – zugleich eine große Chance für die Vereinigten Staaten und ihre asiatischen Verbündeten darstellt. In gewisser Hinsicht ist das Buch eine Art Übungsaufgabe für den Umgang mit dem „Roten Team", in welcher wir versuchen, zukünftige Entwicklungen abzusehen, um die USA – das „Blaue Team" – bei der Neuausrichtung ihrer Strategie und Streitkräfte zu unterstützen, um beim zukünftigen Wandel auf gleicher Höhe, wenn nicht sogar an der Spitze zu bleiben. Wir glauben, dass die Bereitschaft, sich in das Rote Team einzufühlen, ein Vorzug bei dieser Art von Bemühung ist. Daher achten wir besonders auf die menschlichen Dimensionen bei maritimen Strategien. Die Amerikaner müssen es vermeiden, ihre eigenen Ansichten auf Gesellschaften mit weitgehend andersartigen Traditionen, Erfahrungen und Geisteshaltungen zu projizieren. Erkennen die USA die Denkweise der Konkurrenten, so werden sie ihre zukünftigen Aussichten verbessern, angemessen auf die chinesisch-amerikanischen Wechselbeziehung reagieren zu können.

DIE CHINESISCHE SEEMACHT UND DIE DEBATTE UM ANTIACCESS/AREA-DENIAL

Militärische und operative Entwicklungen stehen im Blickpunkt der meisten Untersuchungen, die sich mit der US-Vormachtstellung auf See befassen. Die Vorstellung, dass ein asiatischer Gegenspieler eine Strategie anwenden könnte, die auf eine Zugangs- und Gebietsverwehrung (antiaccess/area-denial, vereinfacht „access denial") abzielt, hat eine beträchtliche Verbreitung in Washingtoner Kreisen erfahren. Eine solche Strategie schließt die Ausführung aufeinander abgestimmter militärischer sowie nicht-militärischer Schritte ein, um (1) das Eintreffen von US- und verbündeten Streitkräften auf dem Einsatzgebiet zu verzögern, (2) um das US-Militär an der Nutzung von regionalen Stützpunkten für die Weiterführung seiner militärischen Operationen zu hindern (oder im Falle eines Scheiterns dieses Vorhabens die Nutzung dieser Basen unmöglich zu machen) und um (3) die Mittel amerikanischer Machtprojektion möglichst weit auf Distanz zu halten.[15] Auch wenn dies im militärischen Wirkungsbereich nützlich erscheinen mag, sind wir der Ansicht, dass diese eindimensionale Anschauung die Untersuchung im Bereich *Zugang* (access) unausgeschöpft lässt. Ein weiteres Ziel dieses Buchs liegt – folgelogisch – darin, unsere Vorstellung zum Thema *Zugang* über die Anwendung von Gewalt hinaus zu erweitern.

Amerikanische Analysten haben sich angestrengt, eine Vorstellung zu erzeugen, wie sich die *Zugangsverwehrung* (access denial) auf einen Konflikt wegen Taiwan auswirken würde. Thomas Ehrhard und Robert Work erläutern hierzu:

> „Anti-Access"-Operationen der Volksrepublik China (People's Republic of China – PRC) werden als Maßnahmen definiert, US-Streitkräfte am Zugang zu einem Standort im Einsatzgebiet zu hindern, von dem diese wirkungsvolle Operationen gegen das chinesische Militär durchführen können. Sie schließen auch politische Handlungen der Volksrepublik ein, um Länder in der Region zu zwingen, US-Streitkräfte an der Nutzung operativer Stützpunkte zu hindern und bestehende regionale US-Basen oder vorrückende Seestreitkräfte anzugreifen. „Area-Denial"-Operationen der Volksrepublik China sind Maßnahmen, die innerhalb des pazifischen Einsatzgebiets den erfolgreich vorrückenden US-Streitkräften die Möglichkeit nehmen, wirkungsvolle Operationen im Umfeld von Taiwan und dem chinesischen Festland durchzuführen.[16]

Die Autoren verleihen dem Bild eine düstere Atmosphäre, indem sie schlussfolgern, dass *„zum ersten Mal seit den 1980er Jahren und zum zweiten Mal seit dem Ende des Zweiten Weltkrieges den amerikanischen Flugzeugträger-Kampfgruppen bald eine bedeutende landgestützte Bedrohung mit überlegener Reichweite gegenüberstehen wird."*[17] In anderen Worten ausgedrückt stellen sie die chinesische Gefährdung gegenüber US-Streitkräften in Asien auf eine Stufe mit jenen Bedrohungen, die einst die sowjetische Flotte und davor die Kaiserliche Japanische Marine darstellten; Letztere forderte die USA um die Herrschaft über die Gewässer des Fernen Ostens heraus. Es überrascht daher wenig, dass unter Berücksichtigung des düsteren Tonlauts einflussreicher Stimmen die Zugangsverwehrung zu einem Prisma geworden ist, durch welches politische Entscheidungsträger in Washington den Aufstieg der chinesischen Seemacht wahrnehmen. Sie betrachten die Bedrohung als real, wachsend und besorgniserregend. Die Besessenheit von der Zugangsverwehrung ist verständlich und sogar angesichts der Auswirkungen auf Taiwan angebracht. Ein zu beschränktes Verständnis von Chinas maritimem Aufstieg stellt gewisse analytische Gefahren dar. Wir behaupten, dass Chinas Strategie der Zugangsverwehrung (access-denial strategy) nur ein Aspekt einer wachsenden chinesischen Herausforderung auf See für die Vereinigten Staaten ist. Die Zugangsverwehrung mit Chinas ehrgeizigem Vorhaben auf See nur beiläufig verschmelzen zu lassen, stellt eine völlige Missdeutung der chinesischen Seemacht dar.
Diese Art von Kurzsichtigkeit schränkt die Vorausschau auf Chinas langfristige Machtperspektiven auf See beträchtlich ein und führt zu Fehlinformationen bei den amerikanischen Bemühungen, in Asien eine Strategie zu entwickeln und umzusetzen.
Angenommen, Chinas Aufbau zu einer Fähigkeit zur Zugangsverwehrung – manifestiert im Modernisierungsprogramm seiner Marine – ist nur auf die Rückführung Tai-

wans unter die Herrschaft des Festlandes ausgerichtet. Sollte dem so sein, lässt sich mit Sicherheit annehmen, dass Peking seine Kampfansage an die amerikanische Vormachtstellung auf See abschwächen wird oder gänzlich einstellt, sobald es das Eiland zurückgewonnen hat. Anhand dieser Logik wird sich ein saturiertes China womöglich am „Tage nach Taiwan" nach innen kehren. Das Regime der Kommunistischen Partei wird das letzte Stück chinesischen Territoriums zurückerlangt haben, welches durch ausländische Aggression verloren ging, und in diesem Verlauf die nationale Einheit und Würde wiederhergestellt haben. China wird seine Ziele auf See verwirklicht haben, während die USA keine große Wahl haben werden, außer die neue Normalität in der Straße von Taiwan hinzunehmen. Asien wird zu einem unbehaglichen Dauerzustand zwischen der herrschenden Landmacht, China, und der herrschenden Seemacht, den Vereinigten Staaten, zurückkehren. In dieser alternativen Zukunft kann keiner von beiden die vergleichbaren geostrategischen Vorteile des anderen überwinden; keiner von beiden hat auch einen gewichtigen Grund, dies zu versuchen. Eine relativ stabile Koexistenz wird die Folge sein.

Doch was wäre, wenn diese optimistische Kette von Argumenten falsch ist? Gegenwärtige Entwicklungen beim Aufbau der chinesischen Marine und Pekings Rhetorik legen nah, dass ein solch gutartiger Ausgang weder zwangsläufig noch wahrscheinlich ist. Dass China bereits an Mitteln zur eigenen Machtprojektion für die post-taiwanesische Zukunft arbeitet, ist nicht länger eine kontroverse Aussage.[8] Sollte dem so sein, dann sind die in der Entwicklung befindlichen Systeme zur Zugangsverwehrung der Vorbote für eine stärkere und dauerhafte chinesische Präsenz in asiatischen Gewässern. Nur wenige China-Beobachter haben mit der Untersuchung der Auswirkungen einer solchen Präsenz begonnen. Von den wenigen, die begonnen haben, haben sogar noch weniger versucht, Chinas Aussichten auf eine verstärkte Einflussnahme auf seine maritime Umgebung abzuschätzen. Wie Peking seine „offshore reserve", also seine Kraftreserven auf See, einrichten wird, ist eine Frage, die unbeantwortet bleibt.

Ohne ein solides Verständnis für kennzeichnende Faktoren, Abläufe und Szenarien, die Chinas Zuwendung zur See antreiben, haben Washington und seine Verbündeten nur eine geringe Grundlage für eine maritime Langzeitstrategie in Asien. Wir beabsichtigen, diese analytische Lücke zu schließen.

MAHAN'SCHE LOGIK UND GRAMMATIK DES ZUGANGS

Wie bereits erwähnt neigen westliche Strategen die Frage des Zugangs nur auf die militärische Dimension zu beschränken und beeinträchtigen so ihre Fähigkeit, die Zukunft chinesischer Strategien auf See vorauszusehen. Wir glauben trotzdem, dass der Begriff „access" (aus dem sich der deutsche Ausdruck „Zugang" ableitet) ein enormes analytisches Potenzial besitzt. Ein weitreichender Ausblick auf den *Zugang* markiert einen nützlichen Ausgangspunkt, von dem sich der Kurs der chinesischen Seemacht verfolgen lässt und eine Einschätzung ihrer möglichen Auswirkungen auf die amerikanische maritime Strategie in Asien ermöglicht. Als Hilfe für die Begradigung unseres Blickwinkels wenden wir uns an Alfred Thayer Mahan, dessen Schriften die Bausteine für einen ganzheitlichen Denkansatz zu diesem Thema bilden.

Die See, so tat der amerikanische Kapitän kund, „wäre ein weitflächiges Gemeinschaftsgut, welches die Menschen in alle Richtungen überqueren könnten."[19] „Seeverbindungen", damit ist die sichere Passage durch das nasse Element gemeint, „wären die wichtigsten Bestandteile einer Strategie, sei es politisch oder militärisch."[20] „Die Eminenz der Seemacht" läge in ihrer Fähigkeit, die Seewege und entscheidende geografische Knotenpunkte zu kontrollieren, die den Verlauf der Handels- und Marineschifffahrt ermöglichten oder einschlössen. Der Aushub eines zentralamerikanischen Kanals und die Erlangung von karibischen Stützpunkten zur Bewachung der Eingänge zum Isthmus waren für ihn eine Besessenheit.[21] Mahan schlussfolgerte, „dass die Fähigkeit, die Verbindungswege für sich selbst zu sichern und diese für andere zu stören, sich bis auf die Lebenswurzeln einer Nation auswirkt."[22]

Definitionen des Begriffs *Zugang* (access), die das Militär in den Mittelpunkt stellen, passen zu diesen recht bekannten Beobachtungen über die Macht auf See. Jedoch gibt es bei Mahan mehr als dies zu entdecken, wie eine sorgfältige Erfassung seines gewaltigen Arbeitsumfangs zeigt. Mahans Werk kann und sollte auf zwei Ebenen erschlossen werden. Der preußische Strategietheoretiker Carl von Clausewitz gibt Aufschluss über die doppelte Natur der Mahan'schen Seemachttheorie und setzt voraus, „dass Krieg nur ein Zweigwerk des politischen Handelns darstellt, welches in keinem Sinne selbstständig ist". Clausewitz fechtet die allgemeine Auffassung an, dass Krieg den politischen Austausch zwischen den Kriegsparteien ausschließt und „diesen durch einen gänzlich anderen Zustand ersetzt, der keinen Gesetzen außer seinen eigenen folgt". Er stellt eine rhetorische Frage: „Brechen politische Beziehungen zwischen Völkern und zwischen deren Regierungen ab, wenn diplomatische Noten nicht länger ausgetauscht werden? Ist Krieg nicht einfach ein anderer Ausdruck ihrer Gedanken, eine andere Form der Sprache oder des Schreibens? Seine Grammatik mag in der Tat eigen sein, jedoch nicht seine Logik."[23] Hiermit benennt er zwei Dinge, die sich auf unser Verständnis von Zugang beziehen. Zuallererst ist Krieg die Verfolgung von nationaler Politik unter der Zuhilfenahme von militärischen Mitteln. Es unterscheidet sich von anderen internationalen Wechselwirkungen aufgrund von Chance und Ungewissheit, entfachten finsteren Leidenschaften und zahllosen weiteren Gesichtspunkten. Zweitens hört der politische Austausch zwischen Kriegsparteien nicht auf, wenn das Kanonenfeuer ausbricht. Nicht-militärische Instrumente wie Diplomatie, wirtschaftlicher Druck oder auch Anreize sowie Bündnispolitik spielen eine Rolle während der Kriegsdauer.

Wenden wir nun diese doppelte Struktur auf die Mahan'sche Theorie an: Viele Stimmen schenken Mahans Grammatik über Operationen und Taktiken übermäßige Beachtung. Hierbei vernachlässigen sie seine größere logische oder – wie es die Historiker Harold und Margaret Sprout nennen – „Philosophie" von Macht auf See.[24] Ignoriert man diese Logik, welche einen Sinn in seine Grammatik des Kampfes auf See einflößt, so beschränkt und verzerrt dies unser Verständnis der Mahan'schen Seemacht.[25] Der Marinehistoriker stritt vehement ein Lüstern nach einer Schlacht auf hoher See ab, und in seiner Abhandlung *The Problem of Asia* (Das Problem Asiens) besteht er tatsächlich darauf, dass „militärische oder politische Gewalt" ein „fremdartiges Element" („alien element") innerhalb der internationalen Beziehungen darstellen würde.[26]

Mahan ermahnte die Marinen – sollte Krieg über sie hereinbrechen –, in die Offensive zu gehen, jedoch befürwortete er niemals eine Flottenrivalität um ihrer selbst willen. Im heutigen Sprachgebrauch ausgedrückt, ermahnte er die Seemächte, sich gegen die Wahrscheinlichkeit eines militärischen Konflikts „abzusichern" und sich somit Optionen offenzuhalten.

Er fügte aber auch dem Gedanken von Clausewitz eine weitere Ebene hinzu, indem er den Ansatz von dessen Logik und Grammatik über das Schlachtfeld hinaus in den Wirkungsbereich der Diplomatie zu Friedenszeiten hineintrug. Mahan schrieb, dass Marinestrategie sich von allgemeiner Militärstrategie unterscheidet, „weil sie für ihren Teil die Seemacht eines Landes – im Frieden wie im Krieg – begründen, unterstützen sowie für ihr Wachstum sorgen muss."[27] Die Entdeckung und Sicherung von strategischen geografischen Knotenpunkten bot eine Möglichkeit zur Verstärkung der Seemacht in Friedenszeiten genauso wie die Anstrengungen, den Zugang zu Märkten und Stützpunkten offenzuhalten. Eine sich auf Seemacht konzentrierende Nation befand sich fortwährend gleichermaßen in Kriegs- und Friedenszeiten in der Offensive. Nicht umsonst behauptete der deutsche Admiral Wolfgang Wegener, dass Großbritannien über Jahrhunderte eine strategische Offensive verfolgte und so das größte Imperium auf See aufbaute, das die Welt jemals kannte.

Die Einsatzbereitschaft auf See galt – damals – als die *messerscharfe Kante* maritimer Strategie, aber dies war nur ein Mittel zum Zweck. Obwohl Mahan glaubte, dass der Einsatz der Flotte von Zeit zu Zeit notwendig war, war er felsenfest überzeugt, dass der Handel in Friedenszeiten der wahre Weg zu nationalem Wohlstand und Größe seien. „Krieg ist nicht mehr der natürliche oder sogar normale Zustand von Nationen", erklärt er, „und militärische Überlegungen dienen nur beiläufig anderen bedeutenden Interessen, denen sie untergeordnet sind."[28] Wirtschaft und Handel sind vorrangig. Der „Ausgangspunkt und die Grundlage" für das Verständnis von Seemacht waren „die Notwendigkeit den Handel zu sichern – durch politische Maßnahmen, die der militärischen oder maritimen Stärke dienlich waren. Diese Anordnung der drei für die Nation wichtigen Faktoren ist von jeweils hohem Stellenwert: wirtschaftlich, politisch und militärisch."[29]

Es könnte kaum eine deutlichere Darlegung geben, warum Nationen Zugang zu weit entlegenen Regionen wie Asien begehren. Im Wesentlichen geht es beim Handelsverkehr um den privilegierten Zugang zu Mitteln, die notwendig zur Erzeugung von Wohlstand und nationaler Macht sind. Ein solcher Zugang ist unmöglich, wenn man nicht über die politisch-militärischen Mittel zu dessen Schutz verfügt und andere nicht davon abhalten kann, einem selbst den wirtschaftlichen Zugang zu verwehren. Seefahrende Nationen sollten auf diese Priorität blicken. Mahan stellt daher ein dreigliedriges Konzept auf, welches wir – in Anbetracht seines maritimen Blickwinkels – seinen ersten „Dreizack" der Seemacht nennen. Der Zugang zu Quellen wirtschaftlichen Wohlergehens – also Auslandsgeschäfte, Handelsverkehr und Rohstoffe – nimmt den ersten Platz unter Gleichen innerhalb des Mahan'schen Dreizacks ein; der militärische Zugang den dritten Platz. Dies widerspricht der übrigen Interpretation von Mahans Werken.

Die zweite Ebene, auf welcher die Seemachttheorie wirkt – nach Mahans Grammatik –, ist von weitaus martialischer und operativer Natur. Wir nennen diese seinen zweiten Dreizack. Aber gerade hier gibt er dem Handelsverkehr einen Ehrenplatz. Handel und Gewerbe formen in der Tat die Nahtstelle zwischen der Grammatik und Logik von Seemacht. In seinem einflussreichsten Werk, *The Influence of Sea Power upon History, 1660–1783* (Der Einfluss von Seemacht auf die Geschichte), erläutert der Historiker, dass sich Seemacht auf drei „Pfeiler" begründet: Produktion, Handels-

und Marineschifffahrt sowie Überseemärkte und Stützpunkte. Auf geheimnisvolle Weise lässt er die Märkte – unerlässlich für den wirtschaftlichen Austausch – mit den vorgelagerten Außenposten verschmelzen, die für das Nachbunkern und die Reparatur von dampfbetriebenen Schiffen benötigt wurden.[30] Wie auch immer – alle drei Pfeiler haben einen direkten Bezug zum Handelsverkehr, und zwar zur industriellen Produktion in der Heimat, zur Handelsmarine sowie zu ausländischen Märkten. Mahan bestimmte die „Absicht zum Handelsverkehr – welche die unerlässliche Produktion von Gütern einschließt, um generell über etwas zum Handeln zu verfügen – zu einer nationalen Charakteristik, die höchste Wichtigkeit bei der Entwicklung von Seemacht hat."[31]

Zwei Pfeiler beziehen sich direkt auf die Stärke auf See, und zwar auf vorgelagerte Marinestützpunkte sowie die Schlachtflotte. Wenn die Logik von Seemacht die Erlangung von Zugang für wirtschaftliche Zwecke vorschreibt, dann bedeutet die Grammatik die Sicherung des Zugangs durch die Macht von Seestreitkräften. „Herrschaft über die Meere", so behauptete Mahan, „bedeute, dass eine überlegene Macht auf See die Flagge des Feindes von dieser vertreibt oder ihm nur die Rolle eines Flüchtenden zugesteht. Zudem kann sie durch ihre allgegenwärtige Kontrolle die Verbindungswege, auf denen sich der Handel hin und her bewegt, von den Küsten des Feindes fernhalten."[32] Eine Überlegenheit in Form von Kriegsschiffen, Waffensystemen für den Seeeinsatz und Kampfeffizienz verkörpern die martialische Grammatik von Seemacht. Beide Dreizacke müssen geschärft bleiben, um ihre Aufgabe zu erfüllen.

Die doppelschichtige Natur von Seemacht, wie sie sich durch ihre Einsätze in Frieden und Krieg zugleich zeigt, bestätigt einmal mehr Mahans stufenartige Annäherung an maritime Themenbereiche. Vor allem haben die Grammatik und Logik der Seemacht als deren Eckpfeiler Zugang zu Orten wie Seehäfen und Stützpunkten sowie zu physischen Gütern wie Handelswaren und natürlichen Rohstoffen. Logik und Grammatik zielen auf denselben Zweck ab, jedoch bestimmt die Logik die geopolitischen und strategischen Aspekte der Seemacht, während die Grammatik das Regelwerk für die Einsatzbereitschaft und Kriegsführung auf See liefert.

Nach der Definition von Mahans Terminologie ist unter der Einbeziehung von wirtschaftlicher Logik und militärischer Grammatik der Ausdruck *Zugang* (access) tatsächlich ein breitgefächerter Begriff. Er beschränkt sich daher auch nicht auf die Vereinigten Staaten, die Freiheit zu haben, die eigene Macht auf die Gewässer nahe Chinas zu projizieren. Vielmehr behandelt unsere Studie den Ausdruck *Zugang* aus chinesischer Sicht. Peking macht sich ebenfalls Sorgen um die *Zugangsverwehrung* (access denial). Chinesische Führer und Befehlshaber sind besorgt, dass die USA ihre gewaltige Seestreitmacht einsetzen könnten, um China den Zugang zum Gemeinschaftsgut zu verwehren und gegen chinesische Eingriffe Vergeltung zu üben – oder dies sogar aus der Laune eines US-Präsidenten heraus. Die Gewährleistung der materiellen Bewegungsfreiheit innerhalb des maritimen Gemeinwesens ist für die wirtschaftlichen und militärischen Bestrebungen von zentraler Bedeutung, welche das chinesische Regime als entscheidend für die Vitalität und das Prestige der Nation betrachtet.

Die Frage des Zugangs erhöht die strategischen Ziele dementsprechend viel weiter als eine taiwanesische Krisensituation oder andere kurzfristige militärische Erwägungen. Eine neue Definition des Ausdrucks *Zugang* (access) in Mahans Terminologie öffnet ein Fenster in die zukünftige Richtung chinesischer Seemacht. Ein prüfender Blick durch diese Fenster lässt vermuten, dass Chinas Marsch zur See nicht bei Taiwan haltmachen wird. Hier sind weitaus stärkere Kräfte am Werk.

DER AUFBAU DER ARGUMENTATION

Während Gewerbe und Handel bei Mahans beiden Dreizacken einen Ehrenplatz einnehmen, konzentrieren wir uns auf die militärische „Zacke" als den Bestimmungszweck dieses Buches. Nach grammatischer Terminologie ist die martialische Zacke Mahans Vision einer überlegenen Seemacht, der so viele chinesische Mahanisten ihre Ehrerbietung erweisen. Wir erweitern diese Vision von der Überlegenheit auf See, um Chinas Fähigkeit, eine solche Macht gegen andere einzusetzen oder die Dominanz von Widersachern in wichtigen Seegebieten zunichte zu machen, beurteilen zu können. Das engere und sich auf das Militär konzentrierende Konzept der Zugangsverwehrung gehört zu letzterer Sparte. Als er für eine starke Volksmarine eintrat, sprach Hu Jintao deutlich in grammatischer Terminologie. Jedoch sind die Zurschaustellung und das Zunichtemachen von beherrschender Seemacht keine sich gegenseitig ausschließenden Bestrebungen. Das heißt, dass die Fähigkeit zur Verwehrung der Kontrolle auf See den Weg für eine Flotte bereitet, welche den Zugang zur See verwehren kann, um auf diese selbst zu dominieren. Dieses Verständnis des Ausdrucks *Zugang* erfasst die dynamische Kraft, welche typisch für die Begegnungen zwischen zwei maritimen Wettkämpfern ist, bei denen wichtige Interessen in denselben Gewässern und Lufträumen auf dem Spiel stehen. Nicht zuletzt daher sind die chinesisch-amerikanischen Beziehungen wechselwirkend.

Ein Gestaltungsprinzip dieses Buches ist die Zuhilfenahme von Geografie bei der Beschreibung, wo Bemühungen für einen Zugang und sowie für dessen Verwehrung stattfinden werden. Wir setzen voraus, dass China sich anstrengen wird, den Zugang für sich zu erlangen, zu sichern und auch die Kapazitäten zusammentragen wird, um andere am Zugang zu hindern. Dies wird es in konzentrischen geografischen Ringen tun, die kreisförmig von der chinesischen Küste ausgehen. Peking wird zuerst versuchen, den Zugang zu seinem unmittelbaren maritimen Umfeld sicherzustellen, welches die Chinesen als die „Nahe See" („near seas") bezeichnen. Wir beurteilen wiederholt den Zugang als den wirtschaftlichen, politischen und militärischen Handlungsspielraum, den China innerhalb eines bestimmten geografischen Abschnitts genießt. Sobald China von seiner Handlungsfreiheit in der Nahen See überzeugt ist, wird es die Ausweitung seines Zugangs außerhalb seiner Umgebung anstreben. Diesen Bereich nennen die Chinesen die „Weite See" („far seas"). Allgemein betrachtet gibt dieses Streben nach Zugang westlichen Beobachtern ein Mittel für die Verfolgung von Chinas maritimem Aufstieg. Wie nah China dem Mahan'schen Ideal von der Macht auf See – wie wir es hier interpretiert haben – kommen wird, wobei der Handel Vorrang vor militärischen Erwägungen hat, wird viel über die Art von Pekings maritimer Strategie aussagen.

Dieses Buch behandelt das Zugangsproblem unter verschiedenen Gesichtspunkten. Die Kapitel 2 und 3 bestimmen den strategischen Zusammenhang. In Kapitel 2 untersuchen wir detailliert die theoretischen Grundlagen des Zugangs. Wir erforschen, wie China Strategietheoretiker und weitere Quellen strategischen Gedankenguts zurate zieht, um mit diesen Richtwerten seine maritime Strategie erstellen zu können. Mahan wird eine herausragende Rolle bei dieser Analyse spielen, jedoch wird Chinas lange und reiche Geschichte Lehren in Hülle und Fülle zur Strategieentwicklung und deren Ausführung bieten. Im Speziellen werden wir geltend machen, dass Mahan die Logik chinesischer Seemacht darlegt, während Maos Konzept einer „aktiven Defensive" („active defence") Peking hilft, die kriegerische Grammatik von Seemacht an Chinas lokale Gegebenheiten anzupassen. Kapitel 3 wendet eine retrospektive Betrachtungsweise an, indem es die Zugangszwickmühle des kaiserlichen Deutschland mit Chinas gegenwärtiger Zwangslage vergleicht. Wir untersuchen Geografie, Kapazitäten und den nationalen Willen – also die drei Bestandteile für den Zugang und dessen Erweiterung im Angesicht eines überlegenen Widersachers – dieser beiden ehrgeizigen Seemächte. Wir stellen fest, dass China in einer besseren Position als Deutschland ist, wenn es gilt, eine ungünstige Geografie zu ihrem Vorteil zu verändern.

Die Kapitel 4 bis 7 entfalten sich frei entlang geografischer Abschnitte und halten sich an die Konzepte der „Nahen bzw. Weiten See" („near- and far-seas concept"). Wir prüfen die verschiedenen Gesichtspunkte chinesischer Strategien auf See und konzentrieren uns zuerst auf die wirtschaftlichen und handelsspezifischen Gebote in chinesischer Küstennähe und dann auf Chinas Bemühungen, mehr Einfluss auf weiter entlegene Gebiete auszustrahlen. Die Kapitel 4 und 5 analysieren, wie China taktische Konzepte und Kapazitäten in Schwung bringen mag, um Zugang in die Nahe See zu erlangen oder zu verwehren. Wie Chinas Führung es sieht, ist es für die wirtschaftliche Vitalität und somit für das langfristige Wohl des kommunistischen Regimes entscheidend, der US-Navy etwas Kontrolle über das maritime Umfeld der eigenen Nation abzutrotzen. Daher beginnen wir mit der Untersuchung, wie Peking versuchen wird, das Gelbe, das Ostchinesische und das Südchinesische Meer, also die Gewässer, die Chinas Küsten umspülen, beaufsichtigen wird. Operationen und Taktiken zur Zugangsverwehrung treiben diesen Drang zum Chinesischen Meer an. Außerdem untersuchen wir die chinesische Betrachtung von und die Reaktionen auf die seegestützte Raketenabwehr, um zu bestimmen, wie die Volksbefreiungsarmee (PLA) ihre Zugangsverwehrungsstrategie ausrichten wird, um der zunehmenden US-japanischen Verwehrungsfähigkeit begegnen zu können.

Die Kapitel 6 und 7 untersuchen, wie die politischen und psychologischen Auswirkungen von Chinas nuklearbetriebener Unterseebootflotte mit ballistischen Raketen (SSBN) und die „Soft Power" auf See den chinesischen Zugang in der maritimen Umgebung und maßgeblich auf der Weiten See vertiefen sowie ausweiten könnten. In Kapitel 6 erforschen wir die Erfolgsaussichten der unterseeischen Abschreckungsmittel der Marine der Volksbefreiungsarmee (PLA Navy), die sich in nuklearbetriebenen Unterseebooten und seegestützten ballistischen Raketen offenbart. Wir sind der Auffassung, dass unterseeische Abschreckungsmittel mit der chinesischen Strategie des Zugangs und der Zugangsverwehrung als Synergie zusammenwirken. Die Fähigkeit zu einem nicht verhinderbaren Zweitschlag hält die USA auf strategischer Ebene auf Abstand. Dies eröffnet der Volksbefreiungsarmee die Option, den Zugang in das Einsatzgebiet der Nahen See durch Kampf zu verwehren. Gleichzeitig bietet eine stabile Stellung bei der Zugangsverwehrung einen Schutzschild, unter dem Unterseeboote mit ballistischen Raketen (SSBN) der PLA Navy ihre abschreckenden Patrouillen nach Osten ausweiten und somit Nordamerika in ihre Reichweite bringen können.

In Kapitel 7 führen wir weiter aus, dass Peking seine Energien einsetzen wird, um seine Interessen im Indischen Ozean zu schützen, welcher den Ursprung eines Großteils von Chinas wirtschaftlichem Lebensnerv darstellt. Chinesische Führer haben unter Einbeziehung einer ausgeklügelten Geschichtsdarstellung die Grundlage dafür gelegt, Einfluss in der Region ausüben zu können und somit in die Rolle einer vertrauenswürdigen Seemacht zu schlüpfen. Sollte dies gelingen, so wird Peking ein freizügiges Umfeld für die Marine der Volksbefreiungsarmee (PLA Navy) schaffen – vorausgesetzt, Peking entscheidet, dass der Einsatz maritimer „Hard Power" notwendig ist, um chinesischen Handelsschiffen die freie Passage durch südasiatische Gewässer zu gewährleisten.

Nach dieser gründlichen Erfassung der chinesisch-amerikanischen Wechselbeziehungen auf See wenden wir uns der maritimen US-Strategie in Asien zu. Kapitel 8 untersucht und vergleicht die US-Strategien auf See von 1986 und 2007 und zeigt die Beziehungen und Spannungen zwischen der Logik und der Grammatik von Seemacht auf. Während sich die erstgenannte (1986) in der Grammatik für die Auseinandersetzung mit der sowjetischen Marine auszeichnete, so gliedert die Letztere (2007) eine begründete Logik von Seemacht, ohne jedoch detailliert auf grammatikalische Belange einzugehen. Wir untersuchen beide Strategien, ihre Vorzüge und deren asiatische sowie westliche Kritiker. Der Vergleich wird politischen Entscheidungsträgern helfen, zu bestimmen, ob und wie die gegenwärtige „Cooperative Strategy for 21st Century Seapower" (Kooperative Strategie für die Seemacht im 21. Jahrhundert) abgestimmt werden kann, um ihre Erfolgsaussichten zu verbessern. Dies gilt für die post-Mahan'schen Vorhaben wie die Unterbindung der Verbreitung von Massenvernichtungswaffen und die Sicherung der Seewege sowie für die neo-Mahan'schen Aufgaben wie die Einsatzbereitschaft auf See, Abschreckung und – sollten die chinesisch-amerikanischen Beziehungen scheitern – den Kampf auf See.

Wir schließen unser Buch ab, indem wir auf die Logik und die Grammatik der Seemacht zurückkommen und den Versuch einer Bewertung vornehmen, inwiefern die USA und China den Mahan'schen Standards gerecht werden. Dies ist ein gebührender Abschluss, der anzeigt, ob jede Nation sich auf einer auf- oder absteigenden oder gar gleichbleibenden Bewegungsbahn als Seemacht befindet. Die Trendanalyse, so glauben wir, wird den Machern und Ausführenden von maritimer Strategie helfen, festzustellen, wessen Griffhaftung am Mahan'schen Dreizack sicherer ist – und wer bereit sein wird, über Asiens weite See zu herrschen.

KAPITEL 2
CHINA BESCHÄFTIGT DIE STRATEGIETHEORETIKER

Wie in Kapitel 1 aufgezeigt, regte Captain Alfred Thayer Mahan die angehenden Seefahrernationen zur Massierung der internationalen Geschäftsbeziehungen, der Handelsschiff- und Marineflotten sowie der vorgelagerten Stützpunkte an. Nach Mahan'schen Standards entwickelt sich China schnell in Richtung Seemacht. In China gibt es keine Knappheit beim Im- oder Exporthandel, dessen Wirtschaft auf den stetigen Fluss von seewärtigem Frachtgut in Form von Öl, natürlichen Gasen sowie weiteren Rohmaterialien aus Afrika und der Region des Persischen Golfs angewiesen ist. Das Land braucht auch die Ozeane als Durchfahrtswege, über die chinesische Exportwaren die ausländischen Verbraucher erreichen. Chinesische Schiffswerften produzieren Handelsschiffe mit halsbrecherischer Geschwindigkeit. In der Tat droht die chinesische Schiffbauindustrie die südkoreanischen und die japanischen Werften, die Weltmarktführer, bei der Anzahl der Kiellegungen, wenn auch nicht unbedingt in der Qualität, zu überholen.

Im Bereich des militärischen Schiffsbestands hat die Marine der Volksbefreiungs-arme (PLA Navy) ähnlich schnelle Schritte gemacht. Vor nicht allzu langer Zeit haben westliche Seefahrer und Denker die chinesische Seemacht missbilligt. Ein oft gehörter Scherz besagte, dass China „eine Schwimmgemeinschaft mit einer Million Mann" grün-den müsste, um Truppen in Taiwan landen zu können. Im Jahre 1999 ließ sich Professor Robert Ross vom Boston College in einem Artikel für das Magazin *International Security* über die „Geografie des Friedens" aus. Ross argumentierte elegant, dass die Vereinig-ten Staaten nach wie vor die asiatische See beherrschen und China auf dem asiatischen Kontinent weiterhin unübertroffen sein würde – keine dieser Mächte wäre in der Lage, ihre Kraft gegen die andere einzusetzen.[1] Der amerikanische Wal und der chinesische Elefant mochten sich damals zwar einander nicht leiden können, aber es gab wenig, was sie dagegen hätten tun können. Im gleichen Stil verfuhr der Analyst Michael O'Hanlon von der Brooks Institution über den Konflikt in seinem ausführlichen Artikel „Why China Cannot Conquer Taiwan" (Warum China Taiwan nicht erobern kann).[2] 2001 behauptete Professor Bernard Cole von der National Defence University, dass die PLA Navy die chi-nesischen Seeverbindungswege (sea lines of communication – SLOC) nicht verteidigen könne, außer „denen in unmittelbarer Küstennähe". Cole schlussfolgerte darüber hi-naus, dass die chinesische Marine nur ein geringes Bedürfnis hatte, seinen seewärtigen Wirkungsbereich auszuweiten, solange die US-Navy der Garant asiatischer Sicherheit auf See blieb.[3] Sie könnte sich frei unter der amerikanischen Vorherrschaft bewegen.

Heutzutage machen nur wenige solche Behauptungen. Die PLA Navy regt heute eher übertriebene düstere Vorahnungen unter führenden Beamten und Fachleuten an. Die jährlichen Berichte mit dem Titel *Military Power of the People's Republic of China* (Die militärische Stärke der Volksrepublik China) des Pentagon haben einen zunehmend besorgten Beiklang angenommen. Die undurchsichtige Natur von Strategien in einer abgeschlossenen Gesellschaft ist zum Teil hierfür verantwortlich. Westliche Analysten diskutieren, ob die von Peking veröffentlichten Zahlen der Verteidigungsausgaben korrekt sind.[4] Sinologen und Beamte erörtern die Absichten, die Chinas zunehmend beeindruckendes Waffenarsenal begleiten. „Die Situation wird auf natürliche und verständliche Weise zu einer Absicherung gegen das Unbekannte führen", schlussfolgert die Zusammenfassung des *Military-Power*-Berichts.[5] Im April 2009 hielt die PLA Navy eine Flottenschau anlässlich des sechzigsten Jahrestages ihrer Gründung ab. Die Parade präsentierte der Öffentlichkeit chinesische Kriegsschiffe, die im eigenen Land gebaut worden waren, und schloss nicht weniger als vier selbstgebaute Unterseeboote und Chinas erstes amphibisches Angriffsschiff (amphibious assault ship) der *Yuzhao*-Klasse ein.[6] Und – nach Jahren des Dementierens und Verschleierns – hat die Führung der Volksbefreiungsarmee mehr oder weniger öffentlich erklärt, dass es ihr auch nach Flugzeugträgern verlangt. Bei einem Treffen mit dem japanischen Verteidigungsminister Yasukazu Hamada erklärte der chinesische Verteidigungsminister Liang Guanglie, dass Peking irgendwann Flugzeugträger bauen wird. Während Liang keinen Zeitplan für dieses ehrgeizige neue Vorhaben festlegte, stellte seine Äußerung eine beachtenswerte Abkehr von der üblichen Linie der Volksbefreiungsarmee dar.[7]

Was Stützpunkte angeht, hat die PLA Navy eine Basis auf der Insel Hainan errichtet, die über Anlegemöglichkeiten für nuklearbetriebene Unterseeboote (und wahrscheinlich auch für Überwassereinheiten) verfügt und somit ihren Aktionsradius in Richtung der Straße von Malakka – der Meeresenge, die das Südchinesische Meer mit den Rohstofflieferanten im Indischen Ozean verbindet – erweitert.[8] Die höchsten chinesischen Amtsträger machen sich Sorgen über ein „Malakka-Dilemma", das durch die Bedrohungen der freien Durchquerung dieses maritimen Engpasses entstehen kann.[9] Chinesische Diplomaten haben Ankerrechte im gesamten Indischen Ozean ausgehandelt, die amerikanische und besonders indische Sorgen schüren, dass eine „Perlenkette" („string of pearls") den Subkontinent von See aus einkreisen könnte.[10] Ein namhafter Analyst, Gurpreet Khurana, sieht einen chinesisch-indischen „Rivalitätsbogen", der sich über die ganze Strecke von Japan in Nordostasien bis zur Meeresstraße am Bab al-Mandab im Westen spannt (am Horn von Afrika).[11] Wenn Denker wie Sir Julian Corbett oder K.M. Panikkar richtigliegen, dann würde dies Indiens Seeverbindungen – und damit sein nationales Leben – in Chinas Hände legen. Dies wiederum würde eine Machtprojektion Neu-Delhis in den Pazifik hinein als eine Erwiderung auf Chinas Eindringen in den Indischen Ozean erfordern.[12] Die Inder erinnern sich überaus gut daran, dass das einzige Mal, als sie ihre nationale Unabhängigkeit verloren, dies an einen von See kommenden Eindringling, nämlich Großbritannien, geschah – dies erklärt die instinktive Erwiderung auf Pekings Streben nach Ankerrechten entlang der indischen Küste.[13]

Die materiell sichtbaren Anzeichen Mahan'scher Seemacht etablieren sich bei China. Läuft dies auf eine Mahan'sche Strategie hinaus? Falls dem so ist, von welcher Art wird diese sein? Die Begutachter schweigen sich aus, wie und zu welchem Ausmaß Peking seine aufkeimende Seemacht ausleben wird. Es bleibt außerdem abzuwarten, inwieweit das Mahan'sche Gedankengut eine Rolle bei chinesischen Strategieerwägungen spielen wird und wie es sich wiederum auf Pekings maritime Bestrebungen auswirken mag. Chinas lange und reiche Geschichte sowie seine martialischen und philosophischen Traditionen liefern ausreichend Orientierungshilfe, auch wenn dies von einem überwiegend kontinentalen Blickwinkel aus geschieht. Konfuzius, Sunzi (Sun Tsu), Mao Tse-tung, Deng Xiaoping und Liu Huaqing – nur um einige andere Quellen chinesischen Gedankenguts zu nennen – werden Einfluss auf chinesische Kalkulationen ausüben. Während Peking „mit chinesischer Charakteristik" nach der Seeherrschaft zu streben beginnt – um eine unter chinesischen Denkern übliche Formel zu gebrauchen –, wird es bei weitem mehr Quellen zurate ziehen als Mahan. Einige dieser einheimischen Quellen haben mehr Gewicht als jeder westliche Theoretiker. Die Gliederung dieser intellektuellen Fäden wird der Zweck dieses Kapitels sein.

Wenn westliche Seemächte die Ozeane verlassen, während die Asiaten zur See gehen, ist es eine Frage von beträchtlichen Ausmaßen zu erkennen, was ein neo-Mahan'sches Zeitalter für China bedeutet. Amerikas Langlebigkeit in der asiatisch-pazifischen Region – und, im weiteren Sinne die Zukunft der Ordnung auf See unter dem Vorsitz der US-Navy – könnte hiervon abhängen.

EINE MAHAN'SCHE PHILOSOPHIE FÜR CHINA

Dass die Chinesen gerade Mahan zurate ziehen, stellt einen grundlegenden Wandel in der Einstellung gegenüber maritimen Belangen dar. Während Maos Glanzzeit wurde Mahan als ein Apostel des Imperialismus und Kolonialismus verunglimpft, die Zwillingskobolde des neuen China. Die Anhänger der landgebundenen Doktrinen der Volksbefreiungsarme (PLA) lehnten ebenfalls die Mahan'sche Seemacht aus ideologischen Gründen ab. In einer ausgezeichneten Buchrezension über Mahans *Influence of Seapower upon History* beschreibt Li Lexiong vergangene chinesische Einstellungen zu dessen Werk in Form von grafischen Schriftzeichen als „Abscheu" oder „Ekel".[14] Kritik und breite Ablehnung des Wertes der Mahan'schen Theorie charakterisieren den Gedankenaustausch über seine Werke.

Im krassen Gegensatz hierzu hat Mahan ernstes Interesse in den wissenschaftlichen und politischen Kreisen Chinas seit Deng Xiaopings Öffnung und Reforminitiative vor einem Vierteljahrhundert geweckt. Die Studien zur Begriffsanalyse von Ausdrücken wie „die Herrschaft über die See" („command of the sea" – *zhihaiquan*) und „die Herrschaft über die Verbindungswege" („command of communications" – *zhijiaotongquan*) haben sich vervielfacht. Einige Neo-Mahanisten scheinen von der oft zitierten Beschreibung der Seeherrschaft des amerikanischen Theoretikers, „dass eine überlegene Macht auf See die Flagge des Feindes von dieser vertreibt oder ihm nur die Rolle eines Flüchtenden zugesteht",[15] angetan zu sein. Chinesische Analysten haben diese kriegerisch klingende Formulierung bei größeren internationalen Konferenzen wiederholt, um den Wert der Seemacht für China zu betonen.[16]

Wie wir gesehen haben, verschmelzen für Mahan Gewerbe und Handelsverkehr, Handels- und Marineflotten sowie geografische Expansion miteinander. Er meinte hiermit die Erlangung von Stützpunkten oder Ankerrechten und nicht die Ausübung amerikanischer Kolonialherrschaft auf andere Völker unter der Ägide der Seemacht. Der Handelsverkehr stand in seiner Hierarchie an erster Stelle, und er bestritt jeglichen Drang nach einem Waffengang. Seekrieg war schlecht für den Handel.[17] Im eigentlichen Sinn stimmte Mahan bereits damals mit heutigen Befürwortern der Globalisierung überein, die auf die hohen, wenn nicht untragbaren Kosten einer Bekämpfung gegenwärtiger und potenzieller Handelspartner hinweisen. Ein Krieg ist selten den politischen, militärischen oder wirtschaftlichen Aufwand wert.

Aber selbst in diesem Falle halten seine Schriften für die Ansicht her, dass die Summe der Gewinne und Verluste aller Beteiligten zusammengenommen gleich null ist. Viele seiner Anhänger wandten sich dem Seekrieg zu – einem darwinistischen Ringen, das bestimmen würde, welche Nationen aufblühen und welche verkümmern und verenden würden. „Wachstum ist ein Merkmal gesunden Lebens", war Mahans Auffassung in *The Problem of Asia*. Dies schloss „ein Recht ein, mit angemessenen Mitteln den größtmöglichen nationalen Fortschritt sicherzustellen" – auch bei Schaden bringenden Kämpfen mit einer äußeren Kraft, wenn diese über ihren eigenen rechtmäßigen Einflussbereich hinausgeht.[18] George Baer bemerkt: „Der zentrale Aspekt von Seemachttheorie war die Erwartung eines Konflikts. Wenn der Wohlstand einer Nation vom Seehandel abhängt und die Menge des verfügbaren Warenaustausches begrenzt ist, führt dies zu Konkurrenz, welche dann zu einem maritimen Wettstreit zum Schutze des Handels[19] führt. Im kaiserlichen Deutschland, einer fanatisch Mahan'schen Nation, prägten die Enthusiasten großer Flotten sogar den Begriff „Mahanismus", einer Salzwasservariante sozialdarwinistischer Ideen über Wachstum, Zerfall und immerwährendes Ringen.[20] Inspiriert durch eine entschlossene und grobe Interpretation von Mahans Schriften regte die „maritime Ideologie" auch das strategische Denken japanischer Führer während der Zwischenkriegszeit an.[21]

Wenn Mahan tatsächlich den gewaltlosen internationalen Wettbewerb würdigte, muss er von einem solchen Missbrauch seiner Theorien entsetzt gewesen sein. Doch viele seiner Anhänger – damals wie heute – fegen seine Befürwortung eines friedlichen Austauschs zugunsten seiner eher brutalen Schriften beiseite – Abhandlungen, die den Ruhm der See heraufbeschwören, die Fantasie anheizen und die Wiederherstellung verlorener nationaler Würde verheißen. Zahlreiche chinesische Strategen fallen in diese Kategorie. Mahans Anziehungskraft zur Ökonomie findet im heutigen China seinen Nachhall, einer Nation, die auf einmal von wirtschaftlichem Fortschritt besessen und zunehmend vom seewärtigen Transport von Öl, Gas und weiteren Handelswaren abhängig ist.[22] Doch tut dies ebenso sein Ruf nach einer Marine, die in der Lage ist, lebenswichtige Gewässer zu beherrschen. Dies lässt darauf deuten, dass Chinas ökonomiegetriebene maritime Strategie eine zunehmend militärische Tinktur annehmen wird.[23]

Anders als Strategietheoretiker, die sich auf die Mechaniken von Strategie und Operationen konzentrieren, erforscht Alfred Thayer Mahan nicht nur die funktionalen Angelegenheiten, sondern auch die weiteren politischen Absichten, die durch Strategien auf See vorangetrieben werden. In den 1940er Jahren beobachteten Harold und Margaret Tuttle Sprout, dass Mahan die „Doktrinen von Seemacht und dem *Manifest Destiny*" (manifest destiny: der offensichtlichen Bestimmung) deutlich artikuliert hatte. Er entwarf „eine Philosophie der Seemacht", „eine Theorie von nationalem Wohlstand und Bestimmung – begründet auf einem Plan des kaufmännischen Imperialismus – und eine „Theorie maritimer Strategie und Verteidigung", die sich auf operative und sogar taktische Belange ausweitet.[24] Nach Clausewitz' Terminologie funktioniert ein Krieg – der gewalttätige, wechselwirkende Zusammenstoß von Absichten – gemäß der „Grammatik" anders als andere menschliche Angelegenheiten ab.[25] Jedoch gibt die Politik maritimen Unternehmungen ihre „Logik" und bestimmt so den Sinn, nach dem Seefahrer streben.[26] Um die Metapher anzuwenden, die wir in Kapitel 1 angeführt haben, sind Logik und Grammatik die beiden Dreizacke der Seemacht bei Mahan.

Es ist möglich, einer Dimension der Mahan'schen Theorie – der Logik oder der Grammatik – gerecht zu werden, während die jeweils andere abgelehnt oder heruntergespielt wird. Falls die Seekriegsgrammatik des amerikanischen Theoretikers mit der Zeit und durch den technologischen Wandel unbrauchbar geworden ist, so bleibt seine Seemachtphilosophie weiterhin hypnotisch. Der chinesische Flottenausbau bestätigt dies. Die Mahan'sche Einbildung, dass sich nationale Größe von Seemacht ableitet, betört zahlreiche chinesische Strategen. Niemand Geringerer als der Befehlshaber der PLA Navy, Wu Shengli, verkündete, dass China eine „ozeanische Nation" sei, die von Natur aus mit einer langen Küstenlinie, zahlreichen Inseln und der Gerichtsbarkeit über einen gewaltigen Seeraum ausgestattet ist. Admiral Wu appelliert an die chinesischen Bürger, ihre gemeinsame Gesinnung gegenüber der See zu verstärken, um die „große Wiederbelebung der Chinesischen Nation" herbeizuführen.[27] Starke Flotten, die auf offener See kreuzen, sind ein Teil hiervon. Mahan hätte sofort bemerkt, wie Wu das Wechselspiel zwischen Bestimmung und Wahl bei Chinas maritimer Zukunft dargestellt hätte.

EINE BESTANDSAUFNAHME DER UMGEBUNG

Wir glauben, dass Peking die Mahan'sche Logik von Seemacht annimmt und hierbei den ersten Dreizack des amerikanischen Theoretikers schwingt, während das Land nach einheimischen Traditionen als Leitlinie für die Grammatik maritimer Strategie und Kriegsführung sucht. Der Vorsitzende der Chinesischen Kommunistischen Partei, Mao Tse-tung, der sich auf frühere Theoretiker wie Sunzi (Sun Tsu) und Carl von Clausewitz berief, ist der beste Anwärter, um Peking seinen zweiten Dreizack zu reichen. Doch um zu verstehen, wie sich Mahan'sche und maoistische Strategietraditionen mit der chinesischen Seestrategie überschneiden, müssen wir uns zuerst im Klaren darüber sein, warum China Gefallen am Meer findet. Die Wiederbelebung von Chinas nationaler Größe ist ein notwendiger, aber nicht vollends ausreichender Anlass für Peking, in eine hochseetüchtige Flotte zu investieren. Es ist auch äußerst wichtig zu erkennen, welche Flächen und geografischen Merkmale die Aufmerksamkeit und Tatkraft von chinesischen Strategen erlangt haben. Und falls Seemacht auf Handel, Stützpunkten und Schiffen beruht, ist es wichtig vorherzusagen, wo chinesische Unternehmer Geschäftsbeziehungen schmieden werden, wo Peking nach Stützpunkten sucht und welche Flächen es für verteidigungswürdig halten wird.

Warum Gefallen am Meer finden? Um zu beginnen: China hat in zunehmendem Maße den Luxus, seine Tatkraft außerhalb des asiatischen Kontinents zu entfalten. Die Bedrohungen von Land her, welche den Fluch für die chinesische Sicherheit über Jahrhunderte darstellten, sind verschwunden. Peking muss sich nicht länger um die Abwehr eines sowjetischen Landangriffs auf das chinesische Kernland oder um die Vermeidung von Ausschreitungen bei einem chinesisch-sowjetischen Zusammenstoß sorgen. Auch weniger bedeutende Kontroversen haben abgenommen. Peking hat seine Grenzkonflikte mit Russland, den zentralasiatischen Republiken, Vietnam, Nordkorea, und der Mongolei beigelegt und damit sein kontinentales Umfeld entschärft. Der chinesisch-indische Streit um die indische Grenzprovinz Arunachal Pradesh hält zwar an, es bestehen jedoch nur geringe Aussichten auf eine bewaffnete Auseinandersetzung wegen dieser verfahrenen Situation. Kurzum, Peking kann nun – ohne die übermäßige Sorge seine Landinteressen zu vernachlässigen – in Erwägung ziehen, zur Seemacht zu werden. Und es kann dabei die Ressourcen nutzen, die früher für Chinas Grenzen auf Land benötigt wurden, um nun vorgelagerte Marinestützpunkte zu errichten und Kriegsschiffe, Flugzeuge sowie Waffensysteme zu bauen.

Die Ökonomie ist wieder einmal die wichtigste treibende Kraft für die chinesische Seemacht. Getreu Mahan verbinden chinesische Denker wirtschaftliches Wohlergehen mit maritimer Überlegenheit. Ob sie auch glauben, dass der wirtschaftliche Austausch frei von maritimem Zwang bleiben sollte, bleibt eine zu diskutierende Frage. Im angesehenen Magazin *Zhongguo Junshi Kexue* beruft sich Generalmajor Jiang Shiliang auf den amerikanischen Theoretiker, um die chinesische Kontrolle über „strategische Durchfahrtsstellen", die von lebenswichtigen Waren durchquert werden, zu rechtfertigen. Für Jian stellt der Wettstreit um die „absolute Herrschaft" entscheidender Gewässer und geografischer Besitzungen das Faktum für das Überleben in der internationalen Politik dar.[28] Woher rührt dieser offenkundige Kampfgeist? Da die kommunistische Ideologie in Verruf geraten ist, haben chinesische Führer ihre Legitimation mit der Besänftigung der breiten Masse und der Anhebung des Lebensstandards für möglichst viele Chinesen verbürgt. Um die chinesische Industrie anzutreiben, hat Peking Rohstoffzulieferer in entlegenen Regionen wie dem Persischen Golf und Afrika ausfindig gemacht.

Die wirtschaftliche Entwicklung und der Energieschutz haben das Augenmerk auf den Indischen Ozean, das Südchinesische Meer und die Seewege, die entlang Chinas ostasiatischer Küste vorbeiführen, gerichtet: Die Seeverbindungswege (sea lines of communications) bringen wertvolle Fracht in die chinesischen Seehäfen. Daher haben chinesische Führer erkannt, dass die freie Durchquerung ihrer Schifffahrt durch das Gelbe, das Ostchinesische sowie das Südchinesische Meer eine Frage von unvergleichlicher Wichtigkeit, wenn nicht sogar entscheidend für die Zukunft der chinesischen kommunistischen Herrschaft, darstellt. Sie sträuben sich, ihre elementarsten Interessen dem unsicheren und vielleicht begrenzten Wohlwollen der Vereinigten Staaten, dem selbsternannten Garanten von maritimer Sicherheit in Ostasien, auszusetzen. So erklärt Ye Hailin von der Chinesischen Hochschule für Sozialwissenschaften (Chinese Academy of Social Science) fast schon mahnend: „Egal, wie sehr China den Wunsch nach einer einträchtigen Welt und harmonischen Ozeanen hegt, es kann sich unmöglich auf die Seestreitkräfte anderer Länder zur Sicherung seiner eigenen Seeverbindungswege verlassen. Ein großes Land, das seinen Wohlstand auf ausländischem Handel aufbaut, kann die Sicherheit seiner ozeanischen Flotte nicht in die Hände anderer Länder legen. Wenn es dies täte, so käme es gleich, seine Kehle unter den Dolch eines anderen zu legen und die Blutadern mit roter Tinte zu markieren."[29] In Yes Augen würde Chinas Unfähigkeit oder Widerwillen, seine eigenen maritimen Interessen zu schützen, andere einladen, seinen Handel zu stören und somit seine Verwundbarkeit auszunutzen. Aus diesem Grund erkennen die Chinesen, dass die US-Navy, obwohl sie die asiatische Schifffahrt geschützt hat, ihre wohlwollende Haltung radikal ändern und dies fast über Nacht tun könnte. Washington kann in Krisenzeiten den Fluss von chinesischen Rohstoffen bedrohen und die chinesische Wirtschaft als Geisel nehmen. Die Möglichkeit einer amerikanischen Blockade zur See bereitet chinesischen Strategen Sorgen.[30]

Chinesischen Denkern ist also dann sehr bewusst, dass geografische Faktoren mit wirtschaftlicher Leistungsfähigkeit kollidieren. China sieht die erste Inselkette, die nach Süden von den japanischen Hauptinseln durch das indonesische Archipel läuft, als eine Barrikade, die mit der amerikanischen Absicht errichtet wurde, die chinesische Macht auf See einzudämmen. Chinesische Stimmen erinnern sich, dass Außenminister Dean Acheson einen „US-Verteidigungsring für den Pazifik" („U.S. defense perimeter of the Pacific") im Jahre 1950 entwarf – eine Verteidigungslinie, die ungefähr mit der Inselkette übereinstimmte.[31] Seemachtbefürworter neigen dazu, die Inselkette auch so zu sehen wie Acheson es tat: als ein amerikanisches Bollwerk zur Blockierung chinesischer Operationen auf See. Chinesischen Beobachtern sind die damit verbundenen wirtschaftlichen Auswirkungen klar.

Umgekehrt würde die Kontrolle Taiwans der Volksbefreiungsarmee (PLA) ermöglichen, ihre eigene Chinesische Mauer auf See zu errichten. Peking hätte so ein gewisses Mitspracherecht bei der Ausübung ausländischer Marine- und Militärmacht in den nahegelegenen See- und Lufträumen. Sobald die Streitkräfte der Volksbefreiungsarmee nach eigenem Belieben zwischen den Inseln operieren könnten, hätte China im Grunde seinen eigenen Verteidigungsring im Pazifik etabliert und somit Dean Achesons Konzept nach außen in Richtung des Pazifischen Ozeans umgekehrt. Ausländische Flotten, die ein feindseliges Eindringen in das Chinesische Meer erwägen, würden sich dies zweimal überlegen, wenn sie mit chinesischen Streitkräften konfrontiert würden, die vom Festland, vom Chinesischen Meer oder von Inselstützpunkten aus operieren. Pekings Handlungsfreiheit würde sich immens erweitern, sobald es dieses defensive Bollwerk neu errichten würde.

Taiwan wäre ebenfalls eine Plattform für eine Offensivmacht auf See. Analysten betrachten Taiwan als die geografische Besitzung, die chinesischen Streitkräften direkten Zugang zum Pazifik gewähren kann. Falls die Insel ein Wachturm in einer Chinesischen Mauer auf See ist, dann ist ihr offensiver Wert unübertroffen. Während des Zweiten Weltkrieges erklärte Admiral Ernest King, dass die US-Navy „den Korken in die Flasche" des Südchinesischen Meeres stecken könnte, indem es Formosa (heute: Taiwan) von Japan losreißt. Das heißt, dass eine Nation im Besitz Taiwans die Freiheit hat, die Seewege, die Nordost- mit Südostasien verbinden, zu unterbrechen oder – als Alternative – „die Flasche zu ihrem eigenen Zweck entkorkt zu lassen."[32] Dies ist die Quintessenz der Herrschaft auf See. Chinesische Denker besinnen sich auf General Douglas MacArthurs Beschreibung Taiwans als einen „unsinkbaren Flugzeugträger und Unterseeboottender", der vor Chinas Küsten postiert ist und die luft- und tiefseegestützten Bestandteile von Amerikas Eindämmungsstrategie stärkt.[33] Die Vereinigten Staaten stationierten Kampfflugzeuge mit Überwachungs- und Atomkapazitäten auf Taiwan – welches den Mittelpunkt der inneren Inselkette bildet – bis in die 1970er Jahre. Die Erwähnung der „ausländischen Streitkräfte" in Taiwan ist auch gerade heute alltäglich. Schlechte Erinnerungen klingen nach.

Chinesische Analysten zitieren dann nach Mahan klingende Grundsätze, wenn sie den Wert Taiwans beurteilen. Gelegentlich blicken sie sogar bis nach Guam, Amerikas maritimem Bollwerk in der zweiten Inselkette und erörtern dies mit ähnlich ernsten

Worten.[34] Falls Taipei seine *De-facto*-Unabhängigkeit behält, wird das Festland weiterhin innerhalb der Inselkette eingedämmt und somit unfähig sein, frei in den weiten Pazifik hineinzureichen. Das maßgebende Buch *Science of Military Strategy* (Wissenschaft der Militärstrategie) erläutert: „Falls Taiwan für das Festland unzugänglich werden sollte ... wird China für immer an die Westseite der ersten Inselkette im Westpazifik gekettet sein." Sollte dem so sein, wird der „entscheidende strategische Raum für Chinas Wiederbelebung verloren sein."[35] An seiner Stirnseite ähnelt Chinas geostrategische Zwickmühle zumindest jener, mit der sich das kaiserliche Deutschland vor einem Jahrhundert konfrontiert sah (siehe Kapitel 3). Falls Amerika fähig ist, von der Insel aus Stärke nach innen zu projizieren, so kann China diese nach außen abbilden. Die Inselkette vor der Küste bildet ein defensives und zugleich offensives Anlagegut. Es ist kein passives Konstrukt.

CHINAS VERTEIDIGUNGS-WHITE-PAPERS UND MARINESTRATEGIE

Pekings halbjährliche Weißbücher („white papers") mit dem Titel „Chinas Nationale Verteidigung" („China's National Defense"), bieten Anhaltspunkte, wie die Volksbefreiungsarmee (PLA) die geostrategische Herausforderung, die China konfrontiert, handhaben wird. Die Sinologie ist allerdings eine ungenaue Wissenschaft. Chinabeobachter mühen sich weiterhin bei der bibliografischen Arbeit ab, zu bestimmen, welche Erstquellen, von denen zahlreiche von PLA-zugehörigen Herausgebern stammen, mehr oder weniger zuverlässig sind. Trotzdem suggeriert die detaillierte veröffentlichte Darstellung, welche Chinas Sicherheitsplanung für die Umgebung erläutert und welche der überbehördlichen Sicherheitsprüfungen standgehalten hat, dass die Führung der Kommunistischen Partei zu einem Konsens bei diesen Belangen gekommen ist. Während andere Regierungen, einschließlich Washington, regelmäßig den Detailmangel in diesen White Papers beklagen, benennen diese trotzdem die entscheidenden Ausführungen, wie Peking seinen strategischen Kontext sowie die Bedrohungen, die seiner Umgebung beiwohnen, betrachtet.

Von diesen Veröffentlichungen war „China's National Defence in 2004" vielleicht das wegweisendste in seiner Behandlung maritimer Belange. Es begrüßt die Tendenz zu Frieden und wirtschaftlichem Fortschritt in Ostasien. Jedoch beharrt es darauf, dass „neue und tiefgreifende Neuordnungen" internationale Beziehungen belasten. Das „Gleichgewicht der Kräfte unter den führenden internationalen Akteuren" hat eine „grundlegende Neuausrichtung" erfahren. Die Vereinigten Staaten „richten ihre militärische Präsenz in dieser Region neu aus und verstärken sie mit Hilfe von militärischen Bündnissen", während Japan – dessen Hauptinseln den nördlichen Bogen der ersten Inselkette bilden und einen Teil von Chinas Ostküste einschließen – seine „Militär- und Sicherheitspolitik anpasst", um seine eigene Stellung zu stärken.

Peking ist bei weitem nicht klar, dass dann das geopolitische Kräftespiel zu Chinas Gunsten fungiert. Die Verfasser der White Papers von 2004 schlagen einen mehrdeutigen Ton gegenüber der Globalisierung an und halten die Ansicht aufrecht, dass „eine angemessene und rationale politische sowie wirtschaftliche Ordnung noch etabliert werden muss" und dass „Kämpfe um strategische Punkte, strategische Rohstoffe und strategische Dominanz von Zeit zu Zeit auftreten, bis eine solche Ordnung etabliert ist. Der „militärische Faktor" „spielt daher eine übergeordnete Rolle im internationalen

Zusammenspiel und bei nationaler Sicherheit". Die White Papers weisen die Volksbefreiungsarmee an, Streitkräfte aufzustellen, die in der Lage sind, „sowohl die Hoheit auf
See als auch in der Luft zu erlangen."[36]

Dies ist weiterhin die ausgeprägteste offizielle Darstellung von Chinas Mahan'scher
Anschauung. Es stellt auch die erste Erwähnung der Herrschaft über das „Allgemein-
gut" – nämlich die Meere, die Lufträume, das Weltall und vielleicht sogar den virtuellen
Raum – in einer offiziellen Direktive dar. „China's National Defense in 2004" verordnet
der PLA Navy die Anschaffung von Kriegsschiffen, Flugzeugen, Präzisionswaffen und
Informationstechnologien, die sich als Hilfsmittel für die Erlangung von *zhihaiquan* – der
Herrschaft auf See oder deren Kontrolle – in Chinas Umgebung eignen.

Aus unbekannten Gründen verwerfen die Verteidigungs-White-Papers von 2006 die
Mahan'sche Ausdrucksweise, welche im vorangegangenen noch vorhanden war. Jedoch
sind sie in Bezug auf die zukünftige globale Politik nach wie vor mehrdeutig und bleiben
der zuvor zum Ausdruck gebrachten offensiven Einschätzung von Küstengewässern und
Lufträumen sowie der geopolitischen Neigung der 2004er Ausgabe treu.

Der Bericht bezeichnet die Bedrohungen des internationalen Handelsverkehrs als
die Hauptursache der Besorgnis und erklärt, dass „die Sicherheitsfragen in Bezug auf
Energie, Rohstoffe, Finanzen, Daten-Informationen und internationale Schiffsrouten
zunehmen". Auffallenderweise beziehen sich drei der fünf in diesem Bericht aufgeführten Sicherheitsfragen direkt auf den seewärtigen Transport, einem Standbein der
Mahan'schen Dreifaltigkeit.

Das Dokument führt weiterhin aus, dass „die Marine auf eine sukzessive Erweiterung
der *strategischen Intensität für defensive Operationen auf hoher See* sowie die Verbesserung ihres Leistungsvermögens bei eingebundenen Seeoperationen und atomaren
Gegenangriffen abzielt. Die Luftwaffe strebt einen beschleunigten Übergang von einer
territorialen Luftverteidigung zu gleichermaßen offensiven sowie defensiven Einsätzen
an"[37] (dies ist unser Schwerpunkt). Die ausdrücklich Mahan'sche Terminologie fehlt;
die Neigung zur Herrschaft über das Allgemeingut in einem sich ausweitenden Gürtel
außerhalb der Küstengewässer bleibt unterdessen erhalten.

Die Verteidigungs-White-Papers von 2008 schwächen den scharf klingenden Ton
der 2004er und 2006er Ausgaben ab. Sie wiederholen den Auftrag für Hochseeein-
sätze aus den vorherigen Ausgaben, würdigen jedoch auch die Zusammenarbeit mit
anderen Seemächten, um nicht-traditionellen Bedrohungen wie Piraterie zu begegnen,
humanitären Beistand und Katastrophenhilfe zu leisten und – voraussichtlich – die Verbreitung von seegestützten Waffensystemen zu bekämpfen. Die White Papers stellen
dies als die letzte Phase in einer sich entwickelnden, zunehmend nach außen gerichteten Haltung der Marine dar:

> Von den 1950er bis zum Ende der 1970er Jahre war die Hauptaufgabe der Marine
> die Durchführung von defensiven Operationen in Küstennähe. Seit den 1980er
> Jahren hat die Marine eine strategische Wandlung zu defensiven Hochseeopera-
> tionen erfasst. Seit dem Anbeginn des neuen Jahrhunderts … bemüht sich die
> Marine, ihre Einsatzmöglichkeiten universell für eingebundene Hochseeoperati-
> onen, strategische Abschreckung und strategische Gegenangriffe zu verbessern
> sowie ihre Einsatzmöglichkeiten zur Durchführung von Zusammenarbeit in weit

entfernten Gewässern und zur Begegnung nicht-traditioneller Sicherheitsbedrohungen sukzessive zu entwickeln, um so die gesamte Umwandlung der Streitmacht voranzutreiben.[38]

Diese Textpassage fängt den beeindruckenden Fortschritt, den die chinesische Marine seit ihren bescheidenen Anfängen in der maoistischen Ära gemacht hat, und die Vielfalt von Missionen ein, die sie in den kommenden Jahren voraussichtlich erfüllen wird. An einem Ende des operativen Spektrums wird die PLA Navy China mit ihrem unterseeischen Abschreckungsmittel unterstützen und Pekings Vergeltungsfähigkeit gegen einen entwaffnenden Erstschlag absichern. Am anderen Ende werden Chinas Flottillen helfen, eine gute Ordnung auf See in Gewässern aufrechtzuerhalten, die als lebenswichtig für Chinas Energiesicherheit und wirtschaftlichen Zugang betrachtet werden. Chinas offensichtliche Bereitschaft zur Bekanntmachung seiner Pläne, nicht-traditionelle Aufgaben zu schultern, markiert eine bedeutende Abkehr von vorherigen White Papers und lässt wachsendes Vertrauen in Chinas Potenzial auf See erkennen.

Es ist wichtig, die in der White-Papers-Reihe benutzten Schlüsselterminologien und -konzepte – welche in diesem Buch zitiert werden – zu verdeutlichen, denn sie bieten eine gesunde Basis für ein richtiges Verständnis der Prioritäten, welche die PLA Navy ihren gegenwärtigen und zukünftigen Funktionen und Missionen zuweisen wird. Im Besonderen bleibt die „Verteidigung auf offener See" („offshore defense") ein grundlegendes Konzept für chinesische Planer, jedoch besteht im Westen Verwirrung bezüglich seiner genauen Bedeutung. Obwohl der Ausdruck *jinhai* normalerweise mit „auf offener See" („offshore") in offiziellen Publikationen übersetzt wird, so ist „Nahe See" („near seas") eine wörtlichere und vielleicht präzisere Wiedergabe des Begriffs. Wie Nan Li erklärt, „ist *auf hoher See* zu vage, um die relative Distanz widerzuspiegeln, die der chinesische Begriff auszudrücken beabsichtigt."[39] Er beharrt darauf, dass „die Nahe See" ein besserer Ausdruck für den sinozentrischen Blickwinkel auf die nautische Umgebung ist. Zum Zwecke dieser Studie werden die Begriffe „auf hoher See" („offshore") und „nahe See" („near seas") als Synonyme benutzt. „nahe" („near"), so legen wir fest, ist nicht weniger subjektiv als „auf hoher See" („offshore").

In der Vergangenheit sind einige Beobachter zu dem Schluss gekommen, dass „offshore" die Fähigkeit beschreibt, Macht mittels einer Entfernung zu veranschaulichen. Diese wird üblicherweise bei zweihundert Seemeilen ab der Küste angesetzt. Aber maßgebliche Kennzahlen und Quellen in der chinesischen Marine haben mit Sicherheit Gewicht in diesen Belangen, und ein näherer Blick lässt darauf schließen, dass chinesische Strategen diese begrenzte räumliche Betrachtungsweise für nicht rechtmäßig erklären. In seiner Denkschrift räumt Admiral Liu Huaqing, der Gründungsvater der modernen chinesischen Marine – und ein Offizier, der im Westen als der „Mahan Chinas" bekannt ist –, die Missverständnisse aus.[40] Als Befehlshaber der PLA Navy (Marine der Volksbefreiungsarmee) in den frühen 1980er Jahren lieferte Liu die geistige Grundlage für Chinas maritime Strategie unter der allgemeinen Führung von Deng Xiaoping. Als dieser schreibt Liu mit Kompetenz. Er sagt klar: „Die Nahe See bezieht sich auf das Gelbe Meer, das Ost- und Südchinesische Meer, das Spratly-Archipel, die Gewässer innerhalb und außerhalb der Taiwan-Okinawa-Inselkette sowie den nördlichen Seeraum des Pazifik. Genau hinter der „Nahen See" befindet sich die „Halbweite See" („mid-far seas").[41] Lius kurze Beschreibung von dem, was die PLA Navy als „Nahe See" bezeichnet, gewährt verschiedene analytische Einblicke, die Aufmerksamkeit verdienen. Erstens, geografische Abgrenzungen diktieren nicht unbedingt die chinesische Betrachtung der nationalen maritimen Umgebung. Für Liu sind Flottenoperationen, die entsprechend der Hochseeverteidigung stattfinden, nicht auf die Gewässer beschränkt, die von der ersten Inselkette umgeben sind. Zum Beispiel kann Lius Bezug auf den „nördlichen Seeraum des Pazifik" auch Gewässer einschließen, die weiter östlich des japanischen Archipels liegen. Wie weit die Verteidigung auf hoher See („offshore defense") über die erste Inselkette hinausreicht, bleibt ungenannt – dies vielleicht bewusst, um den zukünftigen Generationen von PLA-Befehlshabern eine Interpretation zu ermöglichen, die dann Chinas aktuellem Bedarf und Leistungsvermögen entsprechen.

Zweitens, es ist bemerkenswert, dass Liu das „Nahe-See-Konzept" vor mehr als einem Vierteljahrhundert gestaltete und weiterentwickelte. Seine Langlebigkeit bestätigt nicht nur die beeindruckend langanhaltende Natur von Lius Vision für die PLA Navy, es spricht auch Bände über die konzeptionelle Flexibilität dieses Begriffs. Lius Beharren, dass die Verteidigung auf hoher See von willkürlichen Entfernungen entwirrt werden müsste, stellte sicher, dass der Wirkungsbereich der Hochseeverteidigung entsprechend der wachsenden Einsatzmöglichkeiten der PLA Navy erweitert werden könnte. Jüngste White Papers, die die Hochseeverteidigung weiter und weiter von der Festlandküste wegschieben, scheinen die Dehnbarkeit des Konzepts zu bestätigen.

Drittens, Lius Definition der Nahen See vermittelt ein sehr sinozentrisches Weltbild und somit in hohem Maße eine Art Besitzanspruch auf Chinas Küstengebiete. Diese offensichtliche Anmaßung ist wenig überraschend, da größere Seeräume vor der Küste in der Vergangenheit essenziell für das chinesische Umfeld waren und sich somit als ein chinesisches Schutzgebiet auf See eigneten. Pekings Ansprüche auf Souveränität im Chinesischen Meer sollten in diesem Zusammenhang teilweise verstanden und die Verteidigung auf hoher See als ein Teilelement der chinesischen Landesverteidigung behandelt werden. Wir sollten daher erwarten, dass China außergewöhnlichen Wert auf den Kampf und den Sieg in den Gewässern legen wird, welche innerhalb des Konstrukts der Nahen See liegen.

Das Lexikon der Marine der Volksbefreiungsarmee (PLA Navy) definiert die Verteidigung auf hoher See ausschließlich funktional, indem es vier Hauptziele umreißt. Die chinesische Marine wird (1) an defensiven marinestrategischen Zielen festhalten; (2) ihre Verteidigungsstärke auf See erhöhen; (3) Vorbereitungen für das Schlachtfeld treffen und (4) eine aktive Verteidigung implementieren. Gemäß dem Eintrag: „[Hochseeverteidigung beinhaltet] die kombinierte Nutzung aller Methoden zur Ausübung der gesamten Wirkungen von Seemacht, um sich selbst im höchsten Maße zu schonen, während man den angreifenden Feind schwächt und vernichtet. Es erfordert eine ausreichende Einbeziehung mobiler Kampfmittel, um den Feind zu suchen und zu vernichten, das Machtverhältnis stufenweise zu verlagern, die strategische Lage zu ändern und hierbei den Übergang zur strategischen Gegenoffensive und zum Angriff zeitlich angemessen festzulegen."[42] Der Eintrag zur Hochseeverteidigung kommt zu dem Schluss, dass – „[während] die effektiven Wirkungsbereiche von offensiven seegestützten Waffensystemen zunehmen – sich Theorie und Praxis von Defensivstrategien auf hoher See zahlreichen bedeutenden Reformen gegenübersehen werden". Der Eintrag erkennt die wechselwirkende Beschaffenheit des Krieges auf See an und erwartet den Kampf gegen einen überlegenen Widersacher, der größere Reichweite und Schlagkraft zur Schau stellt. Der Eintrag wurde 1999 verfasst, also bevor die chinesische Marine ihren gegenwärtigen Umfang erreicht hatte. Wie Liu sahen nachfolgende Befehlshaber der PLA Navy die Notwendigkeit zur Erweiterung der Hochseeverteidigung deutlich voraus und passten diese an neue militärische Entwicklungen an.

Generalmajor Yao Youzhi und Senior-Oberst Chen Zeliang argumentieren im prestigeträchtigen *Junshi-Kexue*-Journal, dass die immerwährende konkurrierende Natur der „Kriegsführung unter High-Tech-Bedingungen" auch militärische Kapazitäten erfordert, um die Kontrolle über das weitflächige Allgemeingut – oder das „Schlachtfeld der Verbindungswege, wie die Verfasser es bezeichnen" – zu erweitern und zu halten. Sie erklären:

> Die Umsetzung einer offensiven Verteidigung [*gongshi fangyu*] erfordert die verbesserte Gestaltung der Kampfzone der Verbindungswege ... Unter den zukunftsweisenden Bedingungen dehnt sich die Kampfzone der Verbindungswege simultan sowohl in die Richtung des Feindes als auch in unsere aus. Wir müssen nicht nur unsere eigene Kampfzone der Verbindungswege angemessen verteidigen, sondern auch versuchen, die Kampfzone der Verbindungswege in die Richtung unseres Widersachers zu verschieben. Wir müssen den Feind angreifen oder ihn auf den Routen, die er benutzen muss, abbremsen. Manchmal kann sich der Umkreis der Kampfzone der Verbindungswege vom Land auf die See und in die Lufträume ausdehnen. Die Ausdehnung des Betätigungsfelds der nach außen gerichteten Kampfzone der Verbindungswege ist unerlässlich für die Vorbereitungen auf militärische Auseinandersetzungen und die Garantie, „den Kampf zu gewinnen".[43]

Die Auffassung eines vergrößerten und konkurrenzbetonteren Gebiets für Konflikte quer durch die verschiedenen Abschnitte des Allgemeinguts stimmt voll mit den weiteren maritimen Notwendigkeiten überein, was aus den aufeinanderfolgenden Verteidigungs-White-Papers hervorgeht. Für manche stimmt diese weiter nach vorn gerichtete Verteidigungshaltung übereinstimmend mit den Lehren der chinesischen Geschichte überein. Wie Oberst Dai Xu sagt: „Die kürzlich eingeschlagene Richtung des chinesischen Militäraufbaus zur „Annäherung an die See" – verglichen mit dem langfristigen althergebrachten Landkonzept – verschob die Verteidigungslinie ein bisschen nach außen, die Natur der strategischen Verteidigung blieb jedoch unverändert. In den vergangenen 200 Jahren fanden alle Kriege auf Land oder auf See nahe bei China statt. China hat verdientermaßen das Recht, die Kampfzonen weiter fortzuschieben.[44] Bemerkenswerter ist, dass chinesische Schreiber auf eine sehr offensive operative Haltung bestehen, um die Herrschaft über die Seeverbindungen zu erlangen und auszuüben. Dieser offensive Geist lässt sich auf Chinas eigene strategische und militärische Traditionen zurückführen. Während hohe chinesische Beamte, Seefahrer und Denker ihre große Inspiration von Mahan – einem amerikanischen Theoretiker – schöpfen, ziehen sie auch häufig die politisch-militärischen Schriften von Mao Tse-tung als Hilfe bei der Streitkräftestruktur, Strategie und maritimer Doktrin zurate. Wie wir im Folgenden darlegen werden, schulden die Bezüge zu Hochseeverteidigung und offensiver Abwehr ihre konzeptionelle Existenz dem maoistischen Strategiedenken. So gesehen lohnt es sich, seine Theorien wieder aufzugreifen, um die Grammatik zukünftiger chinesischer Seemacht zu verstehen.

MAOS AKTIVE VERTEIDIGUNGSSTRATEGIE

Mao, der Gründer und Vorsitzende der Chinesischen Kommunistischen Partei (Chinese Communist Party – CCP), prägte seine eigene strategische Auffassung des zeitgenössischen China sowohl durch sein persönliches Vorbild als auch durch die Überlieferung seines gewaltigen Werks zu politischen und militärischen Belangen. Der Kommunismus mag in China schwinden, jedoch hängt Maos Bildnis weiterhin am Tor des Himmlischen Friedens im politischen Zentrum der Hauptstadt. Mao schenkte Bestrebungen auf See wenig Beachtung und richtete sein Augenmerk auf kontinentale Belange. Trotzdem verdankt die Strategie der „aktiven Verteidigung auf See" der PLA Navy sowohl ihren Namen als auch ihre Grundprinzipien Maos Doktrin der „aktiven Verteidigung".

Der Vorsitzende Mao entwickelte seinen „offensiv-defensiven" Denkansatz zur Kriegsführung in den langen Jahrzehnten des Kampfes an Land aus einer relativ schwachen Position heraus, um zuerst die japanischen Besatzer aus China zu vertreiben, und später, während des Chinesischen Bürgerkrieges, Tschiang Kai-scheks Nationalistische Armee zu besiegen.[45] Unfähig, mit regulären Mitteln die Oberhand zu gewinnen, propagierte die Rote Armee einen schnellen, entscheidenden Sieg und begegnete den Kampagnen der Nationalisten mit der bewussten Verlängerung des Krieges, um ihre Feinde kriegsmüde zu machen und Rekruten unter der breiten Bevölkerungsmasse anzuwerben. Mao erkannte viele der Leitlinien an, die in *Die Kunst des Krieges (The Art of War)* des Sunzi – einem seiner beliebtesten Werke über strategische Theorie –, entwickelt waren, während er stillschweigend Sunzis Warnung vor einem langwierigen Krieg ignorierte.

Dies war reine Zweckmäßigkeit. So wie die heutigen chinesischen Seemachtbefürworter verhöhnte auch Mao die passive Verteidigung – sogar dann, als seine Rote Armee zu kaum mehr als dieser fähig schien. Er sah voraus, dass seine Theorie eines langwierigen Krieges als eine Befürwortung der Passivität missverstanden werden könnte. Er gab sich daher große Mühe, sich hiervon zu distanzieren. „Nur ein völliger Narr oder Verrückter", so erklärte er, „würde die passive Verteidigung als einen Glücksbringer wertschätzen". Vielmehr würde sich die aktive Verteidigung auf die Kunst beziehen, die Voraussetzung für eine strategische Gegenoffensive auszuarbeiten, die zu einer entscheidenden Auseinandersetzung führt: „Soweit ich weiß, gibt es weder einen militärischen Leitfaden von Wert, noch irgendeinen vernünftigen Militärexperten – in Vergangenheit oder Gegenwart – chinesisch oder ausländisch –, der die passive Verteidigung nicht ablehnt, sei es bei der Strategie oder bei der Taktik ... Das ist ein Irrtum im Krieg, eine Offenbarung von Konservatismus in militärischen Belangen, welcher wir uns resolut widersetzen müssen."[46] Trotz der physischen Diskrepanz zugunsten der Nationalistischen Armee kombinierte die Rote Armee direkte und indirekte Angriffe (*cheng* und *ch'i*) auf kunstvolle Weise in der besten Tradition von Sunzi.[47] Letztendlich konnten die Kommunisten – nachdem sie bei einer strategischen Defensive auf den richtigen Augenblick gewartet hatten – das Gleichgewicht der Kräfte zu ihren Gunsten verschieben, die strategische Offensive übernehmen und die Oberhand gewinnen.

Geschicklichkeit war unerlässlich. „Militärisch ausgedrückt", so riet Mao, „besteht unsere Kriegsführung aus der alternierenden Anwendung von Defensive und Offensive". Der strategische Rückzug war die richtige Wahl zu Beginn einer defensiven Kampagne, aber nur bis ein kraftvoller Gegenschlag ausgeführt werden konnte. Die Verteidigungskräfte sollten Chinas enorme strategische Weiten ausschöpfen. Sie könnten Schwäche vortäuschen und sich zurückfallen lassen, um ihre Feinde in Versuchung zu führen, sich selbst zu überanstrengen:

> Defensive Kriegsführung, die passiv in ihrer Form ist, kann aktiv in ihrem Inhalt sein und von einem Zustand, in dem sie passiv in ihrer Form ist, zu einem Zustand umgestellt werden, in dem sie sowohl in Form als auch im Inhalt aktiv ist. Dem Anschein nach wird ein vollauf geplanter strategischer Rückzug unter Zwang durchgeführt, aber in Wirklichkeit erfolgt er, um unsere Kräfte zu schonen und auf den richtigen Augenblick zu warten, um zur Vernichtung des Feindes diesen weit hinein zu locken und unsere Gegenoffensive vorzubereiten.[48]

Mao verglich die Truppen der Roten Armee mit einem „raffinierten Boxer", der sich „normalerweise zu Beginn etwas zurückhält, während der Tollkühne rasend und mit blindem Eifer all seine Reserven schon zu Beginn aufbraucht und schließlich dem unterliegt, der sich zurückgehalten hat". „Meide den Feind, wenn er seine volle Schlagkraft hat", so riet er und zitierte Sunzi, und dann „schlage zu, wenn er ermüdet ist und sich zurückzieht."[49] Nachdem sie sich auf ihre Hauptgebiete zurückgezogen, ihre Kräfte konzentriert und ihren Gegner müde gemacht haben, würden die Verteidiger der Roten Armee zurückschlagen. Im Laufe der Zeit würden sie die Offensive ergreifen und den Kampf zu ihrem Feind tragen.

Maos Theorie einer aktiven Verteidigung zeigt ein ausgeprägtes geografisch-räumliches Element. Über den Zweiten Chinesisch-Japanischen Krieg schrieb er, dass die Invasoren entlang von „äußeren Linien" mit dem Versuch operierten, die sich verteidigenden Chinesen, die entlang einer inneren Linie" agierten, zu umkreisen. Damals wie heute – die Aussicht eingekreist zu werden erregte Besorgnis unter den chinesischen Führern und veranlasste diese, Gegenmaßnahmen vorauszuplanen. Laut Milan Vego

> bewegt sich eine Streitmacht entlang *innerer Linien (interior lines)*, wenn sie zwischen jenen der feindlichen Einsatzlinien verläuft (lines of operations). Innere Linien entstammen immer einer zentralen Position. Sie werden von einer zentralen Position aus gebildet, die sich in eine oder mehrere Richtungen ausdehnt, oder sie können auch als eine Reihe von zentralen Positionen verstanden werden, die mit einer anderen verbunden sind. Innere Linien ermöglichen im Allgemeinen die Konzentration der eigenen Streitkräfte gegen einen Teil der feindlichen Kräfte, während sie dessen anderen Teil mit einer eigenen deutlich unterlegenen Streitmacht in Schach halten.[50]

Beschränkt auf die inneren Linien kämpften die chinesischen kommunistischen Truppen mit einem Nachteil. Aber selbst dann war es „möglich und notwendig, taktische Offensiven innerhalb einer strategischen Offensive auszuführen, Feldzüge und Gefechte mit einer schnellen Entscheidung innerhalb eines strategisch langwierigen Krieges sowie Feldzüge und Gefechte auf äußeren Linien innerhalb strategischer innerer Linien zu führen". Dieser Grundsatz galt „sowohl für den regulären als auch den Partisanenkrieg."[51] Um gegen kleinangelegte Offensiven innerhalb einer großflächigen Verteidigungskampagne vorzugehen, mahnte Mao die Befehlshaber, feindliche Streitkräfte Stück für Stück zu besiegen. „Massiere eine große Streitmacht, um einen kleinen Teil der feindlichen Streitmacht anzugreifen [und zu vernichten]", riet er. Es ist besser, einen der Finger des Feindes ganz abzuschneiden als sie alle zu verletzen.[52] Die inneren Linien können dann zum Vorteil der schwächeren Partei gedreht werden. Dies gilt nicht nur für Feldzüge auf Land, sondern auch für den Kampf auf See. Darüber hinaus sinnierte Mao, Allianzen rund um den Pazifik zu schmieden, um es China zu ermöglichen, gegen den japanischen Imperialismus entlang der äußeren Linien zu operieren. Trotz der strategischen Einkreisung chinesischer Streitkräfte bildete eine „Anti-Japan-Front in der pazifischen Region" eine Art diplomatischer Gegeneinkreisung.[53]

Die maoistische Theorie beeinflusst dann die Logik der chinesischen Staatsführung und bedeutenden Strategie genauso wie ihre operative und taktische Grammatik. Maos militärische Schriften waren eindeutig offensiv in ihrem Charakter. Die passive Verteidigung stellte „eine unechte Art der Verteidigung dar", während „die einzig wahre Verteidigung eine aktive (Verteidigung) ist". Die offensive Verteidigung war „eine Verteidigung zum Zwecke des Gegenangriffs und der Erlangung der Offensive."[54] Defensive Maßnahmen waren kurzlebig und wurden von einem ungünstigen Kräftegleichgewicht diktiert. Sie waren nicht der Kern von Chinas nationaler Strategie, geschweige denn ihrer strategischen Präferenz.[55] Für die Führer der Chinesischen Kommunistischen Partei (CCP) beschränkte die Zuflucht zu einer strategischen Defensive die gesamte militärische Strategie oder Taktik auf eine reine Verteidigung oder Passivität.

Mao Tse-tungs strategische Weisheit gilt sowohl für den See- als auch für den Landkrieg. Angetrieben von Mahan und Mao reden chinesische Marinestrategen wie Ni Lexiong nun häufig darüber, die Gewässer innerhalb der ersten Inselkette dem Griff der US-Navy zu entreißen.[56] Sie beabsichtigen, diese Gewässer zu umschließen und zu kontrollieren, selbst wenn die Vereinigten Staaten ihre Gesamthegemonie über asiatische Gewässer beibehalten sollten. Zahlreiche Chinesen sehen die amerikanische Herrschaft über Ostasien als eine gegenwärtige maritime Version der Strategie der Nationalisten zur Einkreisung und Unterdrückung – ein Versuch, um durch die Anwendung von überlegener Feuerkraft und Anzahl Chinas rechtmäßige Bestrebungen auf hoher See zu unterdrücken.[57] Maos Rote Armee kämpfte gegen die Einkreisung und Unterdrückung mit für den Seekrieg angemessenen Mitteln an; und tatsächlich gibt es Anzeichen dafür, dass zahlreiche chinesische Strategen Maos Prinzipien der Landkriegsführung auf die See ummünzen.[58] Falls die Marine der Volksbefreiungsarmee (PLA Navy) an Maos Weisheit festhält, wird sie geduldig bleiben, bis sie eine Stellung relativer Stärke im Vergleich zu möglichen Widersachern erlangt hat.

Mahan liefert dann scheinbar die geopolitische Logik für eine offensive chinesische Strategie, während Peking auf Maos Doktrinen für Strategien und Taktiken schaut, um dann diese Strategie auszuführen. Dies stellt eine beeindruckende Synthese strategischer Theorien aus ausländischen und einheimischen Quellen dar.

WELCHE ART VON MAHANISTEN SIND DIE CHINESEN?

Wie können amerikanische Beobachter die Entwicklungsrichtungen des chinesischen Strategiedenkens auf See grafisch darstellen? Zahlreiche chinesische Fachleute lesen Mahan aufmerksam und zitieren ihn als Autorität für ihre Anschauungen. Jedoch bieten sie nur wenig präzise Angaben über die Lehren, die sie aus ihm ziehen. Es bleibt festzuhalten, dass die aufstrebenden Seemächte der Vergangenheit seine Schriften bei weitem anders interpretiert haben – manchmal mit einem bedrohlichen, selbstzerstörerischen Ergebnis. Zutreffenderweise erging es Großbritannien und den Vereinigten Staaten bei der Umsetzung von der Seemachttheorie in die Praxis am besten. Britanniens liberales Empire auf See im 19. Jahrhundert – verteidigt durch eine Royal Navy ohne Rivalen – lieferte das Modell für die Mahan'sche Seemacht. Mahan ratifizierte, was die Briten getan hatten, und lobte ihr Fingerspitzengefühl. Es ist wenig überraschend, dass er während seiner Reisen auf den Britischen Inseln mit Auszeichnungen überhäuft wurde. Als er die USS *Chicago* befehligte, wurden ihm beispielsweise akademische Ehrengrade in Oxford und Cambridge verliehen und er hielt eine Rede vor dem ehrwürdigen Royal Navy Club.[59]

Zum *fin de siècle*, dem Ende des 19. Jahrhunderts, nahm Amerika Mahans Werke zunächst zurückhaltend auf. Bezüglich der Veröffentlichung von *The Influence of Sea Power upon History* stellte er ironisch fest, „dass das Buch einen Bedarf befriedigte, wurde schnell offensichtlich durch positive Rezensionen, die weitaus expliziter und herzhafter in Europa – und besonders in Großbritannien – als in den USA waren."[60] Es brauchte Zeit, um die historische Zurückhaltung der Republik zu überwinden, damit die Amerikaner nach Westen in Richtung Asien und nach Süden in Richtung Karibik sowie auf den Isthmus, ihrem Zugang zum Pazifik, schauen. Mahan erörterte, dass die Vereinigten Staaten durch ihren Sieg über Spanien im Jahre 1898 die spanischen Pflichten und Verantwortungen in der Karibik und den Philippinen – Letztere ein Pfeiler für die erste dauerhafte US-Marine-Präsenz in Asien – übernommen hatten.[61] Die US-Navy baute – wie Mahan mahnte – eine Flotte mit zwanzig Schlachtschiffen, und diese hielt europäische Flotten in amerikanischen Gewässern in Schach. Die Marine hatte geringen Bedarf an einer Seestreitmacht, die ganze Kriegsflotten von Großmächten übertreffen konnte; sie brauchte bloß ausreichend Feuerkraft, um ein größtmögliches Aufgebot zu besiegen, das sich voraussichtlich nach Nord-, Mittel- oder Südamerika wagen würde. Die amerikanische Strategie konnte – musste aber nicht – in einem Flottengefecht wie Trafalgar oder Tsushima gipfeln.

Das kaiserliche Deutschland sprang auf die Mahan'sche Theorie an. Bei einer Gelegenheit erklärte Kaiser Wilhelm II.: „Ich lese jetzt nicht nur, sondern verschlinge Captain Mahans Buch und versuche, es auswendig zu lernen. Es befindet sich an Bord aller meiner Schiffe und wird sehr häufig von meinen Kapitänen und Offizieren zitiert."[62] Trotz der Schwärmerei deutscher Führungspersönlichkeiten war Mahan ein „schlecht sitzender Anzug" für Deutschland, einer kontinentalen Macht, die durch eine unvorteilhafte geografische Lage eingekeilt war. Mahan schrieb hauptsächlich für Amerikaner, deren Marine und Handelsflotte einen einfachen Zugang zum Atlantik und Pazifik genossen. Anders als Deutschland brauchten die Vereinigten Staaten mit keinen Bedrohungen von Land aus zu rechnen, welche die Ressourcen von den Bestrebungen auf See abgezweigt hätten. Die aus deutschen Häfen kommenden Schiffe mussten die

Britischen Inseln passieren, entweder durch den Ärmelkanal oder zwischen Schottland und Norwegen hindurch, um den weiten Atlantik und von dort die deutschen Besitzungen in Afrika und Asien zu erreichen.[63] Kriegsschiffe der Royal Navy riegelten die „tote" Nordsee ab und errichteten eine Fernblockade, die den deutschen Seetransport im Ersten Weltkrieg wie „Weinreben vertrocknen und verkümmern ließen" (Kapitel 3 wird den kaiserlich-deutschen Fall im Detail untersuchen).

Mahan berichtete, dass die Japaner seine begeistertsten Anhänger waren. In seiner Denkschrift erzählte er von „ansprechender Korrespondenz mit einigen japanischen Staatsvertretern und Übersetzern". Dass niemand „ein näheres oder größeres Interesse für das allgemeine Thema zeigte" als die Japaner, war naheliegend wegen „ihrer Vorbereitung und ihrer Errungenschaften im kürzlich geführten Krieg gegen Russland (1904–1905). „Soweit mir bekannt ist", so fügte Mahan hinzu, „sind von meinen Werken mehr ins Japanische als in irgendwelche andere Sprachen übersetzt worden."[64] 1902 bot ihm Admiral Yamamoto Gombei einen lukrativen Lehrstuhl an Japans Marinestabshochschule (Naval Staff College) an.[65] Abgesondert von seinem anfänglichen Erfolg, verfolgte das Kaiserliche Japan jedoch eine maritime Strategie, die gründlich scheiterte – dies wurde zum Teil der beherrschenden japanischen Interpretation Mahans geschuldet, unter welcher Japan anstrebte, eine autarke Wirtschaftszone zu gestalten, einen Verteidigungskreis entlang der zweiten Inselkette zu errichten sowie eine unübertreffliche Flotte von Schlachtschiffen mit schweren Geschützen zu bauen.[66] Tokios Besessenheit von geografischen Gegebenheiten und der Struktur von Macht erwies sich als sein Verderben.

Wie vergangene Seemächte wimmelt es in China nun von Mahan-Enthuisiasten und deren Kritikern. Bis heute sind chinesische Stimmen jedoch nur selten über die bekannten Mahan'schen Prinzipien hinausgegangen. Nach der verfügbaren Literatur zu urteilen, müssen Mahans nuanciertere Beurteilungen der Seemacht erst noch ins Bewusstsein eindringen. Chinesische Analysten neigen auch dazu, von den einprägsameren Textpassagen in Mahans Werken für ihre eigenen begrenzten Verwendungszwecke angezogen zu werden und ratifizieren so vorher festgelegte Schlussfolgerungen. Sie akzeptieren als scheinbar gültigen Wert beispielsweise die Auffassung, dass es Mahans zielstrebige Hauptabsicht war, die Nationen zu verleiten, Kriegsflotten zu bauen, die in der Lage sind, wirtschaftliche Konflikte mit Waffengewalt zu lösen.[67] Um daher einigen eher beiläufigen Ausführungen von Mahans Schriften Gestalt zu verleihen, sagt Zhan Huayun:

> Der US-Marineoffizier und Historiker Mahan, der die Theorie zur Seemacht entwickelt hat, zeigt auf, dass der bestimmende Faktor beim Aufstieg und Fall von allen Imperien darin lag, ob sie Macht auf See hatten und das Meer kontrollieren konnten. Seine Theorie der Seemacht kann man als einen Wendepunkt in der Marinestrategie der Welt ansehen. Seine Doktrin der Theorie von Seemacht und der Theorie der Marinestrategie entstanden in einem historischen Moment und wurden der Eckpfeiler westlicher marinestrategischer Theorie sowie eine ideologische Waffe beim Streben nach Hegemonie.[68]

Feng Zhaokui zitiert Mahan, während er schreibt: „Die Dominanz auf See umfasst alles, was eine Nation durch die Werte der See oder durch die See selbst groß machen kann". Der Verfasser fährt dann fort, um Mahan für dessen pauschale martialische Behauptungen über Seemacht zu schelten und erklärt: „Anstatt zu sagen, dass die Befahrung des weiten Ozeans – so lange die Flotten eines Landes dazu fähig sind – ausreicht, deutet die verhüllte Botschaft in seiner Bemerkung an, dass die Erlangung der Kontrolle über wichtige Seerouten und der Erwerb überseeischer Ressourcen eigentlich die wahren Absichten der größeren aufgestiegenen Nationen waren."[69] Feng mahnt China, den hegemonialen Weg, den Mahan für die ehrgeizigen Seemächte seiner Tage ausgelegt hat, zu vermeiden. Andere schreiben Mahan direkt eine US-Vormachtstellung im maritimen Asien zu, im Besonderen dessen dominant-militärischer Stellung entlang der ersten Inselkette, und tadeln ihn wegen Amerikas vermeintlich feindseliger Absichten gegenüber China. Gemäß Gao Xinsheng von der Artillerieschule Schenjang (Shenyang Artillery Academy):

> In Mahans berühmtem Werk *The Influence of Sea Power Upon History, 1660–1783* drückt er aus, dass man sich, um die Herrschaft über die See zu haben, auf eine starke Seestreitmacht verlassen und ein Netzwerk von Marinestützpunkten über den Globus verteilt errichten muss ... Unter der Führerschaft seines Prinzips besetzte Amerika in rascher Folge die meisten der Hauptinseln im Pazifischen Ozean, errichtete zahlreiche wichtige Militärbasen auf den Inseln und bildete eine solide militärische Allianz mit Inselnationen im Pazifischen Ozean wie Japan, Australien, den Philippinen und Singapur. Dies ermöglichte Amerikas maritime Expansionsstrategie und bildete die sogenannte „Inselblockadelinie" („island blockade line"), die zu wichtigen Knotenpunkten bei der Seekontrolle sowie zu einem rasterartigen strategischen Grundriss für Amerika führte.[70]

Chen Zhou, ein Forschungsbeauftragter an der Akademie für Wehrwissenschaften der Volksbefreiungsarmee (PLA Academy of Military Sciences), argumentiert, dass geopolitische Interessen stets schemenhaft hinter der amerikanischen China-Politik gestanden haben. Er erklärt: „Seit den frühen Anfängen hat die US-Strategie für China einen tiefgreifenden geostrategischen Hintergrund. Dem Gedankengut des US-Marinestrategen Mahan genau folgend, besetzten die Vereinigten Staaten Hawaii, die Philippinen sowie andere wichtige pazifische Inseln und machten diese zu ‚Sprungbrettern' auf ihrem Weg nach Asien und China. Sie weiteten ihre Streitkräfte von ihrer Westküste ausgehend bis auf 7.000 Meilen aus, sodass diese bis auf nur 700 Meilen an Chinas Ostküste heranreichten."[71] Sowohl Gao als auch Chen ziehen eine gerade Linie von der vor über einem Jahrhundert veröffentlichten Mahan'schen Seemachttheorie zur heutigen US-Strategie in Asien. Die von den Chinesen geschilderte Linearität und der ursächliche Zusammenhang sind von einem analytischen Standpunkt her bedenklich. Es steht außer Zweifel, dass die Logik Mahans eine tiefe Zustimmung bei chinesischen Strategen findet und diese veranlasst, die Mahan'schen Motive US-politischen Entscheidungsträgern – in Vergangenheit und Gegenwart – zuschreiben.

Trotzdem sind die oberflächlichen Charakterisierungen von Mahans Theorie der Rahmen eines Zerrbildes, und sie erhöhen die Möglichkeit, dass Peking den amerikanischen Theoretiker zu sehr vereinfacht und missdeutet. Einerseits könnte eine Fehlinterpretation Mahans sich als harmlos herausstellen. Chinesische Analysten könnten sich in eine analytische Sackgasse begeben und zu einer anderen Theorie übergehen, die konformer für Chinas besondere örtliche Gegebenheiten sind. Andererseits ist ein weniger gutartiger Ausgang denkbar. Falls die Chinesen die martialischen Motive, welche Mahans Argumente vorbehaltlos unterstützen und die Marinepolitik nach diesen Motiven gestalten, dann ist es denkbar, dass Peking dem deutschen oder japanischen Weg zur Seemacht folgen wird. Falls dem so ist, werden die Aussichten auf Harmonie in der asiatisch-pazifischen Region düster werden.

Es gibt immerhin zwei mögliche Erklärungen für diese scheinbare Oberflächlichkeit, jede mit wichtigen Implikationen für die Entwicklung chinesischen Strategiedenkens über die See. Erstens, die Denker der PLA Navy lesen und verarbeiten noch immer seine Theorien und überlegen, wie man diese bei den chinesischen außenpolitischen Zielen anwenden soll. Die Literatur deutet an, dass sie dort weitaus mehr über Mahan finden, als das Gefecht zwischen zwei symmetrischen Schlachtflotten. Da „der Handel durch Frieden floriert und durch Krieg leidet", so behauptet Mahan, „ist der Frieden folglich das vorrangige Interesse" seefahrender Nationen. Seit den frühen Jahren des 21. Jahrhunderts tauchen immer häufiger Ausführungen über Mahan in chinesischen Debatten auf. Diese sind zunehmend mannigfaltig und gehen über *The Influence of Seapower upon History* hinaus, um auch geopolitisch ausgerichtete Bücher wie *The Problem of Asia* und *The Interest of America in Sea Power* zu erfassen.

Während chinesische Denker ihr Verständnis von der Mahan'schen Theorie anreichern – und hierbei nicht nur die operativen, taktischen sowie machtstrukturellen Dimensionen, sondern auch seine Auffassung von internationalen Beziehungen mit einbeziehen –, mögen sie ihre Einstellungen gegenüber dem angemessenen Einsatz von Seemacht gründlich akzentuieren.

Die vorrangige Stellung von friedlichem wirtschaftlichem Wettbewerb wäre eine willkommene Addition zu Chinas Mahan'schen Diskussionen. Westliche Analysten sollten Ausschau nach Anzeichen eines tieferen und reicheren Verständnisses für die Seemachttheorie halten.

Eine Anzahl Gelehrter in China hat bereits ein differenziertes Verständnis von Mahan bewiesen. Liu Zhongmins dreiteilige Reihe über Seemachttheorie weist beispielsweise eine umfangreiche Behandlung von Mahans vielbändigen Schriften auf und stellt einen erkennbaren Fortschritt in der Wissenschaft dar.[72] Peking hat auch den Aufstieg und Fall vergangener Großmächte untersucht und auf die Geschichte als Orientierungshilfe geblickt, um seinen eigenen Aufstieg zu lenken. Den Analysten scheint sehr genau bewusst zu sein, dass der friedliche Aufstieg einen maßvolleren und umsichtigeren Einsatz von Seemacht erfordert, damit andere seefahrende Nationen – im Besonderen die Vereinigten Staaten – nicht versuchen, China auf See hineinzureden.

Tatsächlich mahnen einige chinesische Neo-Mahanisten Peking zur Ausübung einer Art von „begrenzter Seemacht" („limited sea power"), die eine geografische Beschränkung innerhalb der ersten Inselkette vorsieht.[73] Ihrer Ansicht nach sollte eine wahrhaft Mahan'sche Marine der Volksbefreiungsarmee (PLA Navy) ihre Bestrebungen auf die Seewege konzentrieren, die entscheidend für den Handel und die Verteidigung von Chinas maritimer Souveränität sind. Ein solches China würde sich mit einer angemessenen – aber nicht zu dominierenden – Flotte zufriedengeben. Noch andere fangen an, die außerordentliche Wichtigkeit anzuerkennen, die Mahan dem Handelsverkehr im Frieden beimisst. Sie erkennen deutlich, dass Mahan niemals zum Seekrieg um seiner selbst willen riet.[74]

Auf den anschaulicheren operativen und taktischen Ebenen erkennen chinesische Strategen jene Mahan'sche Anhänger öffentlich nicht an, welche sich zu den kriegerischsten Auslegungen der Seeherrschaft hingezogen fühlen. Konteradmiral Huang Jiang, der Dekan der Marinekommandoschule (Naval Command Academy), vertritt eine der einfühlsamsten und nuanciertesten Ansichten über die Herrschaft auf See. Er rät:

Der Griff zur Beherrschung der See ist keine Nullsummen-Wechselbeziehung [bei der die Summe der Siege und Verluste für alle Beteiligten gleich null ist]. Im Kampf auf See bedeutet der Verlust unserer Bewegungsfreiheit nicht unbedingt, dass der Feind die Bewegungsfreiheit erlangt. Gleichermaßen bedeutet die Hinderung des Feindes an der Erlangung der Bewegungsfreiheit nicht, dass wir die Bewegungsfreiheit innehaben. Die Beherrschung der See ist erst dann ergriffen worden, wenn eine Seite nicht nur die feindliche Bewegungsfreiheit auf See zum Stillstand gebracht hat, sondern auch die uneingeschränkte Manövrierfähigkeit genießt. Andererseits verbleibt die Beherrschung der See in einem umkämpften Zustand und gehört somit keiner der beiden Seiten.[75]

Admiral Huang ist sich überaus im Klaren darüber, dass eine Beherrschung ein höchst ungewisses und schwieriges Unterfangen ist. Tatsächlich beziehen sich seine Worte auf Sir Julian Corbett, der behauptete, dass eine unbeherrschte See mit andauernden Streitigkeiten die Norm darstelle.[76] Er erkennt, dass die chinesische Marine voraussichtlich in einem nicht klar umrissenen Kampfgebiet operieren wird, in welchem die Kontrolle der See höchstens vorübergehend erlangt werden kann. Ji Rongren und Wang Xuejin von der Universität für Nationale Verteidigung (National Defense University) prophezeien einen auf dem Wasser stattfindenden Wettstreit zwischen China und möglichen Antagonisten. Sie beobachten:

Die Beherrschung der Verbindungswege lässt nicht die Möglichkeit des wiederholten Erlangens und Verlusts der Beherrschung während einer gewissen Zeitspanne und innerhalb einer gewissen Kampfzone außer Acht. Für jedes starke Militär ist die Beherrschung der Verbindungswege stets eine relative Begrifflichkeit. Kein Militär könnte jemals die Beherrschung der Verbindungswege – die Lufträume und die See von Anfang bis Ende – komplett erlangen. Bei unserem von relativer Rückständigkeit in der Ausrüstung gebeuteltem Militär ist diese missliche Lage erst recht akut. Die Dauer der Beherrschung wird befristet, der Grad der Kontrolle relativ, das Ausmaß der Kontrolle begrenzt sowie das Erlangen und der Verlust der Beherrschung werden situationsbezogen sein.[77]

Diese nüchternen Einschätzungen stehen in weitem Unterschied zu den Aussagen, dass China die „absolute" Beherrschung anstreben könnte und sollte. Praxisnah ausgedrückt entspricht diese realistischere Auswertung der chinesischen Verteidigungsstrategie auf hoher See, also einem Streben, die Seekontrolle für einen begrenzten Zeitraum bis auf einige hundert Meilen vor der Küste des Festlandes geltend zu machen. Mahan, Mao und Liu hätten sicherlich zugestimmt. Ermutigende analytische Entwicklungstrends beginnen sich dann unter chinesischen Denkern zu entwickeln. Wie viel Triebkraft diese nuanciertere, präzisere Interpretation von Seemachttheorie in Peking erhalten wird, bleibt abzuwarten.

Eine weitaus besorgniserregendere Alternative ist, dass chinesische Navalisten Mahan einfach benutzen, um die Lobby für eine große Marine zu schaffen, die sich aus teuren High-Tech-Plattformen zusammensetzt. Sie brauchen Mahans Werke nicht komplett oder intensiv zu lesen, um die Bedrohung chinesischer Interessen zur See künstlich auf-zubauschen und somit den Beweggrund für eine starke Flotte zu schaffen. Ein Artikel, der Peking ermahnt, eine ozeantaugliche Marineflotte zu bauen, deutet an, dass Oppor-tunisten Mahan tatsächlich als eine Instanz für ihre politischen Vorlieben – nämlich die entscheidende Umschichtung der Ressourcen auf die Seestreitkräfte – benutzen. Luo Yuan, der eine allzu vereinfachte Geschichte der Seemacht – welche oft Mahan zuge-schrieben wird – rekonstruiert, erklärt:

> Mit einem Blick auf die Geschichte können wir sehen, dass die Frage, ob ein Land machtvoll ist oder nicht, eng mit seinen maritimen Streitkräften verbunden ist. Wenn seine Seestreitkräfte stark sind, dann ist das Land stark; wenn seine See-streitkräfte schwach sind, dann ist das Land auch gebrechlich. In den 500 Jahren vom 15. bis zum 20. Jahrhundert hing es offensichtlich von ihren Seestreitkräften ab, ob die Stärke der führenden Länder in Europa wuchs oder abnahm und ob diese Länder im Wettstreit untereinander siegten oder verloren.[78]

Andere Mahanisten belegen eine Passage aus *The Problem of Asia*, welche der US-Füh-rung vor einem Jahrhundert die Gefahren einer Vernachlässigung der Seemacht bewusst machte. Mahan argumentiert, dass ein „weiser Staatsmann" die „nationale Rückstän-digkeit" der amerikanischen Einstellung zur Seemacht aufgreifen und dann unermüdlich arbeiten würde, um „eine organisierte Macht – im Besonderen auf See – zu schaffen, ohne die ein Ausdruck nationaler Willensstärke im Ernstfall nur zu schwerfälligen und kümmerlichen Gebärden eines schlaffen und untrainierten Riesen verkommt."[79] Chine-sische Analysten mögen es, diese heraufbeschwörende Metapher als ein Vorwort ihrer Forderungen nach einem aggressiveren Marineaufbau zu zitieren.[80] Sie versuchen auch, eine dringende Botschaft an ihre politischen Lehrmeister zu schicken: Die chinesische Marine muss sich schnell modernisieren, wenn sie Pekings Willen im internationalen System Nachdruck verschaffen soll.

Auf keinen Fall wäre die Marine der Volksbefreiungsarmee (PLA Navy) nicht die erste Marine, die Mahan für ihre Parolen nutzt. Tatsächlich bleibt die Bemerkung gültig, dass die Führer der US-Navy Mahan benutzen, um den Bau einer großen Flotte zu rechtfertigen, ansonsten seine Bücher jedoch im Regal stehen lassen. Es gibt zweifellos einen schlag-wortträchtigen Gesichtspunkt bei der Anwendung Mahans durch die PLA Navy. Wie andere Werke über Strategietheorie – *The Art of War* des Sunzi kommt hier zu Bewusstsein –, sind

Mahans Schriften auf mannigfaltige Weise auslegbar. Sie können in verschiedenen Anwendungsgebieten eingesetzt werden – von der Anheizung des chinesischen Nationalismus bis hin zur Rechtfertigung von größeren Marinebudgets. Falls chinesische Mahanisten sich jene Rosinenstücke seiner Theorie heraussuchen, die apokalyptische Flottengefechte vorschreiben, dann kann Chinas maritimer Aufstieg zu einer Konfrontation mit anderen existierenden Seemächten tendieren. Das heißt, dass – falls derselbe Paukenschlag Mahan'scher Begleitstimmen anhält – der chinesische Aufstieg einen maßgeblichen Indikator für Probleme für die US-Navy und ihre asiatischen Partner erzeugen wird.

Es ist erwähnenswert, dass selbst wenn China Mahan in einer kriegerischen Art und Weise interpretiert, es keine der US-Navy gegenüber symmetrische eigene Marine zu bauen braucht, um seine maritimen Ziele wie die Behauptung territorialer Ansprüche im chinesisch-nautischen Umfeld, die Beherrschung der ostasiatischen See und deren Lufträume sowie die Bewachung entfernter Seeverbindungswege zu erreichen (wir werden auf die Grammatik der chinesischen Streitkräftestruktur und deren Einsätze in Kapitel 4 zurückkommen). Peking könnte Mahans allgemeine Logik der Marinestrategie annehmen, während es die Beherrschung lebenswichtiger Seegebiete mit Waffensystemen und Methoden anstrebt, die ganz anders sind als jene, die Mahan damals voraussehen konnte. Falls die Entwicklung der vieldiskutierten ballistischen Schiffsabwehrrakete (antiship ballistic missile) voranschreitet, könnte die PLA Navy zum Beispiel die Flugzeugträger-Kampfgruppen der US-Navy (carrier strike group) auf Distanz halten."[81] Mittelgroße chinesische Flugzeugträger könnten so ungehindert unter dem Raketenverteidigungsschild operieren und der PLA Navy somit die technischen und lehrmäßigen Probleme ersparen, die mit dem Bau von „Big-deck"-Flugzeugträgern verbunden wären, die mit der *Nimitz*- und *Ford*-Klasse der US-Navy vergleichbar wären. Peking würde sein Mahan'sches Ziel der örtlich-heimischen Seekontrolle bei einem mäßigen Kostenaufwand erfüllen – dies ist ein besonders sinnvoller Ansatz, und Mahan hätte ihm Beifall gespendet. Westliche Beobachter sollten vermeiden, ihre eigenen Vermutungen auf chinesische Strategiedenker zu projizieren.

WETTEIFERNDE DENKSCHULEN

Selbstverständlich marschieren chinesische Strategen bei der Marinestrategie nicht im Gleichschritt. Tatsächlich charakterisiert eher Uneinigkeit als Einstimmigkeit die Diskussionen über die Zukunft chinesischer Seemacht. Analysten bringen eine Vielzahl von Bedenken zur neo-Mahan'schen Denkschule vor und berufen sich zur Unterstützung ihrer Behauptungen auf andere Strategietheoretiker. *Kontinentalisten* beispielsweise verlassen sich auf Sir Halford Mackinders Landmachttheorien als Inspirationsquelle.[82] Angesichts Chinas Voreingenommenheit durch landseitige Bedrohungen aus dem Norden während seiner ganzen Geschichte, genießen Mackinders Schriften eine recht große Anhängerschaft. Darüber hinaus verzerren und vereinfachen Landmachtenthusiasten sicherlich genau wie die Mahanisten ihre jeweils beliebtesten Theorien zu sehr. Obwohl die Übersetzungen von Mackinders Werk geringfügig voneinander abweichen, berufen sich chinesische Kontinentalisten oft auf seine berühmte Erklärung, dass „wer auch immer Zentralasien kontrolliert, die Weltinsel (den Eurasischen Kontinent) kontrolliert; und wer auch immer die Weltinsel beherrscht, die Welt kontrolliert", und nutzen das Zitat großzügig, um ihre eigenen Argumente zu stärken.[83]

Es überrascht nicht, dass ihre Ansichten direkt denen der Seemachtbefürworter zuwiderlaufen und somit eine sehr große Bandbreite verschiedenartiger Denkweisen über die chinesische Geostrategie preisgeben. Gleichzeitig bieten unterschiedliche Blickwinkel eine ideale Gelegenheit für den Wettstreit von Ideen. Im Jahre 2007 gelangte eine heftige intellektuelle Debatte über die Vorzüge von See- und Landmacht an die Öffentlichkeit. Professor Ye Zicheng von der Universität Peking löste die Debatte aus, als er in jenem Jahr eine Reihe von Artikeln veröffentlichte, welche die Rolle von Seemacht bei dem Antreiben von Chinas Aufstieg verleumdete, während er die Bedeutung einer Orientierung zum Land für einen langfristigen chinesischen Erfolg übermäßig anpries.[84] Ye argumentiert mit Nachdruck, dass „Landmacht ohne Seemacht existieren, aber die Seemacht nicht ohne die Entwicklung einer Landmacht bestehen kann. Demzufolge ist Landmacht weiterhin höchst fundamental als geopolitische Form und Bestandteil, während der eurasische Kontinent heutzutage die wichtigste internationale Bühne bleibt."[85] Mackinder hätte diesen Worten sicherlich Beifall gespendet.

Ye zufolge sollten alle anderen Erscheinungsformen von geografisch-räumlicher Macht – einschließlich der Macht in der Luft, auf See, im Weltall sowie im virtuellen Raum – Chinas kontinentaler Schlagkraft dienen.[86] In politischer Terminologie ausgedrückt würde eine landgerichtete Orientierung Chinas eine Weiterentwicklung seiner inneren Gebiete sowie die Unterhaltung strategischer Partnerschaften mit anderen größeren eurasischen Landmächten einschließlich Europa, Russland und Indien verlangen. Gleichzeitig würde eine nach innen gerichtete Haltung einen maritimen Wettbewerb im Pazifik mit dem gegenwärtigen Hegemonen, den Vereinigten Staaten, vermeiden und dadurch Pekings friedlichen Aufstieg begünstigen.[87]

In einem anderen angesehenen Journal bietet Ye eine vage geschichtliche Perspektive seiner Hypothese. Er behauptet, dass Landmächte im Gegensatz zu Seemächten dazu neigen, ein größeres Standvermögen im internationalen System zu zeigen. Ye bekräftigt:

> Der Einfluss jener Länder, die sich hauptsächlich durch Landmacht entwickelt haben, hat viel länger bestanden [als der von Seemächten]. Der kontinentale Raum besitzt eine sehr große Haltekraft; sobald sich diese bildet, kann sie Bestand haben, und die Früchte der Erweiterung von Landmacht können die Entwicklung und Stellung eines Landes stützen ... Der Einfluss Chinas, dieser Landmacht, kann mit Unterbrechungen bis zu 1.000 Jahre anhalten. Obwohl China sowohl eine Land- als auch eine Seemacht ist, haben Chinas natürliche Gegebenheiten, Geschichte und Kultur bestimmt, dass es hauptsächlich eine Landmacht ist. Die Tatsache, dass China geteilt wurde ohne zersplittert zu werden, dass es nicht zugrunde gerichtet wurde und dass es immer ein vereinigtes Land für Tausende von Jahren war, ist eng mit seiner Stellung als Landmacht verbunden.[88]

Als Warnung führt Ye einige Geschichten von Großmächten an, die ihre geopolitisch komparativen Vorzüge überreizt haben. Russlands fehlgeschlagener Anlauf zur Seemacht während des Kalten Krieges und Japans misslungenes Streben nach kontinentaler Hegemonie im Zweiten Weltkrieg veranschaulichen die Gefahren, denen man bei der Beherrschung von unbekanntem geografisch-räumlichen Terrain begegnet. Für Ye weisen die amerikanischen Probleme in Afghanistan und Irak der letzten Jahre darauf hin, dass auch die Vereinigten Staaten „weit über das strategische Potenzial hinausgeschossen sind, welches ihnen durch ihre natürlichen Voraussetzungen gegeben ist.[89] In anderen Worten, China sollte an dem festhalten, worin es die größte Erfahrung hat – und das ist Landmacht –, damit es nicht solche ungeheuerlichen Fehler wie frühere Großmächte macht.

Liu Zhongmin betrachtet die Vergangenheit auf ähnliche Weise als Orientierungshilfe und interpretiert Deutschlands Rivalität zur See gegenüber Großbritannien als eine deutliche Warnung an die chinesische Führung. Für Liu ist die „Moral von der Geschichte" klar: „Deutschland ist ein Land, dessen Territorium sowohl das Land als auch die See einschloss, seine wichtigen geopolitischen strategischen Interessen aber stärker vom Land abhingen. Durch seine überschwängliche Anpreisung der Seemacht und den Aufbau einer solchen steuerte Deutschland gegen seine regionalen Vorteil und machte sich sowohl zu Land als auch zur See Feinde. Diese verstärkten seinen Makel als ein Staat, dessen Territorium sowohl Land als auch die See einschloss und somit zu einer zweifachen Schädigung führte. Am Ende wurde Deutschlands Herausforderung der britischen Hegemonie zur See vollends niedergeschlagen."[90] Um eine Parallele zu Chinas heutiger Zwickmühle zu ziehen, glaubt Liu, dass Peking als Macht auch eine Mischform darstellt, die sowohl land- als auch seegerichtete strategische Verantwortungen sattelt. Angesichts dieser mehrschichtigen Belastungen ist China in keiner Position, um sein Augenmerk ausschließlich auf den Bau einer starken Marine zu richten. Wie Liu in einem Artikel nachdrücklich erklärt, „kann seine umfassende Macht China nicht helfen, eine globale Seemacht nach amerikanischem Stil zu etablieren."[91] Daher muss es dem gleichen Schicksal wie das kaiserliche Deutschland entgehen, indem es vergebliche Anläufe, die US-Hegemonie auf See herauszufordern, vermeidet – also Versuchen, die eine unnötige und aussichtslose Rivalität auslösen.

Die Zentralität der von Landmacht beinhaltet offenbar wichtige Implikationen in Bezug auf Ressourcen und Machtstrukturen. Zhang Minqian räumt ein, dass China seine Aufmerksamkeit auf alle Dimensionen geografisch-räumlicher Macht einschließlich Luft, See, Weltall sowie dem Anwendungsgebiet von Daten-Informationen („information domains") widmen muss. Da die „Ressourcen eigentlich nicht in entsprechendem Maße zugeführt werden können, die Schwerpunkte jedoch halbwegs hervorgehoben werden müssen, ist Landmacht die vorrangige Option für China, welches auch die Charakteristik einer Landmacht besitzt."[92] In anderen Worten, die chinesische Führung muss wahlweise bei ihren militärischen Investitionen Schwerpunkte setzen, um Chinas geografischen Vorzüge an Land zu vergrößern.

Cheng Yawen zufolge sollte Peking seine Landstreitkräfte modernisieren, um die internen sicherheitsrelevanten Herausforderungen und externe Bedrohungen durch benachbarte Kontinentalmächte zu bewältigen. Gemäß Cheng „ist der wichtigste Weg zur Erhaltung der Sicherheit auf Land die Bewegungsfreiheit in den Lufträumen sowie der kombinierte Luft-Land-Kampf, der weniger komplex als eine kombinierte Land-, Luft- und Seekriegsführung ist und zusätzlich hilft, die herkömmlichen Stärken von Chinas Militär ins Ziel zu bringen."[93] In dieser alternativen Zukunft würde China über starke Streitkräfte verfügen, die in der Lage wären, einen Landkrieg in einer Art und Weise zu führen, die der Luft-Land-Kampf-Doktrin der US-Army ähnelt, einem Konzept, welches in der letzten Phase des Kalten Krieges entwickelt wurde. Die Schöpfer dieser Doktrin sahen den großangelegten Einsatz von informationsgestützten Präzisionsangriffswaffen vor, um die zahlenmäßige Unterlegenheit amerikanischer und verbündeter Streitkräfte im Vergleich zur Sowjetarmee auf dem europäischen Schauplatz zu kompensieren.

Einigen Analysten zufolge, Ye eingeschlossen, würde Peking nicht unbedingt ein landgerichtetes Schicksal erleiden, wenn es seine kontinentale Orientierung beibehalten würde. Eine starke Landstreitmacht könnte noch immer die Ereignisse auf See kontrollieren, im Besonderen die Küstengewässer, die das chinesische Festland umspülen. Ye argumentiert, dass technologische Fortschritte die Reichweite von landgestützten Flugzeugen und Lenkflugkörpern erhöhen und deren Schlagkraft verbessern, während sie die Verwundbarkeit von hochseefähigen Seestreitkräften im Vergleich zu landgestützten Systemen vergrößern. Kombinierte Land-, Luft- und Seestreitkräfte könnten zusammen „eine ausreichende Abschreckungsmacht erzeugen, um die meisten Küstengewässer Chinas und seine gesamten Küstenregionen zu schützen". Ye zufolge ist Folgendes am wichtigsten: „Wenn die Landmacht (Armee, landgestützte Raketen und landgestützte Luftwaffe) auf dem chinesischen Festland ausreichend stark genug ist, wird diese genügen, um die Situation in der Straße von Taiwan zu kontrollieren."[94] Interessanterweise deckt sich diese Einschätzung größtenteils mit dem gegenwärtigen chinesischen Militäraufbau jenseits der Straße.

Durch die Wiedergabe der enormen geistigen Gärmittel in China in Bezug auf Geostrategie im Allgemeinen und Seemacht im Besonderen lösten die Werke von Ye und anderen eine energische Erwiderung von Kritikern aus. Das *Renmin Haijun*, das offizielle Informationsmedium der PLA Navy veröffentlichte eine direkte Widerlegung von Yes Schriften. Lu Rude, ein früherer Dozent an der Marineschule Dalian (Dalian Naval Academy) argumentiert, dass sich Professor Yes Analyse nicht mit Chinas strategischen Realitäten deckt. Lu rügt Yes begrenzte geografische Vorstellung von Seemacht und legt nach, dass „die Etablierung von Seemacht die natürliche Erweiterung von nationaler Strategie in Richtung See und damit die Kernfrage maritimen Handelns ist. Sie ist auch an diverse Bereiche wie Politik, Ökonomie, Diplomatie, Technologie, Gesetzgebung sowie an das Militär angebunden. Sie bestimmt den Aufstieg und Niedergang der maritimen Belange einer Nation sowie deren Stärken und Schwächen. Bei dieser Frage geht es um die vordringliche Bedeutung für eine Nation und nicht um einen Wettstreit zwischen ‚Landmacht' und ‚Seemacht'."[95] Lu ist ungeniert *mahanisch* in seiner Darstellung von Seemacht als Ausdruck der allumfassenden Strategie einer Nation. Noch bedeutender ist, dass er gegen die Meinung wettert, dass bei der Wahl zwischen Land- und Seemacht das eine das andere ausschließt. Er fegt diese Meinung als falsch beiseite. Auch Ni Lexiong, einer der produktivsten und lautstärksten Neo-Mahanisten in China, beanstandet Yes Analyse. Ni ist besonders skeptisch gegenüber Yes Aussage, dass China die geopolitischen Ursachen eines Wettstreits mit den Vereinigten Staaten abschwächen kann, indem es sich landwärts ausrichtet. Für Ni ist ein gegenteiliger Ausgang gleichermaßen wahrscheinlich: Durch die Schwäche auf See könnte China für Aggressionen und Einschüchterungen vom Meer aus offen bleiben.[96]

Eine noch stärkere Zurückweisung der Landmachtbefürworter erhöht Chinas Zuwendung zur See auf ein bedeutendes, welthistorisches Niveau. Lu Ning erklärt pauschal:

Die Wandlung der heutigen chinesischen Gesellschaft bezüglich ihres Blickwinkels auf die Seemacht ist die Evolution von einer einheimisch orientierten Wirtschaftsform in einer traditionellen Landwirtschaftskultur zu einer nach außen gerichteten Wirtschaftsform in einer modernen Industriekultur, die auf die Seeverbindungswege angewiesen ist ... [Diese Wandlung] ist die Grundlage einer historischen Kehrtwende in China von seiner traditionellen Befürwortung der Landmacht zur modernen Fürsprache von Seemacht. Darüber hinaus eröffnet es einen eindeutigen, historischen Weg, über den China einen nationalen Wiederaufstieg von „kontinentaler Kultur" zu einer „maritimen Kultur" im 21. Jahrhundert vollbringen kann.[97]

Dies sind in der Tat atemberaubende Behauptungen. Die Meinung, dass nationale Bestimmung und Größe untrennbar mit Seemacht verbunden sind, ist unverkennbar *mahanisch*. Es ist ebenfalls erwähnenswert, dass die vorgebrachten Argumente verschiedener Denkschulen oft mit historischem Determinismus gefärbt sind. Ob die Zuversicht, dass sich Chinas Zukunft in linearer Art und Weise entfalten wird, berechtigt oder eine bloße Zurschaustellung ist, ist unklar.

In einer versöhnlicheren Analyse fordert Professor Li Yihu von der Universität Peking eine doppelzackige Strategie, die sowohl Land- als auch Seemacht wirksam einsetzt. „In der Beherrschung von See-Land-Beziehungen", so rät er, „sollten wir weder von dem einen voreingenommen sein und das andere vernachlässigen, noch sollten wir eine absolute Gleichwertigkeit zwischen beiden bestimmen."[98] Trotzdem stimmt er mit der Zuversicht, die von Kontinentalisten wie Ye ausgedrückt wird, dass Landmacht ausreichend für den Schutz von Chinas maritimen Interessen ist, nicht überein. Li behauptet, dass Landmacht allein unzureichend ist, um die „Hauptdurchfahrtsstraßen des pazifischen Wirtschaftsraums, internationale Schifffahrtsrouten und strategische Punkte" entlang der chinesischen Küstengewässer abzusichern. Daher führen gerade „Chinas wirtschaftlicher Fortschritt und seine nationale Sicherheit zu einem strategischen Problem in der Entwicklung von Seemacht."[99] In Übereinstimmung mit Li mahnt Senior-Oberst Feng Liang, ein Professor an der Marinekommandoschule Peking (Naval Command College), darauf zu beharren, gleichermaßen Gewicht auf das Land und die See zu legen, um den Sicherheitsanforderungen gerecht zu werden.[100]

CHINAS INTELLEKTUELLER KOMPLEX ZUR SEE

Es gibt deutlich einen Mangel an Konsens unter chinesischen Strategen bezüglich der Einordnung von Seemacht bei Chinas allumfassenden Langzeitzielen. Es ist gleichermaßen offensichtlich, dass die Mahan'sche Weltanschauung in Chinas strategischer Gemeinschaft keineswegs monolithisch oder gar etabliert ist. Jedoch beinhaltet die Debatte selbst beachtlichen analytischen Wert. Erstens, geostrategische Ideen gedeihen in China in einem intellektuell konkurrenzbetonten und redlichen Umfeld. 2008 zitiert eine Zehn-Jahres-Rückschau auf den Stand der Seemachtdebatte eines Professors der Seefahrtschule Dalian (Dalian Maritime Academy) nicht weniger als zwanzig Werke von hochkarätigen chinesischen Gelehrten.[101] *Xiandai Guoji Guanxi*, das monatliche „Flaggschiff"-Journal des herrschenden Staatsrats der Volksrepublik China, widmete seine gesamte 2008er Maiausgabe dem Studium der Geopolitik einschließlich der Seemachtfrage.[102] Mitglieder der akademischen Gemeinschaft und die Politik machende Führung übernehmen häufig Seemachtkonzepte und deren Terminologie voneinander. Das Ideengut ist in China offensichtlich von Bedeutung.

Zweitens, dieser Diskurs ist ein Schlüsselindikator, dass Seemachttheorie sich in akademischen und politischen Kreisen „sozialisiert". Beide Gemeinschaften zählen als Orientierungshilfe jeweils aufeinander und regen etwas an, was den Anschein eines intellektuellen Zusammenwirkens und Vorwärtskommens hat. Der daraus resultierende Fortschritt in Form strategischer Ideenentwicklung und die damit verbundene zunehmend wissenschaftliche Behandlung seemännischer Belange versprechen eine nützliche Messbarmachung, die äußeren Beobachtern bei der Einschätzung hilft, zu welchem Ausmaß Seemachttheorie politische Zugkraft erlangt hat. Aus historischer Sicht stellen die ausgiebigen und bestimmenden Debatten in China eine gesunde Abkehr von der bedingungslosen Akzeptanz Mahan'scher Schriften im kaiserlichen Deutschland und imperialen Japan dar. Peking muss daher die richtigen Lektionen lernen und einen kriegerischen Navalismus ablehnen, von dem die Führer in Berlin und Tokio so besessen waren. Falls dem so sein sollte, werden sich die Aussichten auf ein kooperatives maritimes Umfeld in asiatischen Gewässern beträchtlich aufhellen.

Drittens, das intellektuelle Ringen um Ideen bietet Einblicke in die oft übersehene kulturelle und soziale Dimension von Strategie. Im Westen schenken Gelehrte der Geopolitik heute kaum Aufmerksamkeit und beschreiben den Bereich in Zeiten von Globalisierung und gegenseitiger Abhängigkeit als hoffnungslos überholt sowie irrelevant. Sie neigen dazu, die Rolle der Geografie in der internationalen Politik herunterzuspielen, und verlagern dabei ihre eigenen Weltanschauungen auf andere Machtfaktoren. Dennoch deutet die hier zitierte Literaturrezension an, dass sich ein bedeutsamer Teil der chinesischen Gelehrtenschaft genau in die entgegengesetzte Richtung bewegt.

Diese abweichenden Entwicklungen verzahnen sich mit dem Aufstieg eines postmodernen maritimen Blickwinkels im Westen und dem Erscheinen einer neo-Mahan'schen Geisteshaltung in Asien, zwei von Geoffrey Till treffend erfassten Tendenzen. Was dies für die Zukunft westlich-asiatischer Beziehungen bedeutet, bleibt unklar. Jedoch deutet die offensichtliche Diskrepanz zwischen westlichen und chinesischen Einschätzungen geografisch-räumlicher Belange an, dass das Potenzial für ein gegenseitiges Missverständnis und eine falsche Wahrnehmung allgegenwärtig ist und im Laufe der Zeit akuter werden kann. Was in Bezug auf Seemacht für westliche Hauptstädte grundsätzlich zu sein scheint, muss nicht für Peking gelten. Es ziemt sich daher für westliche Strategen und politische Entscheidungsträger, der Versuchung zu widerstehen, als etabliert geltende Thesen über die See, welche man in China nicht teilen mag, spiegelverkehrt zu betrachten und zu hinterfragen.

Die Strategietheorie gibt den Abendländern ein Mittel, um Chinas maritimen Aufstieg zu verfolgen, und ergänzt die herkömmliche Beurteilungsmethodik als Basis für zukünftige Konzepte („net assessment"). Falls die herrschende Denkschule chinesischer Gelehrter und Seefahrer weiterhin die zusammenwirkenden Stränge Mahan'schen Gedankenguts ignoriert und somit seine Schriften als eine blutrünstige Befürwortung von Seeschlachten falsch versteht oder so auslegt, wird die chinesische Strategie zu einem Wettstreit und einer Auseinandersetzung auf See neigen. Umgekehrt kann sich ein China, dessen Führung das von bedachten Analysten eingebrachte tiefere Verständnis akzeptiert – und die Logik, die die Mahan'sche Theorie voll und ganz bestimmt –, als weniger streitsüchtig erweisen. Westliche Beobachter sollten weiterhin chinesische Strategiedebatten und offizielle Aussagen in dem Bestreben untersuchen, um zu bestimmen, wohin Chinas Mahan'sche Windung führen kann. Amerikas strategische Langlebigkeit in Asien könnte davon abhängen.

KAPITEL 3
DAS DEUTSCHE BEISPIEL FÜR DIE CHINESISCHE MACHT AUF SEE

In diesem Kapitel verwenden wir ein früheres Beispiel, in dem eine Landmacht, die nach vielen Gesichtspunkten nationaler Stärke – Bevölkerungszahl, Bodenschätzen und industriellem Potenzial – dominant war, gegen die überragende Seemacht jener Zeit aufbegehrte und erkennen musste, wie ihr Anlauf zur Seeherrschaft scheiterte. In diesem Fall waren maritime Geografie und eine übermächtige feindliche Marine zu schwer zu bewältigen. Trotzdem stimmen wir nicht mit der allgemeinen Volksweisheit überein, die besagt, dass Kontinentalmächte sich nicht der See zuwenden können. Dies ist Determinismus. In gewisser Hinsicht bieten asiatische Gewässer heute ein Versuchsfeld, in dem diese Frage einem Test unterzogen wird. Wir halten daran fest, dass China dem Schicksal vergangener Kontinentalmächte trotzen könnte, indem es die augenscheinlichen geografischen Hürden zu seinem Vorteil und seine Ressourcen klug nutzt. Wie Amerika könnte China zu einer kombinierten Land- und Seemacht werden, falls seine Führung und Bevölkerung ausreichend Geschick bei Schiffbau und Seefahrt sowie einen ausreichenden Willen zur See zeigen. Die Zukunft wird es zeigen.

Auf diese Art entsinnen wir uns Mark Twains geistreicher Bemerkung, dass „sich nicht die Geschichte, aber Reime sich wiederholen". Dies tut es auch. Seit mehr als einem Jahrzehnt haben sich westliche Wissenschaftler und Fachleute für das Thema Staatsführung bemüht, Chinas langfristige Entwicklungsrichtung grafisch zu ermitteln. Parallel zu Twains Weisheit haben sich viele der Historie bedient, um die Zukunft vorherzusagen. Die europäische Geschichte hat ihr Denken gefärbt und somit sowohl optimistische als auch pessimistische Prognosen über Chinas Aufstieg zu großer Macht hervorgebracht.[1] Das Schicksal des kaiserlichen Deutschland, welches durch den Triumph Preußens bei den drei Einigungskriegen (1864–1871) aufstieg und durch den Versailler Vertrag (1919) zugrunde ging, hat besondere Aufmerksamkeit erhalten. Die für Optimismus empfänglichen China-Beobachter halten daran fest, dass Peking eine gutartige und unauffällige (low-profile) Hauptstrategie verfolgt, die an das Deutschland des Otto von Bismarck erinnert. Bismarck warb um freundschaftliche Beziehungen mit umliegenden Nationen und entkräftete die Befürchtungen vor möglichen deutschen Absichten.[2] Jene mit einem Hang zum Pessimismus kontern, dass das Deutschland von Kaiser Wilhelm II. – eine unberechenbare und von kleineren Mächten umgebene Großmacht – Europa 1914 über die Klippe in den Abgrund marschieren ließ. Ein mächtiges und revisionistisches China könnte ebenfalls so handeln und somit den Status quo in Asien stören. Feindschaft, Konflikt und sogar Krieg wären die wahrscheinlichen Folgen, falls das *fin de siècle* – das Ende des 19. Jahrhunderts – einen Leitfaden bietet.[3]

Die Chinesen selbst haben den Fall des kaiserlichen Deutschland als Orientierungshilfe zurate gezogen, indem sie es zusammen mit anderen historischen Fallstudien, die aufstrebende Mächte einschließen, studiert haben. 2006 produzierte das Zentrale Fernsehen in China (China Central Television), welches von Pekings Staatsrat betrieben wird, eine 12-teilige TV- und eine achtbändige Buchreihe mit dem Titel *The Rise of Great Powers (Der Aufstieg großer Mächte)*. Die Serie schloss eine besonders aufschlussreiche Folge über Deutschland ein, eines der neun Länder, die es aus den vergangenen 500 Jahren behandelt. Bismarck, dem eine Friedenssicherung über einen Zeitraum von zwanzig Jahren für das gerade vereinigte Deutschland zugeschrieben wird, wird in hohem, wenn nicht gar überhöhtem Maße respektiert. Die Buchreihe überhäuft Bismarck mit Lob dafür, dass er die Missgunst von Deutschlands Nachbarn dämpfen, die Sicherheit der Nation mit der seiner Nachbarn verknüpfen sowie ein rachsüchtiges Frankreich auf Distanz halten konnte.[4] Diese Darstellung findet bei der chinesischen Zielgruppe großen Anklang, welches wünscht, dass Peking als ein „verantwortungsbewusster Teilnehmer" in der internationalen Ordnung agiert.

Folglich mahnt Tang Yongsheng, der stellvertretende Direktor des Instituts für Strategie an Chinas Universität für Nationale Verteidigung (National Defense University), Peking zu einer Gestaltung des friedlichen Aufstiegs nach Bismarck'schem Vorbild. „Bismarck konzipierte in Deutschland ein komplexes geografisch-sicherheitsbetontes System", so stellt Tang fest, „und durch den Aufbau eines glanzvollen Bündnisnetzwerks mit umliegenden Ländern entspannte er den strategischen Druck der europäischen Mächte auf Deutschland, vermied die Zwickmühle, auf beiden Seiten Feinde zu haben, und isolierte erfolgreich Frankreich."[5] China sollte sich selbst auf ähnliche Weise mit einer Reihe multilateraler und weltumspannender Verbindungen verankern, „um sich so in eine unangreifbare Lage zu versetzen". Andere chinesische Strategen lehnen Vergleiche mit dem Wilhelminischen Deutschland inbrünstig ab. Für einen Gelehrten ist eine Ähnlichkeit „lächerlich" und „sie basiere auf einer völligen Unkenntnis über China."[6] Es scheint trotzdem klar, dass chinesische Strategen den deutschen Fall in Bezug auf Lehrfähigkeit hin – positiv wie negativ – untersuchen.

Angesichts der fassettenreichen nautischen Herausforderungen, die China konfrontieren – belegt durch Pekings Entsendung eines Geschwaders zur Piratenbekämpfung in den Golf von Aden –, erwarten wir, dass historisch denkende chinesische Analysten und Staatsvertreter die früheren Erfolge und Fehlschläge von Seemächten in Betracht ziehen. Die Lektionen, die sie aus der Geschichte lernen, können uns eine Menge über ihr zukünftiges Verhalten und die von ihnen verfolgten Richtlinien verraten. Das Wilhelminische Deutschland wiederum liefert ergiebige Analogien. Deutschland war eine Kontinentalmacht, die sich im Zeitalter der britischen Seeherrschaft der See zuwenden wollte, so wie das landfixierte China den Anlauf auf die Seemacht in einem Asien nimmt, in dem Amerika die Meere beherrscht. Durch die Feststellung von Gemeinsamkeiten und Unterschieden zwischen dem deutschen Desaster und Chinas maritimen Bestrebungen können wir eine Vorstellung wirkungsvoller strategischer Reaktionen erhalten.

DIE BEMESSUNG VON SEEMACHT

Vizeadmiral Wolfgang Wegener, der begabteste Marinedenker des kaiserlichen Deutschland, entwickelte eine Formel zur Einschätzung von Seemacht. Wegener diente während des Ersten Weltkrieges als mittelhoher Offizier in der Hochseeflotte, zunächst als Artillerieoffizier und später als Kommandant. Er verfasste drei Memoranden, die in

Marinekreisen weite Verbreitung fanden. Seine Anklage gegen die deutsche Marinestrategie (und deren Gestalter) erschien nach dem Krieg unter dem Titel *Die Seestrategie des Weltkrieges*. Es ist eines der klassischen Werke über maritime Belange. Seemacht ist – so schreibt Wegener – das Resultat (1) einer „strategischen Lage", also des geografischen Faktors; (2) der Flotte, einem taktischen Faktor und (3) des „strategischen Willens" einer Gesellschaft zur See. Dieser Wille „haucht der Flotte Leben ein" und setzt deren Tatkraft zur Verbesserung der strategischen Lage ein.[7] Die deutsche Marineleitung versuchte nie, die strategische Lage zu verbessern, welche die deutschen Bestrebungen auf See hemmten. Stattdessen verteidigte die Flotte Gewässer, für die der Feind kaum Grund für einen Kampf sah. Unabhängig von ihren fehlgeleiteten Anstrengungen mangelte es der Marineleitung an einer offensiven Gesinnung, um den Kampf zu Großbritanniens Royal Navy zu tragen. Auf einmal betrachtete das provokative, sprunghafte und substanziell planlose Berlin den Kampf eher als einen Selbstzweck als ein Streben, welches dazu bestimmt war, Deutschlands strategische Ziele voranzutreiben.

Mit einer solchen Häresie machte er sich wenige Freunde in der Führung der Marine. Admiral Magnus von Levetzow, der letzte kaiserlich-deutsche Stabschef der Seekriegsleitung, brandmarkte Wegener als einen „Haarspalter und Professor", der von der Geografie besessen und phlegmatisch in seiner Betrachtungsweise ist.[8] Trotzdem bietet Wegeners schablonenähnliche Vorlage eine nützliche Methode für den Vergleich des damaligen Deutschland mit der heutigen Volksrepublik China. Wir untersuchen die Gemeinsamkeiten und Unterschiede zwischen deutscher und chinesischer maritimer Geografie, bemessen die deutsche und chinesische Marine in Relation zu den beherrschenden Flotten der jeweiligen Epoche und bewerten die Neigung des deutschen und des chinesischen Volkes zur Seefahrt. Dies wird alternative Zukunftsszenarien für die chinesisch-amerikanischen Wechselbeziehungen auf hoher See erläutern und Washington – mit etwas Glück – helfen, seine Beziehungen zu Peking angemessen zu steuern.

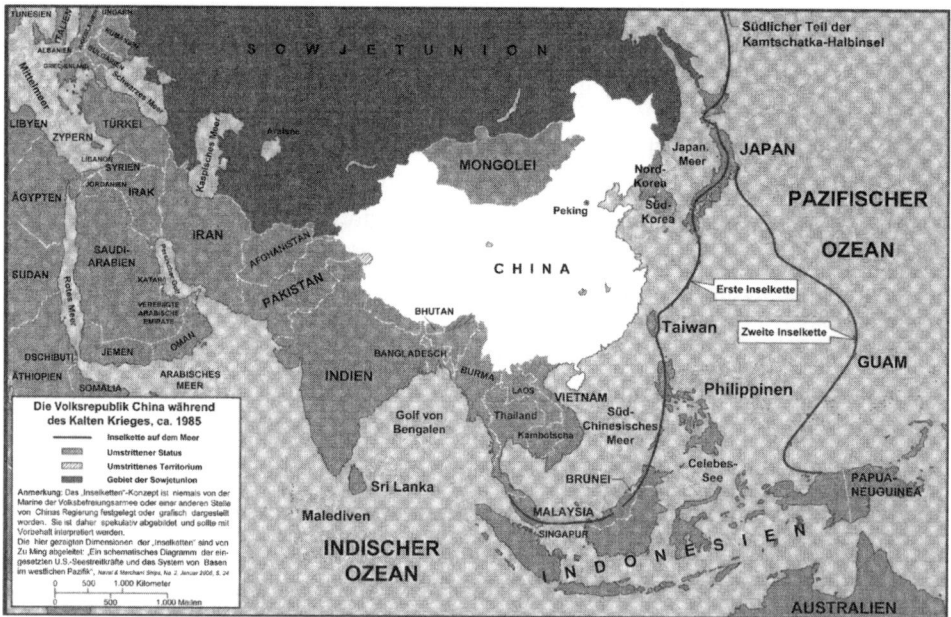

Die erste und zweite Inselkette

Geografie

Es ist eine natürliche Neigung, die Geografie auf ein abstraktes Wirrwarr von Linien auf Plänen und nautischen Karten zu reduzieren, aber die strategische Geografie ist von Haus aus ein interaktiver Bereich von Bestrebungen. Und, wie andere Dimensionen der Strategie, kann sie nicht vom menschlichen Faktor getrennt werden. Folglich lohnt es sich zu betrachten, wie frühere herrschende Seemächte versuchten, den Ambitionen neuer Akteure im Kreis der Großmächte entgegenzutreten – also Akteuren, die auf eine Neuausrichtung der vorhandenen Seeordnung zu ihrem Vorteil aus waren. Großbritannien spielte die Rolle der überragenden Seemacht im Europa der Jahrhundertwende, während die Vereinigten Staaten sich heute in dieser Rolle im maritimen Asien wiederfinden. Jedwedes Beispiel von Wechselbeziehung zwischen etablierten und aufsteigenden Seemächten wird sich als aufschlussreich erweisen.

Die deutschen Führer bekannten sich treu zum Gedankengut des Seemachttheoretikers Alfred Thayer Mahan. Wie vorherige Kapitel angemerkt haben, waren Mahans Ideen von der Wechselbeziehung zwischen menschlichen Ereignissen und der See revolutionär. Dies veranlasste öffentliche Stimmen dazu, ihm die Titel als Amerikas „Evangelisten" oder „Kopernikus" zu geben, ganz zu schweigen von einem Titel des Befürworters von geopolitischem Gedankengut. Die Bedeutung der Geografie war trotzdem in Berlin versäumt worden. Die Theorien, welche in Mahans *The Influence of Sea Power upon History, 1660–1783,* vorgestellt wurden, fanden besonderen Gefallen bei Kaiser Wilhelm II. Bei einer Gelegenheit verkündete der Kaiser, dass er „Captain Mahans Buch nicht nur gelesen, sondern verschlungen und ... auswendig gelernt hat."[9] Mahan sprach nicht nur deutlich von einer Theorie maritimer Strategie, die sich auf die Mechanismen des Seekampfes konzentriert, sondern auch von einer „Philosophie" der Seemacht, welche jene geopolitischen Beweggründe zur Geltung bringt, die Nationen an Bord von Schiffen auf das Meer treiben.[10] Für ihn war Seemacht viel mehr als nur Seestreitkräfte und Seeschlachten. Dies schloss den internationalen Handel und das Gewerbe ebenso ein – er sah die angeborene Neigung eines Volkes zum Handel als den Grundpfeiler der Seemacht an – wie vorgelagerte Stützpunkte, um die Seereisen treibstoffdurstiger und dampfbetriebener Schiffe abzusichern.[11]

Mahan erklärte auch, dass eine große Seefahrernation ein oder zwei nutzbare Zugangswege zum offenen Meer brauchte, um eine dominante rivalisierende Flotte davon abzuhalten, ihren Handel und ihr Gewerbe auf See in den Würgegriff zu nehmen.[12] Die Vereinigten Staaten – Mahans vorgesehene Zielgruppe – erfreuten sich eines einfachen Zugangs zu Atlantik und Pazifik und hatten im Gegensatz zu Kontinentalmächten keinen Bedrohungen auf Land zu begegnen, die Ressourcen von den Bestrebungen auf See abgezweigt hätten. Das kaiserliche Deutschland hatte dieses Glück nicht. Die schmale deutsche Küste verfügt über Häfen in der Deutschen Bucht in der Nordsee sowie bei Kiel und Rostock an der Ostseeküste, welche die Halbinsel Jütland nach Westen und Osten flankiert. Aber egal, ob sie aus der Nord- oder Ostsee kommen, Schiffe aus deutschen Häfen müssen unter dem Schatten der Britischen Inseln durchfahren, um die atlantischen Seewege zu erreichen und dann von dort zu dem bescheidenen Kolonialreich zu gelangen, welches Deutschland sich in den 1880er und 1890er Jahren geschaffen hat.[13] Kriegsschiffe der Royal Navy, die von den südlichen Häfen aus operieren, könnten die Straße von Dover mit Leichtigkeit schließen, während die in Scapa

Flow stationierten Schiffe, weit nördlich in Schottland, die Nordsee aus der Ferne heraus absperren könnten – wie sie es während des Ersten Weltkrieges taten und somit eine „Fernblockade" („distant blockade") gegen die deutsche Schifffahrt erzwangen.

Um den Zugang zum Atlantik gegen ein feindseliges Großbritannien zu erzwingen, hätte Deutschland eine Flotte benötigt, die imstande gewesen wäre, das größte Kontingent niederzukämpfen, welches die Royal Navy voraussichtlich in heimatlichen Gewässern stationiert hätte. Die Erlangung der strategischen Offensive war keine einfache Sache für die Hochseeflotte. Britannien hatte bei Kriegsausbruch bereits die geografisch entscheidenden Positionen inne und legte uneingeschränkten Wert auf die Verteidigung des Heimatlands – und rechtfertigte somit die enorme Größe seiner Flotte. In seiner Bewunderung bemerkte Wegener, dass „sich Britannien bei Kriegsausbruch einfach in einer blendenden strategischen Lage befand. Die Versorgungsadern für seinen Handel lagen im Atlantik und waren somit für die deutsche Flotte von der Elbe aus unerreichbar. Die deutschen Handelsrouten konnten andererseits mit Leichtigkeit im Kanal und vor Schottland durchtrennt werden."[14]

„England", so schlussfolgerte er, „war bei Kriegsausbruch ,saturiert' mit der Beherrschung der See.[15] Als logische Konsequenz war Admiral Levetzow kurzsichtig, als er verkündete, dass „eine siegreiche Seeschlacht ... immer die *richtige* und niemals die falsche Strategie sei – *wo* sie auf See gegen die feindliche Hauptstreitmacht ausgetragen wird, sei wirklich unerheblich."[16] Wenn angewendet, würde eine solche Maxime die Operationen vom politischen Zweck trennen. Die Auffassung von Kampf um seiner selbst willen hat militärische Denker durch die Geschichte hindurch betört, jedoch stellt dies in gewisser Weise eine undeutsche Denkweise dar. Wegener zitierte Carl von Clausewitz, den richtungweisenden deutschen Militärtheoretiker, der Strategie als die Anwendung von Kämpfen und Gefechten zum Zwecke eines Krieges beschreibt. Levetzow widersprach Clausewitz, indem er das Trugbild, dass der Kampf ein Selbstzweck war, bereitwillig annahm – unabhängig von strategischen und geografischen Faktoren.

Solange die deutsche Marine nicht die Britischen Inseln umgehen und so ihre strategische Lage verbessern konnte, bestanden nur geringe Chancen, einen gesamtstrategischen deutschen Erfolg zu fördern. Taktische Einsätze von der Deutschen Bucht aus brachten nichts außer einer Verstärkung der deutschen Beherrschung der Nordsee, welche Wegener zur „toten" Fläche erklärte. Da die Royal Navy diese von der offenen See abriegeln konnte, war sie in der Tat ein strategisch nutzloses Binnenmeer. Der Versuch, von der Nordsee aus über das atlantische Allgemeingut zu herrschen, glich einem Versuch, es vom landumschlossenen Kaspischen Meer aus zu beherrschen. Deutschland hatte drei Wahlmöglichkeiten:

- Erstens, es könnte sich mit der Beherrschung der Ostsee, dem Zugang zu skandinavischem Eisenerz und anderen Rohstoffquellen zufriedengeben. Die Aufrechterhaltung einer Dominanz über die Einheiten der russischen Marine in der Ostsee hätten diese Lebensadern für die deutsche Industrie offen gehalten. Die anhaltende Kontrolle über die Belte und den Sund, die schmalen Seepassagen im Osten der Halbinsel Jütland, hätten Deutschland geholfen, die Vorherrschaft im Ostseeraum zu erhalten. Diese Strategie hatte allerdings ein ernsthaftes Manko:

Es hätte die Aufgabe von Deutschlands imperialen Interessen bedeutet, da Kolonien wie Kiautschou auf Chinas Halbinsel Shandong zugrunde gegangen wären.

- Zweitens, die deutsche Flotte könnte das „Tor" zum Atlantik nach Süden hin aufbrechen. Deutschland könnte die Straße von Dover umgehen, indem es solche Häfen wie Brest und Cherbourg entlang der französischen Atlantikküste in Besitz nähme (wie es dies tatsächlich während des Zweiten Weltkrieges tat). Wegener bemerkte, dass die tote Nordsee „zu Leben erwacht wäre", falls die deutsche Marine im Atlantik Fuß gefasst hätte. Es hätte eine lebenswichtige umkämpfte Seeverbindung gegeben, welche die norddeutschen Häfen mit Außenposten am atlantischen Ozean verbunden hätte. Die Hochseeflotte könnte eine Schlacht mit der Grand Fleet der Royal Navy wegen dieser Seeverbindungswege herbeigeführt haben.

- Drittens, die Hochseeflotte könnte versuchen, den Zugang zum Atlantik über die nördliche Route zu erzwingen. Dies hätte wahrscheinlich eine fortlaufende Auseinandersetzung zur Folge gehabt, was Deutschlands strategische Lage schrittweise verbessert hätte. Die Halbinsel Jütland hätte bestetzt oder die dänische Regierung unter Druck gesetzt werden können, Zugang zu seinen Häfen zu deutschen Bedingungen zu gewährleisten. Dies hätte der deutschen Marine den Zugang zu den nördlichen Seeverbindungswegen ermöglicht, welche den Ostseeraum mit dem Atlantik verbinden. Von dort könnten deutsche Streitkräfte Außenposten entlang der südlichen norwegischen Küsten in Besitz nehmen und so ein Sprungbrett für die Besetzung der strategisch gelegenen Shetland- oder Färöer- Inseln oder möglicherweise Island erlangen. Angenommen, Deutschland könnte diese bei einem britischen Gegenangriff halten, dann würden diese „Inseltore" der deutschen Schifffahrt den freien Zugang zu den lebenswichtigen Seeverbindungswegen ermöglichen, die Berlin begehrte. Zu einem Mindestmaß, so bemerkte Wegener, wäre die Grand Fleet zum Kampf gezwungen worden, um ihre eigene strategische Position zu erhalten und um die deutsche Marine zu hindern, die Britischen Inseln von neuen Standorten auf der Karte aus zu bedrohen.

Wie willig die britischen politischen Führer sein würden, ihre überseeischen Verbindlichkeiten zu reduzieren, um einen akzeptablen Spielraum an Überlegenheit gegenüber der deutschen Marine aufrechtzuerhalten – und um einen deutschen Ausbruch zu verhindern –, war eine der zentralen Fragen beim deutsch-britischen Flottenwettrüsten. Während dieses Rüstungswettlaufs wog die britische Regierung die Bedeutung kolonialer Interessen gegenüber der Verteidigung des Heimatlands ab. Letztendlich war die Verteidigung gegen eine nahe gelegene Bedrohung der Heimatgewässer wichtiger als die der britisch-imperialen Bindungen in der Neuen Welt und in Asien. Britische Staatsmänner beschwichtigten die Vereinigten Staaten, welche sich zur Überwachung britischer Interessen bereit erklärten, wenn die Royal Navy sich im Gegenzug aus amerikanischen Gewässern zurückzog. Die USA gingen eine Allianz mit Japan ein und ergänzten auf diese Weise die vorausgeschickten Seestreitkräfte der Royal Navy entlang der chinesischen Küste. Die Diplomatie setzte somit Kriegsschiffe für die Konzentrierung in europäischen Gewässern frei, was die deutschen Erwartungen, dass Britannien niemals seine überseeische Präsenz für eine Flottenüberlegenheit daheim verringern würde, zutiefst irritierte.[17]

Wie das kaiserliche Deutschland wird China wegen seiner kontinentalen und maritimen Interessen in zwei divergierende Richtungen gelockt, dies geschieht jedoch in einem wahrlich überregionalen Ausmaß. Vierzehn Landmächte teilen sich die Landgrenzen mit China, während insgesamt sechs Küstenländer die ganze chinesische Küstenlinie umschließen. Von diesen zwanzig benachbarten Staaten befinden sich sechs unter den zehn weltweit führenden in Bezug auf die Bevölkerungszahl, acht sind unter den 25 führenden in Bezug auf militärische Streitkräfte und vier besitzen Nuklearwaffen. Wie Meng Xiangping von der Nationalen Verteidigungshochschule (National Defense University) bedauert, „steht China vor der See mit dem Rücken zum Land, dennoch grenzt es an große Mächte an Land und ist von einer Inselkette auf dem Meer umgeben. Trotz seiner Größe war China, welches aus Land und Meer besteht, deshalb nie in der Lage, irgendeinen Nutzen daraus zu ziehen, dass es beides hat."[18] Mahan, der die Seefähigkeit von Kontinentalmächten anzweifelte, hätte Mitgefühl für Pekings Zwangslage gezeigt.

Wenn geopolitisch eingestellte chinesische Strategen wie Meng auf das Meer blicken, sehen viele eine Inselbarriere, die den Zugang ihrer Nation zur ozeanischen Verkehrsfläche behindert. In den Augen chinesischer Analysten beeinträchtigt die „erste Inselkette", welche südlich vom japanischen Archipel zu den Philippinen verläuft, die lange Küstenlinie des Festlands und beschränkt Pekings nautische Unternehmungen. Eine Karte in den jährlichen Berichten des *Military Power of the People's Republic of China (Militärische Stärke der Volksrepublik China)* des Pentagons helfen die Betroffenheit zu erklären, die viele chinesische Denker ergreift, wenn sie auf die Karte schauen. Das japanische Territorium bildet den nördlichen Bogen der Inselkette, die genau vor Taiwan und damit bei ihrem Mittelpunkt sowie dem nächstgelegenen Punkt zur Festlandküste abbricht; die Inselkette löst sich vorübergehend bei der Straße von Luzon auf, bevor sie weiterläuft. Dann verläuft sie nach Süden entlang der philippinischen und indonesischen Archipele und endet bei Vietnam.[19] Es ist erwähnenswert, dass Geografie subjektiv ist. Im *Guofang Bao* stellen Jiang Hong und Wei Yuejiang die erste Inselkette als einen einzelnen riesigen Bogen dar, der sich über die ganze Strecke vom indonesischen Archipel bis nach Diego Garcia dehnt.[20] Die Wahl von Diego Garcia, einer Insel unter britischer Verwaltung, die normalerweise von US-Kampfflugzeugen genutzt wird, kann als der westliche Endpunkt der Inselkette kein Zufall sein. Die Erweiterung der Inselkette bis in den Indischen Ozean gibt den chinesischen Befürchtungen vor einer Einkreisung und Eindämmung einen ganz anderen Anstrich.

Bereits auf einen flüchtigen Blick − geschweige denn durch eine nötige Detailprüfung der Geostrategie durch chinesische Analysten − scheint die Natur dem chinesischen Zugang zur See schwerwiegende Nachteile auferlegt zu haben. Da China in der Lage war, zwölf von vierzehn Grenzkonflikten auf Land zu allgemeiner Zufriedenheit aller beteiligten Seiten beizulegen, überwiegen nun die Befürchtungen einer gefühlten Einkreisung auf See. Im angesehenen Journal *China Military Science (Militärische For-*

schung in China) stellen Senior-Oberst Feng Liang und Oberstleutnant Duan Tingzhi der Marinekommandoschule (Naval Command College) die scheinbare Inseleinkreisung Chinas in grafischer Terminologie dar, indem sie feststellen, dass „diese Inseln Chinas Griff nach der See behindern ... Die zum Teil von der Natur abgeschotteten Seeräume Chinas haben deutlich die negativen Einflüsse auf die maritime Sicherheit des Landes gezeigt ... Wegen der geografischen Gegebenheiten kann China einfach blockiert und von der See abgeschnitten werden; außerdem sind chinesische Küstenverteidigungskräfte nur schwer zu massieren."[21]

In einer prägnanten Zusammenfassung von Chinas Zwangslage hält Gong Li, der stellvertretende Direktor des Instituts für Internationale Strategie der Zentralen Parteihochschule der Kommunistischen Partei (Institute of International Strategy of the Central Party School) das „Dilemma, die See aber nicht den Ozean zu besitzen" als grundsätzlich untragbar für eine ernst zu nehmende Seemacht wie China.[22] Jiang Yu zieht eine eindeutige Parallele zwischen der wenig beneidenswerten Lage des kaiserlichen Deutschland und Chinas geografischer Zwickmühle und erklärt:

> Die chinesische Marine muss bei ihren Anstrengungen beim Aufbau einer Flotte für die Weite See die Existenz der Inselkette als einen geografischen Nachteil sehen. Falls es die Blockade der Inselkette nicht überwinden kann, dann würde sogar eine sehr starke Seestreitmacht unfähig sein, einen großen Beitrag zu leisten. Egal, wie stark eine Marine wird – wenn sie sich noch nicht einmal in erster Linie auf dem Ozean behaupten oder Hindernisse an ihren Seeausgängen beseitigen kann, dann ist es für sie schwer, als eine Marine für die Weite See anerkannt zu werden. Bei der Bewältigung des Problems der Einschränkung durch die Inselkette kann die chinesische Marine nicht blindlings große Flottenformationen für den Kampf in der Weiten See aufbauen. Andererseits kann sie einfach Deutschlands unheilvollen Weg während des Ersten Weltkrieges folgen, als dessen Hochseeflotte in einer Nahen See abgeschlossen war. Als Folge war die (deutsche) Flotte, die durch die Konzentration von enormem Kapital und nationaler Stärke gebaut worden war, unfähig, ihre Einsatzmöglichkeiten beim Kampf um die Seemacht zum Tragen zu bringen.[23]

Der Verfasser zeigt scharfsinnig eine Zwickmühle auf, welcher China gegenübersteht. Eine starke Flotte kann das einzige Mittel sein, welches die Inselbarriere oder „die Inselkettenblockade" durchstoßen kann, wie er es nennt. Aber das Risiko, dass eine ziemlich große und leistungsfähige Seestreitmacht – mit großem Kostenaufwand gebaut – noch nicht ausreichend stark oder kampftauglich sein könnte, um nach Belieben über die Inselkette hinauszufahren, könnte Peking von vornherein von dem Versuch des Aufbaus abhalten. Diese Schriften verraten insgesamt das beharrliche Verlangen, aus der Zwangsjacke der Inselkette auszubrechen, um den freien chinesischen Zugang zu lebenswichtigen Gewässern sicherzustellen und um das zu vereiteln, was sie als eine amerikanische Strategie der Zugangsverwehrung (anti-access strategy) im Chinesischen Meer ansehen.

Bei ihrer Suche nach einer Öffnung haben Geostrategen ihre Aufmerksamkeit auf Taiwan gerichtet. So sehr Wolfgang Wegener glaubte, dass Deutschland die Färöer-Inseln, Shetland oder Island besetzen müsse, um die Tore zum Atlantik aufzureißen, so betrachten chinesische Denker Taiwan – falls es in Pekings Besitz zurückgebracht wird – als den einzigen geografischen Posten, der China einen direkten Pazifikzugang gestattet. Wie Zhan Huayun beobachtet, sind das Ostchinesische und Gelbe Meer durch Japans vier Hauptinseln eingegrenzt, während das Südchinesische Meer von den Nationen Südostasiens umgeben ist. Als solche ist „Taiwans Seeseite im Osten der einzige direkte Seeeingang zum Pazifik."[24] Während er die Insel das „Gibraltar des Ostens" nennt, bezeichnet Li Yuping es als eine „entscheidende strategische Durchfahrtsstraße" und als ein „Sprungbrett" in den Pazifik.[25] Wie wir in Kapitel 2 aufgezeigt haben, wird dies durch das hoch angesehene chinesische Buch *Science of Military Strategy* nachdrücklich belegt. Gong Li beschreibt den geostrategischen Wert Taiwans grafisch und erklärt, dass, „falls das Tawian-Problem gelöst ist, das Tor in den Pazifischen Ozean für Festland-China geöffnet wird, und so die erste Inselkette aufbrechen wird."[26]

Lin Sixing, ein Professor des Forschungsinstituts für Südöstliche Asienforschung (Research Institute for Southeast Asian Studies) an der Jinan University, geht in Bezug auf Taiwans Bedeutung noch weiter: „Ein China ohne Taiwan wird nicht fähig sein, aus der ersten ‚Inselkette' auszubrechen, und ihm wird der Zugang in den Pazifik so sehr verwehrt werden, dass sein südöstliches Territorium ohne jeglichen Schutz sein wird."[27] Die südöstlichen Provinzen, über die der Verfasser sich Sorgen macht, bilden das Epizentrum von Chinas Wirtschaftswunder. Lin weist deutlich auf das Risiko hin, dass potenzielle Widersacher, einschließlich Taiwan, die chinesischen Quellen des Wohlstands militärisch bedrohen könnten, um Peking zurückzuhalten oder zu etwas zu nötigen.

Neben Taiwans Wert als Eingangspunkt in den Pazifik würde der Besitz der Insel auch geostrategische Vorteile für Peking bieten und sowohl Zugang zu Chinas historischem Umfeld als auch eine sichere Passage für die kommerzielle Schifffahrt sicherstellen, von welcher das ökonomische Schicksal der Nation abhängt. Wie Wang Wei erklärt: „Wenn Taiwan zurückgeholt wird, dann ist es nur dazu da, damit China eine absolute Kontrolle über die angrenzende See aufbauen kann. Von diesem Blickwinkel betrachtet, würde Taiwan zweifellos der solideste Durchgang für die chinesische Marine in den Pazifischen Ozean sein. Zum Beispiel ist es nicht schwer, die Bedeutung Taiwans bei der Entwicklung von Chinas kurzfristiger Strategie auf See zu ermessen."[28] Die Auffassung, dass die Marine der Volksbefreiungsarmee (PLA Navy) eine überlegene Herrschaft nach Mahan'scher Prägung durch eine Zurschaustellung ihrer Stärke von Taiwan aus erlangen würde, deckt sich mit dem Gedankengut zahlreicher chinesischer Seemachtbefürworter, wie wir in Kapitel 2 beschrieben haben. In einem Artikel, der mit Begriffen und Konzepten angereichert ist, die Mahan entzückt hätten, beschreibt Jian Yu die Inselkette als eine „Fußfessel", die eine „ernste verborgene Bedrohung" für die chinesische Marine darstellt. Er argumentiert in überraschend offener Ausdrucksweise, wie die „Rückkehr" Taiwans zum Mutterland die Position der Volksbefreiungsarmee (PLA) begünstigen würde. Er erklärt:

Falls China Taiwan – den Mittelteil der Inselkette – durch militärische oder politische Mittel wiedergewinnen kann, dann würde der Mittelpunkt der gesamten Inselkette nach geografischen Gesichtspunkten abgetrennt werden. Die chinesische Flotte und Einheiten der Marinefliegerei können dann taiwanesische Basen nutzen, um direkt in den Pazifik zu gelangen sowie die Insel Taiwan zu einem großen Stützpunkt und Rückzugshafen machen, der sowohl die Offensive als auch die Defensive für Chinas Flotte für die Weite See begünstigt. Darüber hinaus würden die Erweiterungsradien für den See- und Luftkampf von den Basen in Taiwan die Flanken von Japan und den Philippinen erreichen. Das Festland und Taiwan würden eine T-förmige Position in der Kampfzone bilden, die das Umfeld durch eine Halbeinkreisung abschrecken kann. Die Rückholung Taiwans verbessert nicht nur merklich die Schutzumgebung für Chinas Küstenverteidigung, sondern würde die geografischen Begrenzungen komplett beseitigen, die auf dem östlichen Pazifikeingang der chinesischen Seemacht lasten.[29]

Einige Beobachter gehen sogar weiter, indem sie Taiwan als eine Plattform darstellen, von der die US-Position im Pazifik angegriffen werden kann. Sie schenken der „zweiten Inselkette" besondere Aufmerksamkeit, welche sich von den Aleuten bis nach Papua-Neuguinea erstreckt. Guam, ein bedeutender Dreh- und Angelpunkt für amerikanische Machtprojektion, nimmt den Mittelpunkt in dieser äußeren Inselkette ein. Die „Flaggschiff"-Publikation des politischen Departments in der chinesischen Marine erklärt: „Taiwan kontrolliert auch vorteilhafte Routen in die inneren Gewässer der zweiten Inselkette sowie die schnellsten Wege in den offenen Ozean. Daher würde dies – wenn wir die Taiwan-Frage lösen – auch eine grundlegende Veränderung unserer Fähigkeit zu einem Durchbruch durch die zweite Inselkette darstellen."[30] Der Verfasser erwartet vermutlich, dass Taiwan im Krieg für den Start offensiver, vielleicht präventiver Schläge gegen US-Streitkräfte auf Guam benutzt werden könnte.

Ohne zu übertreiben: Welche analytischen oder vergleichenden Werte besitzen solche Ansichten? Erstens, die chinesische Marine kann ein überaus pessimistisches geostrategisches Bild für sich selbst gezeichnet haben. Während die erste Inselkette wie eine beeindruckende Barriere auf der Karte aussieht, lässt eine nähere Behandlung vermuten, dass sich Peking einer Auswahl an Optionen für den Ausbruch aus dem Chinesischen Meer erfreut. Die Straße von Luzon ist eine herausragende Passage innerhalb und außerhalb des Südchinesischen Meeres, die chinesischen Analysten ins Auge fällt. Für Yu Fengliu stellt die Straße einen „maritimen Bereich mit einem extrem hohen wirtschaftlichen, militärischen und politischen Wert dar, der in Gold aufzuwiegen ist. Es ist ein nautischer Bereich, der sich einer wichtigen strategischen Bedeutung im westlichen Pazifik rühmen kann. Auch ist er für China eine Fahrrinne, die bis hinter die erste Inselkette verläuft und genaue Aufmerksamkeit verdient."[31]

Weil die Straße von Luzon nun auf einmal die größte „Lücke" in der ersten Inselkette ist und für die US-Navy ein komplexes Seegebiet zum Kontrollieren darstellt, besteht Yu darauf, dass chinesische Luft- und See-Einheiten eigenmächtig einen Ausfall durch die Straße durchführen könnten – sogar ohne landgestützte Absicherung. Eine solche Zuversicht spricht Bände über die strategische Signifikanz von Sanya, dem kürzlich bekannt gewordenen Marinestützpunkt auf der Insel Hainan. In Zeiten von Konflikten ist es denkbar, dass China eine Täuschung durchführt, indem es einen Durchbruch entlang der ersten Inselkette simuliert, um so seine Widersacher abzulenken, während es seine Hauptkapazität an anderer Stelle – vielleicht weiter im Norden – zusammenzieht. Den Vorzug, die Verteidigungsmittel des Gegenspielers zur Streuung zu zwingen und dann an schwachen Punkten zuzuschlagen – ein Vorzug, den die Deutschen freilich nicht hatten – verleiht chinesischen Strategen größere Flexibilität. Jene, die Chinas schlechte strategische Lage aufbauschen, verschleiern dann aussichtsreiche Alternativen.

Zweitens, im Gegensatz zur Nordsee – einer Fläche, die nur geringen Wert für die Briten hatte – sind die durch die erste Inselkette beschränkten Seeräume ein integraler Bestandteil für die globalisierte Ordnung, die von der amerikanischen und ihrer verbündeten Seemacht sichergestellt werden. Diese Wasserwege leiten das Lebenselixier ökonomischer Vitalität zu allen örtlichen Wirtschaften, einschließlich China. Um die Sache zu erschweren, sei erwähnt, dass asiatische Verbündete und Freunde entlang der Inselkette als Gastgeber für amerikanische Basen und Einrichtungen agieren. Diese sind nicht nur entscheidend für die nachhaltige und zuverlässige amerikanische Machtprojektion, sondern auch für die Bemühungen, vor Aggressionen abzuschrecken oder diese umzukehren. Die amerikanische Beherrschung des ostasiatischen Allgemeinguts bildet dann die notwendige Voraussetzung für regionale Stabilität. In der Tat wären die westlich geprägte wirtschaftliche Einbindung und politische Liberalisierung weiter Teile Asiens ohne das Meer als internationales Allgemeingut – dessen Sicherheit die Vereinigten Staaten auf See gewährleisten – unmöglich.

Eine freie Schifffahrt kann nicht lange ohne jene Sicherheitsgarantien aufrechterhalten werden, die nur die US-Navy bieten kann und wie sie es seit mehr als sechs Jahrzehnten auch tut. Falls China die amerikanische Kontrolle herausfordern würde, wären die Vereinigten Staaten gezwungen, sich zwischen der Annahme dieser Herausforderung und der Aufgabe ihrer lange behaupteten Stellung zu entscheiden. Kurzum, Peking kann Washington dazu bringen, sich militärisch so zu binden, was die Deutschen in Bezug auf Großbritannien schlicht nicht konnten. Drei kürzliche Ereignisse unterstreichen Chinas Fähigkeit, die Vereinigten Staaten „anzusaugen", deren Marineeinheiten täglich entlang der chinesischen Küstengewässer operieren: die Kollision zwischen einem chinesischen Kampfflugzeug und einem amerikanischen EP-3-Aufklärungsflugzeug über dem Südchinesischen Meer im Jahre 2001, die Verletzung der japanischen Hoheitsgewässer durch ein chinesisches nuklearbetriebenes Angriffsunterseeboot der *Han*-Klasse 2004 sowie die „Belästigung" des Überwachungsschiffs USNS *Impeccable* durch chinesische Schiffe südlich von der Insel Hainan 2009. Man kann nicht sagen, dass das Chinesische Meer verödet ist – es ist für alle maritimen Akteure in Ostasien lebenswichtig.

Drittens, die Nähe der Nordsee zu den britischen Heimatgewässern stellte sicher, dass London einen genauen Blick auf Berlins Ehrgeiz zur See werfen konnte. Es wäre fast unmöglich gewesen, die Bedrohung durch die deutsche Flotte von der britischen Heimatverteidigung zu trennen. Es ist wenig überraschend, dass die Briten daraufhin einen eigenen energischen Flottenaufbau gegen Deutschland aufnahmen, um ihre unerreichbare Führungsposition bei Großkampfschiffen zu behaupten und die Tore zum maritimen Allgemeingut, dem Atlantik, zu versperren. Im Gegensatz zu einem mit der Seekontrolle „saturierten" Großbritannien ist die amerikanische Herrschaft asiatischer Gewässer weder naturgegeben noch günstig. Auf operativer Ebene müssen entsendete US-Expeditionsstreitkräfte die „Diktatur" der Geografie durch ein komplexes Netz von sich gegenseitig helfenden Stützpunkten, durch logistische Durchführung und durch die Beibehaltung der Seepräsenz, die Washingtons Gegenwart in der Region verankert, überwinden. Politisch ausgedrückt, amerikanische Wähler und Staatsvertreter würden es schwer haben, eine in der Ferne stattfindende Entwicklung wie Chinas Flottenaufbau als eine tödliche Bedrohung für die Vereinigten Staaten anzusehen.

Egal, wie eindrucksvoll sie auch sein mag – die Marine der Volksbefreiungsarmee (PLA Navy) bleibt für Bürger, die ihrer täglichen Beschäftigung nachgehen, weiterhin abstrakt. Dies macht es den politischen Führungsköpfen in Washington schwer, eine öffentliche Unterstützung für eine Expedition zur Verteidigung von fernen Ländern zu erhalten, über die die Amerikaner wenig wissen. Aus Mangel an einem chinesisch-amerikanischen Kalten Krieg ist es daher schwer vorstellbar, wie die chinesische Flottenmodernisierung zu einer amerikanischen Reaktion führen kann, die Britanniens fieberhaftem Flottenbau nahekommt. Dies stimmt besonders angesichts der Unklarheit, die den Zweck und die Größe chinesischer Seemacht umgibt. Diese Unklarheit wird durch die damit verbundenen weiten Entfernungen sowie das chinesische Bemühen, die Befürchtung bezüglich seines maritimen Aufstiegs zu zerstreuen, verstärkt. Die voraussichtliche Diskrepanz zwischen der politischen Entschlossenheit auf beiden Seiten des Pazifik, die für Peking ein Vorteil ist, lässt vermuten, dass Washington es zunehmend als Strapaze empfinden kann, einen festen Griff am Dreizack halten.

Flottenbau

Marinestrategie ist sowohl als Unternehmung als auch als strategische Geografie wechselwirkend. Deutschland sah sich einem Großbritannien gegenüber, welches nicht nur durch Geografie gesegnet war – der Erste Seelord Jacky Fisher taufte die Briten aus diesem Grund „Gottes auserwähltes Volk" („God's chosen people") – sondern auch eine „erdrückend überlegene" Royal Navy gegen die deutschen Seeverbindungen einsetzte.[32] Bedrohungen entstehen durch Ressourcen und Absichten, aber Militärstrategen entwickeln im Allgemeinen Pläne gegen diese Ressourcen und überlassen die Beurteilung der Absichten den Politikern. Die Arbeitsteilung macht vom Standpunkt der Gefechtskommandeure Sinn. Letzten Endes können Absichten sich schnell ändern, während Entwicklung und Bau von Waffensystemen im Industriezeitalter Jahre in Anspruch nehmen. Admiral Tirpitz sah eine dominante britische Marine, die quer zu den deutschen Seeverbindungswegen (SLOC) stand, trotz ungenügender Anzeichen für eine britische Gegnerschaft gegenüber dem Reich als untragbar an.[33]

Kurz nach seinem Dienstbeginn als Marinestaatssekretär im Jahre 1898 setzte Tirpitz Kaiser Wilhelm davon in Kenntnis, dass die militärische Lage gegen Britannien „Schlachtschiffe in größtmöglicher Zahl" erfordere.[34] Für Tirpitz bedeutete Deutschlands rechtmäßige Erlangung eines „Platzes an der Sonne" unter den damaligen Imperien die Stationierung von 61 Großkampfschiffen in deutschen Seehäfen bis zu den 1920er Jahren.[35] Dies bedeutete die Trennung der Marinebelange von parlamentarischer Aufsicht und die kontinuierliche Erweiterung der Flotte. Tirpitz wollte eine automatische Erneuerung der deutschen Großkampfschiffe nach 25-jähriger Betriebsdauer – diesen Turnus verkürzte er nach 1906, als die Royal Navy die *Dreadnought* in Dienst stellte, auf zwanzig Jahre. Dieses Schlachtschiff verfügte über eine vereinheitlichte großkalibrige Artillerie (all-big-gun) sowie einen ölbefeuerten Turbinenantrieb und sorgte dafür, dass Schlachtschiffe, die noch vor kurzer Zeit technologisch als das Maß der Dinge galten, auf einmal praktisch veraltet waren.[36] Im wirklichen Sinn begann das Flottenwettrüsten erneut, als die *Dreadnought* vom Stapel lief.[37]

Tirpitz berechnete die optimale Größe der Hochseeflotte, indem er sich mit den britischen Kriegsüberlieferungen und den politisch-militärischen Strukturen des Europas im späten 19. Jahrhundert befasste. Die Schlussfolgerungen, zu denen er kam, waren fadenscheinig und durchschaubar. Er setzte voraus, dass Deutschland seine Ziele mit einer Flotte erreichen könnte, die kleiner als die Grand Fleet war, welche die Britischen Inseln verteidigte. Dies lag zum Teil daran, weil er glaubte, dass Deutschland seine zahlenmäßige Unterlegenheit durch überlegene Schiffskonstruktionen ausgleichen könnte, indem es Schiffe baute, die in der Lage waren, Gefechtsschäden besser zu überstehen und mehr Schlagkraft als ihre britischen Gegenstücke austeilen zu können.[38] Auch sah der Marinesekretär nur eine geringe Notwendigkeit darin, mit den britischen Stückzahlen gleichzuziehen. Holger Herwig bemerkt, das „Tirpitz bei der Zitierung der britischen Marinegeschichte argumentiert, dass Britannien stets der Angreifer im Krieg und infolgedessen eine 33-prozentige numerische Überlegenheit benötigen würde. Im Gegenzug würde Deutschland eine Flotte bauen müssen, die nur zwei Drittel der britischen umfassen würde, also eine ‚Risikoflotte'... welche herauszufordern London zögern würde – aus Angst, seine globalen Besitzungen durch ein maritimes Cannae in der Nordsee zu verlieren."[39]

Cannae war eine Schlacht während der römischer Antike, in der das Heer des karthagischen Feldherrn Hannibal ein römisches Herr einkreiste und vernichtete. Dies verlieh den europäischen Strategiedenkern, die in der Klassik geschult waren, einen Teil ihres Wortschatzes bei der Debatte militärischer Belange. Eine historischer Kenngröße, die noch nicht so lange zurückliegt und auf die man sich im Allgemeinen für die Ermittlung zukünftiger britischer Verhaltensweisen beruft, war die Schlacht bei Trafalgar. In dieser entscheidenden Auseinandersetzung im Jahre 1805 schlug Lord Horatio Nelsons zahlenmäßig unterlegende Flotte eine französisch-spanische Flotte vor der südiberischen Küste. Obwohl er selten mit Tirpitz übereinstimmte, vertrat auch Wegener die Ansicht, dass sich britische Seefahrer seit Jahrhunderten in einer strategischen Offensive befanden und Britanniens strategische Lage und wirtschaftliche Interessen sowohl zu Kriegs- als auch zu Friedenszeiten verbesserten. Dies war die Essenz der britischen Strategie auf See. In diesem Fall erschien die Prognose angemessen, dass die Grand Fleet bei Kriegsausbruch in der Nordsee erscheinen und einen Kampf nach deutschen Bedingungen eingehen würde.

Die andere Prämisse, die Tirpitz' Vision eines deutschen Flottenaufbaus unterstrich, lag darin, dass weitere europäische Mächte wie Frankreich sich Deutschland anschließen würden, um einer britischen maritimen Dominanz zu entgehen. Die Hochseeflotte würde den Kern einer „Allianzflotte" bilden, die zahlenmäßig mit der Grand Fleet gleichziehen oder diese gar übertreffen würde. Der Kaiser hatte jedoch auf systematische Weise potenzielle Verbündete verprellt, seitdem er 1890 Kanzler Bismarck entlassen und sich somit als Führungsfigur einer anti-britischen Koalition auf See infrage gestellt hatte.[40] Aus der Sicht Berlins kam noch verschlimmernd hinzu, dass die Royal Navy die Sicherheit für das internationale Allgemeinwohl auf See gewährleistete, wovon alle seefahrenden Nationen profitierten. Die britische Selbstherrlichkeit sorgte bei den Kontinentaleuropäern von Zeit zu Zeit für Verdruss, trotzdem zogen die europäischen Führer den britischen Teufel, den sie kannten, dem deutschen Teufel, den sie nicht kannten, vor.[41] Großbritannien stellte eine zu geringe Bedrohung dar, um eine gegnerische Koalition zusammenzustellen.

Für einen Offizier, der von den Einsatzmöglichkeiten der Flotte eines Widersachers besessen war, war sich Tirpitz der diplomatischen Signale, die seine Hals-über-Kopf-Schiffbauanstrengungen aussendeten, auffallend wenig bewusst. Er beabsichtigte, die Royal Navy in heimatlichen Gewässern zu bedrohen; daher statteten deutsche Schiffbauer die deutschen Schiffe mit schwererer Panzerung aus, die einen größeren Schutz gegen britischen Artilleriebeschuss bot. Die widerstandsfähige Konstruktion erzeugte zusätzliches Gewicht, was zu einem höheren Treibstoffverbrauch und eingeschränkter Reichweite führte. Da der Fahrbereich deutscher Schlachtschiffe zu gering war, um ihnen Einsätze außerhalb der Nordsee zu ermöglichen, war es britischen Beobachtern klar, dass sich die Hochseeflotte voll und ganz auf Britannien richtete. Paul Kennedy beschreibt in der Tat die deutsche Schlachtflotte treffend als ein „scharfes Messer, welches glänzend und bereit nur einige Zoll entfernt von der Halsschlagader der damaligen führenden Seemacht gehalten wurde."[42] Dies war keine Seestreitmacht, die für die Verteidigung der Kolonien und Seeverbindungswege gebaut worden war, sondern für eine Entscheidungsschlacht in europäischen Gewässern. Obwohl ein solches Gebaren selbstzerstörerisch war, so erklärt Herwig, versteiften sich Tirpitz' strategische Ideen zu einem „Dogma – unantastbar und hochheilig" – bis zum Ersten Weltkrieg.[43]

Alfred Thayer Mahan weist auf die Gefahren einer Verschleierung maritimer Strategien an. Als Erläuterung zu Berlins Flottengesetz von 1900 bemerkt Mahan, dass das Gesetz ein Prinzip darlegt, welches den deutschen Flottenaufbau „über den Zeitraum von vielen Jahren" steuern sollte und dass es „essenziell war, eine Marine mit einer solchen Kampfkraft zu besitzen, dass die Aufnahme von Feindseligkeiten mit dieser die Vormachtstellung der größten Seemacht der damaligen Zeit gefährden würde.[44] Dies war die Art der Gesetzgeber, Großbritannien zum Hauptgegner und Maßstab für den deutschen Schiffbau zu erklären, während man den wahren Zweck der Hochseeflotte unklar ließ. Ohne „Transparenz" (um einen heute üblichen Ausdruck für Offenheit bei großen Organisationen zu gebrauchen) bei den Motiven der deutschen Flottenrüstung waren die Briten gezwungen, die deutschen Absichten anhand der deutschen Ressourcen zu beurteilen. Eine Flotte von Kriegsschiffen mit geringer Reichweite, starker Bewaffnung und dicker Panzerung, die genau auf der anderen Seite der Nordsee stationiert waren, konnten nur einem Zweck dienen: der Anfechtung der Kontrolle der europäischen Gewässer durch die Royal Navy. Das „Net Assessment", die übliche Beurteilungsmethodik als Basis für zukünftige Konzeptentwicklungen, wurde daraufhin zur vorrangigen treibenden Kraft für den britischen Flottenausbau.

Heutzutage sind sowohl die Vereinigten Staaten als auch China zu einem gewissen Grad an dieser Art von ausweichendem Verhalten schuld. Wie Kapitel 8 zeigen wird, weigern sich die amerikanischen Seestreitkräfte standhaft, einen Widersacher in ihrer 2007er „Cooperative Strategy for 21st Century Seapower" zu benennen – der zuverlässigsten Darstellung, wie die USA die Welt sehen und welche strategische Maßnahmen sie als angemessen für diese erachten. Das Drängen auf eine große High-Tech-Flotte bei gleichzeitigem Beharren, dass sich die Vereinigten Staaten gegenwärtig keiner konventionellen Bedrohung auf See gegenüber sehen, zwingt chinesische Marinestrategen, zwischen den Zeilen zu lesen – und ihre eigene Strategie lieber anhand der amerikanischen Ressourcen als auf Basis offizieller Absichtserklärungen zu gestalten.

Das Gegenteil ist wahr. Das Pentagon rügt die Volksbefreiungsarme (People's Liberation Army – PLA) unaufhörlich wegen ihres Mangels an Transparenz und hinterfragt die Absichten der beeindruckenden Flotte, die China gegenwärtig zusammenstellt. In der Tat ist Peking geneigt, eher solche Formeln wie „ein bestimmtes Land" in Bezug auf die Vereinigten Staaten zu verwenden als frei seine Ansichten zu äußern. Auch Washington muss Planungen gegen chinesische Ressourcen durchführen, da der Nachweis über chinesische Absichten weiterhin undurchsichtig bleibt. Der Wissenschaftler Shen Dingli von der Fudan University erklärt freimütig, dass „wir wetteifern". Man könnte sich mehr Freimütigkeit von Shens Sorte bei den chinesisch-amerikanischen Beziehungen wünschen. Theodore Roosevelt riet Staatsmännern vernünftigerweise, in der Diplomatie zurückhaltend zu sprechen, aber er meinte hierbei nicht, dass sie sich verstellen sollten. Offenheit ist eine Tugend – sogar oder gerade bei potenziellen Widersachern.

Es ist ungerechtfertigt, deutsche Überlegungen oder Handlungen zu verurteilen, ohne die strategischen Alternativen, die Berlin offenstanden, aufzuzeigen. Wie bereits an früherer Stelle bemerkt, unternahm die deutsche Marineleitung keine Anstrengungen, Britannien im geografischen Sinne zu umgehen, um Deutschlands strategische Lage zu verbessern. Noch verwendete die Flottenführung viele Mühen auf die Entwicklung einer asymmetrischen Strategie, die neue Technologien einsetzte. Tatsächlich schloss Tirpitz von Beginn an die Strategie für kleinere Seemächte, die von französischen Denkern seit der Mitte des Jahrhunderts vertreten wurde, aus. Im Wesentlichen beruhte die Strategie einer _Jeune École_ („Junge Schule") eher auf dem Kreuzerkrieg in Übersee als auf einer frontalen Konfrontation mit einer überlegenen Flotte, die aus „Großkampfschiffen" („capital ships") bestand.[45] Für Mahan waren „die Schiffe das Rückgrat und die wahre Stärke einer jeden Marine – bei angemessener Verteilung von defensiven und offensiven Stärken, um harte Schläge einstecken und austeilen zu können."[46] Dies bedeutete entweder Schlachtschiffe oder auch Schlachtkreuzer (die schnelleren, leichter gepanzerten – und verwundbareren – Geschwister der Schlachtschiffe). Der Kreuzerkrieg war – in kurzen Worten gesagt – eine asymmetrische Strategie, die den maritimen Handelsverkehr eines Feindes angriff und dabei der Stärke dieses Feindes – also einer dominanten Schlachtlinie – aus dem Weg ging.

Diese Art der Unaufrichtigkeit war ein Bannfluch für jene, die auf entscheidende Flottenzusammenstöße hofften.[47] Anhänger der _Jeune École_ hätten diesem asymmetrischen Mittel vermutlich Beifall gespendet, welches sich in den Jahren vor dem Ersten Weltkrieg in verschiedenen Ländern in der Entwicklung befand. Die deutsche Marine baute jedoch nicht ihr erstes Unterseeboot bis 1906, hauptsächlich weil Tirpitz befürchtete, dass die unterseeische Kriegsführung Ressourcen vom Schlachtschiffbau abzweigen würde. Die Minenkriegsführung sowie Torpedoboote hinkten ebenfalls hinterher. Demzufolge nahm Deutschland ein symmetrisches Wettrüsten auf, das es nicht bei vertretbarem Kostenaufwand gewinnen konnte. Auch vermied es unorthodoxe Mittel, die es Berlin ermöglicht hätten, auf lebenswichtige geografische Flächen zuzugreifen. Kurzum, sein Zögern bei der Erforschung neuer Technologien wie Unterseebooten, Minen und Torpedobooten stellten eine entgangene Gelegenheit für die deutsche Marineleitung dar.[48]

Die PLA Navy machte sich von Beginn an eine minimalistische Haltung zu eigen, da sie durch ihre spärliche Marinetradition, die Schwäche auf See in der Nachkriegszeit, das Vermächtnis von Maos Partisanenstrategie sowie den Einfluss sowjetischer Marinedoktrinen geprägt war.[49] Über Jahrzehnte wurde die chinesische Marine als ein unwesentlicher Akteur gegen ausländische Invasionen betrachtet, in denen man bestenfalls eine Ergänzung der Bodentruppen sah. Die chinesische Marine bestand dementsprechend aus Unterseebooten, Torpedobooten und Fregatten, die die Küste umkreisten. Erst in den späten 1970er Jahren, inmitten von Deng Xiaopings Reform- und Öffnungskampagne, begann Peking eine expansivere Seemachtsvision auszusprechen. Angespornt von PLA-Navy-Befehlshaber Admiral Liu Huaqing wies die chinesische Führung die Marine an, offensive Einsatzmöglichkeiten für die vorgelagerte Verteidigung des Festlandes zu entwickeln, sowohl innerhalb als auch außerhalb der ersten Inselkette.

Trotzdem blieb die „Küstengewässer-Mentalität" („brown water mentaliy") – also das tiefverwurzelte Denken hinsichtlich der Verteidigung von Gewässern nur vor der Küste – in der Waffengattung und Streitkräftestruktur bis gut in die frühen 1990er Jahre hinein bestehen. Bis zum heutigen Tage verwendet die PLA Navy beträchtliche Ressourcen für Flugkörperschnellboote (missile boats), die nützlich für die Küstenverteidigung sind, wenn auch heute in „stealth"-artigen und tödlicheren Ausführungen.[50] Dieser offensichtliche Nachteil in der Strategie erweist sich in der Tat im Nachhinein als Segen. Anders als das kaiserliche Deutschland, welches sich in den Aufbau einer kopflastigen Seestreitkräftestruktur stürzte, die sich dem Hauptwidersacher gegenüber als nicht gewachsen erwies, sind die Chinesen das Thema Seemacht in einer systematischen und schrittartigen Weise angegangen. In der Tat setzte die defensive Einstellung der frühen Marinedoktrin der PLA Navy – zugegebenermaßen eher ein Produkt aus Notwendigkeit als aus freier Wahl – einen Auslöser für einfallsreiche Gedanken in Gang, wie man einen technologisch überlegenen Gegner auf See besiegen kann.

Die chinesischen Planer haben lange – korrekt und realistisch – vermutet, dass die PLA Navy aus einer Position der Schwäche heraus kämpfen würde, sollte sie gegen die Vereinigten Staaten eingesetzt werden. Demzufolge versuchten sie, chinesische komparative Stärken gegen amerikanische Schwachstellen einzusetzen, um eine Chancengleichheit zu erzielen. Die Strategen der PLA befassen sich mit dem, was das Pentagon die „Strategie der Zugangsverwehrung" („antiaccess strategy") nennt – dies wird ausführlich in Kapitel 4 behandelt werden. Die Strategie der Zugangsverwehrung vereint militärische mit nichtmilitärischen Maßnahmen in einem Versuch, die Ankunft US-amerikanischer und verbündeter Streitkräfte in einem bestimmten asiatischen Operationsgebiet zu verzögern, die Nutzung von regionalen Stützpunkten zu stören oder zum Erliegen zu bringen, die entscheidend für die Weiterführung von US-Operationen sind, sowie die Einheiten für die US-Machtprojektion so weit wie möglich von den chinesischen Küsten fernzuhalten.[51]

Durch die wahlweise Entwicklung kostengünstiger, bereit stehender Waffensysteme wie Unterseeboote und Marschflugkörper (oder den Erwerb im Ausland) sowie durch maßgeschneiderte operative Konzepte für Chinas örtliche Lage kann die PLA (Volksbefreiungsarmee) sich selbst in eine Position gebracht haben, von der sie eine Strategie der Zugangsverwehrung ausüben kann. In diesem Fall könnte Peking die amerikanische Herrschaft über das Allgemeingut anfechten und in der Tat eine Tabuzone für US-Streitkräfte entlang der ostasiatischen Küste schaffen. Eine umstrittene Herrschaft, entweder real oder gefühlt, schwächt den amerikanischen politischen Willen und schließt bestimmte US-Militäroptionen aus. Es setzt auch Handlungsspielraum für die Chinesen frei und erhöht die Wahrscheinlichkeit, dass die PLA Navy einen Ausbruch von der ersten Inselkette unter dem Schutzschirm von Streitkräften zur Zugangsverwehrung veranstaltet. Eingepfercht durch Geografie und Waffensysteme mit relativ kurzem Wirkungskreis, erfreute sich das kaiserliche Deutschland in der Nordsee keiner solchen strategischen Option.

Außerhalb der potenziellen operativen Vorteile versprechen die chinesischen Investitionen in die Zugangsverwehrung Flexibilität und Effizienz im Hinblick auf die Streitkräftestruktur und Kosten. Bis vor kurzem scheute Peking einen offenen symmetrischen Ausbau der Seestreitkräfte, der auch ungeheuer teure Großdeckflugzeugträger einschloss. Im Gegensatz zu Tirpitz scheinen die Chinesen von einem einseitigen Zahlenverhältnis bei Streitkräften unbeeindruckt zu sein, da die Zugangsverwehrung qualitativ betrachtet verschiedene Maßnahmen der Effektivität einschließt. Gleichzeitig hat die Weigerung der PLA Navy, ein Eins-zu-eins-Wettrüsten zu betreiben, den Druck von der chinesischen Marineführung genommen, zahlenmäßig zu wetteifern. Dies ermöglicht der Marine die Freiheit, ihre Über- und Unterwasserkampfeinheiten zu erproben und weiterzuentwickeln sowie alle paar Jahre eine neue Schiffsklasse zu bauen, ohne der Verpflichtung zur Serienproduktion zu unterliegen. Dieser gemächliche, aber ertragreiche Prozess ist für die Flottenerprobungen ideal.

Der strategische Wille

Wie Carl von Clausewitz es ausdrückt, Krieg – oder, wie wir hinzufügen mögen, jedwedes wetteifernde menschliche Streben – schließt einen wechselwirkenden Zusammenstoß von Absichten ein. Sich auf die britische Seefahrtgeschichte stützend, erklärte Alfred Thayer Mahan den „nationalen Charakter" und „den „Charakter der Regierung" als zwei entscheidende Bestimmungsfaktoren für die Eignung einer Nation zur Seemacht.[52] Für Wolfgang Wegener war der letzte Bestandteil der Seemacht – der Antriebsfunke für das Streben nach einer strategischen Position – der „strategische Wille" einer Nation, zur See zu gehen. Wegener übernahm dieses Konzept offensichtlich von Friedrich Nietzsches Schriften über den Willen zur Macht. Die Einschätzung der britischen Maritimkultur durch den deutschen Denker hilft bei der Erklärung, warum der deutsche Schiffbau eine unbeugsame Reaktion der Briten hervorrief: „Die Engländer haben die See in ihren Adern, was ihrer jahrhundertelangen (Marine-)Tradition geschuldet ist; und (Seestrategie) ist in ihren Sinnen instinktiv verwurzelt, genauso wie wir die Traditionen der Landkriegsführung verinnerlicht haben."[53]

„Wie jedoch der verlorene Krieg zeigte", blieb die deutsche Marine „geistig eine Küstenmarine" trotz ihren taktischen Könnens.[54] Diese kulturelle Diskrepanz implizierte, dass Deutschland unvorbereitet war, eine Anstrengung in der gleichen Größenordnung und Zeitdauer wie Großbritannien zu unternehmen, welches die bewusste politische Wahl traf, seine maritime Überlegenheit aufrechtzuerhalten – egal, wie hoch der Preis war.[55] In der Tat erklärte der Premierminister während des Krieges, David Lloyd George, dass „jeder Engländer seinen letzten Penny geben wird, um die britische Herrschaft auf See zu erhalten". Winston Churchill, welcher als Erster Seelord der Admiralität von 1911 an diente, mag es am besten ausgedrückt haben: „Mit jeder Niete, die Alfred von Tirpitz in seine Kriegsschiffe trieb, vereinte er den britischen Zusammenhalt und damit den des mächtigsten Volkes über weite Kreise bis in jede Gesellschaftsschicht und an jedem Ort des Empire. Die Hämmer, die in Kiel und Wilhelmshaven dröhnten, schmiedeten eine Koalition von Nationen, die Deutschland gegenüber Widerstand leisten würde und welche es schließlich zu Fall bringen sollten.“[56] Kurzum, der britische Wille zur See hätte die deutschen Führungspersönlichkeiten nachdenklich machen sollen. Sie hätten Alfred von Tirpitz' Beurteilungen bezüglich der britischen Einsatztraditionen ebenfalls hinterfragen sollen. Wenn deutsche Befehlshaber über britische Geschichte lasen, verleitete sie dies, das Begehren der Royal Navy auf eine Entscheidungsschlacht zu übertreiben. Wie wir gesehen haben, basierten der deutsche Flottenausbau und dessen Strategie auf Tirpitz' Annahme, dass die britische Schlachtflotte eine „rigorose Offensive“ bei Kriegsbeginn einleiten und in die Nordsee einfallen würde, um dort nach einem apokalyptischen Flotteneinsatz Ausschau zu halten.

Mit der Skagerrakschlacht als partiellem Ausnahmefall vermied die Royal Navy klug ein erneutes Trafalgar. Während die Deutschen einen Kampf auf See um seiner selbst willen erwarteten, verweigerten britische Befehlshaber einen Kampf, der der britischen strategischen Zielsetzung nicht förderlich war. Die Royal Navy hielt ihre Einheiten zusammen, errichtete eine Fernblockade um die Nordsee und übte die Seekontrolle aus, die sie bereits innehielt. Britische Befehlshaber sahen keinen Grund für einen Kampf um etwas, das sie bereits besaßen. Somit stand die Hochseeflotte unter Zwang, ihren Erzfeind um die Herrschaft über wichtige Gewässer herauszufordern.[57]

Kurzum, Berlin schaffte es, mit seinem Schiffbauprogramm eine unbeugsame Reaktion des britischen Volkes, seiner Regierung und seiner Marine zu provozieren, und setzte eine wechselseitige Entwicklung in Gang, die zum Ausbruch des Ersten Weltkrieges beitrug. Jedoch scheute die deutsche Führung die enorme Investition, die von Deutschland verlangt wurde, um Britannien die Übermacht auf See zu entreißen. Die zusätzlich anfallenden Kosten für die Landverteidigung waren vermutlich zu hoch, und deutsche Befehlshaber waren seltsamerweise zurückhaltend bei der Ergreifung der strategischen Initiative auf See.

Sowohl ein Defizit bei strategischen Überlegungen über die See waren zum Teil hierfür verantwortlich, als auch die beobachtete wunderliche Einstellung der deutschen Führer zur Seemacht. Falls die Flotte ein Luftschloss darstellt, dann neigen düstere strategische Resultate die Folge zu sein.[58]

Im Gegensatz zu Berlin leidet Peking nicht an einem solchen Führungsmangel. China hat wohlweislich den nationalen Willen gepflegt und Ressourcen auf See entwickelt, um seine langfristigen maritimen Ambitionen zu unterstützen – ohne ungewollte Aufmerksamkeit oder Gegenmaßnahmen auf sich zu ziehen. Getreu Deng Xiaopings jahrzehntealter Vorgabe, ein niedriges internationales Profil aufrechtzuerhalten, hat Peking seine maritimen Interessen und Vorhaben in strikt defensiver Form festgelegt.[59] Seit seiner Begründung vor einem Vierteljahrhundert ist das Konzept der „Verteidigung auf offener See“ („offshore defense“) – welches die nautischen Waffengattungen zur Anwendung stark offensiver Operationen und Taktiken anweist, um die strategisch defensiven Ziele zu erreichen – der Grundpfeiler der chinesischen Marinedoktrin geblieben.[60] In der Manier George Orwells formuliert Quan Jinfu von der Naval Command Academy fast unmerklich seine Forderung mit mehrdeutiger Zunge nach einer verstärkten Machtprojektion in den Pazifik und Indischen Ozean hinein: „Die chinesische Marine ... wird sich zwangsläufig zu einer eindrucksvollen Seestreitmacht mit abschreckendem Charakter entwickeln, die über Einsatzmöglichkeiten für Defensivoperationen auf hoher See verfügen wird. Diese Marine wird im Zuge effektiver strategischer Defensivoperationen und der Gefahrenbekämpfung in den weiten strategischen Tiefen in der Lage sein, jeden zu stoppen oder anzugreifen, der es wagt, in Chinas strategische Interessensgebiete einzudringen oder diese an sich zu reißen."[61] Wieviel strategische Tiefe Analysten wie Quan begehren, ist jedermanns Vermutung. Die Sache ist die, dass seine absichtliche Untertreibung in starkem Kontrast zu dem unbesonnenen Gehabe steht, welches das kaiserliche Deutschland an den Tag legte. In der Tat hat die Hochseeverteidigungsdoktrin Pekings den Vereinigten Staaten und Chinas Nachbarn die offenkundigen Anzeichen einer chinesischen Bedrohung entzogen und damit den Vorwand für eine Gefahr oder heftige Gegenmaßnahmen. Während Peking beispielsweise seine maritimen Ziele recht umfassend erläutert und in der Tat Anspruch auf seine ausschließlichen Wirtschaftszonen als Hoheitsgewässer erhebt, bestehen chinesische Diplomaten einheitlich auf eine friedliche Lösung von Konflikten. Bis heute hat diese Einstellung das Potenzial für Überreaktionen in asiatischen Hauptstädten und in Washington gemildert.

Gleichzeitig haben politische Entscheidungsträger in den höchsten Regierungsebenen öffentlich und energisch versucht, den chinesischen nationalen Willen zu maritimen Unternehmungen für sich nutzbar zu machen. Kein Geringerer als Präsident Hu Jintao hat bei den Bemühungen an der Spitze gestanden, die PLA Navy und die Öffentlichkeit in ihrer Gesamtheit zu aktivieren. Auf dem Zehnten Kongress der Chinesischen Kommunistischen Partei der PLA Navy (Marine der Volksbefreiungsarmee) im Dezember 2006 ermahnte Hu den Militärdienst, „eine mächtige Volksmarine zu schmieden, die in der Lage ist, die historischen Missionen unserer Armee in einem neuen Jahrhundert auszuführen" und „welche die allseitige Umgestaltung des Flottenbaus in Übereinstimmung mit den Anforderungen der Revolution in militärischen Belangen mit chinesischem Charakter anregt."[62] Gemäß der drei Wissenschaftler an der Dalian Naval Academy legt Hu Wert darauf, „die flächendeckende operative Leistungsfähigkeit der Navy innerhalb der ersten Inselkette zu erhöhen" und „die mobile operative Tauglichkeit auf der weit entfernten See zu steigern."[63]

Mit anderen Worten richtet die oberste Führungsschicht ihren seewärtigen Blick viel weiter in die Ferne. Im *Qiushi*, einem offiziellen Journal des Zentralkomitees der Chinesischen Kommunistischen Partei, wiederholt und erweitert Admiral Wu Shengli, der Befehlshaber der PLA Navy, Präsident Hus Direktive, indem er verkündet, dass China eine „ozeanische Nation" ist, deren natürliches Erbe – eine lange Küstenlinie, zahlreiche Inseln und ein gewaltiger Seeraum – beschützt werden muss. Wu erinnert an die dynastische Vernachlässigung der Ozeane und an das darauffolgende Jahrhundert der Demütigung, in welchem das westliche Eindringen ausnahmslos von Übersee aus geschah. Mit Chinas Wiederauferstehung glaubt der Admiral, dass es höchste Zeit ist, die Unglücksfälle der Vergangenheit zu revidieren, die „große Wiederbelebung der chinesischen Nation zu vollbringen und das maritime Schicksal der Nation zu erfüllen.[64]

Das Wechselspiel, das der Admiral zwischen dem Schicksal und der Wahlmöglichkeit für die Zukunft der chinesischen Seemacht darstellt, wäre für Mahan sofort erkennbar gewesen. Vereinfacht ausgedrückt stellt sein Artikel ein gebieterisches Bemühen dar, das nationale Bewusstsein in Bezug auf die See neu auszurichten.

Chinas Ressourcen auf See sind gleichermaßen ein beeindruckender Orientierungswert für den nationalen Willen. Im letzten Jahrzehnt hat sich China durch den Kauf im Ausland oder durch eigene Herstellung ein Aufgebot an Flotteneinheiten zugelegt, welches sich für eine Anfechtung der Kontrolle auf See innerhalb und außerhalb der inneren Inselkette eignet. Während die PLA Navy veraltete Unterseeboote massenweise außer Dienst stellt, hat sie drei neue Klassen von „stealth"-tauglichen dieselelektrischen U-Booten eingeführt. Berichten zufolge traf das plötzliche Erscheinen eines Unterseeboots der *Yuan*-Klasse im Jahre 2004 die US-Nachrichtendienste überraschend. China enthüllte auch öffentlich seine zweite Generation von nuklearbetriebenen Angriffsunterseebooten sowie Flotten-U-Boote mit ballistischen Raketen als ein vermutliches Signal der Abschreckung. Zusätzlich zum Bau neuer Plattformen haben die Chinesen einen beträchtlichen Aufwand auf die Verfeinerung des operativen Könnens bei der unterseeischen Kriegsführung verwendet. Ein besorgniserregendes Anzeichen war ein Zwischenfall im Jahre 2006, als ein Unterseeboot der *Song*-Klasse Berichten zufolge innerhalb der Torpedoreichweite des Flugzeugträgers *Kitty Hawk* auftauchte, welche gerade ein Manöver durchführte. Der Marinenachrichtendienst (Office of Naval Intelligence) enthüllte darüber hinaus, dass sich die Anzahl der chinesischen U-Boot-Patrouillen zwischen 2007 und 2008 verdoppelt hat (wenn auch bei kurzen Einsatzzeiträumen).[65]

Im Einsatzgebiet der Überwasserkriegsführung hat China seit 1999 vier moderne Kriegsschiffsklassen in Dienst gestellt. Dies schließt Schiffe mit hochentwickelten Radargeräten und Computern ein, die Berichten zufolge mit den Aegis-Kampfsystemen der US-Navy – den modernsten in der amerikanischen Luftabwehrzauberei – vergleichbar sind. Die PLA Navy fügte ihrem Bestand gleichzeitig die Zerstörer der *Sovremennyy*-Klasse zu, welche sie von Russland erworben hatte. Obwohl die Tonnage bestenfalls ein grober Indikator für die Leistungsfähigkeit ist, verdrängen die neuen Kampfschiffe alle mindestens 6.000 Tonnen (tons), also zwei Drittel der Verdrängung der amerikanischen Lenkwaffenzerstörer der *Arleigh-Burke*-Klasse (guided-missile destroyer). Medienberichten zufolge, dass die PLA Navy den Bau von zwei oder drei weiteren mittelgroßen, konventionell betriebenen Flugzeugträgern beabsichtigt – diese Berichte wurden mehr oder weniger durch staatliche chinesische Vertreter Anfang 2009 bestätigt – haben ein plötzliches Durcheinander von internationalen Begleitstimmen ausgelöst.[66] Die Spekulationen über das chinesische Interesse am Einsatz von ballistischen Raketen, die Überwasserschiffe auf See angreifen können, hat politische Entscheidungsträger beunruhigt. In der Tat beherrschte diese Vorstellung die Debatten bei einer Konferenz, die 2008 am Naval War College abgehalten wurde, um die Einsatzmöglichkeiten der chinesischen Luft- und Raumfahrtindustrie zu untersuchen (wir werden auf dieses Thema in Kapitel 5 ausführlich zu sprechen kommen).[67]

Nach einer jahrzehntelangen Geringschätzung der chinesischen Seefahrer zeigen pensionierte und aktive Offiziere der US-Navy nun einen wachsenden – wenn nicht missgünstigen – Respekt vor dem beeindruckenden Modernisierungsprogramm der PLA Navy. In materieller Hinsicht befinden sich die Chinesen deutlich auf dem Vormarsch. Was ist mit dem amerikanischen strategischen Willen zur See? Alfred Thayer Mahan zeigte sich besorgt bezüglich der Gleichgültigkeit seiner Landsleute gegenüber seewärtigen Bestrebungen, sogar während des Aufstiegs der Vereinigten Staaten zur maritimen Bedeutsamkeit. Er schlug vor, dass die USA – weit davon entfernt, in die britischen Fußstapfen zu treten – eine umgängliche, ressourcenreiche und den Kontinent umspannende Nation waren, die ihre Aufmerksamkeit auf Nordamerika gerichtet halten konnte. Hierbei, so spekulierte Mahan, waren die Vereinigten Staaten eher wie Frankreich als Britannien. Ihre strategische Geografie und die knappen Rohstoffvorkommen auf den Britischen Inseln hat die Briten auf der Suche nach Handelsverkehr und Wohlstand zur See getrieben, während die Franzosen sich selbst mit ihren eigenen Rohstoffen versorgen konnten. Oder Amerika könnte so wie die Holländische Republik im 17. Jahrhundert sein – eine weitere Macht, die mit Großbritannien um die maritime Vorherrschaft wetteiferte, sich aber als zu geizig erwies, um eine ausreichende Flottenbereitschaft in Friedenszeiten zu finanzieren.

Die seewärtige Kultur Amerikas, so sorgte sich Mahan, könnte eine dünne Fassade sein – egal, wie fundamental sie für die Politik, Gesellschaft und Kultur des (einstigen) britischen Mutterlandes war.[68] In diesem Fall könnte sich die öffentliche Unterstützung für eine dynamische US-Navy mit dem Fehlen einer von See kommenden Bedrohung als nicht dauerhaft erweisen. Heutzutage, wie auch zu Mahans Zeiten, manifestiert sich der strategische Wille in der Anzahl von Schiffen, Flugzeugen und Kampfsystemen. Steigende Kosten haben die Größe der Flotte unaufhaltsam nach unten getrieben. Mit 282 aktiven Schiffen – weniger als die Hälfte der Anzahl der (fast erreichten) 600-Schiff-Marine (600-ship-navy) der 1980er Jahre – ist die US-Navy heute am kleinsten seit dem Ersten Weltkrieg.[69] Wenige Wissenschaftler oder Marineoffiziere glauben, dass die Navy es bewerkstelligen wird, sich wieder zu der Zahl von 313 Schiffen aufzubauen, die in den Schiffbauplänen gefordert wurden. Obwohl einzelne Schiffe über eine weitaus stärkere Schlagkraft verfügen als ihre Vorgänger, hat Quantität noch immer ihre ganz eigene Qualität – zumal potenzielle Widersacher wie die PLA Navy beginnen, die qualitative Lücke zu schließen. Hier begibt sich die US-Navy in Gefahr.

Abnehmende Zahlen haben die US-Seestreitkräfte auf den geistigen Pfad geführt, den einst Jackie Fisher und Winston Churchill beschritten hatten. Die U.S. Maritime Strategy von 2007 erläutert, dass die US-Navy die Zwei-Ozean-Flotte (two-ocean fleet) bleibt, die es seit dem Zweiten Weltkrieg gewesen ist. Während vorausgegangene Strategien sich auf den Atlantik und den Pazifik konzentriert haben, haben die Seestreitkräfte ihre Energien nun jedoch auf den westlichen Pazifik und den Indischen Ozean verlagert.[70] Mit anderen Worten, Amerikas maritim-strategisches Augenmerk ist nun auf Asien fixiert. Wie Britannien vor einem Jahrhundert, scheinen die Vereinigten Staaten zu dem Schluss gekommen zu sein, dass sie sich auf die wesentlichen Schauplätze konzentrieren und zweitrangige Engagements reduzieren müssen. In den Augen der Marinebefehlshaber sind der Atlantik und das Mittelmeer offensichtlich Flächen, die europäischen Schutzmächten anvertraut werden können. Es bleibt trotzdem alles andere als klar, ob die Vereinigten Staaten dieselbe bewusste politische Wahl treffen werden wie Großbritannien es tat, nämlich weiterhin in eine beherrschende Flotte zu investieren. Falls nicht, könnte China sich in einer strategischen Position befinden, um welche das Deutschland des Kaisers sie beneiden würde.

CHINAS GÜNSTIGE STRATEGISCHE LAGE

In der endgültigen Analyse deuten die drei Faktoren, die wir zur Einschätzung von Chinas Zuwendung zur See verwendet haben – strategische Geografie, die Flotte und den strategischen Willen zur See – darauf hin, dass Peking in einer weitaus besseren Lage ist, seine nautischen Bestrebungen zu verwirklichen, als Berlin dies vor einem Jahrhundert war. Dass die Seemacht – Großbritannien – letztendlich die Oberhand über die Landmacht, dem kaiserlichen Deutschland, behielt, ist kein Grund zur Selbstgefälligkeit. Trotz der oberflächlichen Ähnlichkeit zwischen Deutschland und der Volksrepublik China sind die Unterschiede zwischen beiden Fällen augenfälliger als die Gemeinsamkeiten. Erstens, die Meere, welche die ostasiatischen Küsten umspülen, sind allen Seemachtanwärtern in der Region eine Verteidigung wert. Das Gelbe, Ostchinesische sowie das Südchinesische Meer sind keine toten Meere im Sinne, wie es die Nordsee für Deutschland war. Die Seeverbindungswege (sea lines of communications – SLOC) verlaufen hin und her entlang der asiatischen Küste und bilden so die wirtschaftlichste Route für Rohstoffe aus dem Indischen Ozean, um nordostasiatische Seehäfen zu erreichen und von dort die Wirtschaften Chinas, Japans und Koreas zu versorgen.

Anders als die deutsche Marineleitung braucht die PLA Navy sich nicht selbst zur Geltung zu bringen, um Chinas strategische Lage zu verbessern. Die Initiative liegt bereits bei Peking. Es kann der US-japanischen Allianz entgegenkommen, um die Freiheit der Schifffahrt entlang des Festlands zu sichern. Selbstverständlich ist es wichtig, die Bedeutung des Chinesischen Meeres nicht zu übertreiben.

Einige sachkundige Analysten hinterfragen den Wert Taiwans für China und die Vereinigten Staaten, indem sie darauf hinweisen, dass die Insel Pekings Verteidigungsring nur für einhundert Meilen auf See erweitert. Sie halten an der Ansicht fest, dass die Schifffahrt mit Kurs auf Japan oder Südkorea die Insel bei geringfügig höheren Kosten oder Aufwand umfahren kann. Durch diese Argumentation legen sie fest, dass die amerikanische Position in Asien auch völlig unberührt sein würde, sollte das Festland die Kontrolle über die Insel wiedererlangen. US-Flottenoperationen und die dazugehörige Fähigkeit, die örtlichen Gewässer zu beherrschen, würden sich ungehindert fortsetzen.

Selbst wenn dies wahr ist, so kränken solche Analysen die Bündnispolitik. Japan ist überaus empfindlich in Bezug auf die maritime Sicherheit in seinem südlichen Bereich. Um nur einen Punkt zu nennen: die Wiedererlangung Taiwans würde dazu führen, dass chinesische und japanische Gewässer nicht nur im Ostchinesischen Meer, sondern auch weiter im tiefen Süden aneinander grenzen würden, wo die südlichsten Inseln beinahe in Sicht der nördlichen Küste von Taiwan sind. Während der Krise in der Straße von Taiwan im Jahre 1996 feuerte die PLA Navy Raketen in die Gewässer nahe Taiwans beider Haupthäfen und versuchte so, die taiwanesische Präsidentschaftswahl zu beeinflussen. Eine der „Test"-Raketen landete Berichten zufolge innerhalb von sechzig Kilometern von Yonaguni, am südlichen Ende der Ryukyu-Inselkette.[71]

Der Raketentestzwischenfall erinnerte die japanischen politischen Entscheidungsträger, wie schwer es sein würde, Japan aus zukünftigen chinesisch-taiwanesischen Flächenbränden herauszuwinden, während es Tokio im Voraus warnte, wie unbequem nahe China dem japanischen Territorium sein würde, wenn Taiwan in chinesische Hände fallen sollte. Tatsächlich würde der „Tag nach Taiwan" Japan einer Pufferzone berauben, die besteht, seit die Japaner Formosa von der Qing-Dynastie als Folge des Chinesisch-

Japanischen Krieges von 1895 entrissen haben. Ein seit einem Jahrhundert bestehender geostrategischer Vorteil würde sich auflösen. Zum anderen würde Peking wahrscheinlich Anspruch auf eine ausschließliche Wirtschaftszone (exclusive economic zone – EEZ) rund um die Insel beanspruchen. Falls kürzliche Erfahrungen irgendeinen Orientierungswert bieten, würde Peking beginnen, rechtsgültige Vorrechte – ähnlich denen, die es in anderen ausschließlichen Wirtschaftszonen beansprucht – bei seinem Versuch, diese Gewässer in De-facto-Hoheitsgewässer zu verwandeln, geltend zu machen. Eine Erweiterung der chinesischen Umgebung um dreihundert Meilen auf See – und nicht einhundert – würden die japanische Seeverteidigung beträchtlich erschweren, während die Kosten für die Seetransporteure steigen würde, da sie gezwungen wären, die von China beanspruchten Seeräume zu umfahren.

Um die Sache weiter zu komplizieren – die umstrittenen Senkaku-Inseln (auch: Diaoyutai-Inseln), die von Tokio, Peking und Taipei beansprucht werden, liegen eingepfercht zwischen den drei Postulanten. Einige chinesische Strategen scheinen zu glauben, dass die Senkaku-Inseln nicht länger von den Japanern zu verteidigen sein würden, wenn Taiwan unter Pekings Kontrolle fiele. Wie ein Analyst erklärt: „Wenn Taiwan in unserer Hand ist, dann würden feindselige Länder durchaus ihre politischen Handlungen überdenken. Wenn unser Land starke See- und Luftstreitkräfte auf Taiwan aufbaut ... dann würden solche Stützpunkte Chinas Kampf- sowie Abschreckungskraft beträchtlich erhöhen ... Unter solchen Umständen ist es möglich, dass sich das Senkaku- bzw. Diaoyutai-Inselproblem zugunsten unseres Landes entwickeln würde."[72] Diese Beobachtung geht einher mit der Ansicht, dass der chinesische Besitz Taiwans Peking in die Lage versetzen würde, Japans südliche maritime Flanke zu drehen. Tokio hat daher keine Wahl, außer sich beim Schicksal der Insel einzumischen, und die trans-pazifische Allianz würde auch Washington in dieses neu ausgerichtete Asien verwickeln. Mit anderen Worten, selbst wenn wir einräumen, dass Taiwan für die Vereinigten Staaten strategisch oder operativ unbedeutend ist, wie zahlreiche Sinologen behaupten, so kann seine zentrale Lage für Tokios Sicherheitssinn nicht so einfach von der Hand gewiesen werden. Den Wert, den Japan Taiwan beimisst, wird ein Hauptbestandteil der regionalen US-Strategie bleiben, es sei denn, Washington ist willens, Tokios Interessen unberücksichtigt zu lassen, und somit riskiert, dass Japan den Tag nach Taiwan mit einem Achselzucken begrüßt. Der Verlust eines solchen Wetteinsatzes würde wahrscheinlich das Ende der US-japanischen Allianz bedeuten, des Dreh- und Angelpunkts der US-Vormachtstellung in Asien in den letzten sechs Jahrzehnten.

Zweitens, die Vereinigten Staaten sind nicht – um Admiral Wegeners heraufbeschwörende Wortwahl wieder ins Gedächtnis zu rufen – annähernd mit der Seeherrschaft in dem Maße „saturiert", wie es Britannien gegenüber Deutschland war. Obwohl ihre Flotte für die Gegenwart überlegen bleibt, kann die US-Navy den chinesischen Zugang zum offenen Meer nicht mit der gleichen Leichtigkeit verbieten, wie die Royal Navy des ausgehenden 19. Jahrhunderts es konnte. Weder die Vereinigten Staaten noch Japan verfügen über Positionen, die im Hinblick auf ihren strategischen Wert vergleichbar mit der Lücke zwischen Schottland und Norwegen oder dem Ärmelkanal sind und von denen die US-Navy die chinesische Schifffahrt von den Seewegen fernhalten kann. Chinas Kriegsschiffe erfreuen sich eines zur Verfügung stehenden Ausgangs in das Chinesische Meer von mehreren Seehäfen entlang der Küste aus. Jianggezhuang und

Lüshunkou sind zwei Stützpunkte, die der Nordmeerflotte Zugang zum Gelben und zum Ostchinesischen Meer geben; die Ostmeerflotte ist in solchen Häfen wie Ningbo und Zhoushan stationiert, und die Südmeerflotte operiert aus einer vorgelagerten Basis bei Sanya auf der Insel Hainan. Diese Gebiete (und viele weitere) werden mit Leichtigkeit dem Mahan'schen Standard für einen Seezugang gerecht und schaffen mehrere Verbindungen zur offenen See. Um Pekings maritim-geografische Zwickmühle ist es nicht annähernd so schlecht bestellt wie um die Berlins.

Drittens, China besitzt (gegenüber den Vereinigten Staaten) den Vorteil der Nähe zum Einsatzgebiet. Um die Ausdrucksweise von MIT-Professor Barry Posen zu gebrauchen: China ist ideal positioniert, um eine „umstrittene Zone" („contested zone") festzulegen, nahe gelegene Stützpunkte und Arbeitskräfte, landgestützte Waffen und die überlegene Kenntnis des physischen, sozialen sowie des kulturellen Terrains zu seinem Vorteil zu nutzen, um den vorrückenden US-Streitkräften – auch wenn diese überlegen sind – ernsthaften Schaden zuzufügen.[73] Die trans-pazifischen Entfernungen schwächen nicht nur die amerikanische Stärke, sondern auch wahrscheinlich den Wert, den die amerikanische Regierung und Bevölkerung der Verteidigung von US-Interessen vor asiatischen Küsten beimessen. Durch den wachsenden US-Kostenaufwand militärischer Engagements in Asien kann Peking hoffen, Washington abzuschrecken oder davon abzubringen, in einer Art zu agieren, die schädlich für chinesische Interessen ist.

Hier löst sich die Ähnlichkeit zum deutsch-englischen Fall auf, aber die Unterschiede sind aufschlussreich. Die Geografie platzierte die Antagonisten während des Flottenwettrüstens vor dem Ersten Weltkrieg nahe beieinander, während Tausende von Meilen Ozean China von den Vereinigten Staaten trennen. Das am nächsten an Ostasien gelegene US-Territorium ist Guam in der zweiten Inselkette; fast 5.000 Meilen trennen Honolulu von Shanghai. Von einem geografischen Standpunkt aus ist die Analogie zwischen Japan und Britannien eine weitaus trefflichere. Die japanischen Hauptinseln liegen je nach Breitengrad einige hundert Meilen vor der chinesischen Küste. In der Tat bildet Japan den nördlichen Bogen der ersten Inselkette und dies bedeutet, dass der chinesische Verteidigungskreis entlang des japanischen Archipels verläuft. Und im Gegensatz zu China und Japan brauchte sich Deutschland um keinen weit entfernten Widersacher zu sorgen – Großbritannien hatte wiederum keinen für sich nutzbaren fernen Verbündeten –, der mit den Vereinigten Staaten vergleichbar wäre.

Wenn Japan die Rolle Britanniens und China die Rolle des kaiserlichen Deutschland spielen, dann begünstigt die Asymmetrie von Stärke die Landmacht gegenüber der Seemacht. Durch die sechs Register der Mahan'schen Seemacht – geografische Lage, physische Anpassung, territoriale Ausbreitung, Bevölkerung, nationaler Charakter sowie die Beschaffenheit der Regierung – scheint es mehr als deutlich, dass der japanische „Wal" dem chinesischen „Elefanten" in Ostasien nicht überlegen ist. Um die Analogie zwischen den beiden Fällen treffender darzustellen, müssen wir an die US-japanische Allianz als eine strategische Einheit denken, aber selbst dann ist der stärkste Partner am weitesten vom Schauplatz entfernt – dies führt zu strategischen Asymmetrien, die hohe britische Regierungsvertreter und Befehlshaber nicht davon abhielten, eine Erwiderung auf die deutsche Flottenmacht in Angriff zu nehmen.

Viertens, es wäre eine einfache Sache (in Bezug auf die deutsche Hochseeflotte in ihrer Glanzzeit) für die PLA Navy, die strategische Offensive in nahe gelegenen

Gewässern zu ergreifen. Falls der chinesische Marineaufbau seine nach oben gerichtete Entwicklungsbahn bei der Flottengröße und -qualität beibehält und die US-Navy weiterhin zahlenmäßig schrumpft, kann die PLA Navy letztendlich eine „beherrschende Macht" innerhalb der ersten Inselkette aufbieten. Sie wird das Chinesische Meer nach Mahan'schen Bestimmungen beherrschen. In der Zwischenzeit kann Peking hoffen, der US-japanischen Allianz den Zugang zu diesen Gewässern lange genug zu verwehren, um politische Ziele wie die Loslösung Taiwans von seinen Bewohnern zu verwirklichen. In diesem Fall wird es in der Lage sein, der US-Navy in einer Weise, wie es die deutsche Hochseeflotte niemals vermochte, die Initiative abzuringen und so Amerika und seine Verbündeten zu nötigen, um einen maritimen Zugang zu kämpfen, den sie gegenwärtig noch als selbstverständlich ansehen.

Man stelle sich zum Beispiel ein erfolgreiches chinesisches Bemühen, die umstrittene Zone während einer chinesisch-taiwanesischen Krise oder eines Konflikts in den Bereich der Ryukyu-Inselkette zu verschieben, vor. Die unbehagliche Nähe eines Tabubereichs zur Kadena Air Force Base, dem Drehkreuz der US-Luftmacht im westlichen Pazifik, würde den amerikanischen und japanischen Lufteinsätzen, die von Flugplätzen auf Okinawa aus stattfinden, enorme Belastungen auferlegen. Solange die Vereinigten Staaten ihre Verbindlichkeiten gegenüber Japan, Südkorea und Taiwan aufrechterhalten, wird der strategische Impuls folglich bei China liegen.

Fünftens, von Beginn an unternahmen chinesische Marineplaner klugerweise eine stufenartige Annäherung an den Flottenbau, indem sie mit dem Denkansatz der *Jeune École* begannen, bevor sie zu fortgeschrittenen und mehr Mahan'schen Plattformen und Waffensystemen übergingen. Dies war eine politische Notwendigkeit während der Ära Mao Tse-tungs. Der Vorsitzende der Chinesischen Kommunistischen Partei verbot den Bau einer hochseetauglichen Flotte („blue water fleet") und – während des „Großen Sprungs nach vorn" und der Kulturrevolution in den 1950er–1970er Jahren – entriss in seiner Manie von revolutionärer Reinheit dem Offizierskorps durch seine „politische Säuberung" viel von dessen Sachverstand und Einfallsreichtum. In ihren Gründerjahren gab sich die PLA Navy (Marine der Volksbefreiungsarmee) demnach mit technisch einfachen Mitteln wie Minenlegern, Patrouillenbooten mit Raketenwerfern sowie dieselbetriebenen Unterseebooten zufrieden. Im Gegensatz zu Tirpitz erlag die Führung der PLA Navy nicht der Verlockung von extravaganten, budgetsprengenden Schiffen wie nuklearbetriebenen Flugzeugträgern. Nach der Logik der Befehlshaber bot eine *Jeune-École*-Flotte eine gesunde Basis für zukünftige Seestreitkräfte – die gegenüber jenen der Vereinigten Staaten symmetrischer erschien – für den Fall, dass Peking eines Tages die Notwendigkeit für einen direkten Flottenwettstreit sehen sollte.

Sechstens, trotz der vergleichsweise günstigen strategischen Situation lassen hohe chinesische Staatsvertreter und Analysten einen weitaus unbeugsameren Willen zur Seemacht erkennen als das wankelmütige Bekenntnis, das von der Wilhelminischen Regierung Deutschlands an den Tag gelegt wurde. Wie Mahan beobachtete, hängt die Seemacht in einem autoritären Staat von der Standhaftigkeit der autokratischen Führer ab – einem Faktor, an dem es im kaiserlichen Deutschland, jedoch nicht in der Volksrepublik China, mangelte. Die politische Unterstützung für die Flotte kann jederzeit entzogen werden, so wie es in Frankreich unter der Herrschaft des Sonnenkönigs Ludwig XIV. geschah. Die Führung der Volksrepublik China hat eine beeindruckende Entschlossenheit dort gezeigt, wo Kaiser Wilhelm II. schwankte. Außerdem hängen chinesische Interessen weitaus stärker von der See ab, als deutsche Interessen es jemals taten. Auch braucht Peking keine Marine, um eine neue Nation zusammenzubinden. Deutschland hatte keine nationale Identität oder nur ein kaum erwähnenswertes maritimes Erbe, so blickten die deutschen Führer auf die Seemacht als eine vereinigende Kraft. China hingegen hat eine traditionsreiche maritime Vergangenheit. Es kann trotz der Vernachlässigung durch die Qing-Dynastie auf ein goldenes Zeitalter zurückblicken, in dem das Chinesische Meer den Teil einer sinozentrischen Seeordnung in Asien bildete und chinesische Flotten die regionalen Seewege nach Belieben durchstreiften. Aller Wahrscheinlichkeit nach wird das chinesische Streben nach Seemacht mehr Ausdauer zeigen als Deutschlands Anlauf zu einem Platz an der Sonne. Ein tolerantes Umfeld, wachsende Ressourcen und eine strategische Entschlossenheit werden China zu einem stärker gefürchteten Konkurrenten auf See machen, als das kaiserliche Deutschland es jemals war.

Und schließlich, Chinas politische und militärische Führer zeigen eine bemerkenswerte diplomatische Besonnenheit im Vergleich zum sprunghaften Kaiser und seinen Untergebenen. Peking hat seinen maritimen Aufstieg friedlich zuwege gebracht, um die Ingangsetzung eines Kreislaufs von maritimer Herausforderung und Reaktion zu vermeiden, der die anglo-deutsche Gegnerschaft antrieb. Chinesische Staatsvertreter haben ihren Fortschritt auf See vorsichtig innerhalb einer unbedenklichen, sogar Bismarck'schen diplomatischen Strategie erreicht. Die chinesische Diplomatie ist reich an Formulierungen wie „friedlicher Aufstieg", „friedliche Entwicklung" und „verantwortungsbewusster Stakeholder (Anteilseigner)", die aus dem Grund geprägt wurden, die umliegenden asiatischen Mächte – einschließlich der Vereinigten Staaten – zu überzeugen, dass Peking die liberale, US-geführte Seeordnung annimmt. Wie Kapitel 7 zeigen wird, hat Peking seine Botschaft maßgerecht entworfen, um ausländische Zielgruppen damit zu beeindrucken, dass China eine von Natur aus gütige Macht ist. Im Gegensatz zu den räuberischen imperialen Mächten der Vergangenheit kann China eine starke Marine und die geostrategische Einflusskraft, die eine große Flotte vermittelt, anvertraut werden.

EINIGE VORLÄUFIGE FESTSTELLUNGEN

Insgesamt stellen das Geschick, der Einfallsreichtum und die Stärke, mit der China seine Seemachtvorhaben bewerkstelligt hat, die unbeholfenen Bemühungen des kaiserlichen Deutschland in den Schatten. Diese Erkenntnis ist auf einmal neu, und das Verblüffende daran ist, dass sie sowohl den klaren Vorhersagen der Optimisten als auch der Pessimisten trotzt, ob China dem Bismarck'schen oder wilhelminischen Weg folgen wird. Dass sich China unbesonnen in einen selbstzerstörerischen maritimen Antagonismus mit den Vereinigten Staaten stürzen würde, ist fraglich. Doch sollte China irgendwann in der Zukunft eine wilhelminische Wende vollziehen, dann wird es weitaus mehr Freiheit haben, als Deutschland jemals hatte, um seine seefahrenden Rivalen zu belasten. Und selbst wenn Peking sich unentwegt an die Prinzipien der Bismarck'schen Außenpolitik hält, kann es sich erlauben, weniger Zurückhaltung in der maritimen Domäne an den Tag zu legen, als es der Eiserne Kanzler gegenüber den europäischen Großmächten konnte. Was wir hier durchgeführt haben, ist eindeutig ein Gedankenexperiment. Trotz *The Rise*

of Great Powers bleibt es alles andere als klar, ob China eine bedeutsame Orientierungshilfe aus dem Studium der deutschen Erfahrung gezogen hat. Jedoch ist der Vergleich an
sich lohnenswert, da die Untersuchung von Aufstieg und Fall der deutschen Seemacht
die Herausforderungen und Möglichkeiten verdeutlicht, der sich kontinentale Nationen
bei ihrem Wagnis auf große Gewässer gegenübersehen.

Ein Schlussgedanke: Es ist leicht, die wenigen Beispiele in der Weltgeschichte hin
und her zu wenden, in denen große Landmächte bei der Verwandlung scheiterten, zu
Seemächten zu werden, und somit Chinas seewärtiges Experiment zu einem Misserfolg
zu erklären – vor allem, bevor alle Fakten vorliegen. Wir hoffen, dass die hier dargelegte
komparative historische Analyse jenen Anlass zum Nachdenken gibt, die zu übermäßig
optimistischen Vorhersagen neigen. Die chinesische Seefahrtgeschichte kann sich mit
jener des kaiserlichen Deutschland reimen – jedoch wird sie diese nicht wiederholen.

FLOTTENTAKTIKEN MIT CHINESISCHEM CHARAKTER

Nachdem wir uns für eine gewisse Zeit mit den räumlichen Aspekten der chinesischen Seestrategie beschäftigt und hierbei die Geopolitik, ein historisches Beispiel und strategisches Gedankengut, zur Geltung gebracht haben, werden wir nun die Mechanik untersuchen, mit der China seine Strategie in die Tat umsetzen wird. Chinas strategisches Umfeld bietet Peking eine weitaus größere Freiheit als dem kaiserlichen Berlin bei der Verfolgung einer Seestrategie – und dies sogar im Zuge einer Außenpolitik auf Basis einer Bismarck'sche Selbstbeschränkung. In der Zwischenzeit liefert das Konzept einer Seeverwehrung vielleicht den besten Indikator, wie China mit seinem maritimen Umfeld umgehen wird, bis es eine Flotte zusammenstellen kann, die fähig ist, Auge in Auge mit jenen führenden Seestreitkräften zu stehen, die voraussichtlich in asiatischen Gewässern auftauchen werden. Dies setzt voraus, dass Peking den für eine dominante Marine nötigen Aufwand für lohnenswert, angesichts konkurrierender Prioritäten wie die einheimische Wirtschaftsentwicklung, erachtet.

Eine Marine, die die See verwehren kann, gibt freilich ihre Unterlegenheit gegenüber möglichen Widersachern zu, ohne jedoch eine Niederlage einzugestehen. Sie meidet keine lebenswichtigen Wasserflächen oder zieht sich zu einer passiven Verteidigung zurück. In den späten 1990er Jahren haben zwei herausragende Sinologen erklärt, dass Chinas eigene Schwäche auf See das Land zwang, innerhalb der ersten Inselkette Schutz zu suchen und eine Strategie des „langwierigen defensiven Widerstands" zu wagen. Die US-Vormachtstellung auf See war zu erdrückend, um mit konsequenteren Mitteln Erfolg haben zu können.[1] Wir sind anderer Meinung. Eine Streitmacht zur Seeverwehrung arbeitet um ihre Schwäche herum und nutzt die Vorteile aus, die sie hat. Ihr Ziel ist eindeutig die Verdrängung von rivalisierenden Flotten aus ausgewiesenen Gewässern – oder in erster Linie die Hinderung, sie in diese eindringen zulassen – für eine begrenzte Zeit, bis die strategischen Ziele vorliegen.[2] Im Allgemeinen ist die Verwehrung der See eine strategisch geschickte Verteidigungsmethode von unterlegenen Seemächten durch offensive Mittel. Die Marine der Volksbefreiungsarmee (PLA Navy) wird sich dieser strategischen Zwickmühle in der vorhersehbaren Zukunft gegenübersehen, jedoch wird sie bei ihrer operativen und taktischen Offensive bleiben.

Die kombinierte offensiv-defensive Kampfweise stimmt philosophisch sowohl mit Mao Tse-tungs Konzept der „aktiven Verteidigung", die offensive Mittel zu einem defensiven Zweck vereint, als auch mit Alfred Thayer Mahans Maxime, dass selbst kleine Flotten eine lokale Dominanz über wichtige Gewässer ausüben können, überein.[3] Das chinesische Militär entweder besitzt, unternimmt oder plant den Erwerb von Systemen, die dafür ausgelegt sind, die an das asiatische Festland angrenzenden See- und Lufträume zu einem Tabugebiet für jeden Gegner zu machen. Peking hat seit den frühen

1990er Jahren Waffen von Russland in großer Stückzahl erworben. Es hat gleichzeitig seine eigene Verteidigungsindustrie unterstützt, was die Entwicklung einer Vielzahl einheimischer Waffensysteme ermöglicht hat. Die Einführung von neuen Plattformen und Systemen, ergänzt durch das Auftreten eines professionelleren und kampftauglicheren Marinepersonals hat die offensive Kampfkraft der Volksbefreiungsarmee einen Sprung nach vorn machen lassen.[4]

Nur um einige Waffensysteme zu benennen, die in den letzten Jahren in Dienst gestellt worden sind: moderne dieselbetriebene Unterseeboote, die schwer zu orten, zu verfolgen und schwer in flachen Küstengewässern zu bekämpfen sind – sind auf chinesischen Werften vom Stapel gelaufen oder von russischen Zulieferanten in beträchtlicher Anzahl erworben worden. Zerstörer mit fortschrittlicher Radarausrüstung (die angeblich vergleichbar mit dem US-Aegis-Kampfsystem sind), Schiffsbekämpfungs- und Luftverteidigungsraketen bilden in zunehmendem Maße das Rückgrat der chinesischen Überwasserflotte. Die Chancen der PLA-Navy-Kampfgruppen, einen Beschuss durch Langstreckenraketen oder die Bombardierung aus der Luft zu überstehen, verbessern sich. Dies ist doppelt wahr, solange die Flotte innerhalb des Bereichs eines küstengestützten Schutzmantels operiert, so wie es die Seestreitkräfte der PLA Navy auf kennzeichnende Weise auch tun.

Die Reichweite und Genauigkeit von küstengestützten Anlagen nehmen zu und erweitern den Einsatzradius der PLA Navy in einem angepassten Verhältnis zur chinesischen Betrachtungsweise hinsichtlich der Bedeutung der Inselketten auf See. Tatsächlich kann China kurz davor stehen, zum ersten Mal ein durchführbares Strategiekonzept vorzulegen, welches von Captain Mahan missbilligt worden wäre – die „festungsartige Flotte", die an das Land „angebunden" zur küstennahen Feuerunterstützung dienen soll. Als er über die schlechte Leistung der russischen Flotte gegen Japan im Jahre 1905 schrieb, tadelte Mahan die russische Marineführung auch für diesen „radikal falschen" Weg, mit Problemen umzugehen.[5] Doch dies kann nicht länger gelten. Denn wenn chinesische Landstreitkräfte einen schützenden Schirm über die Nahe See spannen können, dann werden Einheiten der PLA Navy in der Lage sein, ungehindert und ohne den Verlust des Schutzes durch die Abwehr auf Land die Gewässer zu befahren, die Peking für wichtig erachtet.

Unter dieser Ägide wird sich die Verteidigung zunehmend in eine Offensive verwandeln, sogar östlich der ersten Inselkette. Fortschrittliche bodengestützte Luftabwehrsysteme, Kampf- und Angriffsflugzeuge der Marine, Langstreckenraketen und sogar eine ballistische Rakete – die fähig ist, Schiffe auf hoher See zu orten und anzugreifen – sind essenziell bei Chinas Bemühen, sein Militär zu modernisieren (Kapitel 5 behandelt die ballistische Antischiffsrakete und ihre Auswirkungen).[6] Falls die Chinesen diese Systeme klug positionieren und die nötigen taktischen Kenntnisse entwickeln, werden sie mehr Selbstbewusstsein bei ihrer Fähigkeit entfalten, jede ausländische Macht, die dreist genug ist, ein feindseliges Eindringen in die nahe gelegenen Gewässer oder Lufträume zu wagen, entweder abzuschrecken oder zu besiegen.[7]

Chinas kontinentartige Geografie ist ein unschätzbares Anlagegut für die Seeverwehrungsstrategie der PLA Navy und liefert zahlreiche Standorte für Küstenstützpunkte. Tatsächlich sind die sich herausbildenden militärischen Ressourcen ausdrücklich dafür entwickelt worden, um Ziele in Küstengewässern von Stützpunkten auf dem Festland aus anzugreifen. Und während die Reichweite sich erhöht, können Küstenverteidigungs-anlagen weiter landeinwärts positioniert werden und so das weitflächige Hinterland Chinas als ein sicher Rückzugsort dienen, von dem Schläge gegen eindringende Streit-kräfte entlang der Küstenlinie ausgeteilt werden können.[8] Dieser Rückzugsort dient dem reinen militärischen Zweck der Pufferzone für die Einheiten der Volksbefreiungsarmee (PLA) bei einem Angriff. Eine Volksbefreiungsarmee, welche die weiten strategischen Flächen des Festlands ausnutzt, kann den Feind zwingen, in die Einsatzreichweite ihrer eigenen Waffensysteme zu gelangen und den Kampf zu Chinas politischen, geografi-schen und militärischen Bedingungen annehmen zu müssen. Eine solche Strategie hätte bei Mao Tse-tung Gefallen gefunden, der auf beeindruckende Weise seine Anhänger drängte, die Feinde vor Ausführung eines vernichtenden Gegenschlags weit in chinesi-sches Territorium hineinkommen zu lassen.[9]

Genauso wichtig ist es, sich bewusst zu sein, dass eine Verteidigung aus dem weiten Hinterland heraus das Risiko in sich birgt, dass der Gegner gegen das Festland agiert. Nehmen wir mal an, dass US-Streitkräfte landgestützte chinesische Schiffsabwehrrake-ten (antiship missile) angreifen, die sich tief im Hinterland befinden. Gerade wenn diese Stellungen an bewohnte Gegenden grenzen, wo Kollateralschäden ein Risiko darstellen, dann würden politisch wichtige Zielgruppen nicht nur in China, sondern auch anderen-orts in Asien und in der internationalen Gesellschaft Partei für China ergreifen. Die Verei-nigten Staaten würden die Eskalation von einem begrenzten zu einem ausgewachsenen Krieg gegen China und damit gegen seinen führenden Handelspartner und ein ebenso dauerhaftes Mitglied im UN-Sicherheitsrat riskieren. Die Auswirkungen einer solchen Auseinandersetzung würden die vermutlich bescheidenen strategischen Ziele, die für Washington auf dem Spiel stehen, völlig zunichte machen. Die Chancen, dass Washing-ton einen Rückzieher von einem Konflikt macht, würden sich erhöhen – so auch die Wahrscheinlichkeit, dass China ohne einen Schusswechsel gewinnt. Die Verschmelzung der Offensive mit der Defensive ist dann bedeutend bei der Einhaltung der chinesischen Strategietraditionen. Dieser Ansatz bildet den Kern der chinesischen Flottentaktiken.

KONZENTRIERTE, GESTREUTE ODER SEQUENZIELLE TAKTIKEN?

Nehmen wir an, dass es zu einem chinesisch-amerikanischen Showdown kommt. Cap-tain Wayne Hughes liefert den Angehörigen der US-Navy eine Fibel für den Seekampf in Asien. Wie bereits erwähnt, ist die Volksbefreiungsarmee (PLA) – Amerikas wahr-scheinlichster Gegner – in der Lage, eine Überwasser-, Unterwasser- und Luftkampf-führung zu einer starken Verteidigung gegen seegestützte Bedrohungen für China zu vereinen.[10] Das strategische Umfeld im maritimen Asien verändert sich in halsbreche-rischer Geschwindigkeit, und die Vereinigten Staaten müssen Schritt halten. Die US-Streitkräfte müssen ihre eigenen Methoden und Waffensysteme anpassen, wenn sie auf eine Erhaltung ihrer Vorherrschaft auf See hoffen möchten, die den US-Interessen – und jenen in der Region im Allgemeinen – so gut seit 1945 gedient hat.

Hughes' *Fleet Tactics* (*Flottentaktiken*, 1986) und dessen Nachfolger, *Fleet Tactics and Coastal Combast* (*Flottentaktiken und Küstenkampf*, 2000) bilden eine Basis für die Analyse der Herausforderungen, welche durch die chinesischen Schiffsbekämpfungs-taktiken erzeugt werden. Wie nutzvoll seine Abhandlung auch sein mag, so kann sie nicht allein für sich stehen. Diese schriftlichen Werke streben danach, die Taktiker in einer Auswahl von Szenarien und gegen eine Reihe von möglichen Widersachern zu schulen. In der Tat beschreibt Hughes in *Fleet Tactics* sein Ziel eher als eine „Illustration des Prozesses" – also der Dynamiken – vom Kampf auf See als die Vorhersage, wie einzelne Eventualitäten entstehen können.[11] Daher ist *Fleet Tactics* bei operativen und strategischen Belangen weitgehend zurückhaltend und verzichtet komplett auf politische, kulturelle und strategische Zusammenhänge. Wie bei jeder guten Theorie kann sich *Fleet Tactics* an ändernde Umstände anpassen.

Dies ist eine Stärke und Schwäche zugleich. Es gibt einen eindeutig technischen Bezug zu solchen Darstellungen, die unerlässlich für US-Navy-Ausbildungsstätten sind, also dort, wo die Kämpfer für den Krieg ihr Handwerk erlernen. Die Kehrseite des abstrakten Ansatzes zur Seekriegsführung ist, dass – einzeln betrachtet – Hughes' Werke nachhaltig andeuten, dass die Technologie über den Ausgang von kriegerischen Begegnungen auf See entscheidet. Auf der offenen See tragen feindliche Flotten es mit Salven von präzisionsgeleiteten Waffen aus. Der Kampf nahe an der feindlichen Küste ist eine andere Sache. Küstenverteidigungsanlagen können Boden-Boden-Raketen (surface-to-surface missile) auf US-Kampfgruppen abfeuern oder landgestützte Flugzeuge können Schiffsbekämpfungsraketen bzw. Antischiffsraketen (antiship missile) aus der Luft starten lassen. Leise dieselelektrische Unterseeboote können sich in der Tiefe versteckt halten und auf ihre Chance zum Abfeuern von Torpedos warten. Jedoch schlagen die Kombattanten bei beiden Szenarien mit ihren kompletten Arsenalen drauflos, und hierbei gewinnt wahrscheinlich die Seite, die den ersten Schlag ausführt.

Für Hughes sind die „Bewertungsrichter" des High-Tech-Kampfes auf See (a) die *„Aufklärungseffektivität"*, also die kompetente Nutzung von bordinterner und -externer Sensorik, Kampfsystemen und die Computerdatenübermittlung zur Feindortung; (b) die *Waffenreichweite* bzw. die Fähigkeit, über Entfernungen Schäden zu verursachen; und (c) die *Taktiken*, die sich aus der Aufklärungseffektivität und der Reichweite der Waffensysteme einer Flotte ergeben.[12] Hughes' Darstellung ist zweifellos präzise, sie hat aber ihre Grenzen. Weitaus stärkere Faktoren als die Reichweite von Raketen, Suchereffektivität oder Algorithmen zum Aufspüren und Angreifen werden den Ausgang eines chinesisch-amerikanischen Zusammenstoßes auf See festlegen. Nicht umsonst erklärte Oberst John Boyd, dass Menschen, Ideen und Hardware – „in dieser Folge" – die hauptsächlichen Bestimmungsfaktoren bei wettstreitenden Unternehmungen wie die der Kriegsführung sind.[13] Oder um es mehr auf den Punkt zu bringen: Mao Tsetung prangerte „die sogenannte Theorie an, dass Waffen alles entscheiden, was einen mechanischen Ansatz bei der Frage nach dem Krieg zugrunde legt ... Es sind die Menschen, nicht die Dinge, die entscheidend sind."[14]

Das Überflügeln der feindlichen Sensorik und Waffentechnik ist bei weitem nicht die einzige Herausforderung, die für eine US-Offensive auf See besteht. *Fleet Tactics* teilt diesen Mangel an Weitblick mit der gängigen Beurteilungsmethodik zur Ermittlung zukünftiger Konzepte („net assessment"), welche die Zahl von Plattformen und deren technische Charakteristiken ermittelt und hierbei dem menschlichen Faktor im Krieg sowie in der Politik wenig Aufmerksamkeit widmet. Eine umfassendere Beobachtungsart ist in der Entstehungsphase. Man ziehe einen Faktenbefund aus der asiatischen Geschichte in Betracht: das kaiserliche Japan, welches sich zu einem Muster für die Marine der Volksbefreiungsarmee (PLA Navy) entwickelt hat. Ni Lexiong, ein führender Seemachtbefürworter setzt an Chinas Qing-Dynastie aus, dass sie bei ihrer Flottenunausgeglichenheit gegenüber Japan in den Jahren 1894 bis 1895 nicht ausreichend mahanisch gewesen sei. Wie Ni sagt, sollte China im Gedächtnis behalten, dass Mahan „glaubte, dass wer auch immer die See beherrscht, auch den Krieg gewinnt und die Geschichte ändern kann, dass Seeherrschaft durch Entscheidungsschlachten auf dem Meer erlangt wird und dass der Ausgang dieser entscheidenden Seeschlachten durch die Stärke der Feuerkraft auf der jeweiligen Seite bestimmt wird."[15]

Dass angesehene Analysten nun der japanischen Seemacht Achtung zollen – trotz der schmerzlichen Vergangenheit in den chinesisch-japanischen Beziehungen im Laufe des 20. Jahrhunderts – markiert einen bemerkenswerten Wendepunkt im chinesischen Strategiedenken. Pekings Willigkeit, das japanische Musterbeispiel sorgfältig zu prüfen, lässt eine zunehmende Aufgeschlossenheit gegenüber nicht-chinesischen und nicht-kommunistischen Quellen der Klugheit hinsichtlich militärischer und maritimer Belange erkennen. Dennoch ist der Blick hinter chinesische Traditionen chinesischen Ursprungs. Denken wir an die *Kunst des Krieges* von Sunzi, einem altertümlichen Text, der weiterhin zum Inventar chinesischer Strategiediskurse zählt. Der chinesische Weise rät Generälen, „den Feind und dich selbst zu kennen, dann wirst du in hundert Schlachten niemals in Gefahr sein. Wenn du den Feind nicht, wohl aber dich selbst kennst, dann sind deine Aussichten auf einen Sieg oder eine Niederlage gleich groß. Wenn du weder den Feind noch dich selbst kennst, dann bist du mit Sicherheit in jeder Schlacht in Gefahr."[16] Dies ist zwar eine Binsenweisheit, jedoch eine, die es wert ist, wiederholt zu werden. Sie stellt auch ein Plädoyer an die Aufrichtigkeit im Hinblick auf die Stärken und Schwächen jedes Kriegsteilnehmers dar – eine Aufrichtigkeit, die Analysen zurückweist, welche durch Kultur oder Ideologie verblendet werden.

Daher sollte die strategische Erkenntnis gesucht werden, wo immer sie gefunden werden kann. So sollten auch amerikanische Befehlshaber die Weisheit des Sunzi beherzigen. Sie müssen die materiellen und menschlichen Stärken der US-Streitkräfte verstehen, ihre Schwächen anerkennen und sich auf die Ziele sowie die Mittel und Wege einstellen, welche voraussichtlich die chinesischen Bemühungen in Kriegs- oder Krisenzeiten leiten könnten. Wie wir in den vorausgegangenen Kapiteln gezeigt haben, hilft die Mahan'sche geopolitische Logik, die chinesische Strategie auf See zu beeinflussen und könnte China auch zu einem Waffengang bewegen, der die Vereinigten Staaten mit einbezieht. Unser Ziel ist es an dieser Stelle, zu erklären, was dies operativ und taktisch ausgedrückt bedeutet. Einige wenige Ansätze hierzu lauten:

- Falls Mahan die allumfassende Logik des Seekrieges liefert, dann werden Mao Tsetungs Schriften auf operativer Ebene über den Landkrieg die chinesischen Taktiken und die operative Anwendung bei jedem Zusammenstoß vor Taiwan, im Südchinesischen Meer oder an anderen Gefahrenherden entlang der asiatischen Küste prägen.

- Das Südchinesische Meer stellt das wahrscheinlichste maritime Einsatzgebiet für Peking dar, um aus verschiedenen Waffengattungen kombinierte Angriffe durchzuführen, die dazu ausgelegt sind, die Verteidigungen von US-Kampfgruppen zu durchbrechen sowie zu überwältigen und somit seine geopolitischen und strategischen Ziele zu erfüllen.

- Die Streitkräfte der Volksbefreiungsarme (PLA) werden neue und alte Waffensysteme zu kombinierten „orthodoxen" und „unorthodoxen" Angriffen zusammenfassen und offensive Einsätze zur Erlangung strategisch defensiver Ziele durchführen. Die PLA wird weder von einer einzelnen Methode oder einem einzigen System, noch ausschließlich von einer Luft-, Über- oder Unterwasserkriegsführung abhängig sein. Mehrere Angriffsachsen, verschiedene Waffentypen und die Bereitschaft, flink zwischen den erst- und zweitrangigen Anstrengungen hin und her zu wechseln, werden das Kennzeichen der chinesischen Art des Seekrieges sein.

- Unter den drei taktischen Szenarien, die Wayne Hughes aufstellt (siehe unten), werden die Planer und Kommandeure der PLA Navy vermutlich zu einem gestreuten Angriff, einem sequentiellen Angriff sowie einem konzentrierten Angriff neigen, und zwar in dieser Folge. Sofern Peking sich seiner quantitativen und qualitativen Überlegenheit nicht sicher ist, um einfach draufloszuschlagen und die amerikanischen Verteidigungen mit einem einzelnen Schlag zu durchbrechen, wird es bei seinen bewährten chinesischen Methoden bleiben.

Wie die Theorien des Sunzi andeuten, könnte ein genaueres Verständnis von einem selbst und vom Widersacher den schmalen Grat für den Sieg bei einem Waffengang mit China ausmachen. Wir machen nun einen Sprung von Chinas Zeitalter der Streitenden Reiche, als Sunzi der Überlieferung nach lebte, zum Europa des 19. Jahrhunderts.[17] Entsinnen wir uns, dass Carl von Clausewitz den Krieg als „nur eine Sparte des politischen Handelns betrachtet ... dass es in keinerlei Hinsicht selbstständig ist". Bevor er seine eigene Frage beantwortet, fragt er, ob „Krieg nicht nur ein weiterer Ausdruck von Gedanken, eine andere Form von Sprache oder Schrift ist". „Seine Grammatik kann in der Tat seine eigene sein, jedoch nicht seine Logik."[18] Hiermit meint er drei Dinge. Erstens, Krieg ist der Akt der Verfolgung von politischen Zielen mit dem Zusatz von militärischen Mitteln. Die Hinzufügung von gewalttätigen Mitteln entfacht Leidenschaften unter den Kombattanten – üblicherweise negative wie Angst, Zorn und Hass –, während sie auch Möglichkeiten und Unsicherheit in den Blickpunkt rücken. Zweitens, nichtmilitärische Mittel wie Diplomatie und wirtschaftlicher Zwang haben nach der Feuereröffnung noch immer eine Rolle zu spielen. Und drittens, Krieg – und kriegerische Vorbereitungen – sind ein Ausdruck von politischem und strategischem Gedankengut. Für solche, die mit Clausewitz vertraut sind, ist es unmöglich, die chinesische Hardware und Taktiken voll zu ermessen, ohne die weiteren politischen und kulturellen Gesichtspunkte zu erfassen, welche die Logik zum Krieg vermitteln.

Trotz unseres düsteren Tons prophezeien wir keinen Seekrieg in Asien. Es gibt ausreichend Gelegenheit für Debatten über Chinas Absichten und seiner Vorstellung seines maritimen Schicksals und es ist auch gänzlich möglich, dass die chinesische Seemacht sich in eine gutartige Richtung entwickelt. In der Tat besagt eine unserer vier Hauptempfehlungen, dass die Vereinigten Staaten ihr Bestes tun sollten, um Bedingungen zugunsten einer maritimen Entente mit China zu schaffen. Wie Spezialisten des US-Militärs es gerne betonen, ist Hoffnung keine Strategie. Washington kann sich keine Strategie der Vernachlässigung leisten, nur weil es die Möglichkeit eines Zusammenstoßes mit

China als niedrig einschätzt und dies gerne so beibehalten will. Bei der Untersuchung der Logik und Grammatik der chinesischen Seemacht können US-Strategen heute einschätzen, wie die PLA Navy sich in asiatischen Gewässern verhalten würde, indem sie eine ganzheitliche, offensiv-ausgerichtete Verteidigung gegen Flugzeugträger- und amphibische Kampfgruppen (strike group) massiert.

TAKTISCHE SZENARIEN: KÜSTENNAH UND AUF HOHER SEE

Hughes betrachtet zwei sehr weitläufige Kategorien von Eventualitäten. Erstens, US-Streitkräfte könnten die Küsten eines Widersachers umzingeln, welcher sich beträchtlicher landgestützter Verteidigungsanlagen rühmt, dem jedoch eine Flotte fehlt, die in offenen Gewässern der US-Navy standhalten kann. Zweitens, ein möglicher Gegner könnte eine Flotte besitzen, um der US-Navy bei einem Hochseegefecht zu begegnen und hierbei mehr oder weniger unabhängig von einer Landunterstützung operiert. Und gewiss sind die Permutationen zwischen diesen zwei Denkmustern endlos, wie Barry Posen in seiner Definition der „umstrittenen Zonen" andeutet.

Wie Posen wahrnimmt, erfreut sich ein geschickter, aber schwächerer Widersacher bestimmter Vorzüge, wenn er in seinem Gebiet operiert, welches nahe gelegene küstengestützte Systeme und Personal, kurze Verbindungswege sowie die Vertrautheit mit der taktischen Umgebung einschließt.[19] Eine kluge Macht kann diese Vorzüge zu deutlichen strategischen und operativen Vorteilen gegenüber den Vereinigten Staaten einbringen und Washington einen Kostenaufwand auferlegen, den es politisch für inakzeptabel halten könnte. Sogar ein kleiner Gegner könnte die US-Entscheidungsträger dazu bewegen, in Krisenzeiten zu zögern oder vielleicht sogar US-Streitkräfte nach einem traumatischen Vorfall – denken wir mal an einen außer Gefecht gesetzten oder gar versenkten Flugzeugträger – zurückzuziehen. Diese Dynamik – und es ist wert, seinen ausgeprägten psychologischen, nicht-mechanischen Bestandteil in den Blickpunkt zu rücken – wird jede kurz- bis mittelfristige militärische Begegnung vor den chinesischen Küsten kennzeichnen.

Die Aussichten auf Vielfalt im Operationsumfeld – besonders im küstennahen Kampf – sollten den klugen Taktikern Anlass zum Nachdenken geben. Bernard Brodie stellt dankbar heraus, dass „es zu wenige Seekriege und bei weitem zu wenige größere Seeschlachten gegeben hat, die es uns jemals erlauben würden, die Richtigkeit einer taktischen Theorie zu beweisen (dies ist seine Betonung)."[20] Denn nur epische Schlachten stellen einzelne Datenbefunde bei einer Theoriebewertung dar, und sie geschehen zu selten, um eine entscheidende Trendanalyse sowie Erkenntnisse zu ermöglichen. Die US-Navy führte ihre letzte größere Schlacht beim Golf von Leyte im Jahre 1944; Chinas PLA Navy hat niemals eine ausgefochten. Darüber hinaus kann, wie Brodie bemerkt, sogar eine marginal unterschiedliche Zusammensetzung der Streitkräfte oder beim Einsatz von Taktiken auf der einen oder anderen Seite im Gefecht zu einem anderen Ausgang führen – was Analysten dazu veranlasst, zu einem unterschiedlichen, möglicherweise fehlerhaften Urteil in Bezug auf die Wirksamkeit der angewandten Taktiken zu kommen.[21] Nüchternheit, so scheint es, ist die klügste Herangehensweise bei der Bewertung vergangener Flotteneinsätze.

Wayne Hughes legt drei repräsentative Szenarien für den Kampf auf offener See fest: den Angriff durch konzentrierte Kräfte auf konzentrierte Kräfte, den gestreuten Angriff zu einem beinah-simultanen Zeitpunkt auf die Spitze der ins Ziel genommenen

Kräfte sowie den sequenziellen Angriff, der im Wesentlichen aus eher zeitlich als richtungsmäßig gestreuten Attacken besteht (siehe nachfolgende Darstellung).[22] Zwei Vorbehalte tun sich auf. Erstens, wir prognostizieren keine spezifischen chinesischen Taktiken. Der Einfachheit zuliebe benutzen wir diese drei Möglichkeiten als grobe Indikatoren, wie chinesische Streitkräfte auf eine US-Offensive auf See reagieren könnten. Die angreifende Streitmacht – „Streitmacht B" in Hughes' Darstellung – könnte eine Mischung aus chinesischen küsten- und seegestützten Raketenwerfern darstellen, die durch Plattformen wie Minenlegern oder torpedoschießenden Unterseebooten ergänzt werden. Die bedeutende Frage liegt darin, ob chinesische strategische und operative Präferenzen die chinesischen Kommandeure zu einem konzentrierten, gestreuten oder sequenziellen Angriff neigen lassen, wie es in der folgenden Darstellung dargestellt ist. Eine artverwandte Frage ist, ob die Chinesen es vorziehen, die PLA Navy näher am Heimatland zu halten und so an dem Ansatz einer Festung in Form einer Flotte festzuhalten, was von vielen Kontinentalmächten favorisiert wird, oder ob sie es für vertretbar hält, die Flotte für eigenmächtige Operationen außerhalb des küstengestützten Schutzes zu entsenden?[23]

Zweitens, in den von Hughes entwickelten Formeln zur Einschätzung der Wahrscheinlichkeiten, ob die US-Verteidigungen überwältigt oder von „Durchläufern" („Leckagen") durchbrochen werden können (sprich Plattformen oder Rüstungsgütern, welche die mehrlagige Verteidigung der Kampfgruppe umgehen), vermeidet er den Gebrauch der Charakteristiken – Reichweite, Gefechtskopfgröße etc. – von spezifischen Waffensystemen. Zum größten Teil folgen wir diesem Beispiel. Die Ressourcen verändern sich, während die taktischen Prinzipien über zahlreiche Eventualitäten hinweg ihre Anwendung finden. Jene, die sich näher mit taktischen Fragen beschäftigen, müssen die in diesem Buch dargelegten Analysen und Ergebnisse in die Praxis umsetzen. Kurzum, eine gewisse Mischung aus Land- und Seeverteidigungen wird Chinas umstrittene Zone in den Seeräumen vor der Küste bilden.

Da das chinesische Militär seine Reichweite in Richtung See erweitert, im Besonderen in einer post-taiwanesischen Ära, wird die Komponente der offenen See auf natürliche Weise eines Tages überwiegen. In Clausewitz' Terminologie wird China – während die PLA die Reichweite von landgestützten Waffensystemen erhöht und weiterhin an seiner ozeantauglichen Flotte baut – den „Kulminationspunkt für einen Angriff" nach außerhalb der chinesischen Küsten verschieben und somit seine Aussichten verbessern, dem US-Militär den Zugang zu bedeutenden Gewässern zu verwehren und – sollte Peking sich entscheiden, dies zu tun – um die Kontrolle auf See wettzueifern.

Clausewitz merkt an, dass – wenn ein Staat in einen anderen einfällt – die Kampfkraft der einfallenden Armee zu schwinden beginnt, während die verteidigende Armee gleichzeitig stärker wird, da sich die Verbindungswege mit deren Stützpunkten verkürzen und sie die vertraute Umgebung nutzen kann. Der Kulminationspunkt stellt den Übergangspunkt dar, an dem die Stärke des Verteidigers die des Angreifers zu übertreffen beginnt. Eine Flotte, welche in die umstrittene Seezone eines Feindes eindringt, sieht sich derselben Dynamik gegenüber.[24]

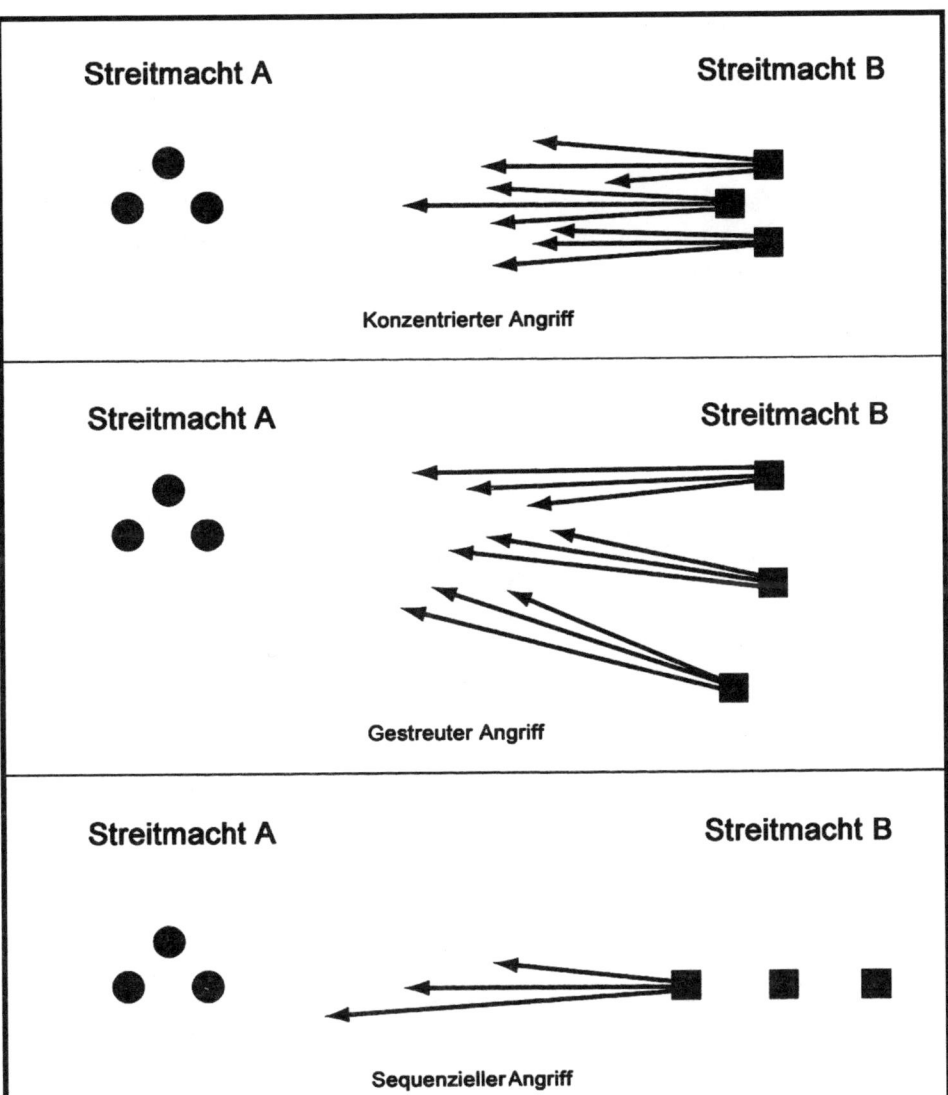

Taktiken für Angriffe gegen sich nähernde Seestreitkräfte. Nachdruck mit Genehmigung von Wayne P. Hughes Jr., *Fleet Tactics: Theory and Practice* (Annapolis, Md.: Naval Institute Press, 1986), 244.

DIE ANWENDUNG MAHAN'SCHER LOGIK
AUF DIE CHINESISCHEN ÜBERLEGUNGEN ZUR SEEMACHT

Kriege sind nicht – oder sollten nicht – um ihrer selbst willen geführt werden. Die Politik vermittelt die Logik zur Kriegsführung und legt die Ziele fest, nach denen Staatsmänner, Soldaten und Seefahrer streben. Die Grammatik, auf der anderen Seite, bezieht sich auf die Mittel und Wege der Verwirklichung der politischen Ziele einer Nation.[25] Wie in Kapitel 2 angemerkt, bot Alfred Thayer Mahan eine clausewitzianische Logik der Seemacht auf der Prämisse von Handel, Politik und Militär sowie eine Grammatik von Marinestrategie, Operationen sowie Taktiken. Eine Art Eingebung hinter diesem Buch ist, dass Captain Mahans Seemachttheorien heute einen beträchtlichen Einfluss auf die Logik der chinesischen Seestrategie ausüben. Während Mahan nicht mehr gebraucht wird und kurz davor steht, in US-Marinekreisen irrelevant zu werden (trotz der gelegentlichen offiziellen Bemühungen, ihn zurück ins Gedächtnis zu rufen, um bestimmte Initiativen zu unterstützen),[26] betört seine Seemachtphilosophie weiterhin innerhalb Asiens. Der chinesische Flottenaufbau bezeugt dies.

Mahan liefert daher sowohl die Logik als auch das Vokabular, um für eine durchsetzungsfähige Seemacht einzutreten. Befürworter dieser Denkschule schreiben und sprechen erklärtermaßen in Mahan'scher Terminologie, und in vielen Fällen benutzen sie ausdrücklich seine Ausdrücke zur Rechtfertigung einer ambitionierten Strategie auf See. Im Besonderen durchzieht seine Darstellung von Seemacht als eine „stark überlegene Macht" ihre Diskurse über maritime Belange. Sollten sich die Mahanisten erfolgreich an den lauten Stimmen beteiligen, welche die Aufmerksamkeit von führenden politischen Entscheidungsträgern fordern, dann wird die chinesische Strategie ausdrücklich offensive Züge annehmen. Der vielleicht umsichtigste Wortführer von Chinas Mahan'scher Schule ist Professor Ni Lexiong vom Institut für Politik- und Rechtswissenschaften in Shanghai (Shanghai Institute of Political Science and Law). Ni benutzt die Seemachttheorie, um die konkurrierenden Ansprüche der Seemachtadvokaten und der Globalisierungsbefürworter zu bewerten. Die Letzteren, so behauptet er, glauben, dass „China nicht so handeln solle, indem es die traditionellen Seemachttheorien durch das Streben nach einer starken Marine umsetzt, weil sich die heutige Weltlage von der zu Mahans Zeiten unterscheidet ... die Globalisierung der Weltwirtschaft hat die Interessen verschiedener Länder miteinander verbunden, sodass sie zu einem hohen Grad gegenseitig voneinander abhängig sind und, wenn ein Land seine Lebensnerven auf See erhalten will, dies eher durch *Kooperation* als durch den traditionellen *Einzelkampf* zu erreichen ist."[27] Globalisierungstheoretiker, so sagt Ni, drängen Peking, sich nicht auf eine Aufrüstung zur See einzulassen. Dies würde die „heutige Hegemonie zur See" der Vereinigten Staaten alarmieren, „und Chinas Flottenaufbau zu einem selbstzerstörerischen Spiel mit dem Feuer machen", das an Deutschlands „Don-Quichotte"-artigen Anlauf zur Seemacht gegen Ende des 19. Jahrhunderts erinnert.[28] Der Diskussion zuliebe legt der Verfasser fest, dass Globalisierungstheoretiker wie Thomas Barnett recht haben können. Die Welt kann in ein Zeitalter des andauernden Friedens eintreten, in dem die wirtschaftliche Interdependenz einen bewaffneten Streit fast undenkbar in einer fortschrittlichen Welt macht. Barnett vertritt die Auffassung, dass die Industrienationen unter sich den Krieg tatsächlich abgeschafft haben und „einen Zustand erreicht haben, der Kants immerwährendem Frieden außerordentlich nahekommt" – einem

Gefilde, das Gewalt als ein Instrument von Politik überwunden hat.[29] Obwohl er eine solche Revolution im Weltgeschehen nicht in ihrem Wert herabsetzt, betont Professor Ni richtig, dass sogar ein internationales System – wie jede innerstaatliche politische Ordnung – letztendlich von dem verborgenen oder tatsächlichen Einsatz von Gewalt abhängt. In jedem Fall sollte China dann seine Marine aufwerten. Es wird eine muskulöse PLA Navy brauchen, um seine Rolle in der „Weltmarine" – dem seetauglichen Ausleger jeder internationalen Polizeimacht – zu spielen, wenn denn jemals eine solche Schutzpolizei auf das Meer geschickt werden sollte. Chinesische Seefahrer können ihren Beitrag bei dem Übergang zu einer friedlichen internationalen Ordnung leisten. Gleichwohl glaubt Ni, dass die Welt weiterhin in der Machtpolitik verstrickt bleiben wird, und fordert daher, dass souveräne Staaten weiterhin machtvolle Streitkräfte als Mittel zur Selbsthilfe behalten. Daher „ist für China die Wahl notwendig, eine starke Seemacht aufzubauen, um „die Bedrohungen unserer nach außen wachsenden Wirtschaft durch gewisse starke Nationen abzuwehren."[30]

Mit „starken Nationen", meint er natürlich die Vereinigten Staaten und ihre asiatischen Verbündeten. Dies ist kaum die Sprache von jemandem, der dazu neigt, hinter einer ozeanischen Chinesischen Mauer zu kauern. Falls die durch Mahan inspirierte Denkart von Ni in politischen Kreisen in Peking die Oberhand gewinnt, dann müssen Washington und seine regionalen Partner mit einer neuen durchsetzungsfähigen chinesischen Marinestrategie zurechtkommen.

DIE ANWENDUNG DER MAOISTISCHEN GRAMMATIK
DER AKTIVEN VERTEIDIGUNG BEI HOCHSEEOPERATIONEN

Mahans Seemachtlogik bleibt dann überzeugend. Peking hat seinen ersten Dreizack aufgenommen. Mahans Schriften über operative und taktische Belange hingegen bieten zu diesem Thema einen schimmeligen, wenn nicht antiquarischen Ansatz, und zwar nicht nur in den Vereinigten Staaten, sondern auch anderswo. Er bekräftigt, dass das „offensive Element der Kriegsführung" die Struktur, den Inhalt sowie das Ziel für die Verteidigung bildet. Ansonsten ist es zum Zwecke des Krieges völlig sinnlos. Wenn Krieg als notwendig akzeptiert worden ist, dann bedeutet ein Erfolg nichts Geringeres als Sieg; und ein Sieg muss durch offensive Maßnahmen erlangt werden – und nur durch jene kann er sichergestellt werden.[31] Diese Vision einer offensiven Schlacht stimmt mit den chinesischen strategischen Neigungen genauso überein wie Mahans Befürwortung von vorgelagerten Stützpunkten und einer robusten Handelsflotte. Doch seine Doktrin eines Gefechts zwischen großkalibrigen Schlachtschiffen bietet wenig Hilfe bei der Erstellung von Taktiken im Zeitalter des High-Tech-Seekriegs.[32] Noch ziehen chinesische Analysten irgendwelche ausführlichen Lehren aus seinen Werken außer den Empfehlungen für eine massierte Kampfkraft an entscheidenden Stellen, um Kämpfe zwischen Flotten einzuleiten. Sein zweiter Dreizack ist für China von geringem Nutzen.

Es kommt wie ein kleiner Schreck, dass Mahan bei operativen und taktischen Belangen in Verruf geraten ist. Wie er gegenüber Theodore Roosevelt zugab, stellte er einen abgestumpften Flottenoffizier dar: „Ich bin ein Mann des Denkens, kein Mann des Handelns", so vertraute er sich ihm an – und mehr als einmal zog er bei technischen Debatten den Kürzeren.[33] Er lag mit W. S. Sims in der Fehde; beispielsweise bezüglich der Frage, ob neue US-Schlachtschiffe mit einer Hauptbewaffnung von durchgängig großkalibrigen Geschützen oder mit einer gemischten Batterie aus großen und klein-kalibrigeren Schiffsgeschützen ausgestattet werden sollen.[34] Richard Hough bemerkt hierbei, dass Sims eine „vernichtende" Erwiderung gegenüber Mahans Befürwortung einer gemischten Bewaffnung machte und Mahan vorwarf, die Durchschlagskraft des japanischen 12-Zoll-Geschützfeuers bei Tsushima nicht zur Kenntnis zu nehmen.[35] Falls es Mahan bei taktischen Debatten in seiner Zeit schlecht erging, dann ist es kaum verwunderlich, dass amerikanische und ausländische Taktiker heutzutage anderenorts nach Erkenntnissen suchen.

Folglich ziehen chinesische Staatsvertreter, Seefahrer und Wissenschaftler bei ihrem Entwurf einer Grammatik für den Kampf auf See andere kriegerische Überlieferungen zurate. Als Hilfe schauen sie auf Chinas reichhaltigen Bestand von Landkriegs-überlieferungen, einschließlich der Schriften von Sunzi und, im Besonderen, von Mao Tse-tung. Mao, der Gründer der Chinesischen Kommunistischen Partei, drückte dem zeitgenössischen China seine strategische Einstellung durch sein persönliches Vorbild und durch umfangreiche Schriften über politische und militärische Belange auf. Er war gegenüber maritimen Bestrebungen bekannterweise desinteressiert.[36] Doch, wie wir in Kapitel 2 gesehen haben, bezieht Chinas gegenwärtige maritime Strategie einer „aktiven Hochseeverteidigung" sowohl ihren Namen als auch ihre Leitlinien von der maoistischen Doktrin einer aktiven Verteidigung. Dieser Ansatz der Kriegsführung lässt sich von seiner Erfahrung bei den Landkämpfen gegen die kaiserlich-japanischen Besetzer und gegen die Chinesische Nationalistische Armee herleiten.[37]

Mao verachtete die passive Verteidigung. Seine militärischen Schriften waren in ihrem Charakter gänzlich offensiv, sogar während der wilden Jahre, in denen seine Rote Armee ihren Feinden gegenüber weit unterlegen war und kaum eine andere Wahl hatte, als an einer strategischen Defensive festzuhalten. Die passive Verteidigung stellte „eine unechte Art der Verteidigung dar", während die aktive Verteidigung „eine Verteidigung zum Zwecke von Konterangriffen und der Erlangung der Offensive bedeutete."[38] Selbst strategisch defensive Ziele wurden dann am besten durch offensive Mittel und Wege erreicht. Unwürdige und kurzlebige Maßnahmen wurden durch das ungünstige Kräftegleichgewicht notwendig gemacht.[39] Diese Anschauung verleiht Chinas See-machtstreben viel von seiner Grammatik.

In chinesischen Augen gleicht die US-Herrschaft über Ostasien der Strategie der „Einkreisung und Unterdrückung" der Nationalistischen Armee, nun umgesetzt auf das Ost-, Gelbe und Südchinesische Meer.[40] Die Rote Armee reagierte auf die Bodenoffen-siven der Nationalistischen Armee nicht mit passiven Mitteln; sie nutzte die taktische Offensive auf opportunistische Weise aus, um den Krieg in die Länge zu ziehen, die feindlichen Streitkräfte müde zu machen und das Kräftegleichgewicht zugunsten der Kommunisten zu verschieben. Geduldige Handlungen verkörperten den Vorboten für eine Gegenoffensive und, letztendlich, für den entscheidenden Sieg. Angeregt durch Mao und Mahan reden chinesische Marinestrategen auf ähnliche Weise häufig über das Aufbrechen der US-Navy-Kontrolle über die Gewässer westwärts der ersten Inselkette. Sie beabsichtigen, diese Gewässer durch offensive Mittel zu umkreisen und zu kontrollieren, sogar obwohl die Vereinigten Staaten die asiatischen Gewässer beherrschen. Es ist zunehmend üblich bei chinesischen Strategen, Peking anzuflehen, die „absolute Kontrolle" über die See innerhalb der Inselkette zu übernehmen.

Solche Begleitstimmen geben den westlichen Auffassungen einer passiven Strategie der Chinesischen Mauer eine beunruhigende Wendung.[41] Es ist wahr, dass Mao davor warnte, Kämpfe zu riskieren, bei denen ein Sieg nicht sicher war, jedoch ist es ein gravierender Fehler, eine solche Besonnenheit mit der billigenden Inkaufnahme einer chinesischen militärischen Unterlegenheit gleichzusetzen. Wie bereits erwähnt, war die strategische Defensive ein unwürdiges Behelfsmittel für den Vorsitzenden Mao, nicht ein erstrebenswerter oder dauerhafter Zustand. Falls die Volksbefreiungsarmee (PLA) seinen Ratschlägen Beachtung schenkt, dann sollte ihre Grammatik des Seekriegs der US-Navy eine Denkpause geben. Die amerikanische Herrschaft über asiatische Gewässer macht nicht alle Seeschlachten für Peking aussichtslos. Washington muss die Aussicht ernst nehmen, dass Peking eine Mahan- und Mao-inspirierte Marinestrategie in seinen Küstengewässern einsetzen wird. Mit dieser Aussicht im Sinn entsteht die Bildung von Strategie und Taktiken. In diesem Fall wird die PLA Navy zu einer ernst zu nehmenden Streitmacht werden.

In diesem Zusammenhang werden gestreute Angriffe auf die äußeren Linien zunehmend denkbar für die PLA, wie sie es bereits für die Rote Armee bei ihrem Kampf gegen die Kaiserliche Japanische Armee und die Nationalistische Armee waren. Die gestreute Betrachtungsweise offenbart eine Bandbreite an Vorteilen. Erstens, die maoistischen Präferenzen prädisponieren die chinesischen Verteidiger, die US-Streitkräfte nahe an die chinesischen Küsten herankommen (wie Maos „tollkühnen" Boxer, der „wütend losstürmt und all seine Reserven schon zu Beginn aufbraucht") und ihre Stärke schwinden zu lassen, bevor sie Angriffe von küsten- und seegestützten Waffensystemen über die Kampfzone verteilt starten. Die PLA wird ihre Flottentaktiken nicht auf irgendeine bestimmte Domäne der Kriegsführung beschränken. Sie wird ein Trommelfeuer von Raketen entfesseln, welches von Unterseebooten, Minenfeldern und anderen Taktiken sowie Systemen ergänzt wird, denen China ausgiebig Aufmerksamkeit geschenkt hat. Während amerikanische Streitkräfte sich der chinesischen Küstenlinie nähern, wird die PLA die äußeren Linien einnehmen und einen gestreuten Angriff entlang der verschiedenen Bedrohungsachsen möglich machen. Nach dem Rückzug auf die landgestützte Unterstützung kann Peking die volle Stärke seiner umstrittenen Zone zum Tragen bringen und so eine 360-Grad-Bedrohung gegenüber den US-Expeditionskräften schaffen.

Zweitens, die PLA-Kommandeure werden ihre Anstrengungen auf individuelle Schiffe oder kleine Kontingente bei dem Versuch konzentrieren, diese zu vernichten. Trotz der Tonart der chinesischen Begleitstimmen und deren eigenen Vermutungen sollten US-Befehlshaber nicht automatisch glauben, dass Flugzeugträger das vorrangige Ziel der PLA-Maßnahmen sind. Amphibische Schiffe würden verlockende Ziele in einem Eventualfall bei Taiwan darstellen, in welchem zum Beispiel – mal angenommen – US-Marines versuchten zu landen, um den taiwanesischen Verteidigungskräften zu Hilfe zu kommen. Wie wir im folgenden Kapitel zeigen werden, können außer Gefecht gesetzte oder versenkte Aegis-High-Tech-Kriegsschiffe der US-Navy den Vereinigten Staaten eine Denkpause verordnen, was die Erinnerung an den Angriff auf den Zerstörer USS *Cole* im Jahre 2000 ins Gedächtnis ruft und die politischen Auswirkungen einer solch kühnen Tat auf die amerikanische Wählerschaft vergrößert. Oder die PLA könnte sogar US-Versorgungsschiffe auf deren Weg zur oder aus der Konfliktzone angreifen. Trotz des niedrigeren „politischen Profils" von Tankern und Lagerschiffen würde die fehlende

Versorgung von „Patronen, Bohnen und Öl" – um den Ausdruck einer älteren Generation für den Nachschub zu benutzen, der die Kampfeinsätze vor der feindlichen Küste aufrechterhält – bei den Träger- und amphibischen Kampfgruppen die US-Bemühungen schließlich zum Stillstand bringen.

Drittens (und am artverwandtesten), die PLA wird orthodoxe sowie unorthodoxe Methoden und Waffensysteme in ihr Verteidigungsschema mit einbeziehen und somit den Kriegsführungsgrundsätzen von Mao und Sunzi entsprechen. Westliche Marineanalysten berufen sich im Allgemeinen auf das Konzept des großflächigen Angriffs, das davon ausgeht, dass Marschflugkörper Chinas einziges Hilfsmittel oder in jedem Fall das Mittel seiner Wahl sein werden. Dies kann wahr sein, aber wahrscheinlicher wird ein großflächiger PLA-Angriff den aufeinander abgestimmten Einsatz von Raketen, Luftangriffen, Minen, Torpedoangriffen und elektronischer Kriegsführung einschließen. Solche Waffensysteme sind ideal für eine umstrittene Zone, da sie die konventionellen Mittel ergänzen. Schiffsbekämpfungsraketen könnten nicht der primäre, orthodoxe Bestandteil einer Aktivverteidigungskampagne sein, sondern der sekundäre, unorthodoxe Bestandteil. Zum Beispiel würden Raketenangriffe US-Taktiker dazu zwingen, in die Lufträume zu schauen, während Dieselboote der *Kilo*-Klasse Salven von kielwassersuchenden Torpedos auf die US-Überwasserschiffe abfeuern würden. Es ist wiederholungswert, dass maoistische Taktiken fließend sind, wobei orthodoxe Angriffe zu unorthodoxen Attacken werden und sich auch wieder umkehren. Die Unterscheidung zwischen orthodoxen und unorthodoxen Taktiken kann schwer bis unmöglich in der Hitze des Gefechts sein.

Und viertens, Peking wird nichtmilitärische Mittel in seine Verteidigungsanstrengungen einbinden, indem es auf Diplomatie zurückgreift, um die maoistische Verteidigung zu verstärken. Zum Beispiel könnte Peking Washington die andauernden diplomatischen und wirtschaftlichen Auswirkungen vorhalten, die auf China wegen Taiwan oder einer anderen Sache lasten. Sein Bedürfnis, den Nutzen gegenüber den Kosten abzuwägen, könnte die Vereinigten Staaten veranlassen, im Krieg zu zögern, was die Chancen der PLA, ihr Kriegsziel zu erreichen, erhöht. Zusätzlich könnten chinesische Diplomaten versuchen, die US-Verbündeten zu schwächen oder nacheinander auszuschalten und somit Nationen wie Japan entmutigen, den USA die Nutzung von Stützpunkten auf ihrem Boden zu gewähren oder Australien einschärfen, dass es einen Preis für die Unterstützung von US-militärischen Handlungen bezahlen wird. Dies würde Amerikas strategische Position in Asien schwächen.

Peking würde die operativen Erfolge chinesischer Waffen zu einem propagandistischen Vorteil nutzen. Kleine, aber vorzeigbare chinesische Siege würden die breite Masse der amerikanischen Bevölkerung ermüden und bei Washingtons Verbündeten Zweifel erzeugen, ob sie weiterhin die Vereinigten Staaten gegen China, Asiens zentrale politische und wirtschaftliche Macht, unterstützen sollen. Den Asiaten ist klar, dass sie – bei Sieg oder Niederlage in einem Seekrieg – mit einem rachedurstigen China leben müssen. Unvereinbare strategische Ansichten könnten Spannungen erzeugen, die China ausnutzen könnte, um das Bündnissystem unbrauchbar zu machen, das die Vereinigten Staaten auf hauptstrategischen äußeren Linien weit entfernt von Nordamerika operieren lässt.

FALLSTUDIE: DAS SÜDCHINESISCHE MEER AM „TAG NACH TAIWAN"

Das Südchinesische Meer bietet eine ideale Fallstudie für einen zukünftigen Konflikt vor der chinesischen Küste. Obwohl chinesische und westliche Strategen allgemein angenommen haben, dass der Pazifische Ozean der wahrscheinlichste Schauplatz für den maritimen Wettstreit zwischen den Vereinigten Staaten und China im 21. Jahrhundert sein wird – und in der Tat trat der Gründervater der modernen PLA Navy für eine ostwärts ausgerichtete Strategie ein –, ist das Südchinesische Meer der mutmaßlichste Ort für Eventualitäten, welche die PLA und die US-Navy einschließen.[42]

Die chinesischen Interessen fixieren Pekings Augenmerk auf diese Fläche, und damit seinem Tor nach Südasien. Zumindest vier strategische Herausforderungen leiten die Aufmerksamkeit von chinesischen Strategen nach Süden. Zuallererst, die chinesische Führung ist weiterhin von Taiwan, entlang der nördlichen Flanke des Meeres, besessen. Eine formelle Unabhängigkeitserklärung oder ein ein taiwanesisches Übertreten der chinesischen Reizschwelle wie z.B. konstitutionelle Reformen, bleiben für Peking der wahrscheinlichste *casus belli*. Doch der Konflikt zwischen Festlandchina und Taiwan ist nicht mehr das alles ausfüllende Problem, das es einmal war. Falls es dies nicht bereits getan hat, so wird China das Selbstvertrauen erlangen, an Taiwan vorbei nach anderen Bestrebungen in Südost- und Südasien zu suchen. Die zufriedenstellende Beilegung der Angelegenheiten in der Straße von Taiwan wird chinesische Ressourcen und Energien freisetzen, die große Sache der nationalen Vereinigung vorantreiben, Dean Achesons Inselumkreisung durchbrechen und der Volksbefreiungsarmee (PLA) ihren eigenen vor der Küste liegenden (unsinkbaren, wenn auch unbeweglichen) Flugzeugträger und Unterseeboottender geben. Durch die Besetzung der Insel kann Peking darüber hinaus die Logik nutzen, die Admiral Ernest King auf Formosa anwendete. Lässt man die „Flasche des Südchinesischen Meeres entkorkt", so wird die chinesische Schifffahrt – beladen mit lebenswichtigen Rohstoffen aus dem Nahen Osten und dem Horn von Afrika – die chinesischen Seehäfen unbehelligt erreichen.

Zweitens, und eng miteinander verwandt, gibt es die „Malakka-Zwangslage" („Malacca dilemma") oder auch die „Malakka-Zwickmühle" („Malacca predicament"), welche chinesische Wissenschaftler und hochrangige Regierungsvertreter, Hu Jintao als den herausragendsten, stutzig macht. Peking befürchtet einen Versuch seitens der Vereinigten Staaten und ihrer Verbündeten, die Meeresstraßen von Malakka, Lombok oder Sunda als einen indirekten Gegenschlag während eines Taiwan-Konflikts für die chinesische Schifffahrt zu schließen.[43] Die Sicherstellung einer freien Durchfahrt über die Seeverbindungswege, die die Region des Persischen Golfs und Afrika mit chinesischen Seehäfen verbinden – im Besonderen durch die Straße von Malakka –, ist nun eine Angelegenheit von unvergleichlicher Wichtigkeit für Chinas kommunistisches Regime.[44] Der ununterbrochene Fluss von Öl, Erdgas und anderen Rohstoffen über die Wasserflächen zum Süden oder Südwesten des Festlands – dem Südchinesischen Meer und dem Indischen Ozean – werden einen zunehmend bedeutenden Platz in Chinas maritimem Kalkül einnehmen. Diese wachsende Notwendigkeit zur Sicherung von Energien deutet an, dass die Verfolgung längerfristiger chinesischer Absichten und allumfassender Strategien in südlichen Gewässern eine vordringliche Aufgabe für die Vereinigten Staaten darstellt.[45]

Drittens, China hat maritim-territoriale Ansprüche auf den größten Teil des Südchinesischen Meeres angemeldet und somit Südostasien zu einem natürlichen Schauplatz für sein nautisches Streben gemacht. In der Tat machte der Nationale Volkskongress (National People's Kongress) Chinas Ansprüche zu einem nationalen Recht im Jahre 1992. Die nationale Stimmung hilft Pekings Ziele in der Region mit Leben zu erfüllen; dies tut auch der Wert dieses Gebiets für die maritimen Verbindungen sowie die Tiefseerohstoffe, die vermutlich um die zahlreichen Inseln herum gefunden werden und auf welche China und weitere Mächte wie die Philippinen, Taiwan und Vietnam Ansprüche geltend gemacht haben. Sogar Kartografen haben sich dieser Auseinandersetzung angeschlossen. Einer von diesen lamentiert, dass die Landmasse Chinas einem Hahn ähnelt, einem Bild, das der majestätischen Größe Chinas nicht würdig ist. Doch die Einbeziehung der Seeräume, die von China beansprucht werden, gibt der Nation auf der Landkarte eine ansprechende Form: eine Fackel. Diese vermittelt nicht nur die Bedeutung der Region für Chinas nationale Würde, sondern auch die Interdependenz zwischen dem Meer und Chinas wirtschaftlicher Entwicklung. „Oh du chinesische Landkarte", so verkündet der Verfasser, „du bist das vereinte Gefühl und die Weisheit des chinesischen Volkes, ihres geronnenen Blutes und ständigen Feuers, symbolisch für ihre Stärke und Persönlichkeit, die Verkörperung ihrer Geltung und ihres Geistes."[46]

Viertens, es ist offensichtlich geworden, dass die unterseeische Kriegsführung eine Triebkraft für Chinas maritime Wende nach Süden darstellt. Im April 2008 enthüllte das *Jane's Intelligence Review* (Janes nachrichtendienstliche Rezension), dass die PLA eine beeindruckende Marinebasis komplett mit Bunkern für nuklearbetriebene Flotten-Unterseeboote mit ballistischen Raketen (fleet nuclear-powered ballistic-missile submarines – SSBN) auf der Insel Hainan, im nördlichen Ausläufer des Südchinesischen Meeres, errichtet hat.[47] Die Neuigkeit setzte eine Flut von Spekulationen unter Strategiedenkern im Westen und in Asien in Gang. „Muss Indien besorgt sein?", fragte ein indischer Kommentator.[48] Um eine Metapher zu nehmen, die chinesische Staatsvertreter benutzen, gibt der Stützpunkt Sanya Peking das erste von Chinas „beiden Augen auf See, während Taiwan das zweite ist.[49] Lässt man die skurrilen Metaphern beiseite, so würde die Stationierung der SSBNs im Südchinesischen Meer es der PLA Navy ermöglichen, die US- und japanische U-Boot-Abwehr-Anstrengungen (antisubmarine-warfare) in Nordostasien zu umgehen, was der chinesischen U-Boot-Waffe erlauben würde, auf den äußeren Linien zu operieren. Sanya gibt der Marine darüber hinaus eine vorgelagerte Basis nicht für die SSBNs, sondern auch für Angriffsunterseeboote, Flugzeuge sowie Überwasserschiffe. Dies erweitert die Gefechtsreichweite dieser Basis in ähnlicher Weise, wie Taiwan es im Pazifischen Ozean würde.

Das Südchinesische Meer, in kurzen Worten gesagt, bietet einen idealen Schauplatz für die PLA, um auf den taktisch äußeren Linien zu kämpfen, selbst wenn die Vereinigten Staaten entlang der strategischen äußeren Linien operieren. Die Straße von Luzon, die Taiwan von den Philippinen trennt, wird eine neue Bedeutung erhalten, sobald einsatzfähige chinesische Einheiten auf Sanya stationiert sein werden. Dies wird im doppelten Sinne wahr werden, sobald China Taiwan zurückerlangt, was den chinesischen militärischen Zugang zu der Passage vereinfachen wird. In einem „Day-after"-Szenario, und mit PLA-Stellungen auf der Insel, würde China seine Reichweite zum Meer erweitern, während es die beherrschende Position auf der anderen Seite von Luzon erlangen würde. Dies würde die Logik eines gestreuten Angriffs sogar noch unwiderstehlicher machen. Bei ihren Angriffen auf US-Navy-Kampfgruppen könnten die PLA-Streitkräfte in Vektoren nicht nur von PLA-Navy-Einheiten von See aus, sondern auch von Orten auf dem Festland vorgehen. Sie könnten auch, und dies ist ebenso wichtig, von Hainan und Taiwan – die laut General MacArthurs Metapher die Zwillingsflugzeugträger und U-Boottender vor der Küste sind – aus operieren.

Indem sie die Vereinigten Staaten zur Verteidigung des Umkreises (perimeter defense) zwingt, kann die PLA sich neue taktische Perspektiven erschließen. Sie könnte eine Finte im Südchinesischen Meer antäuschen, während sie einen Ausbruch im Norden durchführt – und zwar durch enge Meeresstellen, die nur leicht durch US- und japanische Flotten seit dem Kalten Krieg überwacht werden.

Zusammengefasst summiert sich dies zu einer Anstrengung, welche jener ähnelt, die die Vereinigten Staaten zu Mahans Zeit unternahmen, als die US-Navy sich anschickte, ihre Vorherrschaft gegenüber den überlegenen europäischen Marinen in der Karibik und im Golf von Mexiko zu etablieren – Seeräume, die eine vergleichbare wirtschaftliche und militärische Bedeutung für ein aufstrebendes Amerika hatten, das seinen Blick auf die asiatisch-pazifischen Märkte und Stützpunkte fixiert hatte. Für amerikanische Marinebefehlshaber wird die Beobachtung, wie China mit „seiner Karibik" umgehen wird, letztendlich wichtige Anhaltspunkte in Bezug auf chinesische Ressourcen und Absichten liefern.[50]

Präferenz Nr. 1: Die gestreute Verwehrung der See

Um zu Wayne Hughes' analytischem Muster zurückzukehren: was sind Chinas strategische Präferenzen bei der Seekriegsführung? Genauer ausgedrückt, wie wird China seine Bandbreite von neuen Plattformen einsetzen, um das Ziel der Seeverwehrung zu erreichen? Durch die Anwendung von Hughes' drei Bestimmungsfaktoren der taktischen Effektivität werden chinesische Verteidiger versuchen, die US-Aufklärung zu stören, die Reichweite der US-Waffentechnik zu übertreffen und die Fehler bei den US-Flottentaktiken auszunutzen, um die amerikanischen Kommandeure in einem Ungleichgewicht zu halten. In Anlehnung an Maos Vorgabe, dem Feind lieber einen Finger abzuschneiden als sie alle zu zerdrücken, werden die PLA-Verteidiger sich auf einzelne Einheiten der US-Navy oder kleine Formationen konzentrieren, die sich weit entfernt von gegenseitiger Unterstützung befinden. Durch das Hochjubeln taktischer Siege in der Weltpresse kann Peking hoffen, die amerikanische Bevölkerung zu entmutigen und zwiespältig-ambivalente US-Verbündete wie Japan oder Australien abzulösen, was die gesamte US-Anstrengung kollabieren lässt. Westliche Analysten müssen dann in Bezug auf die einfallsreiche PLA-Nutzung von Chinas taktischen und geostrategischen Vorteilen wachsam bleiben. Einige charakteristische Waffensysteme, die sich für gestreute, jedoch auch integrierte Angriffe eignen, würden Folgendes einschließen:

Antischiffsmarschflugkörper (antiship cruise missile): Die PLA hat große Anstrengungen und Ressourcen in die Anschaffung und Entwicklung von Marschflugkörpern gesteckt. Tatsächlich stellt ein kürzlicher Bericht der RAND-Corporation Antischiffsflugkörper der Typen SS-N-22 und SS-N-27 als den Kern von Chinas Strategie für eine taiwanesische Eventualität vor. Dies weist stark darauf hin, dass die Vereinigten Staaten sich bei einer Auseinandersetzung zwischen Festlandchina und Taiwan im Jahre 2020 auf der Verliererseite befinden würden.[51] Antischiffsflugkörper können von Schiffen, Flugzeugen und Küstenbatterien abgeschossen werden und die Luftverteidigung der US-Navy zwingen, mit mehreren Bedrohungsachsen fertigzuwerden. Zum Beispiel hat die schnelle und wendige SS-N-22 *Moski* (in US-Marinekreisen als Sunburn bekannt), mit denen die Marschflugkörper-Zerstörer der *Sovremennyy*-Klasse innerhalb der PLA Navy ausgerüstet sind, sogar gegen das Aegis-Kampfsystem der US-Navy hervorragende Aussichten – also dem Neuesten in Amerikas technischer Zauberküche, was dazu entwickelt wurde, um eine durchschlagende Wirkung zu erzielem.[52] Eine solche Waffentechnik ist der ideale Kandidat für orthodoxe Antischiffsangriffe.

Ballistische Antischiffsrakete (antiship ballistic missile – ASBM): In den vergangenen zwei Jahren sind Berichte zunehmend zur Routine geworden, dass die PLA kurz davor steht, eine ballistische Antischiffsrakete (ASBM) ins Feld zu schicken, die Schiffe angreifen kann, welche auf dem Pazifik unterwegs sind (siehe Kapitel 5 für Einzelheiten). Dies würde eine beeindruckende Leistung im Waffenbau darstellen. Eine solche Einsatzmöglichkeit lässt sich noch nicht einmal im US-Waffenarsenal finden. Die Aufstellung dieser Waffenkapazität, um vorrückende amerikanische Flugzeugträger oder amphibische Kampfgruppen auf lange Entfernungen (Berichten zufolge bis zu 2.500 km für die Dong-Feng-21-C-Raketen der PLA, die von einem mobilen Raketenwerfer abgeschossen werden) anzugreifen, würde das US-Militär vor eine Reihe völlig neuer Herausforderungen stellen. Ein China, das innerhalb der zweiten Inselkette zu effektiven Angriffen mit einer ausreichenden Anzahl von „Vögeln" fähig ist, kann hoffen, die kaiserlich-japanische Strategie zu reproduzieren, die auf eine Verringerung der US-Schlachtlinie vor einem Mahan'schen Gefecht in asiatischen Gewässern abzielte. Dies würde sicherlich die Reichweite der festungsartigen Flotte der PLA erweitern und dieses Konzept zum ersten Mal durchführbar machen. Und ein ASBM-Potenzial würde Chinas Fähigkeit zeigen, entlang der äußeren Linien gegen US-Seestreitkräfte bei weitaus größeren Entfernungen zu agieren als einst für möglich gehalten und so eine maoistische Strategie im großen Stil auszuführen.[53]

Radarbekämpfungswaffen (antiradiation weapons): Wie erwähnt wird die PLA die rohe Schlagkraft ihrer Antischiffsraketen in Abstimmung mit anderen Systemen einsetzen. Trotz ihrer passiven Eigenschaft ist die Waffentechnik zur Radarbekämpfung ein ideales Hilfsmittel für den unorthodoxen Angriff. Wie Afghanistan, zwei Kriege gegen den Irak und andere Konflikte in den letzten zwei Jahrzehnten gezeigt haben, setzt die moderne amerikanische Kriegsführung voraus, den Kampf um die Informationsüberlegenheit gleich bei Kriegsausbruch zu gewinnen. US-Streitkräfte haben zum Großteil die Oberhand gehabt, weil überlegene Technologie ihnen ein „allgemeines Operationsbild" der Gegebenheiten in der Kampfzone liefert, mit denen es kein Gegner aufnehmen kann. Luftgestützte Sensorik ortet und nimmt verschiedene Feindflugzeuge, Schiffe oder Fahrzeuge auf dem Boden über weite Entfernungen ins Ziel. Störsender und Radarbekämpfungsraketen setzen die feindliche Sensorik bei deren Versuch, Daten über US-Einheiten zu sammeln und ins Ziel zu nehmen, außer Gefecht. Diese Taktiken legen US-Feinde während der Anfangsphase eines Militäreinsatzes auf effektive Weise lahm und ebnen den Weg für eine sogar noch wichtigere Schlachtfeldgegebenheit, nämlich der Luftüberlegenheit.

Pekings Kauf (und seine Anstrengung zum Nachbau) des russischen Luftabwehr-systems S-300 ist aufschlussreich. Eine einheimische Radarbekämpfungsvariante der S-300, die FT-2000, wird wahrscheinlich nahe bei der Straße von Taiwan in Stellung gebracht werden, um taiwanesische Streitkräfte ins Ziel zu nehmen und um das US-Militär in einem Krieg zwischen Festlandchina und Taiwan von einer Intervention abzu-schrecken.[54] Berichte zufolge soll die FT-200 sich der Produktionsreife nähern und den Spitznamen „AWACS-Killer" haben, da sein Einsatzprofil den Angriff auf die luft-gestützte Aufklärungssensorik und Anlagen zur elektronischen Kriegsführung vorsieht, auf welche sich die US-Luftüberlegenheit in Kriegszeiten stützt.[55] Die Rakete spricht auf Hochfrequenzemission an – ganz ähnlich wie US-Piloten Hochgeschwindigkeitsraketen zur Radarbekämpfung (high-speed antiradiation missile – HARM) verwenden, um die feindliche Luftverteidigung in Einsatzgebieten wie dem Irak anzugreifen. Dies lässt der Radarplattform keine richtig guten Optionen: Sie kann ihre Emissionen abstellen und „erblinden", was ihre Koordinationsfähigkeit beeinträchtigt oder zunichte macht oder sie kann ihre Funktion weiter ausführen und dabei einen Raketentreffer riskieren. Chi-nas neueste Luftverteidigungskriegsschiffe werden mit Boden-Luft-Radarbekämpfungs-raketen ausgestattet werden, die mit der FT-2000 vergleichbar sind.

In Hughes' Terminologie könnte die FT-2000 die US-Aufklärungseffektivität ernsthaft beeinträchtigen, was eine seiner Hauptbestimmungsfaktoren in Bezug auf taktischen Erfolg ist. Die Reichweite einer Waffentechnik bedeutet wenig ohne die Fähigkeit, die feindlichen Streitkräfte auf weite Entfernungen zu orten und ins Ziel neh-men zu können. Seit dem Beginn des Zeitalters der trägergestützten Kriegsführung hat die US-Marinestrategie die Luftherrschaft als eine Voraussetzung für die Operationen der Überwasserflotte angesehen. Eine Operation nahe der chinesischen Küsten würde nicht anders sein. Falls chinesische Luftverteidigungsmittel komplett oder teilweise den US-Vorsprung bei der Daten- und Informationskriegsführung zunichtemachen, würden sie die Versuche von US-Flugzeugen, Lufthoheit zu etablieren, abschwächen und erschweren. Dies würde die US-Angriffshandlungen einschränken und US-Kriegs-schiffe – einschließlich der Träger – Gegenschlägen aus der Luft und durch Raketen aussetzen. Widerstandsfähige chinesische Luftverteidigungsanlagen würden die US-Kommandeure nötigen, ihre Energie darauf zu verwenden, die Lufträume zu sichern. Der fachkundige Einsatz selbst einer von ihrer Beschaffenheit her defensiven und pas-siven Waffe wie der FT-2000 würde dann den Weg für offensiv-defensive Operationen im Sinne Mao Tse-tung eröffnen.

Unterseeische Kriegsführung (undersea warfare): Die chinesische Unterseeboot-flotte hat eine wachsende Besorgnis in US-Verteidigungskreisen hervorgerufen – nach dem zu urteilen, was wissenschaftliche Begleitstimmen und der jährliche Pentagon-Bericht an den Kongress, das „Military Power of the People's Republic of China", sagen.[56] Tödliche, „stealth"-taugliche dieselelektrische U-Boote wie die russische *Kilo* können Chinas umstrittene Zone vor der Küste durchstreifen, während sich Nuklearboote wei-ter entfernt bewegen, um PLA-Kommandeure von der Ankunft von US-Streitkräften zu informieren oder unbequeme Angriffe auf offener See zu starten.

Bewaffnet mit kielwasserortenden Torpedos – also Waffen, die ihren Weg zu Überwas-serzielen durch die Verfolgung der Wasserverwirbelungen durch die Schiffspropeller

finden – können sogar Dieselboote amerikanische Schiffsführer zu radikalen Ausweichmanövern nötigen. Im wahrsten Sinne des Wortes können sie die Gefechtsmannschaft
eines Schiffs ablenken, während die PLA die Flotte mit Antischiffsmarschflugkörpern
angreift, was ein schwieriges, wenn nicht unlösbares taktisches Problem darstellt.[57]

Zusammengefasst, falls die PLA es schafft, US-Streitkräfte zu zwingen, sich auf jede
einzelne Dimension einer bedrohlichen Umgebung auf See einzustellen – Schiffs-,
U-Boot- oder Luftabwehr – dann kann sie auch weitere Herausforderungen in den
anderen Dimensionen darstellen. Nukleare und dieselbetriebene Angriffsunterseeboote, Patrouillenboote mit Raketenabwehr oder Systeme wie Minenfelder nach Art
„des Streitkolbens von Meuchelmördern" („assassin's mace") eignen sich als gute
Ergänzungen der eher traditionelleren Systeme wie Antischiffsmarschflugkörper und
küstengestützte Flugzeuge.

    Eine gutgestaltete chinesische Kräftezusammenstellung würde den US-Streitkräften
eine dreidimensionale bedrohliche Umgebung auferlegen, und orthodoxe sowie unorthodoxe Angriffe würden entlang der verschiedenen Vektoren stattfinden. Je mehr
Belastungen die Chinesen erzeugen können, desto unwahrscheinlicher wäre es, dass
sich die US-Streitkräfte in Landnähe der Inselketten oder in das Südchinesische Meer
wagen würden. Selbst wenn China die US-Technologien nur zum Teil ausschalten kann,
die die Undurchsichtigkeit des Krieges (fog of war) vereinfachen, dann könnte es zudem
die Handlungsfreiheit der US-Streitkräfte entlang der asiatischen Küstenlinien ernsthaft eingrenzen, also dem Zugang, den die US-Navy für so lange als selbstverständlich
betrachtet hat. Die vereinigte Wirkung von Informationskriegsführung und kinetischen
Maßnahmen könnte US-Streitkräfte veranlassen, weiter von den chinesischen Küsten
entfernt zu operieren, was China helfen würde, sein Ziel der Seeverwehrung im Chinesischen Meer zu erreichen.

    Ein Vorbehalt ist erwähnenswert. Trotz des Wortlauts in unserer Erläuterung beste-
hen wir nicht darauf, dass diese Ressourcen, für sich allein oder kombiniert, China
einen entscheidenden Vorteil bei der küstennahen Kriegsführung und schon gar
nicht eine vollständige militärische Überlegenheit gegenüber den Vereinigten Staaten
geben. Die PLA Navy stellt in der Seekriegsführung weiterhin einen relativ jungen New-
comer dar. Die Zwänge durch die Kosten, die den Militärdiensten weltweit bekannt
sind, belasten die PLA Navy. Sie muss technische Hürden überwinden. Ihre Offiziere
und Mannschaften müssen den taktischen Scharfsinn durch Einsätze auf See erlangen, dem einzigen Ort, wo Seeleute ihr Handwerk verfeinern können. Wann die PLA
Navy der US-Navy in materieller und menschlicher Hinsicht gegenüber ebenbürtig sein
wird – falls jemals überhaupt – bleibt eine offene Frage.

    Um diese andauernden Unzulänglichkeiten auszugleichen, wird die PLA ihre ope-
rativen und taktischen Vorzüge vorantreiben und sich so an Mao Tse-tungs Rat halten.
Dadurch, dass China die Kosten für einen Eingang (nach Asien) hochtreibt, kann es hoffen, die Vereinigten Staaten an einer Verstrickung in Asienkonflikte zu hindern oder dies
zu erschweren, um somit seine defensiv-strategischen Ziele zu erreichen. Falls die PLA
den US-Streitkräften die Fähigkeit vorenthalten kann, die Abläufe zu bestimmen, wird
sie den wichtigsten Zweck der Seeverwehrung erlangt haben, indem sie die örtliche
Dominanz auf dem Wasser und in der Luft lange genug innehat, um ihre operativen und

strategischen Ziele zu verwirklichen. Der von uns an dieser Stelle aufgestellte Denk-ansatz stimmt mit den Erfahrungen der Seekriegsführung der letzten vier Jahrzehnte überein. Von der Versenkung des israelischen Zerstörers *Eilat* mit Styx-Raketen durch Ägypten im Jahre 1967, der Versenkung der HMS *Sheffield* durch Argentinien 1982, dem Exocet-Angriff auf die USS *Stark* 1987, bis hin zur schweren Beschädigung der israeli-schen Korvette *Spear* mit einer C-802-Boden-Boden-Rakete durch die Hisbollah 2006, zeigen die Erfahrungen, dass eine entschlossene, wenn auch unterlegene Marine einer überlegeneren Schaden zufügen und somit eine Änderung von deren Verhalten selbst ohne die Erzielung eines kompletten Sieges auf See erzwingen kann.[58]

Bei jedem dieser Zwischenfälle führte ein einzelner Raketentreffer zum Abbruch des Einsatzes („mission kill"), was bedeutet, dass die Kampfsysteme ausfielen und das Schiff an der Durchführung seines Einsatzes gehindert war. Hierbei wurde die ange-schlagene Einheit außer Gefecht gesetzt oder, wie im Falle der *Eilat* und *Sheffield*, sogar versenkt. Die Schäden, die die USS *Samuel B. Roberts*, die USS *Princeton* und die USS *Tripoli* durch simple und billige Seeminen in den späten 1980er und frühen 1990er Jah-ren erlitten, stellen ein noch augenfälligeres Beispiel dar. Für chinesische Marineplaner versprechen die Taktiken von gestreuten und facettenreichen Angriffen einen attrakti-ven Ertrag bei einer bescheidenen Investition. Diese machen gemäß der guten Prinzi-pien der Seekriegsführung Sinn, wie dies von Wayne Hughes näher ausgeführt worden ist, und sie passen zu den chinesischen strategischen und operativen Traditionen. Für die PLA ist es nur sinnvoll, sie anzuwenden.

Präferenz Nr. 2: Das sequentielle Abschneiden der Finger der US-Navy

Chinesische Marineplaner können darauf bauen, die Vereinigten Staaten zu bezwingen, indem sie einen kleinen, jedoch politisch bedeutenden Teil der US-Flotte außer Gefecht setzen oder versenken. Es könnte durch eine Steigerung des Kostenaufwands für die Bekämpfung Chinas funktionieren, welche über dem Wert liegt, den Washington dem auf dem Spiel stehenden Objekt beimisst. Doch die Vereinigten Staaten haben in der Vergangenheit den Vorhersagen von moralischer „Schwammigkeit" getrotzt. Durch die Lehren aus dem Pazifikkrieg, dem Ersten Golfkrieg und sogar Operation Iraqi Freedom dürfen chinesische Strategen nicht den amerikanischen Willen zum Kampf außer Acht lassen. Die Besonnenheit verlangt, dass Peking vorausdenkt und überlegt, was es tun kann, wenn seine Strategie zur Seeverwehrung, die US-Seestreitkräfte aus den See-räumen zu vertreiben, wo die PLA eine örtliche Überlegenheit anstrebt, versagt. Der einleuchtendste Rückzugsweg für die PLA wäre, weiterhin das zu tun, was funktioniert. Das stückweise Ausschalten von US-Kriegsschiffen und -Formationen würde schließ-lich so lange ein günstiges Umfeld für die chinesische Verwehrung der See schaffen, wie US-Befehlshaber den Chinesen in die Hände spielen und somit einen „kooperativen Gegner" („cooperative adversary") darstellen würden.

Sukzessive kleine Siege auf See würden den zahlreichen Schlachten auf den äuße-ren und inneren Linien (exterior-interior-line-battles) ähneln, die von Maos Roter Armee gegen solche Feinde wie die kaiserlich-japanische Armee sowie die chinesisch-nationa-listische Armee geführt wurden. Sequentielle Taktiken würden der PLA erlauben, die US-Navy über längere Zeit in ihrer Größe zu beschneiden und vielleicht ihre taktischen und operativen Ziele zu verwirklichen, die zuvor durch die Logik entworfen worden waren.

Falls nicht, würde es das militärische Gleichgewicht allmählich zu Chinas Gunsten verschieben und die Aussichten der PLA auf ein entscheidendes Gefecht erhöhen, welches Mao beim Landkrieg vorhersagte. Selbstverständlich setzt dies ein großes Selbstvertrauen auf Seiten Pekings voraus, der Eskalation eines asiatischen Seekonflikts auch Herr zu werden. Die weitere Verfolgung der chinesischen Strategiediskurse erscheint daher als eine einleuchtende Maßnahme für die US-Marineplaner. Wayne Hughes' zweites taktisches Szenario, die sequenziellen Angriffe, würden wahrscheinlich in Chinas Hierarchie der Marinetaktiken an zweiter Stelle kommen und dabei defensive Angriffe zeitlich und räumlich streuen.

Präferenz Nr. 3: Mao Tse-tung trifft Alfred Thayer Mahan

Zum Schluss ist es erwähnenswert, dass, wenn die PLA Navy eine Parität mit der US-Navy erreicht, die maoistische Grammatik zunehmend in die Mahan'sche Grammatik von konzentrierten Flotte-gegen-Flotte-Gefechten übergehen wird. Hughes' drittes Szenario, der konzentrierte Angriff, verdient daher Pekings Berücksichtigung. Einige chinesische Strategen schauen direkt auf Mahan für Anregungen hinsichtlich der Marinestrategie. Ein altbekannter Kritiker, Zhang Wenmu, zitiert Mahans Maxime, dass wirtschaftlicher Wohlstand von dem Aufbau von Seestreitkräften an strategischen Stellen abhängig ist. China, so behauptet Zhan, „muss unsere Marine so schnell wie möglich im Zuge der Vorbereitung auf eine Seeschlacht aufbauen, die den für Großmächte endgültigen Weg darstellt, um wirtschaftliche Konflikte zu lösen."[59] Ein Weg, wie ein großer Flotteneinsatz zustande kommen kann: eine sequenzielle PLA-Strategie könnte in einem Mahan'schen Waffengang mit einem entscheidenden Aufeinandertreffen gipfeln, das sich schrittweise entwickelt.

Falls die PLA das Gefühl hat, dass sie das Kräftegleichgewicht von Beginn an begünstigt, könnten ihre Kommandeure alternativ sofort eine Schlacht nach Mahan'scher Art vom Zaun brechen. Nach dem Entschluss, zur Waffe zu greifen, was der Fall ist, könnte Peking eher unverzüglich eine Entscheidung gegen die Vereinigten Staaten suchen, als an Mao Tse-tungs sequenziellem Ansatz festzuhalten. Wie es aussieht, würde es keinen allzu großen Bruch mit Mao darstellen, wenn man alles wagt, um alles zu bekommen. Mao erfreute sich *schwächerer* und nicht stärkerer Mächte, um zunächst Boden herzugeben und sich auf isolierte feindliche Einheiten zu konzentrieren. Sobald die chinesischen Streitkräfte eine Position der Parität oder relativen Überlegenheit erlangen, werden sie sich weitaus mehr operativer und taktischer Optionen erfreuen, was auch die konventionelle Gegenoffensive einschließt, von der Mao glaubte, dass sie diese schließlich schnell verfolgen müssen, um den Sieg zu erlangen. In einer günstigen strategischen Stellung gibt es keinen Grund für die PLA, nicht direkt zu einer Gegenoffensive überzugehen. In der Tat drehte Mao bei einer Gelegenheit seine eigene Strategie um, als die strategischen Umstände dies zuließen. Trotz starker Vorbehalte seitens seiner Kameraden setzte sich Mao gegen diese durch, um entscheidend in den Koreakrieg einzugreifen – überzeugt, dass ein massiver Erstschlag die UN-Streitkräfte von der Halbinsel vertreiben würde. Obwohl dieses Glücksspiel kläglich scheiterte, könnte dieselbe Art von Logik und Wunschdenken noch immer chinesische Kommandeure ergreifen. Einige Faktoren, die die PLA Navy antreiben könnten, einen Flotteneinsatz zu riskieren, schließen das Folgende ein:

Die maoistische Logik – letzten Endes nicht allzu unterschiedlich zu Mahan: Wie bereits bemerkt, wäre ein Mahan'scher Kampf unter bestimmten Umständen mit den maoistischen Traditionen vereinbar. Nachdem sie die US-Streitkräfte tief in Chinas umstrittene Zone gelockt hat, kann die PLA die äußeren Linien einnehmen und Maos operative Logik weitaus breiter anwenden, als er voraussah. Wie in Kapitel 3 angemerkt hat der Große Steuermann selbst die weltumspannenden äußeren Linien eingehend betrachtet, auch wenn in einem diplomatischen – im Gegensatz zu einem operativen – Sinne. Es könnte seinen zeitgenössischen Anhängern als angemessen erschienen haben, seine Theorie auf andere Arten zu erweitern, indem sie eine Gegenoffensive verfolgten, die einen totalen Sieg auf See verspricht.

„Verlorener Posten" (death ground). In einigen der vorhersehbaren Eventualitäten in der Straße von Taiwan oder im Südchinesischen Meer würde das chinesische kommunistische Regime sein Überleben als auf dem Spiel stehend betrachten. Selbsterhaltung hat für Peking die oberste Priorität. Ein Krieg zwischen Festlandchina und Taiwan – um die offensichtlichste Eventualität zu benennen – würde die chinesische nationale Einheit infrage stellen und die Legitimität des Regimes mit sich. Eine US-Intervention könnte dann einen umfassenden PLA-Angriff hervorrufen. Sollte die Langlebigkeit des kommunistischen Regimes davon abhängen, dann würde die Selbstbeschränkung an Bedeutung verlieren – oder sollten die Vereinigten Staaten eine Blockade gegen chinesische Rohstofflieferungen errichten, könnte sich ein ähnliches Kalkül durchsetzen. Alle Wetteinsätze würden dann verloren sein, wenn US-Handlungen Chinas Führung in die Situation des „verlorenen Postens" bringen würden.

Jetzt oder nie (now or never): Obwohl China oft das politische Durchhaltevermögen der Vereinigten Staaten anzweifelt, kann Peking sich vor einer Wiederholung aus dem Jahr 1941 fürchten, als eine asiatische Seemacht Amerikas Willen und Leistungsvermögen zur Kriegsführung quer über den Pazifik drastisch unterschätzte und den Preis dafür bezahlte. In Abfindung mit der Tatsache eines bewaffneten Zusammenstoßes mit US-Streitkräften könnten chinesische Kommandeure auf einen K.o.-Schlag gegen die US-Expeditionskampfgruppen abzielen, die sich in das Chinesische Meer wagen. Chinesische Strategen könnten jedoch befürchten, dass lediglich ein kleines Kontingent der US-Navy außer Gefecht gesetzt oder versenkt werden könnte. Sollte es die US-Pazifikflotte in Blut tauchen, könnte Peking einen derartig massiven Gegenschlag provozieren, der über das kaiserliche Japan nach dem Angriff auf Pearl Harbor hereinbrach. Ein kompromissloses und siegreiches Gefecht würde diese Vorstellung verhindern.

Riskiere alles, um alles zu gewinnen (dare all to gain all): Sollte die PLA eine Entscheidungsschlacht eingehen, würde die darauffolgende Flottenschlacht – wie erwähnt, nehmen wir an, die PLA Navy würde gewinnen – Chinas Aufstieg zu regionaler und weltweiter Eminenz sowie die asiatische und vielleicht globale Neuordnung der internationalen Systeme beschleunigen. Amerika würde nicht ohne Weiteres seine Marine – oder seinen Supermachtstatus, der auf die Vormachtstellung auf dem Allgemeingut der See abzielt – nach einer katastrophalen Niederlage wiederaufbauen. Wir haben unsere Zweifel, dass Peking allein aus diesem Grund einen Krieg riskieren würde. Chinesische Denker erfassen den politischen, wirtschaftlichen und militärischen Kostenaufwand eines Krieges unter Großmächten. Dennoch, die Verlockung einer endgültigen Abrechnung könnte chinesische Kommandeure anstacheln, die Flotte auf das Spiel zu setzen, falls sie hierzu bereits, aus den an vorangegangener Stelle vermuteten Gründen, neigen.

Dass chinesische Entscheidungsträger eine entscheidende Auseinandersetzung zwischen den Flotten wagen könnten, bedeutet nicht, dass sie vom Schicksal dazu bestimmt sind. Es wird viel davon abhängen, wie sie das militärische Gleichgewicht in Asien einschätzen. Die Beobachtung, wie Peking seine übergreifende nationale Macht in Relation zu jener der Vereinigten Staaten und anderer konkurrierender Mächte betrachtet, wird daher wichtige Rückschlüsse in Bezug auf die chinesische Marinestrategie und -taktiken liefern.

KÖNNEN DIE VEREINIGTEN STAATEN IHRE SEEHERRSCHAFT ERHALTEN?

Eine kluge Voraussicht, Ausbildung und eine lehrmäßige Verfeinerung für den Kampf in asiatischen Gewässern sowie die ständige Aufmerksamkeit auf die materiellen Dimensionen der Strategie verkörpern die Besonnenheit seitens der US-Regierungsvertreter, Kommandeure und Schiffbauer. Militärexperten betonen gerne, dass sie mit Ressourcen und nicht mit Absichten spekulieren. Wie sollten US-Befehlshaber sich auf einen chinesischen ganzheitlich-integrierten Angriff auf See vorbereiten? Nur um eine Sache zu nennen: durch die Einbeziehung von Wayne Hughes' Verordnung für taktischen Erfolg. Hughes drängt Schiffskonstrukteure, die Reichweite der US-Raketen zu erhöhen, die Ortungs- und Zielfähigkeiten der US-Navy-Expeditionsgruppen zu verbessern und Kommandeure zu ermutigen, ihre Taktiken zu verfeinern, um den Vorteil gegenüber dem potenziellen Gegner zu erhalten oder wiederzuerlangen. Die fortdauernde Arbeit an den materiellen Dimensionen der Strategie ist äußerst wichtig. Dies gilt auch für eine fortlaufende Verbesserung bei den Taktiken wie die Emissionskontrolle, welche die Abstrahlungen von Radar- und Kommunikationssystemen steuert, um feindlichen Streitkräften die Ortung der US-Kampfgruppen unmöglich zu machen. Und wie wir gesehen haben, ist eine aggressive elektronische Kriegsführung von zentraler Wichtigkeit für die informationsrelevante US-Überlegenheit.

Wer liegt in Bezug auf Waffenreichweite und Aufklärungseffektivität gegenwärtig an der Spitze? Falls die PLA ihre ballistische Antischiffsrakete (ASBM) perfektioniert, würden US-Streitkräfte gezwungen sein, innerhalb des ASBM-Bedrohungsbereichs zu operieren, sollten sich die Vermutungen über die Raketenreichweite von 2.500 km bestätigen. Dies ist der wünschenswerte Maximalradius für jedweden US-Landangriffsmarschflugkörper (land-attack cruise missile). Darüber hinaus hängt die Antwort von der Eventualität ab. Bis die ASBM (antiship ballistic missile) ihren Dienst aufnimmt, ist die einzig mögliche vage Schlussfolgerung die, dass Pekings Flottenausbau den Gipfelpunkt für das US-Seegefecht weiter auf das Meer hinaus verschiebt, was den Preis für das US-Militär für den Eingang in asiatische Gewässer erhöht. Im Hinblick auf bemannte Flugzeuge rühmt sich das J-11-Kampf-/Angriffsflugzeug der PLA Navy, ein Ableger der russischen Su-27 und Su-30, mit einem taktischen Radius von 2.000 km, wenn es im Flug betankt wird.[60] In der Theorie könnte es ein Sicherheitsrisiko für US-Schiffe bis zu 2.250 km von seinem Stützpunkt entfernt darstellen, wenn es mit Sunburns bewaffnet ist. Dies verschiebt die Kampfzone nach weit außerhalb der inneren Inselkette und unterstützt so Chinas Ziel der Verwehrung der See in und um Taiwan sowie bei den Zugängen zum Südchinesischen Meer.

Angesichts dieser Zahlen beginnen chinesische Strategen über die Taiwan-Sackgasse hinauszuschauen und deuten stillschweigend an, dass sie sich selbstbewusst in ihrer Fähigkeit fühlen, den Vereinigten Staaten den Zugang zu den Gewässern außerhalb der ersten Inselkette zu verwehren. Sehen wir uns nun die amerikanische Seite an. Für Gefechte im Nahbereich wie vor Taiwan, welche die Landung von US-Marines an der Küste oder intervenierende chinesische Landungsstreitkräfte einschließen, müssen sich die US-Streitkräfte in den Schussbereich von Marschflugkörpern und tief in den Wirkungsbereich von raketentragenden Flugzeugen, die von Flugplätzen auf dem Festland kommen, wagen. Mehrschichtige Verteidigungen werden dünner und durchlässiger in diesen beengten Gebieten, während die Reaktionszeiten für US-Verteidiger sich merklich verkürzen werden.

Die bordeigenen Verteidigungssysteme auf Schiffen werden unter diesen Umständen eine neue Bedeutung erhalten. Das primäre Selbstverteidigungssystem der US-Navy, die RIM-162 Evolved Sea Sparrow Missile (ESSM), ist ein semi-aktiver radargeleiteter Flugkörper, der von vertikalen Abschussvorrichtungen (vertical launch system) oder von Raketenwerfern auf Deck abgeschossen wird. Wie präzise er auch immer sein mag, seine Reichweite liegt Berichten zufolge bei nur 45 km, was die Reaktionszeiten für US-Kampfgruppen gegen chinesische Antischiffswaffen wie die Sunburn – niedrige Flughöhe über dem Meeresspiegel (sea-skimming), einer Höchstgeschwindigkeit von Mach 3 und der Fähigkeit zu radikalen Ausweichmanövern nach der Wiedereintrittsphase (terminal phase) – verkürzt.[61] Eine Studie schätzt, dass die Wahrscheinlichkeit eines Treffers einer Mach-2.5-Rakete bei vierzig Prozent gegen eine Trägergruppe liegt, die von Aegis-Kriegsschiffen abgeschirmt wird.[62] Das Fenster für verschiedene ESSM-Gefechte würde sich dann unter Kampfbedingungen schnell schließen. Das Nahbereichsverteidigungssystem (Close-in-Weapons-System – CWIS), die Verteidigung einzelner US-Navy-Schiffe gegen Luftangriffe (point-defense), ist eine radargesteuerte revolverartige Kanone (Gatling gun), die in der Lage ist, bis zu 4.500 Schuss von durchschlagstarker Munition pro Minute abzugeben. Die Reichweite von CWIS-Lafetten ist jedoch zu kurz, sodass ihre Schussfolge ein schwacher Trost für die Verteidiger an Bord gegen Bedrohungen aus der Luft ist.[63]

Momentan können US-Kriegsschiffe Taiwan, Hainan oder Küstenziele mit Luft- oder Marschflugkörperangriffen erreichen, während sie außerhalb der Reichweite der küstengestützten Antischiffsraketen wie die in diesem Buch zuvor behandelten bleiben. Abhängig von ihrer jeweiligen Ausführung rühmen sich die Landangriffsmarschflugkörper vom Typ Tomahawk der US-Navy nach offiziellen Berichten einer Reichweite von 1.600 bis 2.500 km. Die F/A-18 E/F Super Hornet, die Hauptstütze der heutigen Trägerfluggeschwader (carrier air wing), hat einen Kampfradius von 723 km mit einer standardmäßigen Bombenzuladung und externen Treibstofftanks.[64] Zu diesem Radius können der Super Hornet noch weitere 111 km durch die Luft-Boden-Rakete, auch land-attack (SLAM) genannt, sowie eine noch größere Erweiterung von 278 km durch deren Ausführung mit verbesserter Reichweite (SLAM-ER) hinzugezählt werden.[65] Bei extremen Wegstrecken kann die F/A-18 dann etwa 1.000 km entfernte Ziele treffen. Die luftgestartete

Version der SS-N-22 hat Berichten zufolge hingegen nur eine Reichweite von 250 km. Und selbst diese Ziffer ist abhängig von der Fähigkeit der PLA Navy, US-Kriegsschiffe bei solchen Entfernungen zu orten, zu identifizieren und zu verfolgen. Die US-Navy-Doktrin missbilligt die Antischiffsangriffe über sehr weite Entfernungen aus Angst, Nichtkombattanten zu treffen. Es gibt wenig Grund zu der Annahme, dass die PLA Navy, die nie im Kampf auf hoher See auf die Probe gestellt wurde, diese komplizierte technische und lehrmäßige Herausforderung übersprungen hat. Es gibt aber auch keinen Grund zu der Annahme, dass die PLA-Kommandeure wild um sich schießen würden, ohne Rücksicht auf die Gefahr für die zivile Schifffahrt zu nehmen – es sei denn, Peking befindet sich auf verlorenem Posten (death ground).

Vorerst scheinen die Vereinigten Staaten einen Vorteil zu haben, aber dieser ist im Schwinden. Amerikanische Marinekommandeure sollten nicht länger davon ausgehen, dass sie chinesische Militäranlagen – auf Land und auf See – unbestraft angreifen können, während sie ihre eigenen sehr wertvollen Plattformen wie Träger, amphibische Landungsschiffe, Aegis-Kreuzer und Zerstörer außerhalb der Gefahrenzone halten können. Wie weit vor der Küste die PLA Navy zum Einsatz kommt – als ein Ausdruck dafür, wie weit Chinas politische Führer ihre umkämpfte Zone interpretieren, wie viel Risiko chinesische Kommandeure und Staatsmänner bereit sind einzugehen, wie viel kämpferische Tapferkeit chinesische Marineangehörige und Flieger zeigen und wie es um die technische Zuverlässigkeit von Systemen wie dem ASBM bestellt ist – wird sich zeigen, wenn sich US-Kampfgruppen bei der Annäherung an die asiatische Küste in eine bedrohliche Lage begeben.

In die Zukunft blickend können wir sicher sagen, dass die taktische Reichweite der PLA bereits über die erste Inselkette hinausreicht. Man kann auch sicher sagen, dass Peking bald die US-Herrschaft über die Gewässer und Lufträume zwischen den zwei Inselketten anfechten wird, wenn es dies nicht schon kann. Wie weit vor der Küste die Marine Chinas ihre Übungen durchführt und was chinesische Offiziere und Fachleute über ihre Doktrin sagen, werden die besten zur Verfügung stehenden Anzeichen sein. Zum Zwecke der Planung ist die solideste Vermutung die, dass sich die US-Streitkräfte über und unter Wasser sowie in der Luft entlang mehr als nur einer Bedrohungsachse gegenüber sehen werden, besonders wenn sie sich den chinesischen Küsten nähern. In Chinas umstrittener Zone wird die PLA auf den äußeren Linien kämpfen und gestreute Angriffe durchführen, um die amerikanische Luft-, Schiffs- und U-Boot-Abwehr niederzukämpfen. Die US-Kommandeure sollten demnach in die Richtung einer gegenseitigen Unterstützung oder „einer Konzentration für die Verteidigung" schauen, wie Captain Hughes es ausdrückt.[66] Es ist möglich, dass das Gleichgewicht sich in den kommenden Jahren weiterhin zugunsten der PLA verlagern wird, wenn chinesische Streitkräfte ihr Arsenal erweitern und verbessern sowie ihre Taktiken verfeinern, um das Beste aus der umstrittenen Zone zu machen. In gewisser Hinsicht erfährt die Mahan'sche Grammatik dann zumindest eine partielle Wiederbelebung unter US-Marineplanern – ein Punkt, auf den wir in Kapitel 8 zurückkommen werden. Es lohnt, die Konzentration von Streitkräften als eine Orientierungshilfe für zukünftige Operationen wieder aufzugreifen.

Ein zusätzlicher und eng verwandter Punkt: Es ist höchste Zeit für Marineoffiziere, ihre angestaubte Mutmaßung aufzugeben, dass High-Tech-Kriegsschiffe oder trägergestützte Flugzeuge den „Bogenschützen" niederstrecken können, bevor er einen „Pfeil" auf die Flotte losschnellen lässt. Dies ist wohl ein erstrebenswertes Ziel, aber es ist keine ausgemachte Sache. Diese Annahme hat das Denken über die Luftabwehrverteidigung (antiair defense) zumindest seit der Einführung des Aegis-Kampfsystems in den frühen 1980er Jahren bestimmt. Überwasserkampfschiffe sind um dieses System herum – mit dünner bis nichtvorhandener Panzerung – konstruiert worden, um ihre Fähigkeit zu unterstützen, im Kampf bestehen zu können. Vergangene Generationen von Marineingenieuren entwarfen Kriegsschiffe mit genau der gegenteiligen Annahme im Sinn – nämlich, dass US-Kriegsschiffe Gefechtsschäden erleiden *würden*. Die Standfestigkeit war integriert in ihrer Konstruktion. Die Wiederentdeckung dieser düsteren, aber realistischen Philosophie des Marineschiffbaus sowie die Verinnerlichung einer demütigen Einstellung hinsichtlich aufstrebender Rivalen ziemt sich für eine US-Navy bei ihrer Vorbereitung auf die Unerbittlichkeit des Kampfes auf See in Asien.

Die Verbannung der „Bogenschützen und nicht den Pfeil"-Einstellung steht für einen Wandel bei der Haltung und bedeutet somit einen kulturellen Prozess, für welchen die entschlossene Führung von der Spitze abwärts offen ist. Einige von Hughes' Erläuterungen in Bezug auf den Entwurf von Kriegsschiffen können allerdings nicht auf die Schnelle umgesetzt werden. Die Verbesserung der Fähigkeit von US-Kriegsschiffen, Angriffsschläge überstehen zu können, würde die Wahrscheinlichkeit verringern, dass – nachdem eine einzige feindliche Rakete oder ein Flugzeug ihre Verteidigungen durchbrochen hat – die Schiffe sinken oder zum Abbruch ihres Einsatzes („mission kill") gezwungen würden. Wie bereits erwähnt ist die Standfestigkeit in verstärktem Maße der Zweck von stabiler Schiffbauweise. Jedoch nimmt die Modifikation von materiellen Ressourcen, wie Programme von der Art des vom Pech verfolgten DDG-1000-Projekts zeigen, Zeit in Anspruch, schließen hohe Kosten ein und bringen zahlreiche Ungewissheiten mit sich. Je eher die US-Navy beginnt, ihre Flotte zu stählen und ihre taktischen sowie operativen Praktiken überdenkt, desto besser.

Und schließlich sollten Marineoffiziere und zivile Staatsvertreter sich nicht durch das sogenannte „Net Assessment" – also der Neigung, Seemacht durch Größe und technische Spezifizierungen von Amerikas oder Chinas seetauglichem Arsenal zu messen – zu sehr beeinflussen lassen. US-Analysten müssen ihre Anstrengungen fortführen und verstärken, um zu verstehen, wie potenzielle Widersacher wie China Krieg führen können. Die Bildung eines Urteilsvermögens sowie die Verbesserung ihrer Fähigkeit des kulturellen Verständnisses sind eine andere Sache. Die US-Marineangehörigen müssen sich selbst in ausländischer Geschichte und Kultur schulen, gründlich über Zukunftsperspektiven für das maritime Asien nachdenken und sich hierauf entsprechend vorbereiten.

WECHSELWIRKUNG VON RAKETEN UND RAKETENABWEHR AUF SEE

D ieses Kapitel bezieht sich auf die materiellen Dimensionen der Marinestrategie, um die voraussichtlichen Operationen für den Zugang und die Zugangsverwehrung entlang der ostasiatischen Küstengebiete zu untersuchen. Es ist in seiner Perspektive sehr grammatikalisch und untersucht die Konturen von Mahans zweitem Dreizack. Im Einzelnen werden wir uns speziell auf die Rolle konzentrieren, die Raketen und dazugehörigen Systeme bei der Bildung der chinesisch-amerikanischen Wechselbeziehungen spielen könnten, falls es zu einer konkurrenzbetonten Zukunft kommen sollte. Die folgende Analyse ergänzt die vorangegangenen Kapitel über Flottentaktiken durch die Einbeziehung einer anschaulichen Kriegsführungskapazität als Teil unserer Einschätzung von Chinas operativen Konzepten. Wir haben kein Verlangen, die anderen wichtigen Elemente der Seekriegsführung – einschließlich solcher kostspieligen Objekte wie Kriegsschiffe und Flugzeuge – außer Acht zu lassen. Wir sind jedoch der Auffassung, dass das Raketenzeitalter im frühen 21. Jahrhundert das offensiv-defensive Gleichgewicht auf See radikal verändern und damit solche begünstigen könnte, die Raketen als ein Verteidigungsmittel einsetzen, um von Land aus feindliche Machtprojektionen, die eventuell über das Meer kommen, abstumpfen zu lassen.

Als solche wird die Rakete bei nahezu allen schikanösen Eventualitäten zwischen Peking und Washington an vorderster Stelle stehen, wenn nicht sogar den einzigen Ausweg darstellen. Falls die Literatur zum Thema Raketen in China irgendwelche Hinweise liefert, dann weisen die chinesischen Ansichten hinsichtlich der Raketentechnologie und deren operativer Wirksamkeit auf ein beunruhigendes maritimes Umfeld hin. Tatsächlich könnten die Arten von raketengestützten Angriffseinsätzen auf See, wie sie sich einige Chinesen vorstellen, sehr förderlich bei einer sowohl horizontalen als auch vertikalen Eskalation in Krisenzeiten oder bei einem Konflikt sein. Wir werden im Folgenden zeigen, wie die dem Anschein nach unverwandten Antischiffs- und Antiballistikraketentechnologien sich auf eine destabilisierende Weise überkreuzen und somit die Herausforderungen für amerikanische und verbündete Seekontrolleinsätze in asiatischen Gewässern zur Geltung bringen können.

WARUM RAKETEN?

Die Überzeugung, dass eine einzige Rakete – eine moderne Inkarnation der Steinschleuder, die David benutzte, um Goliath zu besiegen – einen beträchtlichen Schaden bei großen und kostspieligen Plattformen wie beispielsweise Flugzeugträgern verursachen kann, verstärkt die chinesische Neigung zu asymmetrischen Strategien und Taktiken. Die Theoretiker, die die Chinesen stets konsultieren, verstärken diese strategische Vorliebe. Sunzi schlug schlaue Kriegslisten vor, die der schwächeren Seite helfen sollte, die Stärken von überlegenen Feinden zu überwinden, aber Mao – der Sunzi häufig nachahmte – schrieb in produktiver Weise darüber, wie der Schwache den indirekten Ansatz nutzen könnte, um über den Starken die Oberhand zu gewinnen. Beide Theorien würden sicherlich die Anwendung von sehr asymmetrischen Mitteln begrüßen, um die Erfolgschancen des schwächeren Kombattanten zu erhöhen. In den letzten Jahren haben einige chinesische Analysten Gefallen an der Darstellung von Lenkflugkörpern als die „Keule des Attentäters" gefunden, einer Idee, die dem westlichen Konzept der „Silberkugel" ähnelt. Raketen würden sich dann mit Chinas Strategietraditionen verzahnen.

Raketen versprechen auch konkrete Vorteile. Sie sind billig. Ein ausreichend fortschrittlicher Langstrecken-Marschflugkörper kostet bloß eine halbe Million Dollar, dies ist selbst für Länder der Dritten Welt ein Spottpreis. Man betrachte die unverhältnismäßigen finanziellen Belastungen, die auf einer Seemacht lasten, die entschlossen ist, sich ihren Weg in Gewässer zu erzwingen, die von einem Widersacher streitig gemacht werden, welcher mit landgestützten Antischiffsmarschflugkörpern (antiship cruise-missile – ASCM) bewaffnet ist. Ein einzelner amerikanischer Kreuzer hat einen Wert von einer Milliarde US-Dollar, während man für die in einen US-Flugzeugträger investierten Summen sprichwörtlich zehntausend Raketen kaufen könnte. Als ein Waffensystem ist der Marschflugkörper weder technologisch neuartig, noch ist er schwierig herzustellen. Marschflugkörper und ballistische Raketen gaben ihren Einstand vor über sechzig Jahren. Die Verbreitung von Raketen unter den Entwicklungsländern zeigt, dass selbst mittelprächtig finanzierte Wissenschafts- und Ingenieurkreise effektive, wenn auch simple Raketen produzieren können.

Zusätzlich zu ihrer Kosteneffektivität und den niedrigen Zugangsbarrieren sind Raketen, die für Angriffe auf See entwickelt wurden, tödlich und auch schwer zu zerstören. Wenn sie präzise zu ihrem Ziel geführt wird, kann eine Rakete auf einem Kriegsschiff einen beträchtlichen Schaden anrichten. Die Annalen der modernen Kriegsführung demonstrieren ausführlich die Gefahr für Überwasserschiffe. Während des Falkland-Krieges 1982 versenkten die Argentinier ein Überwachungsschiff der Royal Navy, die HMS *Sheffield*, mit einer einzelnen Exocet-Rakete französischer Bauart. Obwohl der Sprengkopf beim Aufschlag nicht detonierte, reichten die Geschwindigkeit des Projektils (gemessen bei 700 Meilen in der Stunde [1.130 Kilometer in der Stunde]) und das Inferno, welches durch den im Raketenkörper verbliebenen Treibstoff verursacht wurde, aus, um die Briten zu demütigen. Die *Sheffield* wurde zu einem Symbol für die Verwundbarkeit moderner Kriegsschiffe durch Angriffe mit Marschflugkörpern und erhielt den Beinamen „One-hit-ship". Fünf Jahre später befand sich die US-Navy selbst in einer vergleichbaren Situation, als sie im Persischen Golf während des irakisch-iranischen „Tanker-Krieges" Patrouillen durchführte. Ein irakisches Flugzeug vom Typ Mirage F1 schoss versehentlich zwei Exocets – derselbe Typ von Rakete, der zum Untergang der *Sheffield* führte – auf die Fregatte USS *Stark* ab. Ein Fünftel der Besatzung kam kurz nach dem Angriff ums Leben. Es dauerte achtzehn Stunden, um das Feuer zu löschen, welches die Aluminiumaufbauten der *Stark* in Brand gesetzt und einige der schwer beschädigten Abteilungen des Schiffs auf 3.000 Grad Fahrenheit (1.650 Grad Celsius) aufgeheizt hatten.

Diese verstörenden Beispiele beherrschen noch immer die Aufmerksamkeit von Militärstrategen weltweit. Zum Beispiel bleibt die Schlacht um die Falkland-Inseln ein klassischer Fall für Militäroffiziere, die beim U.S. Naval War College (Schule für Seekriegsführung) eingeschrieben sind. Auch chinesische Analysten haben den Konflikt zwischen Argentinien und dem Vereinigten Königreich sorgfältig geprüft, um ihre eigenen Lehren zum Thema Antischiffskriegsführung zu ziehen. Eine Studie, die die Exocet als einen „Star" in diesem Konflikt beschreibt, schreibt ihr zugute, dass sie die britische Trägerkampfgruppe zwang, weit im Osten der Falkland-Inseln zu operieren. Flugzeuge vom Typ Harrier waren gezwungen, längere Distanzen zu fliegen, um die Inseln zu erreichen, was den Treibstoffverbrauch durch den Anflug erhöhte und ihre Dauer am Einsatzort verringerte.[1] Wie Lyle Goldstein scharfsinnig bemerkt, rührt Chinas Interesse am Falkland-Krieg zum Großteil von der fesselnden strategischen Analogie zwischen diesem und einem mutmaßlichen Konflikt um Taiwan her."[2]

Die Lehren der Falkland-Seeschlacht, im Besonderen solche mit Bezug auf die Vorzüge der Antischiffsraketen, passen gut zu den chinesischen Strategen, die damit belastet sind, Chinas umstrittene Zone mit Substanz zu füllen. Der Reiz der Rakete bietet den weiteren analytischen Zusammenhang für ein Verständnis von Chinas Streben nach einer womöglich revolutionären Kapazität – der ballistischen Antischiffsrakete (antiship ballistic missile – ASBM).

CHINAS BALLISTISCHE ANTISCHIFFSRAKETE: EIN UMGESTALTER DES SPIELS?

Chinas aufkeimende konventionelle Streitmacht an ballistischen Raketen hat im Westen seit den späten 1990er Jahren eine erhebliche Aufmerksamkeit erlangt. Die meisten Analysten führen das Wachstum dieses Arsenals auf die strategischen Anforderungen Chinas für eine Taiwan-bezogene Eventualität und auf die Bewältigung einer möglichen amerikanisch-alliierten Intervention bei einer Krise oder eines Konflikts zwischen Festland-China und Taiwan zurück.[3] Strategen erwarten übereinstimmend, dass die Kurz- und Mittelstreckenraketen, die im vergangenen Jahrzehnt in beachtlicher Anzahl aufgestellt worden sind, auf politisch-militärische Ziele auf der Insel und auf Stützpunkte innerhalb Asiens, die für US-Streitkräfte Unterschlupf bieten, abgeschossen würden. Eine solche Rakete nimmt für Peking sowohl eine operative als auch eine strategische Bedeutung ein. Operativ würden Bombardierungen oder selektive Angriffe die Zerstörung, Beschädigung oder die Zugangsverwehrung zu militärisch und politisch entscheidenden Besitzungen, Einrichtungen und Basen mit dem Ziel anstreben, taiwanesische, amerikanische und verbündete Militäroperationen zu verzögern, zu unterbrechen oder gar zu verhindern.[4] Strategisch würden solche Angriffe durchgeführt werden, um (1) Pekings Entschlossenheit zu signalisieren; (2) Taipei zurück zu dem *status quo ante* zu zwingen; (3) schnell Taiwans Widerstandswillen zu brechen; (4) Gastgeberländer zu nötigen, US-Streitkräften den Zugang zu oder die Nutzung von Stützpunkten in der Region zu verwehren; oder (5) den gefühlten Kostenaufwand einer US-Intervention zu erhöhen, um ein Zaudern in Washington auszulösen, welches eine entscheidende amerikanische militärische Reaktion verzögert oder die USA davon abschreckt, überhaupt eine Intervention durchzuführen.

Es überrascht nicht, dass Peking weiterhin aufwändig in die Größe, die Präzision und die Letalität seiner Raketenstreitmacht investiert und somit seine strategischen Optionen und die operative Effektivität seiner Streitmacht erweitert. Folglich haben ballistische Raketen, die einst als ungenaue Terrorwaffen angesehen wurden, sich zu respekteinflössenden Präzisionswaffen entwickelt, die mit echten Kampfkapazitäten aufwarten. Die Konsequenz für die Vereinigten Staaten und ihre regionalen Verbündeten sind den Beobachtern nicht verborgen geblieben. Ein Bericht der RAND-Corporation von 2007 listet Flugplätze, Informations-, Überwachungs- und Aufklärungssysteme, logistische Einrichtungen und Flugzeugträger in Häfen als die wahrscheinlichsten Ziele für die Angriffe mit ballistischen Raketen auf.[5] Die Verfasser von RAND schätzen, dass die Raketen, die sich bereits in Chinas Arsenal befinden, über ausreichend Reichweite verfügen, um die entscheidenden militärischen Einrichtungen erreichen zu können, die auf Taiwan, Okinawa, der koreanischen Halbinsel und den japanischen Hauptinseln stationiert sind. In einer weiteren hervorragenden Studie zeigt William Murray überzeugend auf, wie eine überraschend durchgeführte Bombardierung mit Langstreckenraketen „einen großen Teil von Taiwans Marine außer Gefecht setzen sowie weite Teile seiner Luftwaffe entweder auf dem Boden halten oder zerstören könnte, bevor die Kriegsschiffe und Flugzeuge der Insel in der Lage wären, zum Einsatz zu kommen oder überhaupt zu starten.[6] Dass solche besorgniserregenden Rückschlüsse heutzutage keinen Widerspruch hervorrufen, spricht für Chinas wachsende Schlagkraft durch Raketen.

Jenseits der Arten von Herausforderungen, die durch ballistische Raketen auf feste Ziele und Plattformen auf Land bestehen, könnte eine aussichtsreiche neue Kapazität die Reichweite auf See und die Verwendbarkeit von Chinas ballistischen Raketen beträchtlich erweitern. Die zukünftige Rolle, die Chinas konventionelle Raketenstreitkräfte bei Angriffseinsätzen auf See gegen die Überwasserflotte eines Widersachers spielen würden, wird zunehmend zu einem gewichtigen Grund zur Besorgnis innerhalb amerikanischer Politikkreise. Dieses sich verstärkende Interesse und die Beunruhigung in manchen Bereichen ist keine große Überraschung: eine landgestützte Streitmacht von ballistischen Raketen, die fähig ist, Schiffe zu treffen, welche sich weit weg vom Ufer bewegen, würde China mit einem nie da gewesenen militärischen Gerät ausstatten, welches Peking in die Lage versetzen würde, die Ereignisse auf See direkt vom Festland aus zu kontrollieren. Tatsächlich haben die Sorgen darüber, was eine solche strategische Wende von Ereignissen für die bisher unbestrittene oder unbestreitbare Seeherrschaft der US-Navy bedeutet, eine Art von Debatten in Washington in Gang gesetzt, wie man sie seit dem Aufstieg der sowjetischen Seemacht in den 1960er und 1970er Jahren nicht mehr gesehen hat.

Während ernsthafte Diskussionen über die Bedrohung durch ballistische Antischiffsraketen ein relativ neues Phänomen sind, so geht die Spekulation hinsichtlich Chinas Entwicklung einer solch revolutionären Technologie mehr als ein Jahrzehnt zurück. In einer bahnbrechenden Studie über Chinas strategische Modernisierung von 1999 kam Mark Stokes vorausahnend zu dem Schluss, dass Peking danach streben würde, technologische Fähigkeiten wie einen Langstreckenpräzisionsangriff zu entwickeln, der die Verwundbarkeit und den Gleichgewichtsschwerpunkt eines Feindes direkt bedroht, während er die von einem Widersacher ins Feld geschickten Streitkräfte umgeht. In einer der frühesten öffentlichen Erklärungen hinsichtlich des chinesischen Interesses an ASBM-bezogenen Technologien bekundete Stokes, dass China einen „manövrierfähigen *(jidong biangui)* Wiedereintrittskörper entwickeln würde, um die Raketenabwehr zu erschweren.“[7] In einer Studie von 2002 verlagerte Stokes seine Bedrohungseinschätzung auf das Meer und behauptete, dass ein „begrenzt geleitetes System mit einer sich bewegenden Sprengladung die Operationen von amerikanischen Trägern im westlichen Pazifik erschweren könnte."[8]

Es würde ein paar weitere Jahre dauern, bis Stokes' Hypothese eine Verbreitung erfahren würde. Im Jahre 2004 veröffentlichte das Office of Naval Intelligence (ONI – Marine-Nachrichtendienst) eine Studie, die ein wachsendes chinesisches Interesse an einer Angriffskapazität auf See ermittelte, die durch ballistische Antischiffsraketen verkörpert wird.[9] Wie die ONI beobachtet, „erklären chinesische Schreiben, dass China beabsichtigt, die Kapazität zu entwickeln, um Schiffe, einschließlich Trägerkampfgruppen, in den Gewässern um Taiwan anzugreifen und hierbei konventionelle ballistische Raketen für örtliche Einsätze (theater ballistic missile – TBM) als Teil einer kombinierten Waffenkampagne anzuwenden."[10] Die 2005er Ausgabe des jährlichen Pentagon-Berichts über die chinesische Militärstärke erwähnt – zum ersten Mal – chinesische Forschungen hinsichtlich „der Möglichkeit der Anwendung von ballistischen Raketen und speziellen Einsatzkräften, um Schiffe oder deren Unterstützungsinfrastruktur an Land anzugreifen."[11] Nachfolgende Versionen des jährlichen Berichts enthüllen zusätzliche Details über die ASBM. Die 2009er Ausgabe warnt, dass eine ASBM-Kapazität „eine besondere Bedeutung habe, da sie China präventive und machtgebende Optionen in einer regionalen Krise bieten würde."[12] Im April 2009 gab der National Air und Space Intelligence Center (Nachrichtendienst der U.S. Air Force) seinen maßgebenden Bericht über die Bedrohungen durch ballistische Raketen und Marschflugkörper bekannt und erklärte, dass „China auch neue konventionell bewaffnete ballistische Mittelstreckenraketen (MRBM – medium-range ballistic missile) erwirbt, um Präzisionsangriffe über weite Entfernungen auszuführen. Diese Systeme sind wahrscheinlich dazu bestimmt, logistische Knotenpunkte und regionale Militärbasen einschließlich Flugplätze und Häfen zu gefährden oder anzugreifen. Bemerkenswerterweise entwickelt China eine ballistische Antischiffsrakete (ASBM), die auf einer Variante der CSS-5 basiert."[13] Andere inoffizielle Foren und Publikationen zu diesem Thema deuten an, dass die politische Gemeinde die ASBM-Herausforderung ernst nimmt. Seit 2005 hat der Congressional Research Service (Forschungsdienst des Kongresses) ausführlich die Beunruhigung dokumentiert, die von offiziellen Darstellungen und Medienberichten bezüglich der ASBM-Bedrohung ausgedrückt wird.[14] Im Dezember 2008 hielt das China Maritime Studies Institute am U.S. Naval War College eine große Konferenz über die chinesische Luft- und Raumfahrt ab und widmete ein ganzes Forum der Untersuchung von chinesischen Schriften und Debatten hinsichtlich des möglichen Nutzwertes einer ASBM-Kapazität. Im Juni 2009 hielt die vom Kongress zugelassene U.S.-China Economic and Security Review Commission (Kommission zur US-Chinesischen Wirtschafts- und Sicherheitsbewertung) eine 24-Stunden-Anhörung unter der Bezeichnung „Implications of China's Naval Modernization for the United States" (Auswirkungen von Chinas Marinemodernisierung auf die Vereinigten Staaten), in deren Verlauf Paul Giarra seine gesamte Aussage der chinesischen Entwicklung der ASBM widmete.[15] Andrew Erickson und David Yang veröffentlichten einen provokanten, nach vorn gerichteten Artikel in *Proceedings*, dem professionellen Journal des U.S. Naval Instituts, in dem sie die ASBM als einen potenziellen „Game changer" (Umgestalter des Spiels) für die amerikanischen Seeoperationen im Pazifik beschreiben. Die Grafiken, die den Artikel illustrieren, zeigten einen in Flammen stehenden Flugzeugträger nach einem Raketenangriff.[16]

Obwohl die ASBM-Herausforderung eine Flut von Kommentaren ausgelöst hat, bleiben Zweifel hinsichtlich der operativen Brauchbarkeit bestehen. Ein ONI-Bericht von 2004 schätzt die Verwendung von sogenannten örtlichen ballistischen Raketen (theater ballistic missile) für Angriffe auf See als „sehr schwierig" ein.[17] Unter den umstrittensten Debatten über die Anwendung von ballistischen Raketen auf See zählt die technische Machbarkeit. Das präzise Treffen eines sich bewegenden Ziels, das in weiten Seeräumen operiert, erfordert eine komplexe Bandbreite an Geheimdienstarbeit, Überwachung, Aufklärung sowie Befehls- und Kontrollsystemen. Die Geschwindigkeit und Winkel eines Sprengkopfes beim Wiedereintritt in die Erdatomsphäre fügen darüber hinaus eine zusätzliche Ebene an Zielerfassungsproblemen hinzu, die für ballistische Raketen einmalig sind. Daher waren Analysten sehr vorsichtig, um die Einsatzfähigkeit von ASBMs nicht überzubewerten. Selbst Skeptiker, die Chinas Fähigkeit anzweifeln, Marineschiffe auf See zu verfolgen und ins Ziel zu nehmen, räumen dennoch den potenziellen operativen Wert von ballistischen Antischiffsraketen ein. Evan Medeiros erklärt: „Falls entwickelt, würde eine solche Kapazität die amerikanische Fähigkeit ernsthaft erschweren, eine 24-stündige Gefechtskontrolle in der Luft über Taiwan und der Straße von Taiwan während eines Konflikts zu etablieren und aufrechtzuerhalten."[18]

Medeiros ist in erster Linie besorgt durch die ernsten Probleme, die die ASBMs für die amerikanische Marineluftwaffe darstellen könnten. Falls die Vereinigten Staaten einen akzeptablen Spielraum an Luftüberlegenheit über oder nahe der Straße von Taiwan aufrechterhalten wollen, wird ein großer Anteil (wenn nicht gar der Großteil) von Lufteinsätzen wahrscheinlich von Trägerkampfgruppen ausgehen, besonders wenn Peking die Nutzung von landgestützter US-Luftmacht in Asien durch politisch-militärische Mittel verhindern kann. Falls chinesische ASBMs über eine ausreichende Präzision und Letalität verfügen, um Träger, die in der Nähe Taiwans operieren, außer Gefecht zu setzen, könnte ihr erfolgreicher Einsatz in Krisenzeiten oder während eines Konflikts das strategische Bild dramatisch verändern. Der pensionierte Admiral Eric McVadon der US-Navy erklärt unmissverständlich:

> Der wichtigste Aspekt der wachsenden Bedrohung durch ballistische Raketen ist die Vorstellung, dass China innerhalb weniger Jahre in der Lage sein kann, nicht nur amerikanische Landbasen, sondern auch Trägerkampfgruppen durch „manövrierfähige Wiedereintrittskörper (maneuvering reentry vehicle – MaRV) ernsthaft zu bedrohen. MaRV-Raketen mit konventionellen Sprengköpfen würden manövrieren können, um die Überlebenschance des Sprengkopfes (Überwindung der Raketenabwehr) zu erhöhen und um sich auf bewegliche (oder stationäre) Ziele zu richten. Die Implikationen dieser zweiten Artilleriemöglichkeit sind für die Marine der Volksbefreiungsarmee (PLAN) gewiss tiefgreifend; sie schließen die Fähigkeit ein, die amerikanische Luft- und Raketenverteidigungen (einschließlich des Aegis-Systems und Trägerflugdecks) zu schwächen."[19]

Die bereits erwähnte Studie *Entering the Dragon's Lair* (Das Eindringen in die Höhle des Drachen) der RAND-Corporation stimmt auf ähnliche Weise zu, dass – „falls China es schafft, die technischen Herausforderungen zu meistern – sich seine Fähigkeit zur Bedrohung von Flugzeugträgern dramatisch erhöhen würde, weil solche Raketen extrem schwer abzufangen sind und – angesichts ihrer hohen Geschwindigkeiten – jedes Schiff, das sie treffen, erheblich beschädigen."[20] Die potenzielle Bedrohung für den Träger, und sei dies für viele Skeptiker auch noch so technisch weit hergeholt, hat eine gewisse ernsthafte Selbstanalyse unter US-Analysten angeregt und diese veranlasst, lange bestehende, grundlegende Anschauungen in Bezug auf Seemacht und Seekriegsführung infrage zu stellen. Andrew Krepinevich argumentiert: „Ostasiatische Gewässer werden langsam, aber sicher zu einer weiteren potenziellen Tabuzone für US-Schiffe, im Besonderen für Flugzeugträger, welche Kurzstreckenangriffsflugzeuge (short-range strike aircraft) mit sich führen, die gezwungen sind, weit innerhalb der Reichweite der Zugangs- und Gebietsverwehrungssysteme (A2/AD – antiaccess/access denial) der Volksbefreiungsarmee (PLA) zu operieren, falls sie operativ von Bedeutung bleiben wollen. Die großen Luftstützpunkte in der Region, die die Kurzstreckenangriffsflugzeuge und Hilfsfahrzeuge der U.S. Air Force beherbergen, sind einer ähnlichen Bedrohung ausgesetzt. Daher wird alles Risiko zu einer Verschwendung von Vermögenswerten."[21] Mit kurzen Worten, der Flugzeugträger und die vorgelagerten Basen – die zwei ikonischen Symbole der US-Vormachtstellung in der internationalen Politik, sowie zwei der Pfeiler der Mahan'schen Seemacht – könnten sich als obsolet erweisen, viel mehr als das Schlachtschiff seinen Niedergang im Zuge des Aufkommens der Marineluftwaffe erlebte. Es ist daher kein Wunder, dass die ASBM in Washington Angst erzeugt hat.

DIE CHINESISCHE ASBM GEGEN DIE AMERIKANISCHE AEGIS

Die Vorstellung, dass China die technische Kapazität erlangt, ballistische Antischiffsraketen aufzustellen und einzusetzen, hat daher die Fantasie unter chinesischen und amerikanischen Analysten gleichermaßen beflügelt und somit apokalyptische Visionen eines außer Gefecht gesetzten oder versenkten US-Flugzeugträgers im Pazifik heraufbeschworen. Obwohl die Verlockung, albtraumartige Szenarien in Betracht zu ziehen, insgesamt nachvollziehbar ist, würde die ASBM in der Tat – sollte sie den Status der Einsatzfähigkeit erreichen – alle Überwasserschiffe einer Trägerkampfgruppe gefährden. Im Besonderen besorgniserregend ist die potenzielle ASBM-Bedrohung für Zerstörer und Kreuzer, die mit Aegis ausgestattet sind. Wenn man bedenkt, dass eine reguläre Trägergruppe auf einige wenige Aegis-Schiffe vertraut, um eine weite Bandbreite an Gegenmaßnahmen gegen die feindliche Feuerkraft auszuführen, dann würde der Verlust von einem dieser Überwachungsschiffe die gesamte Integrität der Kampfgruppe beeinträchtigen. Die Bezwingung von Aegis – so eng bestückt es mit Waffensystemen ist, um sicherzustellen, dass nichts durch es hindurchkommt – ist daher gleichbedeutend mit der Untergrabung der Überlebensfähigkeit des Trägers selbst.

So bemerkt auch Wayne Hughes, der – in Kapitel 4 vorgestellte – respektierte Theoretiker von Marinetaktiken: „Die moderne amerikanische Feuerkraft neigt dazu, ‚aggregiert' zu werden, was heißt: Schlagkraft durch einige wenige Flugzeugträger, Defensivfeuerkraft durch Luftabwehrraketenkreuzer (AAW – antiair warfare missile cruiser) und Kampfflugzeuge an Bord von Trägern."[22] Als natürliche Folge könnte die ernsthafte Beschädigung von Überwassereinheiten, die den Schutzschirm über der Flotte aufrechterhalten, das taktische Gleichgewicht radikal zugunsten des Gegners verschieben. Es ist vorstellbar, dass eine schadenverursachende schiffsgestützte Luftabwehr eine Angriffsgruppe entweder in Schach halten oder sogar aus einem bestimmten Operationsgebiet vertreiben würde, ohne jemals den Träger direkt zu bedrohen. Die ernüchternde Realität ist, dass auch der Angriff auf zweitrangige Ziele wie Aegis-bestückte Kreuzer und Zerstörer den feindlichen Streitkräften operative wie strategische Vorteile bringen könnte. In der Tat würden AAW-Überwachungseinheiten so lukrativ wie der Flugzeugträger selbst werden.

Faszinierenderweise stimmt ein beträchtlicher Teil der chinesischen Analysten zu. Deren Schriften und Erklärungen belegen ein reales und wachsendes Interesse an Angriffen gegen Aegis-Kombattanten auf See als Teil einer weiteren Flugzeugträgerbekämpfungsstrategie (anticarrier strategy). Einige dieser Quellen verweisen auf die neue Abwehraufgabe von ballistischen Raketen (anti-ballistic-missile mission), die Aegis-Kriegsschiffen zugewiesen worden ist. Dies gibt Peking noch mehr Grund, amerikanische Eskortschiffe ins Ziel zu nehmen. Das Erscheinen der Aegis-Technologie in den frühen 1980er Jahren – USS *Ticonderoga*, der erste Aegis-Kreuzer, kam 1983 zur Flotte – brachte wieder Beweglichkeit in die US-Marineplanungen gegen die Sowjetunion.[23] Falls Peking seine Techniken für den Einsatz von ASBMs gegen Aegis-Schiffe perfektioniert, könnte es die Handlungsfreiheit umkehren, die die Vereinigten Staaten über Jahrzehnte als selbstverständlich angesehen haben. Somit verlangen die Ansichten von chinesischen Analysten eine genaue Überprüfung. Dieses Kapitel untersucht im Speziellen, wie sie die Installation der seegestützten ballistischen Raketenabwehrsysteme (sea-based ballistic-missile-defense – BMD) auf Aegis-Kriegsschiffen einschätzen und somit ihre Kommentare als ein Verbindungsfenster zum chinesischen Strategiedenken und zum Angriff auf See nutzen. Wir konzentrieren uns auf die BMD auf See aus vier Gründen: Erstens, die seegestützte Raketenabwehr ist ein entscheidender Bestandteil einer erweiterten US-Raketenverteidigungsstruktur. Aegis-Schiffe bieten Überwachungs- und Verfolgungsinformationen für die Starts von interkontinentalen ballistischen Raketen (intercontinental ballistic-missile – ICBM) und haben ihre Kapazität zum Abfangen von Kurz- oder Mittelstreckenraketen während der mittleren (midcourse) Flugphase gezeigt. Zweitens, die seegestützte Raketenabwehr ist eines der aufwändigsten getesteten Verteidigungsprogramme überhaupt. Drittens, Aegis-Schiffe mit den Fähigkeiten, ballistische Raketen zu verfolgen, ins Ziel zu nehmen und abzufangen, kreuzen nun durch asiatische Gewässer. Sie beobachteten nordkoreanische Raketentests im Juli 2006 und im April 2009. Und schließlich, die japanische Beteiligung an der BMD hat Amerikas Raketenverteidigungsstruktur – zu Chinas Fassungslosigkeit – eine alliierte Dimension hinzugefügt. Aus diesen Gründen haben chinesische Analysten den Raketenabwehr-Kapazitäten auf See eine beträchtliche Aufmerksamkeit gewidmet.[24] Der strategische Wert, den Aegis in den Augen der Chinesen eingenommen hat, kann wahrscheinlich die Gründe für die Inzielnahme dieser Kriegsschiffe durch Seeangriffskapazitäten wie der ASBM während einer Krise oder eines Konflikts vergrößern.

CHINA SCHÄTZT DIE AEGIS-BEDROHUNG EIN

Chinesische Analysten haben ihrer Beunruhigung hinsichtlich der Anzahl von Aegis-bestückten Schiffen, die in der asiatisch-pazifischen Region operieren, Ausdruck verliehen. Der Verfasser eines Artikels mit dem provokanten Titel „Aegis-Schiffe umzingeln China" merkt an, „dass Aegis-Stationierungen im maritimen Asien China praktisch umschließen."[25] Gemäß Ren Dexin ist ein überproportionaler Anteil der US-Aegis-

Flotte auf dem pazifischen Schauplatz stationiert. Und tatsächlich sind zum Zeitpunkt des Verfassens dieses Buches (2007) sechzehn von achtzehn Aegis-Schiffen, die in der Lage sind, ballistische Raketen abzufangen, in pazifischen Gewässern stationiert. Eine Begleitstimme bemerkt, dass – während europäische Marinen nur drei Aegis-Schiffe im Jahr 2007 besaßen (alle in der spanischen Marine) – Japan, Südkorea und Indien zusammen planen, mindestens siebzehn Aegis-Schiffe in den kommenden Jahren auf das Meer zu schicken. Der Artikel merkt darüber hinaus an, dass der Erwerb dieser Systeme durch asiatische Marinen die Bühne für eine „Aegis-Überschwemmung" entlang Chinas maritimem Umfeld bilden wird.[26] Yang Xiaowen sagt einen intensiven Raketenabwehrwettlauf in Asien voraus, der Japan, Indien und Südkorea einschließen und wahrscheinlich „zornig werdende BMDs" entlang Chinas Grenzen in Position bringen wird.[27] Für Chen Lihao reflektiert die materielle Gegenwart solcher Schiffe eine amerikanische Entschlossenheit, ein „Abwehrnetz gegen ballistische Raketen (anti-ballistic missile net) über den Pazifik zu werfen."[28] Wenn man bedenkt, dass die Empfänger der Aegis-Technologie entweder Vertragsverbündete oder den Vereinigten Staaten freundlich gesinnte Staaten sind, dann ist eine solche Schlussfolgerung gänzlich nachvollziehbar.

Einige chinesische Kommentatoren formulieren ihre Verdächtigungen einer US-geführten Umkreisung von See aus in gänzlich geopolitischer Terminologie. Sie sehen die Konzentrationen von seegestützten BMD-Kapazitäten als eine grobe Aufteilung in drei Verteidigungslinien über den Pazifik. Ein Analyst beschreibt Yokosuka als die erste Verteidigungslinie gegen ballistische Raketen, während Pearl Harbor und San Diego die zusätzlichen Schichten bilden.[29] Yokosuka wird sinngemäß als die „vorgelagerte Schlachtfeldposition" beschrieben, eine unentbehrliche Frontlinie für die seegestützte BMD-Struktur.[30] Für einige Chinesen scheinen diese konzentrischen Ringe oder Überwachungslinien der Seemacht maßgeschneidert, um ballistische Raketen abzuschießen, die quer über den Pazifik von verschiedenen Orten wie der koreanischen Halbinsel, Festland-China, Indien oder sogar dem Iran aus abgeschossen werden.[31] Aegis-Schiffe in Yokosuka, Pearl Harbor und San Diego würden so in Position gebracht werden, um Raketen jeweils während deren Startphase (boost phase) sowie mittlerer Flug- und Wiedereintrittsphase abzuschießen.[32]

Chinesische Beobachter schenken den Aegis-Positionierungen entlang der ersten Inselkette eine besondere Aufmerksamkeit, welche von den japanischen Hauptinseln durch Taiwan und das philippinische Archipel verläuft und schließlich auf die chinesischen Meere trifft. Manche glauben, dass die im Gelben, Ost- und Südchinesischen Meer operierenden Aegis-Schiffe die Kapazitäten haben, den Start (boost phase) jeder ballistischen Langstreckenrakete, die in Chinas Innerem aufgestellt ist, zu beobachten und vielleicht den Flugkörper in seiner Boost-Phase abzuschießen. Auf enthüllende Weise bemerkt Dai Yanli, dass Raketen, die vom Xichang Satellite Launch Center gestartet werden, ihre Startkörper (booster) normalerweise über den Provinzen von Hunan und Guangdong abwerfen. Hieraus schließt Dai, dass der Abwurf der Startkörper der interkontinentalen Raketen, die von Hunan, Henan und Jilin aus gestartet werden, über dem Östlichen oder Gelben Meer – in Reichweite der Aegis-gestützten Abfangsysteme – stattfindet. Er schlussfolgert, dass „es klar eine Möglichkeit gibt – sollten Aegis-Systeme erfolgreich in Chinas Umgebung positioniert werden –, dass Chinas ballistische Raketen über ihren Startpunkten zerstört würden."[33]

Qi Yanli vom Beijing Aerospace Long March Scientific and Technical Information Center stimmt hiermit überein und erklärt: „Falls solche (seegestützten BMD-) Systeme anfangen, ihre Verwendung in Regionen wie Japan oder Taiwan aufzunehmen, wird die Effektivität von Chinas strategischer Stärke und den Kapazitäten von ‚örtlichen' ballistischen Raketen (theater ballistic missile) deutlich schwächer werden und die nationale Sicherheit beträchtlich bedroht werden."[34] Problematischerweise vermuten die Verfasser anscheinend, dass Peking seine strategischen Streitkräfte riskieren würde, indem es diese näher an die Küste verlegt. Sie prognostizieren auch eine weitaus leistungsfähigere Aegis-Flotte, als dies technisch kurzfristig möglich ist.

Die Gegenwart von Aegis-Kombattanten im maritimen Asien ist nicht die einzige Bedrohung, die chinesische Analysten beunruhigt. Die Oktober-Ausgabe des *Modern-Navy*-Magazins von 2007 veröffentlichte einen Sonderteil über globale Seemacht, die sich auf das Inselketten-Konzept stützt. Ein Mitwirkender, Bai Yanlin, stellt das amerikanische BMD-System in einer geostrategischen Ausdrucksweise dar. Die zweite und dritte Inselkette, die sich auf die Marianen und Pearl Harbor konzentrieren, bilden jeweils eine amerikanische „Seemauer" im Pazifik.[35] Bai zufolge sind Aegis-Schiffe, die zwischen den beiden Inselketten operieren, zu strategischen Waffen geworden, weil sie vielschichtige Verteidigungsanlagen auf dem offenen Meer bieten. Er glaubt, dass diese Kapazität die strategische Hebelkraft von allen Staaten aushöhlt, die im asiatisch-pazifischen Raum ballistische Raketen besitzen. Ähnlich wie die bereits erwähnten Analysen vertritt Bais Artikel die Auffassung, dass seegestützte BMDs schon bald die Fähigkeit erlangen werden, strategische Langstreckenraketen abzufangen, was zum gegenwärtigen Zeitpunkt eine große technische Hürde für die Vereinigten Staaten darstellt. Wie auch immer, falls US-Ingenieure diese Hürde überwinden, werden die Konsequenzen für eine chinesisch-amerikanische atomare Abschreckung schwerwiegend sein.

Chinesische Analysten beobachten auch genau die Tests des Aegis-Systems und zeigen eine starke Sensibilität gegenüber Berichten, die von technischen Durchbrüchen handeln. Die Zerstörung eines US-Spionagesatelliten durch ein Abfangsystem, welches von einem Aegis-Schiff aus im Februar 2008 gestartet wurde, setzte in China einen Sturm von Spekulationen in Gang, die zu verschiedenen düsteren Schlussfolgerungen führten.[36] Erstens, die Leistung des Systems übertraf bei weitem seine eigentlichen Entwurfsvorgaben und deutete im Voraus vielleicht die Abfangkapazität von ICBMs an.[37] Zweitens, der Abschuss des Satelliten bot einen passenden Rahmen, um Amerikas Satelliten-Bekämpfungskapazitäten zu testen und der Weltöffentlichkeit zu präsentieren.[38] Drittens, die Satellitenbekämpfungstechnologie und das Know-how werden wahrscheinlich an Japan weitergereicht werden, einem engen Partner der Vereinigten Staaten bei der BMD-Entwicklung.[39] Viertens, der Satellitenabschuss (intercept) war als ein abschreckendes Signal gegenüber China gedacht.[40] Schließlich, der Zwischenfall bestätigte die Ausdehnung der Kriegsführung in den Weltraum. Wie Wu Qin erklärt, „wird in der zukünftigen informationsbetonten Kriegsführung die ballistische Rakete die letale Bedrohung sein, während der Satellit die fatale Schwäche sein wird. Ein Land, das darauf hofft, die Initiative auf dem Schlachtfeld zu erlangen, muss sich nicht nur gegen die ballistische Raketenkapazität des Gegners verteidigen, sondern auch die Satellitenkapazität des Feindes stören und sogar zerstören."[41] Aus Sicht einiger chinesischer Beobachter versuchen die Vereinigten Staaten, beide Fähigkeiten zu verbessern.

Die Auffassungen, dass das amerikanische BMD eine mögliche Bedrohung für China auf strategischer und der Ebene des Einsatzortes (theater level) darstellt, sind auf keinen Fall einhellig. Das vergangene Jahrzehnt hat in China eine temperamentvolle Debatte über die Wirksamkeit der US-Raketenabwehr erlebt. Eine große Zahl von chinesischen Gelehrten und Technikexperten missbilligen die beunruhigenden Analysen, die an früherer Stelle erörtert wurden und die Zuversicht zum Ausdruck brachten, dass Peking in der Lage sein wird, angemessen auf den amerikanischen Raketenschild zu reagieren, im Besonderen auf strategischer Ebene. Tatsächlich bekunden manche chinesischen Schreiber ihre unerschütterliche Überzeugung, dass die Offensive stets der Defensive überlegen sein wird. In einem langatmigen Artikel, der die Effektivität der amerikanischen Raketenverteidigung hinterfragt, katalogisiert Analyst Yuan Chonghuan drei schwerwiegende Schwächen von seegestützten BMDs: (1) ICBMs, aus Chinas Innerem gestartet, blieben unerreichbar für die auf die Startphase (boost phase) eingestellten Abfangsysteme, die von See aus abgeschossen würden – selbst von Aegis-Schiffen, die in der Nähe der Küstenlinie des Festlands operieren; (2) China hat Zugriff auf zu viele Arten von Gegenmaßnahmen wie Täuschkörper, um einem Abschuss von See aus zu entgehen, und (3) grundlegende Asymmetrien bei den Kosten begünstigen auf überwältigende Weise die Offensive, da Raketen billig im Vergleich zu Aegis-bestückten Kriegsschiffen sind.[42]

Viele Beobachter sind sich darüber hinaus völlig im Klaren, dass US-Ingenieure noch immer große technische Hindernisse überwältigen müssen, bevor die Aegis-Ausrüstung und deren Abfangsysteme die fortschrittlichen ICBMs aus dem chinesischen Waffenarsenal abschießen können.[43] Schriften, die die Bedrohung einer seegestützten amerikanischen BMD in den Blickpunkt rücken, sind dennoch in den letzten Jahren in einer schnellen und zunehmenden Geschwindigkeit erschienen.

DER FAKTOR JAPAN

Die Auffassungen eines konkurrenzbetonteren Raketenabwehrumfeldes entlang von Chinas maritimem Umkreis haben die Debatte um die Rolle angeregt, die von Japan im amerikanischen BMD-Programm eingenommen wird. Viele chinesische Analysten vermuten das Schlimmste hinter Japans Absichten und halten die Meinung aufrecht, dass die gemeinsame Forschung und Entwicklung bei der ballistischen Raketenabwehr verborgene japanische Großmachtambitionen reflektiert.[44] Wang Chengyang argumentiert, dass, obwohl Japan sein Streben nach der BMD als eine Erwiderung auf die nordkoreanische Raketenbedrohung rechtfertigt, Tokio in Wirklichkeit versucht, eine große Militärmacht zu werden.[45] Eine Gruppe von Autoren erklärt, dass das „wirkliche Motiv hinter Japans Entwicklung eines ballistischen Raketenabwehrsystems darin bestünde, den langgehegten Traum von der Erlangung der politischen und militärischen Stellung zu verwirklichen, die der anderer großer Wirtschaftsmächte gleichkommt."[46]

Auf ähnliche Weise erklärt Wang Baofu, der stellvertretende Direktor des Institute of Strategic Studies an der National Defense University, dass Tokios Entwicklung einer Raketenabwehr einem größer angelegten japanischen Bemühen entspricht, „die pazifistische Verfassung zu brechen und die militärische Stärke in einer Anstrengung, ein weltpolitisches Schwergewicht zu werden, zu vergrößern."[47] Manche prophezeien, dass „sobald Japans (Raketenabwehr-)Kapazität eindrucksvoll genug sein wird, um es ihm zu erlauben, das Mächtegleichgewicht (bestehend aus ihm selbst, den USA, China, Russland und dem Zusammenschluss südostasiatischer Nationen) zu ignorieren, kann Japan die Vereinigten Staaten hinter sich lassen und so handeln, wie es ihm passt."[48] Für andere hat die Skepsis innerhalb des japanischen Staatskörpers hinsichtlich der untragbaren Kosten einer Raketenabwehr Japans Regierung dazu verleitet, die Raketeneinsatzmöglichkeiten von Pjöngjang zu übertreiben.[49] Chinesische Beobachter halten die amerikanischen und japanischen Zusicherungen, dass der Raketenschild auf Schurkenstaaten gerichtet ist, für nicht überzeugend.

Neben fragwürdigen japanischen Motiven bringen die Chinesen ihre Beunruhigung hinsichtlich der potenziellen strategischen Konsequenzen der japanischen Raketenabwehrambitionen zum Ausdruck. Während die US-japanische BMD-Kooperation die alliierte Kompatibilität vertieft, so erklärt Luo Shanai, wird Tokio zunehmend in die Asienstrategie der USA eingebunden werden.[50] Yuan Chong glaubt, dass die transpazifische Aufstellung Rüstungswettläufe sowie eine strategische Instabilität in Nordostasien zur Folge haben werden.[51] Andere gehen sogar noch weiter, indem sie die japanischen Führer beschuldigen, die nordkoreanische Raketenbedrohung als eine Entschuldigung aufzubauschen, um die BMDs für den Einsatz gegen China zu entwickeln.[52] Für Shi Jiangyue war das vorrangige Motiv hinter dem Pazifik-Einsatz der USS *Halsey* – dem neuesten Aegis-Zerstörer der US-Navy – im Jahre 2006 die Überwachung von China.[53] Zwei Analysten beobachten, dass die Aufstellung von BMD-Systemen in Japan die „US-Raketenverteidigungsanlagen um mehrere tausend Kilometer nach vorne verschoben hat und somit die Vorwarnzeit und den Verteidigungsraum vergrößern. Eine ballistische Rakete, die von Asien aus in Richtung der kontinentalen Vereinigten Staaten gestartet wird, würde von Radaranlagen in Japan während der Startphase (boost phase) erfasst werden und sofort see- und landgestützte Abfangsysteme quer über den asiatischpazifischen Raum aktivieren, um der Bedrohung zu begegnen, und auf diese Weise die Chancen auf ein Abfangen beträchtlich erhöhen."[54] Vorausgesetzt, Chinas nukleare Haltung ist defensiv und begrenzt, so argumentieren sie, wird das zukünftige US-japanische BMD-System Chinas nukleare Abschreckung aushöhlen. In operativen und technischen Belangen kennen die Chinesen vollends den Wert von seegestützten BMDs in Bezug auf dessen bodengestütztes Gegenstück.

Im Besonderen bieten die Aegis-Schiffe den Kommandeuren im Einsatzgebiet eine größere Bandbreite strategischer Optionen, einschließlich Beweglichkeit, schneller Reaktion, Flexibilität und die Fähigkeit, unabhängig von anderen Raketenabwehrsystemen zu funktionieren. Dies ist ein ausgeprägter Vorteil gegenüber landgestützten BMDs.[55] Es ist daher nicht verwunderlich, dass Analysten die Marinemodernisierung Japans genau beobachten. Im Einzelnen überwachen sie die Aufwertung der Aegis-Flotte der Meeresselbstverteidigungsstreitkräfte Japans (Japan Maritime Self-Defense Force – JMSDF), welche im Jahre 2009 aus vier Zerstörern der *Kongo*-Klasse und aus zwei der *Atago*-Klasse bestand. Die meisten stimmen darin überein, dass zwei dieser sechs sehr leistungsfähigen Schiffe ausreichen würden, um „die Warnung vor und das Abfangen von chinesischen und nordkoreanischen ballistischen Raketen übernehmen zu können."[56] Ein einzelner *Atago*-Zerstörer – bewaffnet mit der fortschrittlichen Standard Missile-3 Block Interceptor, einem schnelleren und weiter reichenden Geschoss als die vorherigen SM-Varianten – könnte nach Meinung einiger chinesischer Analysten über dem japanischen Archipel für volle Abschirmung sorgen.[57]

Spekulationen darüber, wie die Japaner ihre Aegis-Flotte einsetzen könnten, ist vielleicht die interessante Dimension der chinesischen Begleitstimmen. Die chinesischen Experten sind, wie erwähnt, sehr kritisch hinsichtlich amerikanischer und japanischer Behauptungen, dass die seegestützte Komponente der Raketenabwehr ausschließlich defensiver Natur ist. Sie sehen eine Verwischung der operativen Linien, die defensive von offensiven Plattformen trennt, für die kommenden Jahren voraus. Ein Kommentator schätzt, dass Japans seegestützte BMD-Flotte die *„defensive* Pfeilspitze einige hundert, oder sogar einige tausend Kilometer von den japanischen Hauptinseln zur Straße von Taiwan und dem Südchinesischen Meer erweitern wird."[58] Diese Analyse ist vereinbar mit den bestehenden chinesischen Verdächtigungen, dass Japans BMD-Kapazität nicht auf Nordkorea, sondern auf China gerichtet ist. Wen Seyi argumentiert, dass der Raketen-Schild Japan einen „strategischen Raum" eröffnen wird, um offensiver ausgerichtete Waffen zu entwickeln, die eigene Flugzeugträger und offensive ballistische Boden-Boden-Raketen (surface-to-surface ballistic missile) einschließen.[59] Folglich liefert selbst ein defensiver Schirm für Japan die Grundlage, um militärisch auf der koreanischen Halbinsel oder in der Straße von Taiwan zu intervenieren – beides Schauplätze, die von vitalem chinesischem Interesse sind.

Yuan Lin bietet vielleicht die vollständigste Behandlung der offensiv-defensiven Frage. Er merkt an, dass die Verteidigungssysteme der Aegis-Schiffe es diesen ermöglichen, in feindlichen Küstengewässern zu operieren. Dies vergrößert somit auch die Reichweite ihrer offensiven Waffen in diesem Bereich.[60] Yuan zitiert den versehentlichen Abschuss des iranischen Fluges 655 (Iran Flight 655) durch die USS *Vincennes* im Jahre 1987 als ein Beispiel für die Luftbedrohung, welche die knapp vor der Küste operierenden Aegis-bestückten Schiffe darstellen können. Yuan schätzt darüber hinaus, dass die BMD-Technologie die Grundlage für die Entwicklung von offensiven Kapazitäten liefert. Er beobachtet zum Beispiel, dass die SM-2-Luftabwehrraketen an Bord von Aegis-Schiffen modifiziert worden sind, um auch die Aufgabe der Schiffsabwehr erfüllen zu können. Da die SM-2 mit einer Reichweite von 275 Kilometern und einer Genauigkeit von fünfzehn Metern aufwarten kann, stellt sie für Yuan sowohl eine defensive als auch eine offensive Waffe dar.

Südkoreas Umrüstung von Nike-Luftabwehr-Raketen zu Boden-Boden-Raketen vermittelt einen weiteren Eindruck von den technischen Möglichkeiten zur Modifizierung von Aegis-Abfangsystemen. Yuan schlussfolgert, dass „offensichtlich in der Zukunft die Aegis-Schiffe der US-Navy nicht nur als Schilde gegen Bedrohungen durch Luft- und Ballistikraketen dienen, sondern auch zu Plattformen für offensive Lenkwaffenkörper werden, während Japans Aegis-Schiffe naturgemäß das Potenzial besitzen werden, Angriffe mit Lenkwaffen auszuführen."[61] Ob er sich auf Japans Potenzial für die Entwicklung von Langstreckenlandangriffsraketen (long-range land-attack missile) bezieht, ist unklar. Japan verfügt bereits über mächtige Bestände an leistungsfähigen Harpoon-Schiffsabwehrraketen sowie über eine Industrie von Weltrang für die Herstellung von Trägerraketen. Daher kann der Wert von technologischen Nebenprodukten der BMD geringer sein, als von Yuan behauptet.

Wie vorherzusehen war, sorgen sich chinesische Analysten am meisten über eine US-japanische Intervention bei einer Eventualität in der Straße von Taiwan.[62] Über viele Jahre befürchteten sie auch, dass Taiwan zu einem direkten Teilnehmer des US-japanischen BMD-Programms werden würde. Die meisten Analysen, die dermaßen weit gehen, sind eher abstrakt, aber einige chinesische Strategen beginnen, sich in solche konkretere Bereiche vorzuwagen. Wang Pengfei und Sun Zhilong – nur um zwei Namen zu nennen – deuten an, dass Japan BMD-ähnliche Aufklärungssysteme einsetzen wird, um Informationen über die ballistischen Raketen- und Luftstreitkräfte der Volksbefreiungsarmee (PLA) zu sammeln und diese Daten dann direkt – oder indirekt durch das US-Militär – an die taiwanesischen Behörden weiterzugeben. Ein verbessertes Strategie- und Schlachtfeld-Bewusstsein kann Japan sogar dazu verleiten, sich an den Luft- und Raketenabwehroperationen zu beteiligen, sollten die Vereinigten Staaten in der Straße von Taiwan intervenieren.[63]

Eine weitere faszinierende Größenordnung des chinesischen Diskurses über die seegestützte BMD ist die Aussicht auf eine multinationale Koalition, die sich auf den gemeinsamen Einsatz von Aegis-Schiffen konzentriert. Manche Analysten argumentieren, dass die Vereinigten Staaten sich beim Schutz vor der Bedrohung durch ballistische Raketen nicht allein auf Japan verlassen können. Daher, so spekulieren sie, will Washington Mächte wie Südkorea und Australien in eine regionale BMD-Struktur locken, die den größtmöglichen Nutzen aus der asiatischen Geografie – insbesondere der Inselketten – zieht.[64] Andere sind verwirrt, dass Australien offensichtliches Interesse hat, seine eigene Aegis-Flotte aufzustellen, welche – wie sie befürchten – die operative Basis für einen dreiseitigen Raketenschild liefern wird. Cao Zhigang beschreibt, wie Washington Canberra zu einer „Anti-Raketen-Allianz" („anti-missile alliance") überreden könnte: „Nach der Vollendung des Raketenabwehrsystems kann es – zusätzlich zu der Fähigkeit, eine Sicherheitsgewährleistung für US-Truppen in Japan zu bieten – auch nach Aufwertung der Technologie des Verteidigungssystems zu einem „vorangestellten Schild" für den Schutz des US-Festlands werden. Darüber hinaus können die Vereinigten Staaten dies als ein *Modell* nutzen, um Australien den Beitritt zur „Anti-Raketen-Allianz" schmackhaft zu machen und somit die globale amerikanische Raketenabwehrkapazität zu verbessern."[65] Folglich geht Ren Dexin davon aus, dass bald eine „US-japanisch-australische Anti-Ballistik-Raketen-Koalition" China konfrontieren könne.[66] Angesichts der weiten Entfernungen, die mit der Verteidigung Australiens gegen Langstreckenraketen verbunden sind, würden Japan und die Vereinigten Staaten frühe Warnungen im Falle von Raketen geben, die vom asiatischen Festland oder von Unterseebooten im Pazifik aus gestartet werden. Ren schlussfolgert, dass die seegestützte BMD-Allianz effektiv einen „Schutzschild" errichten könnte, der 50.000 Meter über der Erdatmosphäre entlang der gesamten ersten Inselkette reicht.

Ein weiterer Beobachter sieht eine Arbeitsteilung voraus, bei der Japan die vordere Verteidigung gegen landgestützte Raketen bietet, während Australien nach Raketenstarts von U-Booten im Pazifik Ausschau hält.[67] Auffallenderweise malen sich diese Verfasser ein weitaus leistungsfähigeres Raketenabwehrsystem aus – einschließlich der Fähigkeit zur Erfassung von Raketenstarts von U-Booten –, als es gegenwärtig von den Vereinigten Staaten geplant wird. Die Chinesen unterstellen den USA deutlich einen Einfallsreichtum, da diese die seegestützten Raketenabwehrsysteme unabhängig von einer transpazifischen Allianz aufbauen.

OPERATIVE UND TAKTISCHE EINSCHÄTZUNGEN

Angesichts der zentralen Rolle von Aegis bei der Unterstützung der US-Raketenabwehrstruktur und dem Schutz amerikanischer Trägerkampfgruppen schenken Chinas Marinekreise den Kampfqualitäten der Kreuzer der *Ticonderoga*-Klasse und den Zerstörern der *Arleigh-Burke*-Klasse – den AAW-„Jagdgewehren" der Flotte – eine enorme Aufmerksamkeit.[68] Zahlreiche Analysten glauben, dass ein direkter Raketenangriff auf diese Aegis-bestückten Schiffe die gesamte Integrität einer Trägerkampfgruppe beeinträchtigen würde. Eine Studie bemerkt, dass „ein Flugzeugträger ohne den Schutz von Überwachungsschiffen auf ein lebendes Ziel für Antischiffsraketen reduziert sein würde."[69] Kommentare, welche die Taktiken gegen Aegis-Kombattanten anpreisen, zeigen, dass chinesische Strategen die Verwundbarkeiten der Verteidigungssysteme von Flugzeugträgern untersuchen. Die Lektionen, die sie hierbei lernen, und die Schlussfolgerungen, die sie hieraus ziehen, sollten Marineplanern in Washington und in verbündeten Hauptstädten Sorgen bereiten.

Zum Beispiel haben chinesische Beobachter die mit Aegis ausgestatteten Schiffe mit anderen leistungsstarken Einheiten verglichen, um sowohl die operativen Stärken als auch die Schwächen der amerikanischen Überwasserflotte aufzudecken. Eine wichtige Schlussfolgerung dieser Einschätzungen ist, dass Aegis-Schiffe bei der Schiffsabwehr (ASUW – antisurface warfare) unterlegen sind. Eine Studie, die die *Ticonderoga* gegen die nuklearbetriebenen Kreuzer der russischen *Kirov*-Klasse in einem Vergleich antreten lässt, räumt der Letzteren einen entscheidenden Vorzug ein. Der Verfasser bemerkt, dass die *Kirov* fast ausschließlich für den Angriff auf feindliche Flugzeugträger entworfen wurde, während die *Ticonderoga* verschiedenartige Aufgaben erfüllen muss, einschließlich der Luftabwehr für die Flotte, was ihre Fähigkeit bei einer Auseinandersetzung um die Kontrolle auf See beeinträchtigt.[70] Ein anderer Artikel mit dem provokantem Titel „Träger-Killer gegen Träger-Bodyguard" („Carrier Killer vs. Carrier Bodyguard") untersucht die potenziellen Asymmetrien zwischen der *Ticonderoga* und der ukrainischen Kreuzer der *Slawa*-Klasse. Analyst Wang Yifeng kommt ungefähr zu demselben Fazit, indem er andeutet, dass das Aegis-Schiff nicht in der Lage sei, mit den knapp über der Wasseroberfläche anfliegenden Marschflugkörpern fertigzuwerden, die von der *Slawa* bei einem Schiff-gegen-Schiff-Gefecht abgefeuert würden.[71]

Andere Kommentatoren vergleichen US-Einheiten mit ähnlichen Plattformen, die von anderen asiatischen Marinen eingesetzt werden. Der Reporter Yi Xiang hält seine persönlichen Beobachtungen an Bord der USS *Lassen*, einem Zerstörer der *Arleigh-Burke*-Klasse, fest, welcher den Hafen von Shanghai im April 2008 anlief. Ihm stach das auffällige Fehlen von Harpoon-Antischiffsraketen auf der *Lassen* ins Auge, und er interpretierte dies als ein Zeichen von Verkümmerung bei den ASUW-Kapazitäten in der US-Navy. Yi führt diese Abkehr von der herkömmlichen Bewaffnungsanordnung auf den Glauben der Marineführung zurück, dass (1) die Marineluftwaffe ausreichend für Einsätze zur Seekontrolle ist; (2) die Wahrscheinlichkeit von Flottengefechten auf der offenen See extrem niedrig ist; und (3) Aegis-Schiffe sich auf ihre komparativen Vorzüge bei der Luft- und Raketenabwehr konzentrieren sollten. Im Gegensatz hierzu, so bemerkt er, würden die Aegis-Äquivalente in den Marinen der Japaner, Südkoreaner und Chinesen „bis zu den Zähnen" mit Antischiffsraketen bestückt werden.[72] Obwohl Yi nicht näher auf die operativen Auswirkungen dieser augenscheinlichen Verschiedenheit unter den regionalen Marinen eingeht, veranschaulichen seine Beobachtungen die Aufmerksamkeit, die nun den Schwächen von Aegis-Kombattanten geschenkt wird.

Chinesische Analysten unterziehen die Aegis-Schiffe der JMSDF einer ähnlich genauen Prüfung und bemerken, dass die Zerstörer der *Atago*- und *Kongo*-Klassen bei ASUW-Einsätzen aufgrund konkurrierender Anforderungen relativ unwirksam sind. Wen Wu behauptet, dass der auf die BMD gelegte Schwerpunkt die anderen Kampfqualitäten der *Agato*-Klasse – einschließlich ASUW – auf einen zweitrangigen Status zurücksetzen.[73] Eine sogar noch entscheidendere Einschätzung vertritt die Auffassung, dass die japanischen Zerstörer nicht das operative Potenzial des Aegis-Kampfsystems ausschöpfen können, was den US-Beschränkungen beim Transfer von heikler Technologie an Japan geschuldet wird. Solche Einschränkungen brachten eine Klasse von Überwasserkampfschiffen hervor, die Chen Angang mit einem „missgebildeten Kind" vergleicht.[74] Eine ungewöhnlich enthüllende Studie lässt Chinas Zerstörer der *Sovremennyy*-Klasse gegen die *Kongo* antreten, was ein Widerhall des bereits erwähnten Vergleichs zwischen der *Ticonderoga* und der *Slawa* ist. Bei einem Vergleich Schiff-gegen-Schiff, so schlussfolgert Tian Ying, wäre es für die *Kongo* schwierig, sich gegen die Sunburn-Marschflugkörper der *Sovremennyy* zu verteidigen.[75] Da Li stimmt dem zu, indem er die Auffassung vertritt, dass „mehrfache konzentrierte Angriffe" mit Sunburns eine fatale Bedrohung für die Zerstörer der *Kongo*-Klasse und in der Tat für die gesamte JMSDF-Flotte darstellen würden.[76]

Diese Einschätzungen der amerikanischen und japanischen Überwasserflotten passen zu der Mahan'schen Grammatik der Seemacht und loben den aggressiven Einsatz von Offensivkraft auf See. In der Tat konzipieren einige chinesische Strategen operative Pläne gegen die JMSDF in einer Terminologie, die Mahan selbst benutzt haben könnte. Da die *Kongo* das größte Kriegsschiff der JMSDF ist, so behaupten sie, müssen sich offensive PLA-Operationen auf die Bezwingung dieses Schwerkraftzentrums konzentrieren. Als Kern der japanischen Kampfkraft kann die *Kongo* daher im Kriegsfall zum Hauptziel werden. Während er dies näher ausführt, macht Hai Chao die folgende Einschätzung: „Falls der Gegner stärkere Luft- und Unterseekampfkapazitäten besitzt, dann ist ein Durchdringen der Verteidigungen der *Kongo* nicht unmöglich. Und, sobald die *Kongo*-Klasse beschädigt oder versenkt ist, würde die gesamte Kampfkapazität der Flotte erheblich beeinträchtigt und das Raketenabwehrsystem, das Japan so gewissenhaft aufgebaut hat, einen unerträglichen Schlag erleiden."[77] Diese Reihe der Argumentationen entspricht der Debatte darüber, wie man einer US-Intervention in asiatischen Gewässern entgegentritt. Hais Erkenntnis zeigt darüber hinaus operative Implikationen für eine mögliche US-japanische Intervention bei einer Taiwan-Eventualität. Für manche Chinesen ergibt der Angriff auf die wertvollen Schiffe des kleineren Verbündeten strategische Vorteile in Form der Schwächung des Koalitionszusammenhalts, der Demonstration von Chinas Entschlossenheit, der Stützung der Abschreckung sowie der Verhinderung einer Eskalation mit dem stärkeren Bündnispartner.

Indem er einen klassischen chinesischen Ausdruck verwendet, erklärt Wu Hongmin, dass „das Sprichwort, das Pferd zu erschießen, bevor man den Mann erschießt, und den König gefangen zu nehmen, bevor man den Feind gefangen nimmt, uns lehrt, dass die Versenkung des feindlichen Flaggschiffs zwei ‚Adler mit einem Pfeil tötet': Ein solcher

Ansatz schafft das Ziel der Abschreckung und senkt das Potenzial für eine Eskalation."[78] Wu befürwortet wahrscheinlich einen frühen, möglicherweise präventiven Schlag gegen Aegis-Schiffe der JMSDF, um die japanische Flotte während einer Krise oder eines Kriegs auszuschalten. Falls dies gelingt, würde ein solcher Schlag indirekt Washingtons Kalkül formen. Der Verfasser zieht nicht die Möglichkeit in Betracht, dass seine Kriegslist eine Eskalation eher verursachen als hemmen könnte. Jedoch ist es klar, dass eine Konfrontation mit Japan auf See in manchen Köpfen der chinesischen Strategen nicht weit hergeholt ist.

Zusätzlich zu Schiff-gegen-Schiff-Gefechten untersuchen einige Literaturwerke Optionen für die Bezwingung von Aegis aus der Luft. Ein Artikel, der Taiwans offensichtliches Interesse am Erwerb eines außer Dienst gestellten Kreuzers der *Ticonderoga*-Klasse missbilligt, nimmt nicht den Wert des Schiffs für Taipeis gesamte Verteidigungsstrategie ernst. Im Krieg, so legt Guan Dai dar, würde die taiwanesische Marine sich wahrscheinlich luftgestarteten Flächenbombardements (saturation attacks) und „Superflächenbombardements" („super saturation attacks") vom Festland gegenübersehen, die sofort die Luftabwehr der *Ticonderoga* überwältigen würden.[79] In einer neunteiligen Reihe der *Modern Navy* über die JMSDF schätzt Zhao Yu, dass die Aegis-Verteidigungen dieser sehr verwundbar sein würden, wenn die JMSDF keine landgestützte Luftunterstützung bieten würde: „Die gegenwärtigen Aegis-Systeme sind nicht zur Verteidigung gegen die Standardflächenbombardements der früheren Sowjetunion in der Lage, im Besonderen gegen solche, die luftgestartete Antischiffsmarschflugkörper einschließen. Der Einsatz von Tu-22-Backfire-Bombern oder von ähnlichen Bombertypen – die verschiedene Arten von Antischiffsflugkörpern einschließlich aktiver radargeleiteter Raketen und Radarbekämpfungsraketen abschießen – würde sehr wahrscheinlich das mehrlagige Luftverteidigungsnetz der Aegis-Schiffe durchtrennen."[80] Ein anderer Artikel von *Naval and Merchant Ships* schätzt, wie viele mit Raketen bestückte Kampfflugzeuge benötigt würden, um acht Aegis-Schiffe außer Gefecht zu setzen. Durch die Einbeziehung von realistischen Zahlen über wahrscheinliche Verlust- und Ausfallraten schlussfolgert der Verfasser, dass 150 bis 200 Su-30-Maschinen oder gleichwertige Flugzeuge gebraucht würden, um einen solchen Einsatz durchzuführen.[81] Dass chinesische Analysten in solchen Größen über das Durchdringen von Aegis-Raketenverteidigungen nachdenken, ist bemerkenswert.

Obwohl die Begleitstimmen noch in einem frühen Stadium sind, haben chinesische Denker begonnen, gründlich darüber nachzudenken, wie die ballistischen Antischiffsraketen gegen Aegis-bestückte Plattformen eingesetzt werden können. Drei Fakultätsmitglieder vom Naval Aeronautical Engineering Institute (Ingenieurs-Institut für Luft- und Raumfahrt) schrieben einen Artikel in der *Flight Dynamics*, einem technischen Journal, welches vom China Flight Test Establishment veröffentlicht wird, in dem sie die Kapazität von ASCMs und ASBMs, die mehrlagigen Verteidigungen der Trägerkampfgruppen zu durchdringen, einschätzen. Die Verfasser berichten, dass ihre Simulationen eine 95-prozentige Durchschlagsrate bei der ASBM hervorrief.[82] Beobachter haben auch Notiz von einer kürzlichen US-Recherche über die SM-6 genommen, dem Abfangsystem der nächsten Generation, das Berichten zufolge eine direkte Antwort auf die ASBM-Bedrohung darstellt.[83] Wie die SM-6 Einzug in das chinesische Denken halten wird, bleibt abzuwarten.

Wang Xiangsui, der Direktor des Zentrums für Strategische Studien (Strategic Studies Center) an der Universität für Raum- und Luftfahrt Peking (Beijing University of Aeronautics and Astronautics), erklärt den Nutzen von ASBMs gegen die JMSDF.[84] Er behauptet, dass – obwohl japanische Marineplaner weiterhin auf ihre Fähigkeit vertrauen, die chinesische Flotte in einem Gefecht Streitmacht-gegen-Streitmacht auf See zu besiegen – die ASBM ihre Zuversicht erschüttert hat. Wang schreibt Japans Interesse an einer gemeinsamen BMD-Entwicklung zum Teil dessen Bedarf, die Flotte gegen chinesische ballistische Antischiffsraketen zu verteidigen, zu. Seine offene Analyse enthüllt, dass manche Chinesen glauben, dass eine brauchbare ASBM die Abschreckung gegen überlegene Seestreitkräfte stützen wird.

CHINAS HIERARCHIE VON ANTI-AEGIS-TAKTIKEN

Wie wir in Kapitel 4 gezeigt haben und wie die hier aufgeführten Begleitstimmen anzeigen, erfreut sich die PLA einer Bandbreite von Optionen gegen ausländische Marinen, einschließlich Aegis-Kombattanten. Diese Alternativen schließen sich nicht gegenseitig aus; sie verstärken sich gegenseitig. Vorausgesetzt, Peking widmet die erforderlichen Ressourcen dem Flottenaufbau und besitzt die Kapazität für eine gemeinsame Koordination, dann kann es ein multidimensionales Bedrohungsumfeld für sich nähernde Seestreitkräfte errichten und Angriffe durchführen, die sich in Raum und Zeit streuen lassen. Angriffe mit kombinierten Waffensystemen, die ASUW-Gefechte, luftgestartete Flächenbombardements sowie ASBM-Schläge einschließen, würden eine gute Chance darstellen, seegestützte Luft- und Raketenverteidigungen zu überwältigen – im Besonderen, wenn diese durch Taktiken nach Art der „Keule des Attentäters" in Form einer Minen- und Unterwasserkriegsführung ergänzt werden.

Wie in einem Gedankenspiel ist es hilfreich für die amerikanischen Marineplaner, die drei Anti-Aegis-Taktiken hinsichtlich Risiko, Kosten sowie geografisch-räumlichen und zeitlichen Gesichtspunkten einzuordnen. In anderen Worten, die PLA kann die Optionen in Reserve halten, die riskant und kostspielig sind sowie eine größere Wahrscheinlichkeit zum Scheitern oder mehr Probleme in ihrer Ausführung darstellen. In der frühen Phase eines Kampfes würde sie umgekehrt die Taktiken einsetzen, die das niedrigste Risiko und die geringsten Kosten beinhalten sowie eine hohe Erfolgswahrscheinlichkeit versprechen, und die mit relativer Leichtigkeit eingesetzt werden können. Sprich, PLA-Planer können jede Einsatzmöglichkeit in sequenziellen Größen im Verhältnis zu ihren Kosten und Risiken anwenden – und hierbei eine mehrlagige Verteidigung gegen näher kommende US-Seestreitkräfte errichten.

Die Gefechte von Schiff zu Schiff sind vielleicht die riskanteste Option, die Peking offensteht. Das Orten, Verfolgen und die Inzielnahme von Schiffen auf dem offenen Meer sind schwierige Unternehmungen, die eine Bandbreite an Anlagen für die geheimdienstliche Arbeit, Überwachung und Aufklärung erfordern. Die Konfrontation auf See kommt auch den komparativen Vorzügen der US-Navy entgegen. Die Überlebensfähigkeit der chinesischen Überwasserkombattanten im Angesicht von offensiven Schlägen durch die US-Navy ist zweifelhaft; sie würden niemals die Entfernung ausreichend verkürzen können, um ihre ASCMs auf die amerikanische Überwasserflotte abschießen zu können. Luftgestartete Flächenbombardements, welche die „Over the horizon fire and forget"-Raketen gegen die US-Flotte einsetzen, würden sich als weniger kostspielig erweisen und größere Aussichten auf Erfolg besitzen als ein ASUW-Gefecht. Jedoch brauchen chinesische Bomber und Kampfflugzeuge ausreichend Reichweite und Zielfähigkeiten, um Schiffe auf See zu treffen. Sie müssen auch mit amerikanischen und deren verbündeten Luftstreitkräften fertigwerden, die entlang der ersten Inselkette stationiert sind, bevor sie ihren ersten Schuss abgeben können.

Dies ist der Punkt, an dem der Wert der ballistischen Antischiffsrakete augenscheinlich wird. Vom chinesischen Festland aus gestartet, erfordert die ASBM weder kostspielige Kriegsschiffe noch bemannte Flugzeuge, um sie zum Ziel zu bringen. Sie kann über feindliche alliierte Luftverteidigungsanlagen hinwegfliegen und direkt die US-Flotte angreifen. Mit anderen Worten, der Einsatz solcher Raketen bringt nicht die hohen menschlichen und materiellen Kosten von Flottengefechten oder Luftangriffen mit sich. Und die Schwelle zum Erfolg von ASBM-Schlägen ist relativ niedrig im Vergleich zu ASUW- oder Luftangriffen. ASBMs brauchen die amerikanischen Schiffe nicht zu versenken oder außer Gefecht zu setzen, um die US-Pläne komplizierter zu machen. Sie brauchen nur die defensive Ummantelung der Flotte zu erreichen, um die Aegis-„Jagdgewehre" zu nötigen, die näher kommende Bedrohung anzugreifen. Dies würde die US-Verteidiger zwingen, wertvolle Munition zu verbrauchen, die auf See unter Gefechtsbedingungen nicht einfach nachgeladen werden kann. Selbst unpräzise ASBM-Attacken könnten dann den Bestand an Standardraketen einer Träger- oder amphibischen Kampfgruppe aufbrauchen oder minimieren und somit wehrlos gegen weitere PLA-Angriffe machen. Chinesische Verteidigungsplaner sehen auch die Anwendung von Sprengköpfen voraus, die mit Streumunition bestückt sind, und über ein weites geografisches Gebiet als Ausgleich für die Ungenauigkeit der Raketen verstreut werden. Zum Beispiel könnten ASBM-Sprengköpfe Streumunition zur Radarbekämpfung mitführen, die dazu entwickelt wurden, sich auf die Radaremissionen des Aegis-Kampfsystems zu richten. Auf ähnliche Weise kann Streumunition mit elektromagnetischem Impuls (EMP), die weit über der US-Überwasserflotte zur Detonation gebracht wird, verheerende elektrische Schockwellen verursachen, die die Aegis-Systeme an Bord der Begleitschiffe der Träger lahmlegen. Dem *The Science of Second Artillery Campaigns* zufolge, einem maßgebenden doktrinbildenden Leitfaden für Chinas strategische Raketenstreitkräfte, würden solche ASBMs eingesetzt werden, um die Trägerkampfgruppe erblinden zu lassen und durcheinanderzubringen. Die Verfasser schätzen: „Sind sie gegen das feindliche Kommando- und Kontrollsystem oder schwache Glieder in ihrem Aegis-System gerichtet, so können konventionelle Raketen mit Streumunition für die Radarbekämpfung oder EMP eingesetzt werden, wenn das Radar des Feindes in Gebrauch ist und dessen Kommandosysteme arbeiten. Hierbei kann die Streumunition zur Radarbekämpfung dienen und der EMP-Einsatz die feindlichen Kommando- und Kontrollsysteme zum Erliegen bringen."[85] Hochrangige PLA-Offiziere denken auf erstaunlich spezifische und einfallsreiche Arten über eine Überwältigung des Aegis-Systems durch die ASBMs nach. Angewendet in Verbindung mit konventionellen Angriffen ballistischer Raketen gegen US-Basen und anderen Landzielen quer über Asien – Attacken, die weitere Abfangversuche verursachen würden – könnten ASBM-Überraschungsangriffe die Vereinigten Staaten und ihre Verbündeten ihres Durchhaltevermögens bei einem Kampf auf See berauben.

Nachdem es die Invasionsflotte durch diese kostengünstige und wenig riskante Methode geschwächt hat, könnte Peking dann die Probleme der US-Navy durch den

Start von Angriffswellen aus der Luft und auf See noch vervielfachen. Die PLA könnte luftgestartete Flächenbombardements entfesseln, gefolgt durch Salven von Unterwasser- und Luftraketen, die die Verteidigungen der US-Kampfgruppe zermürben, während diese sich der ersten Inselkette nähert. Falls dies richtig geplant und ausgeführt wird, könnte eine mehrlagige Abfolge von Offensiven die Bühne für eine gewisse Entscheidung bilden: eine chinesische Rakete könnte ihr vorgesehenes Ziel erreichen und so eine unverkennbar strategische, politische und psychologische Auswirkung auf die US-Kommandeure vor Ort, der US-politischen Führung und dem amerikanischen Volk bewirken. Es ist keineswegs undenkbar, dass genau diese Möglichkeit einer Lücke in den Verteidigungen der Pazifikflotte Washington eine Denkpause gibt, in der es sorgfältig überlegt, ob es bei einer Krise intervenieren soll. Dieses zugegebenermaßen düstere Szenario deutet an, dass die ASBM – ob oder wann sie einsatzbereit wird – Pekings Waffe für die erste Maßnahme gegen Aegis-Kriegsschiffe sein wird. Dies macht im Hinblick auf die Kosten-Nutzen-Analyse sowie die strategischen und taktischen Neigungen Chinas nur Sinn.

Was wir über Mahan'sche massierte Schlachten in Kapitel 4 geschrieben haben, kommt hier als Wiederholung zum Vorschein. Obwohl sich das relative Gleichgewicht zwischen chinesischen und US-Streitkräften im Hinblick auf die Anzahl, Qualität und Kampfeigenschaften ausgleicht, können PLA-Kommandeure eine geringere Notwendigkeit darin sehen, Überwassereinheiten oder bemannte Kampf- und Angriffsflugzeuge in Reserve zu halten. ASUW-Gefechte zum Beispiel werden weniger riskant und kostspielig erscheinen; sie werden erfolgversprechender sein, selbst während der Anfangsphase einer Kampagne; und sie werden einfacher auszuführen sein, sobald die PLA der US-Navy im maritimen Asien gegenüber gleichwertig ist. Neue taktische Horizonte werden sich für die PLA öffnen, sodass Peking seine Optionen mit weniger Angst vor einem desaströsen militärischen Rückschlag wählen kann. PLA-Kommandeure werden in der Lage sein, die entscheidende Offensive, zu der Mao mahnte, in Erwägung zu ziehen, und diese wird eine Mahan'sche Gestalt annehmen.

Auch ist es unwahrscheinlich, dass die Vereinigten Staaten die Wahl treffen werden, welche Großbritannien vor einem Jahrhundert traf, als dieses seine Flotte in der Nähe der Küsten eines Widersachers konzentrierte, um seine relative Überlegenheit zu erhalten. Während Amerika eine entfernt liegende Supermacht für Asien ist, liegt Britannien vor den deutschen Küsten, was bedeutet, dass die deutsche Marine eine unmittelbare Bedrohung für die britischen Verbindungswege darstellte und sogar für die Insel selbst. London konnte nicht mit Gelassenheit auf den deutschen Flottenaufbau schauen. Die Marine der PLA wird nicht denselben Eifer von maritimen Vorbereitungen bei einem Amerika des 21. Jahrhunderts wachrufen, wie sie von einem Britannien zum Ende des 19. Jahrhunderts gezeigt wurden. Im Gegensatz zu stark sichtbaren Plattformen wie Trägern, Zerstörern und Flugzeugen, die der amerikanischen Öffentlichkeit und politischen Klasse bekannt sind, sind die ASBMs und die operativen Vorzüge, die sie versprechen, einfach zu geheimnisvoll, um Aufmerksamkeit zu erlangen und Meinungen zu erzeugen. Sie sind nicht-atomar und daher, im öffentlichen Gewissen, ohne Unterschied im Vergleich zu konventionellen Raketen, die kreuz und quer über die Straße von Taiwan stationiert sind. Falls die ASBMs mobil sind, würde deren Verteilung quer über das Festland eine aussagekräftige Einschätzung nahezu unmöglich machen. Falls die Geschichte der chinesischen Atomdoktrin und der strategischen Raketenstreitkräfte irgendein Hinweis ist, dann wird die ASBM eine virtuelle Waffe sein, unsichtbar für die Öffentlichkeit und unzugänglich für einen genauen Blick. Sogar der sehnsüchtig erwartete Test des Systems würde verblassen im Vergleich zu den jeweils sowjetischen und chinesischen nuklearen Durchbrüchen der Jahre 1949 und 1964. Hohe politische Entscheidungsträger in Washington, die eher die hohe Kunst der Politik als tägliche Angelegenheiten überwachen, werden wahrscheinlich die ASBM nicht als eine das „Spiel" ändernde Waffe betrachten. Den erregten Kommentaren von Sicherheitsexperten zum Trotz zeichnet sich eine moderne Version der „Raketenlücken"-Debatte („missile gap"-debate) des Kalten Krieges einfach nicht ab.

Dieses niedrige Profil passt zu Pekings strategischen Präferenzen und stellt sicher, dass Washington nicht den nationalen Willen mobilisieren kann. Die Trendlinien bei Streitkräftestruktur und Kapazität erscheinen dann China zu begünstigen und machen Mahan'sche Begegnungen für Peking immer denkbarer. Die Briten hatten es im Vergleich hierzu einfach; die Amerikaner erwarten wahrlich schwierige Entscheidungsfragen auf dem Gebiet der Macht auf See.

IMPLIKATIONEN

Während die Chinesen ihre Aufmerksamkeiten und Energien auf die Überwältigung von seegestützten BMD- und Aegis-AAW-Verteidigungen konzentrieren, so müssen US-Planer sich damit auseinandersetzen, wie Peking auf den maritimen Zusammenhang reagieren wird, in dem sich die chinesisch-amerikanischen strategischen Verbindungen entfalten werden. Was folgt, stellt eine Herausforderung hinsichtlich der Raketenverteidigung dar, mit der sich Washington in Zukunft konfrontiert sehen wird:

• Auf der strategischen Ebene stehen Analysten, die eine stärkere Zuversicht in Bezug auf Chinas Unverwundbarkeit gegenüber dem US-japanischen Raketenschild auf See ausstrahlen, auf sicherem Grund. Ihre Schlussfolgerung, dass BMD-fähige Aegis-Schiffe, welche die asiatischen Küstengewässer patrouillieren, den Abschreckungswert des chinesischen ICBM-Arsenals nicht fundamental aushöhlen, stimmt mit den geografischen und technologischen Realitäten überein. Zusammengefasst, Chinas strategische Weite und die durch den Einsatz von Straßenfahrzeugen mobilen ICBMs der nächsten Generation, die in den letzten Jahren eingeführt wurden, sowie die wachsende unterseeische Abschreckung der PLA Navy garantieren nahezu Pekings Kapazität zu Vergeltungsschlägen.

• Auf der Ebene des Einsatzorts (theater level) ist die chinesische Beunruhigung bei der Raketenverteidigung nicht unbedingt deplatziert. Effektive seegestützte BMDs könnten in der Tat Pekings Fähigkeit zur Bedrohung regionaler Ziele mit selektiven, begrenzten Schlägen durch ballistische Raketen zu Demonstrationszwecken während einer Krise untergraben. Jedoch bedeutet dies nicht unbedingt, dass China von der Ausübung seiner Option der Gewaltandrohung gänzlich abgeschreckt werden würde. Falls Peking schlussfolgert, dass es das BMD-System überwältigen muss, entweder durch mehr Raketen oder durch die Inzielnahme der Aegis-Schiffe selbst, dann wird das Potenzial für eine Kriseninstabilität und deren Eskalation wachsen. Mit anderen Worten, je mehr Raketen abgeschossen werden und je mehr Ziele China anvisiert, desto höher ist die Wahrscheinlichkeit, dass Peking eine Vergeltung seitens seiner Widersacher hervorrufen wird.

• Hinsichtlich der Allianzpolitik scheinen manche Chinesen zu vermuten, dass sich Japan zwangsläufig an einer US-Intervention in einer Taiwan-bezogenen Eventualität beteiligen wird. Falls Peking tatsächlich Japan als den schwächeren Koalitionspartner betrachtet – einen Partner, der durch einen frühen oder präventiven Angriff auf die Aegis-Zerstörer der JMSDF ausgeschaltet werden kann –, dann könnte die Eskalationskontrolle zu einer noch komplexeren, ungewissen Aufgabe werden.

• Auf der operativen Ebene treiben die erwarteten Aegis-Aufwertungen heftige Ängste unter chinesischen Analysten an. Das dazugehörige chinesische Interesse an Schiffsbekämpfungseinsätzen stimmt mit dem Clausewitz-Prinzip der Wechselwirkung im Krieg überein, oder was er so eindringlich als „den Zusammenstoß von zwei lebenden Kräften" beschreibt. Während die PLA maritime Angriffsoptionen gegen den seegestützten BMD-Schirm in Erwägung zieht, obliegt es der US-Navy, die Seekontrolle nicht wie eine Selbstverständlichkeit zu behandeln.

• Um zu einem Punkt in Kapitel 4 zurückzukehren: Die US-Marinedoktrin nimmt an, dass Seestreitkräfte den Bogenschützen – die Abschussrampe – erschießen können, bevor er seinen Pfeil abschießen kann. Diese tief verankerte amerikanische operative Präferenz für die Offensive wird wahrscheinlich beträchtlichen Belastungen ausgesetzt werden, da die Chinesen über Wege nachdenken, die Vereinigten Staaten daran zu hindern, den Bogenschützen jemals zu erreichen. Insbesondere die ASBM braucht keinen Bogenschützen. Um den Pfeil vor dem Abschuss zu treffen, müssten die US-Streitkräfte die Ziele tief im chinesischen Inneren angreifen – ein Schritt mit schwerwiegenden strategischen und politischen Auswirkungen. Die Niederstreckung des Bogenschützen bleibt ein angemessenes Ideal, jedoch ist es gefährlich, anzunehmen, dass sich die US-Streitkräfte für immer dieses taktischen Vorteils erfreuen werden.

Die umfangreichen Abhandlungen über Aegis und die seegestützte BMD weisen darauf hin, dass Chinas Interesse an diesen Themen nicht kurzlebig ist. Es wird nicht so schnell aus dem Gedächtnis schwinden. In der Tat gewährt das konkurrenzbetonte intellektuelle Umfeld, in dem der Diskurs über die Raketenverteidigung stattfindet, äußeren Beobachtern eine unschätzbare Gelegenheit, um den Fortschritt und das Reifen des chinesischen Gedankenguts hinsichtlich der Wechselwirkung von Raketen und Raketenabwehr zu überwachen. China-Beobachter sollten erwarten, dass chinesische Analysten in den kommenden Jahren auf diese Fachgebiete zurückkommen werden, da neue Optionen wie beispielsweise eine aussichtsvolle ASBM-Kapazität technisch brauchbar und einsatzbereit werden.

CHINAS AUFSTREBENDES NUKLEARES UNTERSEEABSCHRECKMITTEL

Dieses Kapitel erweitert den konzeptionellen Raum des maritimen Zugangs und der Zugangsverwehrung in den atomaren Bereich, einem grammatikalischen Fachgebiet, das wir bisher noch nicht ausführlich untersucht haben. Auf den ersten Blick würden Nuklearstrategien und maritime Taktiken sowie Operationen, die im Zusammenhang mit dem Zugang stehen, ohne Bezug zueinander erscheinen, weil sie zu verschiedenen Ebenen der Analyse gehören. Die Strategien drücken zum Teil das weitere Gleichgewicht der nationalen Stärke und des Willens zwischen den Staaten aus, während Taktiken und Operationen zu den Begegnungen vor Ort (in-theater) zwischen gegnerischen Militärstreitkräften gehören. Obwohl diese Unterscheidungen gänzlich gültig sind, sind wir der Auffassung, dass die seegestützte nukleare Abschreckung und der Kampf auf See um den Zugang sich wahrscheinlich auf unerwartete Weise überkreuzen, was nichts Gutes für die maritime Stabilität Asiens verheißen könnte. Es ziemt sich daher für politische Entscheidungträger in Washington und asiatischen Hauptstädten, die Verkettungen zwischen den Wechselbeziehungen auf den Ebenen der Strategie und des Einsatzortes (theater-level) auf See besser zu verstehen und zu wertschätzen.

Drei analytische Voraussetzungen informieren unsere Untersuchung von Chinas nuklearbetriebenen Unterseebooten mit ballistischen Raketen (nuclear-powered ballistic-missile submarine – SSBN) der zweiten Generation, die im Begriff sind, einen wichtigen Teil in der militärischen Grammatik der chinesischen Seemacht zu bilden. Erstens, die meisten westlichen Analysten konzentrieren sich darauf, ob die Einführung von Chinas unterseeischem Abschreckungsmittel der zweiten Generation zur chinesisch-amerikanischen strategischen Stabilität beiträgt. Obwohl wir im Allgemeinen damit übereinstimmen, dass eine überlebensfähigere chinesische nukleare Stellung die Stabilität bereichern würde, beabsichtigen wir, über solche abstrakten Fragen hinaus die operativen Bestimmungsgrößen anschaulicher zu untersuchen, die Chinas Planungen hinsichtlich seiner U-Boote leiten. Die Stationierung ist eine Sache. Wie Peking seine SSBNs in Friedenszeiten, in Krisen oder im Krieg einsetzen wird, ist in qualitativer Hinsicht von einem anderen Belang, der eine größere Aufmerksamkeit erfordert.

Zweitens, die Effektivität und Glaubhaftigkeit der wachsenden SSBN-Streitmacht werden zum Großteil an ihrer Fähigkeit gemessen, unbescholten zu operieren. Wir glauben, dass diese Bewegungsfreiheit wiederum von dem Grad abhängen wird, zu dem China die See entlang seines maritimen Umfeldes beherrschen kann. Wie wir im Folgenden aufzeigen werden, werden die absehbaren U-Boot-Einsatzprofile wahrscheinlich in den Bereich der chinesischen Waffen und Taktiken der Zugangsverwehrung fallen – zumindest kurz- bis mittelfristig. Je größer und gefährlicher die umstrittene Küstenzone Chinas für nicht-befreundete Seemächte wird, desto wahrscheinlicher ist es, dass Chinas U-Boot-Streitmacht in der Lage sein wird, sich weiter von der Küste wegzuwagen und so seine Schlagkraft auf bisher unerreichbare Ziele zu erweitern.

Drittens, die chinesisch-amerikanische strategische Stabilität, gewährleistet durch die gegenseitig zugesicherte unterseeische Vergeltungsfähigkeit, kann absurderweise die Instabilität auf der Ebene des Einsatzortes (theater-level) in Asien verschärfen. Falls SSBNs die Zuversicht Pekings stützen, die Vereinigten Staaten durch vorbeugende Maßnahmen bei der waghalsigen Nuklearpolitik in Schach halten zu können, kann sich Peking ermutigt fühlen, sich in einem begrenzten Regionalkonflikt unter dem Schutz seines nuklearen Schirms vertikal oder horizontal auszubreiten. Mit anderen Worten, die chinesische Auffassung, dass die Unterseeflotte eine US-nukleare Bedrängung abschwächen kann, würde Pekings Optionen zur Zugangsverwehrung wahrscheinlich erweitern. Daher sind Zugangsverwehrung und nukleare Abschreckung unentwirrbar miteinander verbunden.

Um einen besseren analytischen Antrieb für die potenzialen Dynamiken zwischen seegestützter Abschreckung und maritimem Zugang zu erhalten, untersuchen wir zuerst die historischen Beispielfälle für die Entwicklung chinesischer U-Boote mit ballistischen Raketen und enthüllen einige Bestimmungsgrößen für Chinas voraussichtliche Zukunft auf diesem Gebiet. Wir erörtern dann die anhaltenden Debatten über Pekings zukünftige nukleare Stellung, um eine Grundlage für eine unterseeische Abschreckungsstrategie festzulegen. Basierend auf dieser können wir versuchen, die voraussichtliche Größe der chinesischen SSBNs und ihrer Entwicklungsprofile darzustellen. Wir schlussfolgern dann mit einer Einschätzung der möglichen Ursachen für eine radikale Veränderung der chinesischen Nuklearstrategie.

HISTORISCHE MODELLE FÜR CHINAS UNTERSEEISCHE ABSCHRECKUNG

Fünf Länder haben unterseeische nukleare Abschreckungsstreitkräfte im Einsatz: Die Vereinigten Staaten; die ehemalige Sowjetunion und ihr Nachfolger, Russland; Großbritannien, Frankreich und China. Obwohl es unlogisch erscheinen mag, aber das China der vergangenen Jahrzehnte eignet sich hierbei als Modell am wenigsten. Zum einen verspottete Mao Tse-tung Nuklearwaffen, indem er sie mit einem „Papiertiger" verglich, und war bemerkenswert gleichgültig gegenüber der See außerhalb von Chinas Küstengewässern. Zum anderen hatten die politischen Säuberungen im Zuge des „Großen Schritts nach vorn" und der Kulturrevolution verheerende Auswirkungen auf die Wissenschafts- und Ingenieursbereiche der Nation, da sie die PLA Navy ihrer Expertise beraubte, die sie für die Entwicklung und den Bau von U-Booten benötigte. Demzufolge schafften es chinesische Schiffbauer und Waffenwissenschaftler nie, eine zuverlässige Flotte von U-Booten mit ballistischen Raketen zu bauen, welche die Nation braucht, um eine unverwundbare Zweitschlagkapazität liefern zu können.[1] Der Sparsamkeit halber werden wir Maos Chinas unbehandelt lassen.

Durch die Untersuchung der verbliebenden vier historischen Modelle können wir einen möglichen Blick auf Chinas seegestützte Abschreckungsmittel werfen.[2] Die Vereinigten Staaten und die Sowjetunion sind offensichtliche Wahlkandidaten in Anbetracht von Pekings vieldiskutiertem Aufstieg zu Weltmachtstatus und der Aussicht, dass es dem Weg folgen wird, den die Supermächte gegangen sind. Auf das Risiko hin, den einen oder anderen zu brüskieren, werden wir die französischen und britischen Fälle in eine Gruppe legen. Ähnliche Anreize und Entmutigungen – besonders die Bedenken hinsichtlich der Zuverlässigkeit der US-nuklearen Garantie während des Kalten Krieges – veranlassten Paris und London, eigene bescheidene Atomarsenale zu entwickeln und ballistische Raketen in nuklearbetriebenen U-Booten auf das Meer zu schicken. Manche China-Beobachter sagen ferner voraus, dass Peking sich mit der Stellung einer regionalen Macht in Asien begnügen wird, ähnlich dem Status, dessen sich das Vereinigte Königreich und Frankreich in Europa und seiner Umgebung seit den 1950er Jahren erfreuen. Diese Möglichkeit bringt die selbstständigen europäischen NATO-Abschreckungsmittel in unseren Blickpunkt.

Vereinigte Staaten

Im frühen Stadium des Kalten Krieges kamen die aufeinanderfolgenden US-Regierungen zu dem Schluss, dass die Vereinigten Staaten von einer großen nuklearen Streitkräftestruktur abhingen. Das Grundprinzip für ein großes Waffenarsenal durchlief mehrere Phasen. Zuerst war dies in den 1950er Jahren hauptsächlich eine Frage der Ausnutzung des amerikanischen Vorsprungs bei Kernwaffen. Die Eisenhower-Administration betrachtete nukleare Streitkräfte als einen Weg, die enormen sowjetischen Vorteile hinsichtlich Geografie und Personalkraft, besonders auf dem sehr wichtigen europäischen NATO-Schauplatz, auszugleichen. Präsident Dwight D. Eisenhower und sein Außenminister, John Foster Dulles, liebäugelten mit der Doktrin einer „massiven Vergeltung" gegen jede kommunistische Anstrengung zu deren Verbreitung – wenn auch nur flüchtig.[3] In den Kennedy-Jahren hatte die massive Vergeltung ihre Glaubwürdigkeit verloren. Die Ansicht, Kernwaffen gegen, sagen wir mal, einen Aufstand in der Dritten Welt einzusetzen, war nicht überzeugend. Washington strengte sich an, die „Raketenlücke" („missile gap") zu stopfen, die sich mit dem Start des Sputnik der Sowjetunion im Jahre 1957 geöffnet zu haben schien. In den 1960er und 1970er Jahren entwickelten und verfeinerten Stragen eine Doktrin der „mutual assured destruction" („gegenseitig zugesicherten Zerstörung") – oder MAD. Kein verrückter Führer auf einer der beiden Seiten würde einen Atomkrieg riskieren, behaupteten die Befürworter der MAD, da sie wussten, dass dies einen automatischen, zerstörerischen Zweitschlag auslösen würde.[4]

Und so ging die westliche Debatte über die nukleare Strategie dahin. Dem Gelehrten Lawrence Freedman zufolge „verließen die Waffen jedoch niemals das Podium". Beherrschende Auffassungen besagten, dass ein großes Arsenal unerlässlich war, um einem Widersacher entgegenzutreten, welcher über eine überwältigende konventionelle Vormachtstellung und selbst einen mächtigen nuklearen Vorrat verfügte. Weder die Launen akademischer Debatten, noch die zeitweiligen Rüstungskontrollen und Abrüstungen überwanden diese fundamentale Überzeugung.[5]

Infolgedessen entstand die US-Unterseebootwaffe, der Kern der amerikanischen Zweitschlagkapazität. Im späten Stadium des Kalten Krieges bildeten achtzehn SSBNs der *Ohio*-Klasse, die mit U-Boot-gestarteten ballistischen Raketen (submarine launched ballistic missile – SLBM) der Typen Trident-II-C-4 oder D-5 bewaffnet waren, das amerikanische unterseeische Abschreckmittel.[6] U-Boot-Fahrer der US-Navy sind berühmt für ihre Verschlossenheit hinsichtlich der SSBN-Einsatzpraktiken, wie es sich für ihre Mission, die Zweitschlagkapazität unangreifbar zu machen, ziemt. Die Übermittlung der Ortsangabe für die Patrouilliengebiete der amerikanischen U-Boote oder deren Gewohnheiten während ihrer 77-tägigen Fahrten könnten die U-Boot-Waffe verwundbar gegenüber der U-Boot-Abwehr (antisubmarine-warfare – ASW) des Widersachers machen. Nachfolgende US-Regierungen haben ausgeklügelte Kommando- und Kontrollprozeduren gegen die unautorisierte Aktivierung von Nuklearwaffen entwickelt. Beispielsweise rechtfertigt eine dreißigminütige Unterbrechung der Kommunikationsverbindungen mit einem SSBN auf Patrouille intensive Anstrengungen, um die Verbindung zwischen dem US-Strategic Command, der Hauptkommandozentrale für alle US-strategischen Streitkräfte, und diesen äußerst wichtigen Systemen wiederherzustellen.[7] Politische und militärische Führer machen sich offensichtlich Gedanken darüber, was eine irrtümliche Aktivierung von SLBMS durch US-strategische U-Boote zur Folge haben würde.[8]

Dennoch scheint es ihnen zu behagen, einzelnen Skippern zu erlauben, ihre Patrouillengebiete ohne scharfe politische Aufsicht zu durchstreifen, und dies zudem ohne den Luxus von Angriffsunterseebooten oder nahen landgestützten Plattformen, die sie vor feindlichen Handlungen schützen. Die amerikanische Einstellung zur seegestützten Nuklearabschreckung scheint dann von Natur aus offensiv zu sein und zeigt die Zuversicht, dass die U-Boote unauffindbar sind und frei von einer geografiebasierten Konzeption operieren können, welche sichere Zufluchtsorte zum Schutz der US-Boote erfordern würde. Falls die chinesischen Führer dem US-Muster folgen und sobald die Hilfstechnologien reifen, werden sich die SSBNs der PLA Navy in den kommenden Jahren durch den Pazifischen Ozean bewegen.

Sowjetunion/Russland

Wie die Vereinigten Staaten schien die Sowjetunion überzeugt zu sein, dass sie eine möglichst große Zahl an gegnerischen Anlagen – Städte oder, wenn technisch möglich, militärische Streitkräfte – gefährden musste, um eine Abschreckung sicherzustellen. Folglich schickte die sowjetische Marine eine große Flotte an nuklearbetriebenen U-Booten, die mit den neuesten nuklearbestückten ballistischen Raketen bewaffnet waren, auf die Meere. Die Technologie – insbesondere die begrenzte Reichweite bei den vorherigen Generationen sowjetischer Raketen – legte den Einsatzprofilen der sowjetischen SSBNs Beschränkungen auf und zwang so die sowjetischen Kommandeure, diese Boote in die Gewässer des Atlantik zu entsenden, wo sie amerikanische Städte bedrohen konnten. In der Tat waren US-Marineplaner besorgt, dass die Präsenz von sowjetischen SSBNs im Atlantik – einem Raum, der durch lebenswichtige Seewege durchkreuzt wird, die Nordamerika mit dem NATO-Europa verbinden – die Verteidigung der Seeverbindungswege (SLOC – sea lines of communication) mit U-Boot-Abwehr-Einsätzen verschmelzen lassen würde, und somit die Aufgaben, die den Marinen der USA und ihrer Verbündeten für den Kriegsfall zugedacht wären, erheblich erschwert hätten.[9]

Sowjetische Marinestrategen scheinen zu derselben Erkenntnis gekommen zu sein, und Fortschritte in der Technologie gestatteten es der sowjetischen Vorliebe, sich eine neue Geltung für eine defensive Haltung auf See zu verschaffen. In den 1970er Jahren deutete eine wachsende Anzahl an Beweismitteln an, dass die zunehmend leistungsfähiger werdende Sowjetmarine zu defensiven Einsatzprofilen zurückkehrte. Sowjetische Waffeningenieure hatten die Reichweite der ballistischen Raketen, die von den U-Booten der Marine aus gestartet werden konnten, verbessert und weitere Fähigkeiten wie mehrfache, selbstständig zielsuchende Sprengköpfe hinzugefügt.[10] Anstatt sich in den Atlantik vorzuwagen, patrouillierten sowjetische SSBNs eher in arktischen Gewässern, von wo aus sie noch US-Ziele erreichen konnten, während sie sich der Vorteile erfreuen konnten, die mit der Nähe zu sowjetischen Marinebasen verbunden waren.

Diese Erkenntnis trieb das Denken hinter der US-Strategie auf See während der Reagan-Jahre an, welche sich auf US-Navy-Kampfgruppen berief, um im Krieg die Initiative zu erlangen und nordwärts in das Nordmeer zu fahren, um die sowjetischen strategischen Streitkräfte in ihren eisigen nördlichen „Bollwerken" zu bedrohen. Sollte Peking Moskaus Marinestrategie der 1970er und 1980er Jahre folgen, würden die SSBNs der PLA Navy Schutz hinter geografischen Schanzen wie dem Golf von Bohai oder vielleicht in den Gewässern innerhalb der „ersten Inselkette", die parallel zur chinesischen Küstenlinie verläuft, finden.[11] Während die PLA neue Waffensysteme in Gang bringt, besonders ihre ballistische Antischiffsrakete, wird sie voraussichtlich in der Lage sein, die feindlichen ASW-Anlagen außerhalb der inneren Inselkette zu bedrohen. Dies würde den chinesischen Skippern erlauben ihre Patrouillengebiete seewärts zu erweitern, in Übereinstimmung mit den politischen Beschränkungen, die durch das chinesische Regime auferlegt werden könnten.

Britannien/Frankreich

Es ist lohnenswert, ein paar Worte über die britischen und französischen Einstellungen hinsichtlich der unterseeischen Abschreckung zu verlieren, falls sie ein drittes Modell für ein China darstellen könnten, das sich mit regionalem Einfluss und einer Zweitschlagkapazität zufriedengibt, die weitaus bescheidener als die der Vereinigten Staaten oder der UdSSR/Russlands ist. London und Paris entwickelten eigenständige U-Boot-Abschreckmittel aus der Sorge heraus, dass der US-Nuklearschirm sich als schwach und unzuverlässig im Krieg erweisen würde. Das heißt, dass Washington unwillig sein könnte, zuliebe der europäischen NATO-Verbündeten das eigene Heimatland der Gefahr eines atomaren Gegenangriffs auszusetzen. Die Erhaltung der Fähigkeit, der UdSSR einen unzumutbaren Schaden zuzufügen – und hierbei die US-Sicherheitsgarantie zu stärken–, half ihnen, sich gegen ein mögliches amerikanisches leeres Gerede abzusichern. Die Einhaltung einer bescheidenen Größe von Nuklearstreitkräften war zwingend erforderlich angesichts der dürftigen Etats, die diesen mittelgroßen Wirtschaftsmächten mit ihren zusätzlichen Erfordernissen für eine Einsatzbereitschaft im kontinentalen Europa zur Verfügung standen. Asymmetrische Unterseestreitkräfte erschienen für die britischen und französischen Staatsvertreter in strategischer und etatmäßiger Hinsicht als ausreichend.

Das Vereinigte Königreich und Frankreich nahmen daraufhin mit SSBN-Streitkräften vorlieb, die neben solchen der Supermächte verblassten. Es ist erwähnenswert, dass – neben den Zahlen – die SSBN-Entwicklungsprofile scheinbar denen der US-Navy ähnelten. Die gesamte französische SSBN-Waffe war im atlantischen Hafen Brest stationiert, jedoch kontrollierten aus offensichtlichen Gründen die in den Britischen Inseln stationierten U-Boote den Atlantik und die Nordsee. Keine dieser Regierungen verwendete eine Strategie, die erforderte, dass ihre SSBNs innerhalb eingeengter geografischer Gebiete oder in Reichweite von landgestützten Militärstreitkräften zur Unterstützung zu bleiben hatten. Sollte China diese Einstellung übernehmen, wird es seine Tradition der Unterhaltung eines kleinen Atomarsenals weiterhin verfolgen, jedoch gestattet es seinen U-Boot-Kommandanten, den Pazifik, das Südchinesische Meer oder den Indischen Ozean weiträumig zu patrouillieren – und dies nur abhängig davon, in Feuereichweite der Ziele zu bleiben, die ihnen zur Bedrohung zugeteilt wurden. Die Ziele für chinesische SSBNs würden sowohl US-Basen im Pazifik als auch weniger offensichtliche Orte in Indien und dem russischen Fernen Osten einschließen.[12]

Die neueste chinesische Literatur zeigt ein reges Interesse insbesondere am französischen Modell. Artikel über die *Le-Triomphant*-SSBN-Klasse von Frankreichs Marine demonstrieren ein beeindruckendes Verständnis der technischen Entwicklungen und der allgemeinen Evolution in der französischen U-Boot-Waffe.[13] Chinesische Analysten bemerken, dass das Land die Philosophie der „Nutzung von Schwäche, um Stärke zu besiegen" („using weakness to defeat strength") schrittweise aufgegeben hat. Diese hat einst der nuklearen Abschreckungsstrategie zugrunde gelegen, während sie den Übergang zu der Stellung einer „effektiven Gegenattacke" vollzog, welche die Kapazität zur Durchführung einer größeren Bandbreite an Angriffseinsätzen bedeutet.[14] Da 85 bis 90 Prozent der französischen nuklearen Schlagkraft in der unterseeischen Abschreckungswaffe steckt, bemerken einige Autoren zustimmend, dass die SSBNs im Wesentlichen das Herzstück von Paris' neuer Strategie sind.[15] Einige wenige chinesische Strategen finden den französischen Schwerpunkt der „wenigen, aber dafür erstklassigen" Nuklearplattformen („a few but top-notch") besonders ansprechend.[16] Wie wir im Folgenden zeigen werden, kann die chinesische unterseeische Nuklearstrategie sich in eine ähnliche Richtung entwickeln, was Chinas offensichtlich großes Interesse an der französischen Erfahrung erklärt.

Gewiss ist es möglich, dass Peking ein spürbar chinesisches Modell für die unterseeische Nuklearstrategie und Streitkräftestruktur gestalten wird. Selbst dann liefert die Geschichte Maßstäbe, durch die Außenstehende die nukleare Entwicklung der PLA verfolgen können. Diesen historischen Fällen aus dem Kalten Krieg nach zu urteilen, verdienen es einige Anzeichen, bei der Einschätzung von Chinas wachsender U-Boot-Abschreckung berücksichtigt zu werden.

Art des Regimes: Regime zeigen bestimmte merkliche strategische und operative Präferenzen. Wie ihre autoritären Gegenstücke sorgen westlich-liberale Regierungen mit nuklearer Kapazität für ausführliche Vorsorgemaßnahmen und strenge Kommando- und Kontrolleinrichtungen, um eine unautorisierte Auslösung von Nuklearwaffen zu verhindern. Sie lassen trotzdem einen angemessenen Grad an Behaglichkeit mit SSBN-Skippern erkennen, die weit von ihren Küsten entfernt in einer offensiven Art und Weise sowie fernab von landgestütztem Beistand operieren. Die Einsatzmuster reflektierten dies, da amerikanische, britische und französische SSBNs sich der Freiheit erfreuten, selbstständig in Reichweite von sowjetischen Zielen herumzufahren. Zum Vergleich sind autoritäre Regime – besonders solche, die von Ideologien wie dem Kommunismus angetrieben werden, welche die Regimeloyalität von Offizieren schätzen und alles Erdenkliche tun, um diese Loyalität zu erzwingen – schlecht gesinnt, um Marine-Befehlshabern diesen Grad der Kontrolle über strategische Anlagen zuzugestehen. Wie in den 1970er und 1980er Jahren ersichtlich wurde, bevorzugten sowjetische Führer, die SSBNs näher an der Heimat und damit unter deren wachsamem Auge zu halten. Ob chinesische Führer zu einem dieser Ansätze neigen oder ihre eigenen gestalten werden, bleibt abzuwarten.

Strategische Kultur: Während der 1970er Jahre fochten westliche Denker untereinander aus, ob es eine eigene sowjetische Art des Denkens und der Ausführung von nuklearer Strategie gab. Früher vermuteten sie dies nicht. Jedoch deuteten zunehmende Beweise an, dass – entgegen der Logik von der gegenseitig zugesicherten Zerstörung – Moskau nicht die Kapazität anstrebte, in einem nuklearen Konflikt zu kämpfen und die Oberhand zu gewinnen. Langgepflegte Vermutungen unter den Gelehrten und Fachleuten im Bereich nuklearer Strategie beinhalteten, dass dieselbe Logik von nuklearer Abschreckung die Entscheidungsbildung in allen Ländern beherrsche. Falls diese Vermutungen falsch waren, dann wären die amerikanischen und westlichen Strukturen der Nuklearstrategie und der Streitkräfte, die auf die MAD ausgelegt waren, auf gefährliche Weise fehlgeleitet worden. Angeregt durch die Debatte über die sowjetische Nuklearstrategie begannen Strategiedenker den Einfluss von nationalen Traditionen, Geschichte und Kultur auf die Gestaltung von Politik und Strategie zu berücksichtigen. [17]

Die Anerkennung solcher Verschiedenheiten fiel nicht leicht. Der sowjetische Denkansatz – die SSBNs zurückzuhalten und Mehrzweck-See- und Landstreitkräfte einzusetzen, um die SSBNs zu verteidigen – trotzte offensiv eingestellten westlichen Empfindungen. Während einer Lagebesprechung im Jahre 1981, so berichtet der Historiker John Hattendorf des Naval War College, befand Admiral Thomas Hayward, Chief of Naval Operations, „dass die Konzepte der sowjetischen Strategie so gänzlich unterschiedlich sind, dass er Zweifel äußerte, ob die Sowjets möglicherweise ihre Marine auf diese Art und Weise führen könnten." [18] Doch sie taten dies, trotz Haywards Missbilligung. Falls die Sowjetunion und andere Mächte erkennbare Ausführungsformen bei der U-Boot-Bekämpfung zeigten, dann wird die Volksrepublik China dies vermutlich auch tun.

Wahrnehmung der Bedrohung: Wie Peking die Bedrohung von voraussichtlichen Widersachern wahrnimmt wird seine SSBN-Doktrin gestalten. Allgemein ausgedrückt, schlossen die hier begutachteten Modelle die Aussendung von U-Booten auf die See ein, die fähig sind, einer einzelnen Bedrohung zu begegnen. Zum größten Teil bemühten sich die Sowjetunion und die Vereinigten Staaten, sich gegenseitig abzuschrecken, indem sie ihren Gegner von der Erlangung eines nuklearen Vorteils abhalten wollten, welcher jedem von beiden gestattet hätte, ohne die Gefahr eines verheerenden Gegenschlags Krieg zu führen. Britannien und Frankreich versuchten die Sowjets abzuschrecken und sich für den Fall eines Rückzugs der Vereinigten Staaten durch den Einsatz ausreichender Nuklearstreitkräfte zu wappnen. China sieht sich einer deutlich komplexeren strategischen Geometrie gegenüber, da es sich nicht nur über eine amerikanische Anstrengung, die chinesischen ballistischen Interkontinentalraketen (ICBM – intercontinental ballistic missile) auszuschalten, Sorgen machen muss, sondern auch über Indien, einem neuen nuklearen Nachbarn, mit dem China eine lange Grenzlinie und eine Historie von zeitweiliger gewalttätiger Konkurrenz gemeinsam hat. China und Russland haben auch eine tumultartige Vergangenheit. Trotz ihrer Zusammenarbeit in den letzten Jahren werden sich russische Standorte fast mit Sicherheit auf der Abschussliste von chinesischen U-Booten wiederfinden. Wie sich diese wetteifernden Überlegungen auf den Umfang und die Operationen der SSBNs der PLA Navy auswirken werden, bleibt abzuwarten.

Technologische Abhängigkeit: Wie bei dieser Untersuchung von Beispielen aus dem Kalten Krieg ersichtlich, legte die Technologie den SSBN-Einsatzprofilen zeitweise bestimmte Zwänge auf, die auf politisch und kulturell herrührende strategische und operative Präferenzen stießen. Die sowjetische Marine schien eine defensive Haltung zu bevorzugen, die die geografischen und landgestützten Verteidigungen wirksam einsetzte, doch schon früh waren sowjetische SSBNs gezwungen, sich in den Atlantik vorzuwagen, um ihre Abschreckungsmission zu erfüllen. Westliche U-Boot-Fahrer waren auf ähnliche Weise gezwungen, in Reichweite ihrer Ziele zu patrouillieren, was ihre Handlungsfreiheit einschränkte. Als die technologischen Zwänge sich lockerten, kamen jedoch die gewohnten strategischen und operativen Präferenzen, die in der politischen und strategischen Kultur begründet waren, erneut zum Vorschein. Sowjetische U-Boote kehrten zu geografisch festgelegten Bollwerken zurück, während amerikanische, britische und französische U-Boote mit Patrouillen auf dem offenen Meer fortfuhren. China wird sich zweifellos ähnlichen technischen Herausforderungen gegenübersehen, wenn es versucht, seine erste effektive SSBN-Flottille zu bauen und einzusetzen. Sobald es diese Herausforderungen meistert, kann es auch SSBN-Operationen im Einklang mit Chinas strategischen Traditionen und Präferenzen anstreben.

CHINAS NUKLEARE STELLUNG:
DER SCHRITT JENSEITS DER WESTLICHEN DEBATTE

Die vergangenen paar Jahre waren Zeuge einer lebhaften Debatte unter westlichen Strategiedenkern hinsichtlich Chinas wachsender Streitmacht an Flottenunterseebooten mit ballistischen Raketen und was dies für Pekings Gesamtstrategie einer nuklearen Abschreckung bedeutet. Eine einflussreiche Denkschule prophezeit ein relativ statisches Modell für die chinesische Nuklearentwicklung und vermutet, dass die rudimentäre landgestützte Raketenstreitmacht, die in der Vergangenheit Pekings Bedürfnissen diente, dies auch zukünftig tun wird. Andere fechten solch gutartige Prognosen an, indem sie auf die Einführung der landgestützten mobilen ballistischen Raketen der nächsten Generation, dem schnellen Aufbau von Chinas Marine im Allgemeinen und die Verbesserungen bei der U-Boot-Waffe und der ballistischen Raketenstreitkräfte im Besonderen hinweisen. Falls dem so ist, wird China in den kommenden Jahren eine Streitmacht auf das Meer schicken, welche in qualitativer und quantitativer Hinsicht symmetrischer zu jener der US-Navy ist. Sie wird ihre traditionelle Haltung einer „minimalen Abschreckung" („minimum deterrence") aufgeben und außerdem eine nukleare Stellung einnehmen, die sich besser als „begrenzte Abschreckung" („limited deterrence") beschreiben lässt.

Wir stimmen mit diesen beiden Prognosen von Chinas nuklearer Strategie, Doktrin und Unterseefähigkeiten nicht überein. Wir bewerten Chinas unterseeische Abschreckungsmittel auf rein strategischer Ebene und lassen hierbei andere bedeutende Fragen – solche, wie Peking seine Flotten-Unterseeboote einsetzen könnte, um den Druck auf Taiwan oder bei einer anderen Eventualität zu unterstützen – beiseite. Unsere Haupterkenntnis ist: Ein größeres, fortgeschritteneres und leistungsstärkeres Geschwader von Flottenunterseebooten mit ballistischen Raketen bedeutet nicht unbedingt einen Bruch mit Chinas Tradition einer minimalistischen nuklearen Strategie. In der Tat würde eine bescheidene unterseeische Abschreckung die minimale Abschreckung, wie Peking sie sich vorstellt, verstärken.[19]

Um unsere Hypothese auf die Probe zu stellen, ist es notwendig, die Evolution der weiteren chinesischen nuklearen Doktrin und der Streitkräftestellung einzuschätzen. In den vergangenen vier Jahrzehnten hat sich China eine eher einmalige Nische unter den fünf erklärten Nuklearwaffenstaaten geschaffen. Seit China seine Fähigkeit im Jahre 1980 gezeigt hat, ballistische Raketen über interkontinentale Entfernungen zu feuern, ist seine nukleare Stellung bemerkenswert bescheiden und resistent gegen Veränderungen geblieben. China pflegt, was viele westliche Analysten als eine Doktrin der minimalen Abschreckung bezeichnen, die streng auf einer defensiven Haltung, einem kleinen Waffenarsenal, einer Zusicherung, in einem Krieg Atomwaffen nicht zuerst einzusetzen und einer Verpflichtung, nicht-nukleare Staaten weder anzugreifen noch zu bedrohen, basiert. Offizielle chinesische Dokumente haben wiederholt diese minimalistischen Prinzipien beteuert.[20] In einer deutlichen Darstellung der chinesischen nuklearen Richtlinie erklärt das 2006er Verteidigungs-„White-Paper" mit Nachdruck: „China bleibt fest verpflichtet gegenüber der Richtlinie, zu keiner Zeit zuerst und unter keinen Umständen Nuklearwaffen einzusetzen. Es verzichtet bedingungslos auf einen Einsatz oder eine Drohung mit einem Einsatz von Nuklearwaffen gegen nicht-nukleare Staaten ... China hält die Prinzipien eines Gegenangriffs als Selbstverteidigung und der eingeschränkten Entwicklung von Nuklearwaffen aufrecht und strebt den Aufbau einer kleinen und effektiven Nuklearstreitmacht an ... Es bemüht sich, die Sicherheit und Zuverlässigkeit seiner Nuklearwaffen sicherzustellen und unterhält eine glaubwürdige nukleare Abschreckungsstreitkraft.[21]

Das 2008er Verteidigungs-„White-Paper" bestätigt die Motive, die in der vorausgegangenen Ausgabe verdeutlicht wurden, während es spezifischer darin ist, wie die chinesischen Nuklearstreitkräfte verwendet werden. Es besagt:

Die Zweite Artilleriestreitkraft (Chinas strategisches Streitkräftekommando) steht zu Chinas Richtlinie des Verzichts auf einen Ersteinsatz einer Nuklearwaffe (und) wendet eine selbstverteidigende Nuklearstrategie an ... Im Frieden werden die nuklearen Raketenwaffen der Zweiten Artillerie auf kein Land gerichtet. Doch wenn China einer nuklearen Bedrohung ausgesetzt wird, wird die nukleare Raketenstreitkraft der Zweiten Artillerie in den Alarmzustand übergehen und sich für einen nuklearen Gegenangriff bereit machen, um den Feind davon abzuschrecken, Nuklearwaffen gegen China einzusetzen. Falls China einen nuklearen Angriff erleidet, wird die nukleare Raketenstreitmacht der Zweiten Artillerie nukleare Raketen einsetzen, um einen entschlossenen Gegenangriff zu starten.[22]

Die Obrigkeit in Peking scheint dann unentwegt den Hauptelementen von Chinas lange bestehenden Nuklearrichtlinien gegenüber verpflichtet zu sein. Wang Zhongchun, ein Professor an Chinas National Defense University und ein Senior-Oberst in der PLA, schätzt kurz und bündig, dass „Chinas Nuklearstrategie hauptsächlich defensiv, ausrichtbar, passiv und begrenzt ist."[23] Ein solcher Minimalismus hat bedeutenden Einfluss auf Chinas nukleare Stellung genommen, indem es die Größe und Bereitschaft dieser Streitkraftstruktur niedrig gehalten hat. Eine Studie der RAND-Corporation von 2002 besagt: „Eine der faszinierendsten Aspekte von Chinas nuklearem Waffenprogramm ist über die Zeit seine quantitativ und qualitativ begrenzte Natur gewesen. Diese Beschränkungen werden in der Praxis charakterisiert durch eine relativ kleine Anzahl von Sprengköpfen, technisch und zahlenmäßig begrenzten ‚Lieferfahrzeugen' (delivery vehicles), einem überwältigenden Vertrauen auf landgestützte Systeme, anhaltende Sorgen über die Überlebensfähigkeit, Zuverlässigkeit und Durchlässigkeit des Systems sowie einem eingeschränkten Programm für Forschung, Entwicklung und Erprobung."[24] Jeffrey Lewis' im Jahre 2007 veröffentlichte Analyse stimmt zu: „Chinas kleine, aber effektive nukleare Gegenschlagwaffe – bestehend aus etwa achtzig betriebsfähigen nuklearen Sprengköpfen, die separat von ihren landgestützten ballistischen Raketen gelagert werden und für Vergeltungseinsätze gedacht sind – ist beträchtlich kleiner, weniger vielfältig und in einer geringeren Bereitschaft, um effektive Einsätze auszuführen, als die Arsenale der anderen vier Atommächte, die durch den Atomwaffensperrvertrag (Nuclear Nonproliferation Treaty – NPT) anerkannt sind."[25]

Der Nonproliferations-Experte (Nichtverbreitung von Kernwaffen) Jing-dong Yuan bemerkt: „China wird nukleare Waffen weiterhin als weitgehend politische und psychologische Mittel in einem Kampf des Willens und nicht als verwendbare Waffen betrachten. Peking wird sich weiterhin mit der geringen Größe seiner nuklearen Streitkraft zufriedengeben, solange eine akzeptable Überlebenschance seines Nukleararsenals sichergestellt werden kann."[26]

Es ist dennoch wichtig zu bemerken, dass ein Minimalismus oder das Ausbleiben einer radikalen Abkehr hiervon das Nukleararsenal nicht neu gestalten wird. Es gibt offensichtlich eine anhaltende, heftige Theoriedebatte in China über die Zukunft der chinesischen Nuklearstrategie. Die weite Mehrheit dieses Diskurses konzentriert sich jedoch eher auf die Feinheiten zur Ausführung der Strategie als auf die eigentlichen Grundprinzipien, welche die Doktrin und die Planungen anregen. Die Chinesen haben eine verwirrende Anzahl von Begriffen geprägt, um ihre nukleare Stellung zu beschreiben. Hierzu zählen die „effektive Verteidigung" („effective defense"), der „begrenzte Selbstverteidigungsgegenangriff" („limited self-defense counterattack"), die „nukleare Gegenbedrängnis" („counter nuclear coercion") sowie die „nukleare Gegenabschreckung" („counter nuclear deterrence").[27] Doch trotz der Mannigfaltigkeit des strategischen Lexikons bekunden die meisten Analysten ein dauerhaftes Vertrauen in einen defensiven und gemäßigten Charakter der chinesischen Einstellung zu Nuklearwaffen. Wie Rong Yu und Hong Yuan erklären, „sind viele Konzepte, die zur nuklearen Abschreckungstheorie selbst gehören, stark umstritten, während eine Übereinstimmung hinsichtlich des Umfangs von Nuklearkapazitäten, die für die Erfüllung der Anforderungen einer nuklearen Abschreckung für jede Nation notwendig sind, weiterhin schwer erkennbar ist. Für Nationen, die öffentlich ihre Stellung einer minimalen Abschreckung erklärt haben, haben sich die Definitionen eines minimalen Umfangs verändert, und nationale Voraussetzungen sowie dazugehörige Sichtweisen der strategischen Lage beeinflussen solche Veränderungen zutiefst."[28] Gleichzeitig sind qualitative Fortschritte und quantitative Zuwächse bei Chinas nuklearer Streitkräftestruktur deutlich im Gange, während Peking sich bemüht, ein im Wandel befindliches Sicherheitsumfeld neu zu gestalten und darauf zu reagieren. In anderen Worten ausgedrückt, vollzieht sich ein Wandel im weiteren Zusammenhang der Entwicklung. Sun Xiangli argumentiert, dass „ein begrenzter Umfang bei der nuklearen Leistungsfähigkeit nicht bedeute, dass die Zahl der Nuklearwaffen an einem Ort gebunden bleiben würden. In Wirklichkeit ist der Umfang die quantitative Messeinheit, die in enger Beziehung zu der Effektivität des nuklearen Arsenals steht. Während verschiedene Präzisionsangriffskapazitäten schnell zunehmen und Abwehrsysteme gegen ballistische Raketen international entwickelt werden, müssen die Minimalstandards und technologischen Maßstäbe, die für die Selbstverteidigung notwendig sind, entsprechend erhöht werden."[29] In einer raren öffentlichen Erklärung scheint General Jing Zhiyuan, der Befehlshaber des Zweiten Artillerie-Corps der Volksbefreiungsarmee, mit diesen Einschätzungen übereinzustimmen. Er betrachtet die „gehobene Effektivität" („elite effectiveness") und „ausreichende Effektivität" („sufficient effectiveness") als die Grundlagen für das Modernisierungsprogramm seiner Waffengattung.[30] Die Betonung der Qualität gegenüber der Quantität ist unverkennbar.

Pekings Anstrengungen, Strategie, Doktrin und Fähigkeiten in einer eigenen Terminologie zu definieren, liefern westlichen politischen Entscheidungsträgern und Wissenschaftlern eine nützliche Warnung davor, ihre eigenen Anschauungen hinsichtlich einer Nuklearstrategie auf die Chinesen zu projizieren. In der Tat weisen einige chinesische Gelehrte offen die westlichen Konzeptionen – und inkorrekten Abgrenzungen – der minimalen und begrenzten Abschreckung zurück, indem sie diese als zu simpel, beschränkt, ethnozentrisch und unanwendbar für China bezeichnen.[31] Sie argumentieren, dass die Besonderheit und die Kontinuität, die auf Chinas einmaligem strategischem Umfeld und Traditionen basieren, die Zukunft der chinesischen Nuklearstrategie formen werden.

Dieser analytische Einspruch ist die Voraussetzung für unsere Einschätzung. Anstatt ziellos über eine nukleare Stellung zu spekulieren, die noch nicht existent ist, oder zu versuchen, die Bedeutung von konkurrierenden chinesischen Begriffsdefinitionen vorauszuahnen, sind wir der Ansicht, dass die Vermutung begründet ist, dass China weiterhin seiner minimalistischen (aber sich fortlaufend entwickelnden) Stellung bis weit in das nächste Jahrzehnt hinein treu bleiben wird.[32] Ein solcher Bezugspunkt bietet politischen Entscheidungsträgern und Analysten zumindest eine gewisse Grundlage, um den Grad des Wandels zu ermessen, sollte China sich irgendwann entscheiden, sich von einer Minimalabschreckung abzuwenden.

Es gehört zu diesem Zusammenhang einer sichtbaren Einschränkung, dass Chinas strategisches Kalkül dazu geführt hat, eine unterseeische Dimension zu umfassen. Nachfolgende Verteidigungs-„White-Papers" beispielsweise betonen die Notwendigkeit, die nukleare Abschreckung auf See zu verbessern. Beachtet man die 2004er Ausgabe, so „(hat) sich die Vorbereitung für ein maritimes Schlachtfeld verstärkt ... und die Fähigkeit zu nuklearen Gegenschlägen (hat sich) erhöht."[33] Auf ähnliche Weise schreiben die 2006er und 2008er Ausgaben der PLA Navy als Einsatzzweck die Ausführung von „nuklearen Gegenschlägen" zu.[34] Peking liebäugelt mit einer größeren Rolle für seine seegestützte Abschreckung.

DIE GENÜGSAMKEIT STICHT IN SEE

Verteidigungsplaner in Peking sehen sich einigen einfachen, aber entscheidenden Fragen hinsichtlich der Zukunft einer unterseeischen Abschreckung gegenüber. Welche Arten von Streitkräftestrukturen würde Peking als praktikabel bezeichnen? Welche Faktoren könnten dazu beitragen, ein größeres Vertrauen in die aufkeimende Flotte von

U-Booten mit ballistischen Raketen zu begünstigen? Kurzum, wie viel ist ausreichend? Die Größenmessung der Flotte ist sowohl eine analytische Übung als auch eine Kunst, nicht zuletzt wegen der politischen Konsequenzen des Einsatzes der zerstörerischsten einzelnen Plattform, die die Menschheit kennt. Eine große SSBN-Flotte würde nicht nur eine beträchtliche finanzielle Belastung für die chinesischen Steuerzahler darstellen, sondern könnte auch gut eine konkurrenzbetonte Reaktion von potenziellen Widersachern hervorrufen. China sieht sich daher einem heiklen Balanceakt gegenüber, der anstrebt, strategischen Erfordernissen gerecht zu werden, ohne andere große Mächte über Gebühr zu beunruhigen.

Eine bedeutende eingreifende Variable ist Pekings Kalkül hinsichtlich der angemessenen Streitkräftezusammenstellung und der Kompromiss zwischen seinen landgestützten, mobilen ICBMs vom Typ DF-31 und der seegestützten Komponente. Jeder Teil der strategischen Zweiergruppe stellt eigene Vor- und Nachteile dar, die sicherlich die Kosten-Nutzen-Analyse der Volksrepublik China beeinflussen. Im Hinblick auf die Überlebensfähigkeit erhöhen sowohl die land- als auch die seegestützten Optionen Chinas Fähigkeit, einem entwaffnenden Erstschlag zu entgehen. Die Mobilität der DF-31-Streitmacht wird es der PLA ermöglichen, Chinas geografische Weite auszunutzen, während die nun im Einsatz befindlichen SSBNs vom Typ 094 der nächsten Generation – in Wirklichkeit Chinas erste einsatzfähige SSBNs, die dem Typ 092-*Xia* nachfolgen, welcher nie eine Abschreckungspatrouille durchführte[35] – für jeden Widersacher zusätzliche Herausforderungen bei der Zielerfassung, Verfolgung und Aufklärung bedeuten werden.[36] Eine überlebensfähige, beidseitig voneinander abhängige nukleare Zweiergruppe würde die Vielseitigkeit von Chinas nuklearen Streitkräften immens erhöhen. Falls die ICBM-Streitmacht unerträgliche Verluste bei einem Erstschlag erleiden würde, würden die 094er Boote, mit anderen Worten ausgedrückt, sicherstellen, dass Peking noch immer in „Naturalien" antworten könnte. Selbst bescheidene Zuwächse in der Anzahl land- und seegestützter Nuklearwaffen gehen dann einen langen Weg in Richtung der Erhöhung der Überlebensfähigkeit von Chinas Nuklearstreitkräften.[37]

Einige Faktoren, die bei der unterseeischen strategischen Streitkraft einmalig sind, vergrößern die relative Bedeutung von SSBNs gegenüber ihren landgestützten Gegenstücken. Ein U-Boot mit ballistischen Raketen unterscheidet sich selbst sogar von einer durch Straßen oder Schienen beweglichen ICBM durch seine „stealth"-artige Verborgenheit und unbegrenzte Beweglichkeit sowie Einsatzdauer, die es ihm gestatten, Raketenstarts von fast überall durchzuführen.[38] Eine chinesische Studie über Atom-U-Boote, die vom Senior-Nuklearingenieur Yang Daxin veröffentlicht wurde, erklärt: „Das U-Boot mit ballistischen Raketen ist daher die optimalste nukleare Waffenkammer."[39] Der Verfasser benennt drei Schlüsselfaktoren, die das SSBN zur ultimativen Waffe machen: Überlebensfähigkeit (so hoch wie 90 Prozent), Offensivstärke und Zerstörungskraft. Die Überlebensfähigkeit von SSBNs verspricht die Versuchung für Peking zu verringern, eine destabilisierende landgestützte Stellung anzunehmen, welche die Krisenstabilität und die Eskalationskontrolle – einschließlich einer stärkeren Zerstreuung und eines dezentralisierten Kommandos und Kontrolle – aushöhlt. Jing-dong Yuan schlussfolgert, dass „eine seegestützte Abschreckung weniger angreifbar durch einen Präventivschlag wäre und so Chinas Richtlinie zum Verzicht auf einen Erstschlag verstärken würde. Dies könnte das Risiko einer plötzlichen Eskalation auf nuklearer Ebene verringern."[40]

Im April 2009 gestaltete das Journal *Naval and Merchant Ships* auf ihren Seiten eine seltene, faszinierende Debatte über die Vor- und Nachteile eines Einsatzes einer U-Boot-gestützten Abschreckungsstreitmacht auf See. Das Magazin bot das Forum für einen konstruktiven Dialog, der in Bezug auf die Erwähnung eines maritimen „nuklearen Gegenangriffs" durch das 2008er Verteidigungs-„White-Paper" heftige Reaktionen der Leserschaft nach sich zog. Indem er Yang Daxin wiederholte, behauptet Hong Hai, dass ein SSBN folgendes bietet: (1) Verborgenheit und Überlebensfähigkeit; (2) Beweglichkeit und Reichweite; (3) einen Ausgleich für die begrenzte Reichweite von ballistischen Raketen; (4) Feuerkraft und multivektorische Angriffe; (5) flexible Abschusslösungen und überlegene Durchschlagsfähigkeiten gegen ballistische Abwehrsysteme und (6) eigenständige Operationen weit vom Heimatland entfernt, und demzufolge eine Verringerung des Kollateralschadens unter Zivilisten beim Austausch gegenseitiger Gewalt.[41]

Lan Hai erwidert, dass das SSBN unter einer Reihe von Unzulänglichkeiten leidet, im Besonderen wenn man es mit seinen landgestützten Gegenstücken vergleicht. Die relativen Nachteile schließen ein: (1) Kompromisse bei der Raketengenauigkeit; (2) der unerschwingliche Kostenaufwand, die operative Bereitschaft aufrechtzuerhalten und die U-Boote auf See zu halten; (3) Schwierigkeiten bei der Aufrechterhaltung von Kommando und Kontrolle; (4) die starke Schockwirkung und die großen Auswirkungen von Schäden, Verlust oder Zerstörung eines U-Boots; und (5) sehr lange Forschungs- und Entwicklungszyklen für neue Plattformen und exorbitante Gelder für die Schiffskonstruktion und Wartung.[42] Obwohl es jenseits des Rahmens unserer Untersuchung liegt, die Überzeugungskraft beider Behauptungen zu beurteilen, ist die hohe Qualität der Argumente gänzlich repräsentativ für Chinas Überlegungen hinsichtlich der See, wie in Kapitel 2 festgestellt wurde. Solche analytischen Abweichungen öffnen auch ein Fenster in den Diskurs, der sich wahrscheinlich in Pekings politischen Kreisen abspielt.

Wie die Debatte andeutet werden die abstrakten strategischen und operativen Vergünstigungen, die durch eine unterseeische strategische Streitkraft erlangt werden, die chinesische Führung wahrscheinlich nicht überzeugen, entscheidend zu SSBNs gegenüber ICBMs zu tendieren. Führend bei den Überlegungen jeder politischen Führung sind das Kommando und die Kontrolle seines Nukleararsenals. Es ist unklar, ob Peking willig wäre, die operative Kontrolle über ein nuklear bewaffnetes U-Boot an einen taktischen Kommandeur zu übertragen.[43] Gleichzeitig ist die erhöhte Überlebensfähigkeit, die eine SSBN-Flotte zu Chinas mobilen ICBM-Einheiten hinzufügt, relativ und automatisch steigend. Die DF-31 stellt eine enorme Verbesserung gegenüber den starren silogestützten ICBMs dar, die für mehr als zwei Jahrzehnte die Hauptstütze für Chinas Abschreckungshaltung darstellten. In der Tat scheinen einige chinesische Gelehrte überzeugt zu sein, dass die neuen landgestützten Raketen ausreichen, um eine chinesisch-amerikanische strategische Stabilität aufrechtzuerhalten.

Lin Bin zufolge würde selbst das Streben der Vereinigten Staaten nach strategischen Waffensystemen wie einer Raketenverteidigung und weltraumgestützter Sensorik Chinas Kapazität nicht aushöhlen, als Folge eines präventiven Erstschlages mit landgestützten Raketen zurückzuschlagen. Auch würden in den Pazifik entsandte amerikanische SSBNs die ICBMs der PLA nicht unschädlich machen, trotz der geringeren Entfernung der Abschussplattform zu den ins Ziel genommen chinesischen Streitkräften.[44] Mit anderen Worten würden Chinas weites Territorium und die Mobilität der DF-31 es den ICBM-Streitkräften ermöglichen, einem entwaffnenden Angriff zu entgehen und anschließend die amerikanischen Raketenverteidigungen durch einen Vergeltungsschlag zu durchdringen. Somit würde China die amerikanischen technologischen Innovationen und jede Neukonfiguration von US-Streitkräften in Asien zunichte machen oder zumindest hierbei die Richtlinien bestimmen. Falls Lis Vertrauen in die ICBM-Streitmacht wohlbegründet ist, muss die chinesische Führung bestimmen, ob die hinzugefügte Versicherung, die von einer unterseeischen Abschreckung ausgeht, die finanziellen und politischen Kosten wert ist.

Praktische Erwägungen wie die technische Umsetzbarkeit und hohe finanzielle Kosten könnten außerdem Belastungen darstellen, die die Volksrepublik China nicht tragen mag. Die enormen technologischen, wissenschaftlichen und ingenieurstechnischen Herausforderungen beim Bau eines SSBN sind bereits ausreichend dokumentiert worden.[45] Die mit Problemen belastete Geschichte der *Xia*-Klasse-SSBNs der ersten Generation ist ein Zeugnis für die enormen Hindernisse, welche die Chinesen bewältigen müssen, um ein Wasserfahrzeug zu beherrschen, das außergewöhnlich hohe Einstiegshürden einschließt.[46] Im Hinblick auf die Kosten vermittelt das Preisschild für ein modernes amerikanisches SSBN eine ungefähre Vorstellung der finanziellen Herausforderungen, denen Peking gegenübersteht. Die durchschnittlichen Kosten pro Einheit eines SSBN der *Ohio*-Klasse, berechnet über den Zeitraum von zehn Jahren von 1981 bis 1991, beliefen sich auf geschätzte 1,2 Milliarden US-Dollar im Jahre 1994.[47] Während sie sich auf ähnliche Schätzungen von amerikanischen Ausgaben für SSBNs und SSNs (SSN: nuclear-powered attack submarines – nuklearbetriebene Jagd-U-Boote) verlassen, haben chinesische Beobachter auch die unerschwinglichen Kosten von nuklearbetriebenen Unterseebooten erläutert.[48] Die Stationierung auf Land scheint daher bedeutende finanzielle Vorteile zu haben.

In der Theorie sollte eine relativ bescheidene Anzahl von überlebensfähigen ICBMs und SSBNs die Wahrscheinlichkeit verringern, dass die „Erbsenzählerei" eine wettstreitende Reaktion von den Vereinigten Staaten auslösen würde. Mit anderen Worten ausgedrückt wird Peking voraussichtlich eine Streitkräftezusammenstellung bevorzugen, die die Macht zur Nötigung demonstriert, um ein stabiles Abschreckungsverhältnis zu Washington aufrechtzuerhalten. Jedoch ist die genaue Bestimmung der Anzahl von ICBMs und SLBMs (submarine-launched ballistic missile: U-Boot-gestützte ballistische Rakete), welche die Abschreckung bei einer gleichzeitigen Vorbeugung gegen eine ausgleichende US-Erwiderung verstärken würden, eine heikle Angelegenheit. Zhang Baohui bemerkt, dass, falls China vier 094er U-Boote besitzen und jedes sechzehn JL-2-Ballistikraketen mit drei Sprengköpfen pro Stück tragen würde, Pekings unterseeische Abschreckung 192 Sprengköpfe vorweisen könnte.[49] Falls China sechs SSBNs mit sechs Mehrfachsprengköpfen auf jeder JL-2 einsetzen würde, dann würde die Anzahl von Sprengköpfen auf 572 steigen. Diese Zahlen schließen die anhaltende Einführung von DF-31s und DF-31As nicht mit ein, welche auch mit Mehrfachsprengköpfen bestückt werden könnten. Ein solch dramatischer Zuwachs würde wahrscheinlich Washingtons Sorgen erhöhen, selbst wenn man vermuten kann, dass die US-strategischen Streitkräfte sich weiterhin an ihrem bestehenden Vorteil gegenüber Chinas Nukleararsenal hinsichtlich Anzahl und Leistungsfähigkeit erfreuen können.[50] Obwohl ein klassisches Wettrüsten wie im Kalten Krieg sich nicht aus einer Verschiebung im nuklearen Gleichgewicht ergibt, würden amerikanische Verteidigungsplaner nicht untätig bei einem Zuwachs dieser Größenordnung im chinesischen Nuklearinventar zuschauen.[51]

Die endgültige Anzahl der chinesischen SSBNs der zweiten Generation, die letztendlich auf das Meer geschickt werden, bleibt daher Gegenstand für Streitereien. Offizielle und einige inoffizielle Einschätzungen scheinen sich jedoch auf eine Bandbreite von vier bis sechs U-Booten eingependelt zu haben. Das Pentagon behauptet, dass vier bis fünf SSBNs eingesetzt werden.[52] Das Office of Naval Intelligence der US-Navy legte dar, dass „eine Flotte von vermutlich fünf SSBNs vom Typ 094 gebaut wird, um Redundanz und Kapazität für eine beinahe-dauerhafte SSBN-Präsenz auf See zu gewährleisten."[53] Während Jane's Fighting Ships nicht weniger als sechs Boote erwartet, sagt Jane's Strategic Weapons Systems vier bis sechs Unterseeboote voraus.[54]

Manche Kenngrößen und Vermutungen, die in den historischen Modellen eingebettet sind und an früherer Stelle dargelegt wurden, bieten eine nützliche Orientierungshilfe für die Einschätzung der wahrscheinlichen Größe von Chinas zukünftiger SSBN-Flotte. Erstens, die Grundlage der Minimalabschreckung besteht, solange die Zahl von überlebenden Vergeltungswaffen nach einem entwaffnenden Erstschlag nicht null ist. Dann ist die Stellung glaubwürdig. Wie die britischen und französischen Modelle zeigen, wäre die Schwelle zur Genügsamkeit ziemlich niedrig für China. In der Theorie, selbst wenn alle von Chinas landgestützten Abschreckungsmitteln durch einen Erstschlag zerstört würden, müsste nur ein einzelnes SSBN mit Mehrfachwiedereintrittsprengköpfen einen „Blitzschlag aus heiterem Himmel" überstehen, um einen Vergeltungsschlag ausführen zu können. Ein Boot vom Typ 094 könnte jeder denkbaren US-politischen Führung einen untragbaren Schaden zufügen. Zweitens, die einzige Macht mit der Kapazität, einen entwaffnenden Präventivschlag gegen chinesische Nuklearstreitkräfte auf Land und auf See simultan durchzuführen, wird für die vorhersehbare Zukunft Amerika bleiben. Dies reduziert, wenn nicht eliminiert Chinas Erfordernis, Abschreckungspatrouillen gegen kleinere Nuklearmächte wie Indien und vielleicht Russland durchzuführen. Mit anderen Worten gesagt würde die SSBN-Flotte nur einer Bedrohungsachse quer über den Pazifik gerecht werden müssen.

Drittens, diese Studie vermutet, dass die Fähigkeit der Vereinigten Staaten, die Überlebensfähigkeit eines SSBN herabzusetzen, sich nicht radikal im kommenden Jahrzehnt verbessern wird, indem – sagen wir mal – die Ozeane durch eine US-Sensorik und ASW-Waffensysteme transparenter gemacht werden. Dies ist eine sichere Vermutung, angesichts der nur schrittartigen Fortschritte in der Sonartechnologie und bei exotischen Systemen, die angeblich in die Tiefen spähen können. Seit dem Ende des Kalten Krieges ist zudem Amerikas Flotte von nuklearen Jagd-U-Booten und ASW-Flugstaffeln – die leistungsfähigsten Gegenmaßnahmen für eine unterseeische Bedrohung – an Anzahl und Fertigkeit in einem derartigen Maße geschrumpft, dass es nach Meinung vieler noch Jahrzehnte dauern würde, um diese Entwicklung umzukehren. Auch kann es die amerikanische ballistische Raketenabwehr in ihrer gegenwärtigen Verfassung nicht mit den Raketen aufnehmen, die von getauchten SSBNs aus gestartet werden. In der Tat könnte eine SLBM-Bekämpfungskapazität Jahrzehnte von einer Verwendung entfernt sein. Chinesische Marineangehörige können daher in der Überlebensfähigkeit ihrer unterseeischen Abschreckung Trost finden. Viertens, Pekings hoher Grad an Trost hinsichtlich der amerikanischen Ungewissheit, die die

Überlebensfähigkeit seiner nuklearen Streitkräfte – einem langjährigen Gütesiegel der chinesischen Nuklearstrategie – umgibt, verringert weiter seinen Bedarf nach numerischen Garantien.

Diese Faktoren lassen darauf schließen, dass vier bis sechs U-Boote ausreichend für China wären, wie die bereits zitierten chinesischen und westlichen Schätzungen andeuten. Die Faustregel – die US-Marineplanern bekannt ist – besagt, dass drei Schiffe notwendig sind, um zu einem festgelegten Zeitpunkt eins voll einsatzfähig auf See zu halten. Von den übrigen zwei wird sich eins in der erweiterten Wartung befinden, welche wahrscheinlich in einer Werft stattfinden und damit das Schiff für den Dienst unverfügbar machen wird. Das dritte wird mit Übungen und Vorbereitungen für die Einsätze beschäftigt sein. Daher wird seine Kampfbereitschaft reduziert sein. Wenn man vermutet, dass China ähnliche operative Verfahren einführt, dann wird eine Minimalabschreckungsstellung nicht allzu viel Aufwand in Bezug auf Quantität verlangen. Nimmt man an, dass fünfzig Prozent der SSBNs auf See den feindlichen ASW zum Opfer fallen – eine großzügige Schätzung im Hinblick auf die Kapazität der SSBNs hinsichtlich Verborgenheit und geräuscharmer Operationen –, dann müssten zwei chinesische SSBNs zu einem festgelegten Zeitpunkt auf See sein, um sicherzustellen, dass eins einen Erstschlag übersteht. Auf der Grundlage des oben beschriebenen rotierenden Einsatzkreislaufs würde China dann sechs SSBNs brauchen, um die Grundanforderungen einer Minimalabschreckung zu erfüllen.

Wie erwähnt würde Peking, in Abhängigkeit von der technischen Qualität, Zuverlässigkeit und den Eigenschaften des Typs 094, letztendlich noch nicht einmal sechs Boote benötigen. Falls die PLA Navy eine Einteilung einführt, die dem „Blue-and-Gold-Crew-System" der US-Navy ähnelt, bei welchem sich die Besatzungen nach jeder Abschreckungsfahrt mit einem kurzen Wartungsaufenthalt abwechseln, dann könnte es mit einem Verhältnis von zwei zu eins zwischen den Booten im Hafen und denen auf See auskommen. Vier Flottenboote würden Chinas Bedarf unter diesen Gegebenheiten befriedigen.

POTENZIELLE EINSATZPROFILE

Außer der Festlegung des Streitkräfteumfangs muss China eine Bandbreite von möglichen Einsatzprofilen in Erwägung ziehen. US-Analysten haben sich kürzlich angewöhnt, über die Logik einer „Bollwerksstratgie" („bastion strategy") für China zu spekulieren.[55] Die Chinesen selbst scheinen an der sowjetischen Erfahrung dieses Denkansatzes interessiert zu sein.[56] China würde das sowjetische Modell nachbilden und Chinas maritime Geografie zu seinem Vorteil wenden.[57] Der Bollwerksansatz würde Zufluchtsorte schaffen, innerhalb derer die hochwertigen SSBNs operieren könnten. Peking könnte beispielsweise seine SSBNs innerhalb des geschützten Raums des Golfs von Bohai und des Gelben Meeres konzentrieren.[58] Nuklearbetriebene Jagd-U-Boote, küstengestützte Kampfflugzeuge, ballistische Antischiffsraketen und Überwasserkampfschiffe könnten als „Palastwachen" fungieren und schnell auf feindliche Streitkräfte reagieren, die versuchen, Chinas SSBNs zu gefährden. See- und küstengestützte Anlagen könnten wahrscheinlich feindliche Streitkräfte, die nahebei oder im Golf von Bohai oder im Gelben Meer operieren, identifizieren und in Schach halten. Hierbei könnten sie die geringe Wassertiefe, das komplexe akustische Umfeld der Küstengewässer sowie die Tatsache ausnutzen, dass amerikanische Hochgeschwindigkeits-„Hunter-Killer"-Unterseeboote für Einsätze auf dem offenen Meer während des Kalten Krieges entworfen wurden. Die U-Boot-Bekämpfung (ASW) im flachen Wasser kommt weder den Stärken noch den taktischen Präferenzen der amerikanischen SSN-Streitmacht entgegen.

Wie reizvoll dies auch scheint, eine Bollwerksstrategie bringt gewisse Risiken mit sich. Würde man die unterseeischen Abschreckungsmittel der PLA Navy im Bohai-Gebiet halten, so würde dies die Patrouillenprofile einschränken und die Wahrscheinlichkeit einer Ortung durch feindliche U-Boot-Abwehrkräfte erhöhen, einen Verzicht auf die „Stealth"-Fähigkeit und Beweglichkeit der SSBNs bedeuten und bestimmte Ziele außer Reichweite halten, was den längeren Distanzen, die die Raketen zurücklegen müssen, geschuldet wird.[59] Um solche Hindernisse zu überwinden, müsste China große und leistungsfähige Seestreitkräfte aufbauen, um die SSBNs, die sich innerhalb des Bollwerks versteckt halten, zu beschützen und es den Booten zu ermöglichen, zu entkommen, falls die feindlichen Streitkräfte versuchen sollten, sie zu blockieren und in eingeschlossenen Gewässern zur Strecke zur bringen. Das Hauptrisiko einer solchen alles verzehrenden Abschreckungsstrategie liegt darin, dass die exzessive Investition in den Schutz von SSBN-Streitkräften die Ressourcen von gleichwertigen Dringlichkeiten wie einer Taiwan-Eventualität, der Verteidigung der Seewege und dem sicheren Zugang zu überseeischen Energievorräten abschöpfen würde.[60]

Als Alternative zu einer sowjetisch-inspirierten Bollwerksstrategie könnten strategische U-Boote weniger ungehindert entlang Chinas langer Küstenlinie kreuzen, wo sie unter dem Schutzmantel von Luftstreitkräften, die von Flugplätzen auf dem Festland starten, oder von auf See positionierten Schiffen stehen. Neue Studien (solche wie unsere eigene) behaupten, dass China bereits einen ehrgeizigen Plan in die Wege geleitet hat, um „umstrittene Zonen" entlang seines maritimen Umfeldes zu schaffen und hierbei seinen Heimvorteil nutzt, um die amerikanischen Vorteile hinsichtlich Anzahl, Hardware und Kampfkunst auszugleichen.[61] Bei einer Anwendung des Seeverwehrungskonzepts würde Peking eine lokale Überlegenheit innerhalb des Seezone küstenwärts der ersten Inselkette ausüben, die sich vom japanischen Archipel durch die Philippinen erstreckt und somit den Großteil des Südchinesischen Meeres umfasst. Durch dieses Musterbeispiel könnte China selbstsicher genug sein, um SSBN-Patrouillen entlang des asiatischen Festlandes zu gestatten, insbesondere im Golf von Bohai und dem Gelben, Ostchinesischen und Südchinesischen Meer sowie in der Straße von Taiwan. Da China mit einigen „Abschreckungsbeziehungen" in Asien, einschließlich gegenüber Indien, konfrontiert ist, behauptet eine Untersuchung, dass die Präsenz von SSBNs im Südchinesischen Meer die Abschreckung an der südlichen Flanke stützen würde.[62] Es würde den PLA-Navy-Kommandeuren auch gestatten, alliierte ASW-Verteidigungen auszudehnen, indem sie einen Ausbruch in den Pazifik durch die Straße von Luzon androhen oder durchführen. Diese Art einer „erweiterten Bollwerksstrategie" würde der PLA deutlich neue Optionen eröffnen, wenn auch bei einem größeren Risiko, da einige der Zwangslagen, die mit dem Einsatz im Golf von Bohai und dem Gelben Meer verbunden sind, noch immer dazugehören würden. Liu Jiangping argumentiert:

Die Oberflächen der Nahen See entlang der Küstenstaaten innerhalb der ersten Inselkette sind nicht nur klein, sondern die Gewässer auch sehr seicht. Die Gegebenheiten solcher Seeräume sind gänzlich ungeeignet, um als Patrouillengebiete oder Angriffsorte für die sehr großen strategischen Atom-U-Boote zu dienen, welche die strategische Nuklearabschreckung ausführen. In seichten Gewässern sind Atom-U-Boote unfähig, sich sicher verborgen zu halten, um der Ortung feindlicher U-Boot-Bekämpfungsmittel zu entgehen. In schmalen Gebieten können Atom-U-Boote nicht ungehindert auf der begrenzten Fläche umherfahren und nicht auf eine Hochgeschwindigkeitsbeweglichkeit vertrauen, um die Verfolger der feindlichen U-Boot-Bekämpfung abzuschütteln.[63]

Liu schlussfolgert, dass eine seegestützte nukleare Abschreckung ihre volle Vergeltungskraft nur auf dem offenen Ozean erreichen kann. In diesem weitaus ehrgeizigeren Entwurf könnte China U-Boote auf Streifzüge in den Pazifik entsenden, die an den US-sowjetischen Wettstreit während des Kalten Krieges erinnern. Als eine Plattform für solche Streifzüge – so spekuliert ein Analyst – könnte China seine SSBNs im Südchinesischen Meer stationieren, was diesen ermöglicht, in tiefere pazifische Gewässer zu entgleiten, ohne geortet zu werden.[64] Der große Marinestützpunkt Sanya auf der Insel Hainan würde sich ideal als Heimathafen für die SSBNs eignen.

Wenn sie weiter östlich im Pazifischen Ozean kreuzen, würde dies weitaus mehr US-Ziele in die Reichweite von JL-2-Raketenangriffen bringen. Angenommen, China schafft es, sehr leistungsfähige und – dies ist am wichtigsten – sehr leise U-Boote zu entwickeln, dann werden die chinesischen Patrouillen im Pazifik die größte Herausforderung für die U-Boot-Abwehr der US-Navy darstellen. Vorausgeschickte Patrouillen würden die Vereinigten Staaten auch nötigen, eine größere Zahl ihrer Jagd-U-Boote für die Beschattung von chinesischen U-Booten in offenen Gewässern abzustellen – und dadurch die amerikanischen SSNs aufsplittern, die sonst bei einer taiwanesischen Eventualität oder einer anderen Krise zur Verfügung stehen könnten. Mit nur 53 SSNs im Dienst (Stand: Ende des fiskalen Jahres 2008) sind die Angriffsboote zu einer sehr spärlichen Ressource für die Pazifikflotte geworden.[65]

Die PLA Navy würde trotzdem strategische und operative Risiken eingehen, indem sie solche frei beweglichen Einsätze zulassen würde. Von einem politischen Standpunkt aus würden aktive Patrouillen innerhalb der ersten Inselkette oder im Pazifik fast mit Sicherheit die Vereinigten Staaten zu einer wettkämpferischen Reaktion provozieren.

US-Marineplaner würden Chinas Eintritt in asiatische Gewässer wahrscheinlich als einen dramatischen Wandel in der Bedrohungsumgebung ansehen, insbesondere angesichts des Mangels an russischen Abschreckungspatrouillen im Pazifik seit dem Ende des Kalten Krieges. Da die SSBNs der *Xia*-Klasse nie eine Abschreckungspatrouillenfahrt durchgeführt haben, würde selbst ein mäßig kampfbereites Einsatzprofil einen Wandel bei der chinesischen Nuklearstrategie signalisieren und somit die amerikanische Auffassung einer Bedrohung verstärken.

Von einem operativen Standpunkt aus würden die U-Boot-Patrouillen entlang der Festlandküste oder im Pazifik PLA-Navy-Boote amerikanischen und verbündeten U-Boot-Bekämpfungsmaßnahmen aussetzen.[66] Während des gesamten Kalten Krieges entwickelten die Vereinigten Staaten aufwändige, hocheffektive unterseeische Ortungsnetzwerke – vor allem das Sound Surveillance System, oder SOSUS (Geräuschüberwachungssystem) –, um sowjetische U-Boote zu verfolgen. Auf dem pazifischen Schauplatz überwachten US-U-Boote, die von SOSUS unterstützt wurden, jede Bewegung von sowjetischen SSBNs in den Gewässern vor der Kamtschatka-Halbinsel. In den 1980er Jahren erhoben die amerikanischen und japanischen Marinestreitkräfte die U-Boot-Abwehr (ASW) zu einer Kunstform und kooperierten eng miteinander, um die sowjetischen Streitkräfte, die im Ochotskischen Meer und vor Japan operierten, zu blockieren. Dieses „Vermächtnis" in Form von Systemen und hochentwickelten Taktiken bietet sich für die ASW gegen chinesische SSBNs an.

Die Fähigkeit der japanischen Meeresselbstverteidigungsstreitkräfte (JMSDF), ein chinesisches U-Boot der *Han*-Klasse zu verfolgen, welches im Jahre 2004 in japanische Hoheitsgewässer eingedrungen ist, beteuert den hohen Grad der JMSDF-Einsatzbereitschaft. In einem Kommentar über den *Han*-Zwischenfall verkündete ein früherer Stabschef der JMSDF, dass chinesische U-Boote unfähig wären, durch die Ryukyu-Inselkette im Norden oder im Süden von Taiwan durch die Straße von Luzon in die weitläufigen Gewässer des Pazifik zu schlüpfen. Amerikanische und japanische ASW-Streitkräfte würden jede Durchfahrt bemerken.[67] Falls die japanische Behauptung wahr ist, dann wäre die Stationierung auf Sanya für die PLA Navy problematisch. Die hier stationierten SSBNs vom Typ 094 würden die Straße von Luzon passieren müssen – eingekeilt zwischen Taiwan und den Philippinen –, um die vorausgelegenen Patrouillengebiete zu erreichen, von denen aus die JL-Raketen US-Ziele bedrohen könnten. Ob SSBNs der PLA-Navy den weiten Pazifik unbemerkt oder unbehelligt in Krisenzeiten erreichen können, ist eine Schlüsselfrage für chinesische Planer.

Angesichts solcher starken Risiken wird China voraussichtlich Patrouillen an der Küste und auf dem offenen Meer vermeiden, insbesondere während des Anfangsstadiums der Einsätze, wenn Ausbildung, taktische Fähigkeiten und Doktrin noch unausgereift sind.[68] Zusätzlich könnte Peking einfach nicht genug SSBNs haben, um riskantere und streitlustigere Optionen in Betracht zu ziehen. Wie bereits erwähnt, kann China sich mit zwei Booten zu einem festgelegten Zeitpunkt zufriedengeben. Falls dem so ist, könnten zweitrangige Missionen wie die Patrouille des Südchinesischen Meeres zur Abschreckung Indiens dazu führen, als eine Ablenkung von der Hauptmission, der Abschreckung der Vereinigten Staaten, angesehen zu werden.

Diese Faktoren deuten an, dass die Einsatzprofile für die U-Boote der PLA Navy eher beschränkt sein werden. Peking wird wahrscheinlich dem Schutz seiner Streitkräfte gegenüber der Effektivität in der frühen SSBN-Einsatzphase den Vorzug geben und sich daher mit einer gewissen Form von Bollwerksstrategie begnügen. Mit der Zeit, falls die Schiffe sich als leistungsfähig für erweiterte Patrouillen jenseits der chinesischen Küstenlinie erweisen, könnte China dann willig sein, sein Beschützerverhalten zu entspannen und weiter nach außen gerichtete Patrouillen gestatten.

Die Chinesen sind sich der strategischen und operativen Zwangslagen wohl bewusst, denen sie sich gegenübersehen. Analysten haben an der französischen SSBN-Erfahrung während des Kalten Krieges als ein analytisches Beispiel festgehalten, um Chinas zukünftige Herausforderungen zu kennzeichnen. Gemäß einer chinesischen Erzählung zwang die begrenzte Reichweite der französischen SLBMs der ersten Generation Paris, seine U-Boote in der Nordsee und im europäischen Nordmeer einzusetzen, von wo aus sie erst Moskau erreichen konnten. Dies setzte die Boote sowjetischen Jagd-U-Booten und anderen ASW-Systemen aus.[69] Um solche Risiken zu verringern, arbeitete die französische Marine tatkräftig daran, die Reichweite ihrer Raketen zu erhöhen, um dadurch ihren SSBNs, die Patrouille in sichereren Gewässern zu ermöglichen. Doch selbst als Frankreich die Reichweite seiner Raketen erhöhte, musste es fortschrittliche Durchschlagsfähigkeiten für die Sprengköpfe entwickeln, um Moskaus Abwehrsysteme gegen ballistische Raketen zu überwältigen. Die Parallelen und Analogien zwischen den französisch-sowjetischen Wechselwirkungen und dem gegenwärtigen chinesisch-amerikanischen strategischen Gleichgewicht haben deutlich die Aufmerksamkeit von chinesischen Strategen erlangt. Falls Peking die Lektionen befolgt, die es aus der Geschichte der französischen Unterseeabschreckung zieht, sollten wir erwarten, weiterführende Fortschritte bei der Reichweite von JL-2-Raketen und bei den verschiedenen Arten von Gegenmaßnahmen und deren Verfeinerung gegen die amerikanische ballistische Raketenabwehrsysteme zu sehen.

Es ist von Bedeutung, zu bemerken, dass diese Entwicklungsoptionen – Bollwerke, Küstenpatrouillen sowie Patrouillen auf dem offenen Meer – sich nicht gegenseitig ausschließen. Es ist möglich, dass sich die Chinesen Variationen dieser drei Wahlmöglichkeiten offenhalten und unter ihnen wechseln, sollte sich die Sicherheitslage ändern. Peking kann sich damit begnügen, auf eine Bollwerksstrategie in Friedenszeiten zu vertrauen, wenn keine unmittelbare Bedrohung erkennbar ist. In Krisenzeiten oder während eines Konflikts kann China aktivere Küstenpatrouillen gestatten oder seine SSBNs in die offenen Gewässer gleiten lassen, um Entschlossenheit zu signalisieren oder um der nuklearen Nötigung durch einen Widersacher zu begegnen. Zusammengefasst bietet selbst eine kleine unterseeische Abschreckung Peking mehrere Optionen für eine Bandbreite von Eventualitäten.

POTENZIELLE ANREIZE FÜR EINE GRÖSSERE UNTERSEEABSCHRECKUNG

Während eine eingeschränkte chinesische nukleare Stellung derzeit wahrscheinlich ist, lohnt es dennoch, zu untersuchen, wie Chinas Bereitschaft, seine minimalistische Stellung beizubehalten, in Zukunft unter Druck geraten könnte. Für mindestens ein Jahrzehnt haben nun China-Beobachter in der amerikanischen Politikgemeinde über die Aussichten auf eine Verschiebung in Chinas Abschreckungsstellung – von einer Minimal- zu einer begrenzten Abschreckung – spekuliert.[70] Westliche Analysten haben seit langem vorhergesagt, dass China den Wandel zu einer flexibleren Kapazität vollziehen wird, die der PLA gestattet, eine größere Bandbreite von nuklearen „Kampf"-Missionen durchzuführen. Eine solche Verschiebung würde beträchtliche Zuwächse in der Anzahl und den Arten von nuklearen Waffensystemen erfordern. So haben auch chinesische Analysten und politische Entscheidungsträger eine größere Bereitschaft gezeigt, die grundlegenden Vorzüge einer Minimalabschreckung zu hinterfragen und neu zu überdenken.

Obwohl die offizielle Politik tief im Status quo verwurzelt bleibt, könnten drei Schlüsselfaktoren die Logik des Minimalismus anfechten. Erstens, Chinas anhaltende Weigerung, anzuerkennen, dass die Widersacher eine durchführbare nukleare Erstschlagoption besitzen – eine Weigerung, die für das Konzept der Minimalabschreckung zentral ist –, hängt zum Teil davon ab, ob die Vereinigten Staaten sich der Logik einer zugesicherten (aber minimalen) Vergeltung im Vergleich zu China aussetzen. Einige US-

Strategen lehnen die Option, absichtlich gegen chinesische Gegenschläge verwundbar zu bleiben, ab, indem sie einschätzen und erklären, dass die Vereinigten Staaten ihre Verteidigungen gegen ballistische Raketen eigens dafür entwickeln sollten, um die chinesische Abschreckung zunichtezumachen.[71] Eine solche Gesinnung widerspiegelnd, argumentiert ein Raketenbefürworter, dass Peking weiterhin eine feindselige Absicht gegenüber Washington an den Tag legen sollte, insbesondere im Hinblick auf Taiwan; dann „mögen die Vereinigten Staaten einfach keine andere Wahl" haben, als Verteidigungen gegen China zu errichten.[72] Falls Washington offen anstrebt, China seine Vergeltungsoption zu verwehren, dann wird Peking fast garantiert mit der Beschleunigung seiner nuklearen Modernisierung reagieren – einschließlich dem Aufbau seiner strategischen Unterseestreitkräfte.

Zweitens, die strategischen technischen Fortschritte oder Überraschungen würden Chinas ziemlich gemächlichen Denkansatz verstärken, um seine nukleare Stellung zu stützen. Sollten die Vereinigten Staaten wahrlich leistungsfähige Raketenabwehrsysteme in den kommenden Jahrzehnten ins Feld schicken, würde dies beispielsweise Pekings Vertrauen in seine Vergeltungsoptionen erschüttern. Es ist denkbar – obwohl sehr unwahrscheinlich auf kurze Sicht –, dass die Einführung von weltraumgestützten Lasern und anderer fortschrittlicher Möglichkeiten Chinas Aussichten radikal ändern könnten.[73] Der erwiesene Erfolg von schrittweisem Fortschritt beim Raketenabwehrprogramm lässt solche einschneidenden („game-changing") Durchbrüche fraglich erscheinen, jedoch würden die SSBNs eine strategische Trumpfkarte bieten, sollten amerikanische Ingenieure in der Tat einen technologischen Sprung machen.[74]

Drittens, der vom US-Militär gerühmte Aufklärungs- bzw. Präzisionsangriffskomplex könnte Chinas ausschließlich vergeltungsorientierte Einstellung ändern. Generalmajor Zhu Chenghu löste im Juli 2005 eine Sensation aus, als er der ausländischen Presse gegenüber erklärte, dass „falls die Amerikaner ihre Raketen und standortgeleitete Munition (position-guided ammunition) auf die Zielzone innerhalb Chinas Territorium richten, werden wir, denke ich, mit nuklearen Waffen reagieren müssen."[75] Er argumentierte, dass, falls China sich einer Niederlage in einem konventionellen Konflikt wegen Taiwan gegenübersieht, Peking dann keine Wahl haben würde, als einen präventiven Nuklearschlag gegen amerikanische Städte auszuführen. Ähnlich argumentiert Shen Dingli in einer offenen Einschätzung darüber, wie die chinesischen Kalkulationen sich ändern könnten, dass konventionelle Präzisionsschläge gegen Chinas Nuklearstreitkräfte während einer Taiwan-Eventualität Peking zwingen könnten, seine Zusicherung auf den Verzicht eines Ersteinsatzes (no-first-use pledge) aufzugeben. Er behauptet, dass, „falls Chinas konventionelle Streitkräfte vernichtet sind und Taiwan die Gelegenheit nutzt, um eine Unabhängigkeit de jure zu erklären, es undenkbar ist, dass China die Vernichtung seines Nukleararsenals durch einen Präzisionsangriff mit konventionellen Waffen hinnehmen würde, anstatt es als wahres Abschreckungsmittel einzusetzen."[76]

Mit anderen Worten ausgedrückt, falls die Auswirkungen von Amerikas konventionellen Angriffen ununterscheidbar von einem entwaffnenden Nuklearschlag sind, wäre China töricht, an seiner No-first-use-Politik festzuhalten.[77] Rong Yu und Peng Guangqian gestalten ein hypothetisches Szenario, um einen ähnlichen Punkt aus einer anderen Perspektive zu veranschaulichen:

Falls die Nuklearwaffen der einen kriegsführenden Seite von den konventionellen Waffen des Feindes angegriffen werden und dies zur nuklearen Strahlung führt, könnte dies als ein nuklearer Ersteinsatz angesehen werden? Auf der Oberfläche ist dies bloß ein konventioneller Angriff, in Wirklichkeit unterscheidet sich seine Auswirkung jedoch wenig von dem Leid durch einen Nuklearschlag und den auftretenden schweren Verlusten. In diesem Fall könnte ein konventioneller Angriff auch als ein Überschreiten der nuklearen Hemmschwelle angesehen werden, und die angegriffene Partei wird es schwierig haben, sich von einem nuklearen Gegenangriff zurückzuhalten, welcher – im Gegenzug – die Risiken bedeutend erhöhen wird, dass eine von beiden Seiten einen nuklearen Angriff zuerst startet.[78]

Die Folgen für die strategische Stabilität sind offensichtlich, und die Schlussfolgerungen, die von diesen Analysten angeboten werden, stimmen mit Chinas langjähriger Abneigung gegen nukleare Erpressung überein. In diesem Zusammenhang könnte eine viel größere SSBN-Flotte als die einzig brauchbare Versicherungsrichtlinie gegen einen entwaffnenden Erstschlag erscheinen – nuklear oder konventionell.

Eine unterseeische Abschreckung der nächsten Generation wird Peking deutlich die strategische Option geben, sich gegen plötzliche Verschiebungen im internationalen Sicherheitsumfeld abzusichern. Wie auch immer, es ist wichtig, anzuerkennen, dass SSBNs nicht Chinas einzige Antwort auf die bereits erwähnten strategischen Zwangslagen sind. Peking entwickelt tatkräftig eine Bandbreite an alternativen Gegenmaßnahmen, um die Glaubwürdigkeit seiner Abschreckungsstreitkräfte zu untermauern. Beispielsweise hat es eine eher umfassende Reihe von Programmen in Stellung gebracht, um die amerikanischen Verteidigungen gegen ballistische Raketen zu überwinden.[79] Der chinesische Antisatellitentest („antisatellite test") von 2007 demonstrierte eindringlich Chinas Entschlossenheit, mehrere Optionen zu vereinen, um sicherzustellen, dass die Raketenverteidigungen die Abschreckungsstellung Pekings nicht schwächen.

IMPLIKATIONEN

Dieses Kapitel zeigt, wie China einen bedeutenden qualitativen und quantitativen Fortschritt in seiner nuklearen Stellung machen kann, ohne den Minimalismus (zumindest auf strategischer Ebene) fundamental umzustürzen, den seine nukleare Strategie verkörpert. Seine Strategie und Streitkräftestruktur sind nicht statisch, selbst wenn die herrschenden Prinzipien fortbestehen. China wird eine effektivere und glaubwürdigere nukleare Abschreckung besitzen, sobald seine Typ-094-U-Boote zur Flotte stoßen, selbst wenn technische und doktringeprägte Fortschritte des US-Militärs einige Elemente nuklearer Instabilität herbeigeführt haben. Es scheint, dass China die Bestimmungsgrößen des Minimalismus neu definiert hat, um mit denen der wässrigen Sicherheitsumgebung, die es umgibt, Schritt zu halten.

Noch wichtiger ist, dass unsere Einschätzung betont, dass die konservativeren Einsatzprofile für chinesische SSBNs, wie Bollwerks- und erweiterte Bollwerksoptionen, einen Schutzmantel von land- und seegestützten Systemen erfordern, um die Überlebensfähigkeit sicherzustellen. In anderen Worten ausgedrückt, werden sich die von chinesischen Strategen bevorzugten Einsatzprofile voraussichtlich als materiell aufwändig erweisen. Umgekehrt würde ein Bollwerksansatz in Gewässern stattfinden, die sich mit solchen überschneiden würden, in denen die PLA Taktiken und Operationen zur Zugangsverwehrung ausführen würde. Patrouillengebiete für U-Boote innerhalb und außerhalb der ersten Inselkette würden vom Schutzmantel der küsten- und seegestützten Streitkräfte profitieren. Diese gemeinschaftliche operative Geografie deutet an, dass Chinas umstrittene Seezone Pekings wachsende Nuklearstellung sowie weitere strategische Ziele ergänzen wird. Chinas Herrschaft über die Nahe See wird dann Vorteile erbringen, die weit über solche hinausgehen, die im Zusammenhang mit Taiwan und anderen territorialen Kontroversen sowie der Sicherheit der Seewege stehen. Dies wird sich doppelt bewahrheiten, falls die Ereignisse die Berichte bestätigen, dass die Marine-, Luft- und Boden-Waffensysteme der PLA ihre Fähigkeit, gemeinschaftlich zu operieren, verbessern. Eine engere Koordination zwischen der SSBN-Flotte, weiteren Komponenten der PLA Navy sowie der Luftwaffe und Armee ist nicht nur denkbar, sondern würde sich für Peking ansehnlich auszahlen.

Und schließlich, während die Einführung des Typ-094-SSBN etwas Gutes für die gesamte chinesisch-amerikanische strategische Stabilität verheißt, kann dies nicht dienlich für stabile maritime Wechselwirkungen auf der örtlichen Ebene (theater level) sein. Aussagekräftige Abschreckungspatrouillen vor den chinesischen Küsten werden beinah garantiert Pekings Beschützerverhalten für und sein Gefühl eines Besitzanspruchs auf das Chinesische Meer erhärten und dadurch den Einsatz für den Zugang zu den ostasiatischen Küstengewässern erhöhen. Falls dem so ist, werden die rein strategischen Folgen ein noch konkurrenzbetonteres maritimes Umfeld in Asien bilden.

KAPITEL 7
„SOFT POWER" AUF SEE

C hina machte Ende 2008 Schlagzeilen, als es zwei Zerstörer und ein Versorgungs-schiff zur Pirateriebekämpfung in den Golf von Aden entsandte. In den folgenden Monaten demonstrierte die Marine der Volksbefreiungsarmee (PLA Navy) Einsatz-fähigkeiten, die ihr bisher verwehrt waren. Dies schließt die Fähigkeit zur Treibstoff- und Materialauffüllung weit entfernt von den chinesischen Küsten ein, um Reparaturen ohne den Vorteil einer nahe gelegenen chinesischen Werft durchzuführen und vor Ort als Entlas-tung zwischen den eingesetzten Schiffen und ihren Ersatzeinheiten zu fungieren. Berichten zufolge koordinierte die chinesische Flottille ihre Einsätze reibungslos mit der US-geführten Task Force 151, der Operation *Atalanta* der EU und den einzelnen Marinekontingenten, um einen Durchfahrtskorridor durch den Golf von Aden offen zu halten. Hierbei zwang die PLA Navy westliche Beobachter ihre einst spottende Einschätzung der chinesischen Eignung zu expeditionsartigen Operationen zu korrigieren. Der Einsatz bot auch einen Wegweiser für die Aussichten auf eine maritime Völkerverständigung im Indischen Ozean, indem sie weit verbreiteten Ansichten widersprach – insbesondere in Indien – dass eine chinesische Präsenz in der Region die regionale Sicherheit bedrohen würde.

Die PLA Navy betritt unbekanntes Terrain, wenn ihre Schiffe im Golf von Aden kreu-zen, trotz der anscheinend gutartigen und sogar heilsamen Natur der Patrouillen zur Pirateriebekämpfung. In den letzten Jahren hat Peking versucht, das diplomatische und strategische Umfeld im maritimen Asien zu gestalten, indem es ein Image von sich selbst als eine von Haus aus vertrauenswürdige Großmacht entwarf. Es verfügt über ein weltweites Netzwerk von mehr als dreihundert Konfuzius-Instituten, um ausländische Zielgruppen mit der chinesischen Sprache und Kultur vertraut zu machen.[1] Die Insti-tute bemühen sich ebenfalls, die Philosophien von Chinas spirituellem Gründer, nach dem sie benannt sind, populär zu machen und das heutige chinesische kommunistische Regime als den Erben des Konfuzianischen Vermächtnisses darzustellen. Konfuzius befürwortete eine rein defensive, gar pazifistische Einstellung in Bezug auf politische Wechselbeziehungen. In einer ähnlichen Weise hat Peking die Geschichte von Zheng He, dem Eunuchen-Admiral der Ming-Dynastie, welcher vor sechs Jahrhunderten zu Zielen im ganzen Südchinesischen Meer und Indischen Ozean reiste, vermarktet und das sinozentrische System von Diplomatie und Handel erneuert, welches die asiatische Politik über Jahrtausende charakterisiert hat. Die Forschungsreisen während der Ming-Zeit waren gänzlich gewaltfrei – ein Punkt, den Peking niemals versäumt, asiatischen Gesprächspartnern einzutrichten.

Diese Art der Erzählung spricht das Empfinden innerhalb der chinesischen Volks-masse und den wichtigen Zielgruppen in ganz Südost- und Südasien an, wo chinesi-sche Führer es für angemessen halten, ihre Seemacht auszuüben. Ein attraktives Bild

von China, hoffen sie, wird die Neigung kleinerer Mächte verhindern, sich zusammen-
zuschließen, um die chinesische Macht auszugleichen. Bis heute haben sich chinesische Diplomaten des Luxus erfreut, Chinas Geschichte zu erzählen, wie sie belieben, da
PLA-Navy-Einsätze außerhalb Asiens schwer nachvollziehbar bleiben.

Peking sah weder die Notwendigkeit für eine Kapazität von Streitkräften weitab
von Chinas Küsten, noch prahlte es damit, über diese zu verfügen. Trotz der enormen
Unterschiede zwischen dem dynastischen China der Vergangenheit und dem heutigen
kommunistischen Staat hofft Peking, die wichtigen Zielgruppen davon zu überzeugen,
dass es in seiner Anschauung konfuzianisch bleibt – und ihm daher vertraut werden
kann, dass es die Seemacht, die es aufbaut, nicht missbraucht. Durch seine Selbstdarstellung als eine von Natur aus defensive Macht hat China einen Standard für sein
Verhalten auf See gesetzt. Weitere asiatische Mächte werden nichts gegen diesen
erhabenen Standard einzuwenden haben – und hierbei Chinas Maßnahmen gegen die
Gebote des Konfuzius und die Handlungen des Zheng He abwägen. In gewisser Hinsicht
haben chinesische Diplomaten dann den ausländischen Analysten (so wie uns selbst)
einen Dienst erwiesen, indem sie uns helfen, die Evolution der chinesischen maritimen
Strategie zu verfolgen.

DIE ERSCHAFFUNG EINER BRAUCHBAREN VERGANGENHEIT

Die amerikanische Vergangenheit bietet einen Blick auf Chinas maritime Zukunft.
Angetrieben von seiner reellen und zunehmenden Abhängigkeit von ausländischem
Nachschub an Öl, natürlichem Gas und anderen Handelswaren – Nachschub, der hauptsächlich über das Meer transportiert wird – hat China seine Aufmerksamkeiten auf den
Indischen Ozean fixiert, wo die meisten natürlichen Rohstoffe der Nation herstammen,
sowie auf das Südchinesische Meer, welches Chinas Seezugang zu Südasien ist. Während dies geschieht, arbeiten die Führer in Peking eifrig an etwas, was der Historiker
Henry Steele Commager eine „brauchbare Vergangenheit" („usable past") nennen
würde, um eine zunehmend ehrgeizige maritime Strategie gegenüber Chinas kontinental
gesinnten Volksmassen zu rechtfertigen und um die Sorgen zu lindern, die eine solche
Strategie in asiatischen Hauptstädten hervorrufen könnte. Commager erklärt auch, wie
die frühen Amerikaner, die in der westlichen Hemisphäre einen Neuanfang machten,
ihre eigene historische Erzählung zusammensponnen. Sie erschufen eine heroische Vergangenheit für eine verschiedenartige Volksmasse – und stimulierten auf diese Weise
absichtlich einen Nationalismus, um die junge Republik zusammenzuführen. So taten
sie es auch mit deren Verbreitung. „Nichts ist beeindruckender", so schreibt Commager,
„als die Geschwindigkeit und der Aufwand, mit welcher die Amerikaner sich mit einer
brauchbaren Vergangenheit versorgten."[2]

Amerikas brauchbare Vergangenheit manifestiert sich in Geschichte, Legenden und
Helden, ganz zu schweigen von Artefakten wie Gemälden und patriotischen Balladen.
Die Gründergeneration gravierte gewisse Wesenszüge in die Identität der Vereinigten
Staaten ein, welche Ronald L. Jepperson, Alexander Wendt und Peter J. Katzenstein
offen als den „grundlegenden Charakter" der Nation bezeichnen.[3] Ob die frühen Amerikaner dies beabsichtigten oder nicht, die Erwartungen, die durch ihre Identität erzeugt
wurden, halfen ausländischen Beobachtern vorauszusehen, wie die Vereinigten Staaten
ihre Angelegenheiten abwickeln. Die Furcht vor weltlicher und religiöser Tyrannei war

für das amerikanische Temperament zentral. Amerikaner waren stehenden Armeen und konzentrierter Macht gegenüber abgeneigt. Für sie war es eine Frage der Überzeugung, dass die Nation ein besonderes Schicksal hatte, losgelöst von der Alten Welt. Und sie stimmten generell darin überein, dass die Vereinigten Staaten Verstrickungen vermeiden sollte, die sie in ausländische Kriege verwickeln könnten. Die „große Regel des Handelns" („great rule of conduct"), von George Washington in seiner Abschiedsrede formuliert und von Thomas Jefferson als Warnung gegen „verstrickende Allianzen" („entangling alliances") benutzt, kodifiziert diese Ansichten. Die Amerikaner sollten sich aus überseeischen Intrigen heraushalten, welche einen „sehr entfernt liegenden Zusammenhang" für die US-Interessen bargen; sobald die Nation konsolidiert war, konnten ihre Führer „Krieg oder Frieden wählen, je nachdem, wozu uns unser durch Rechtschaffenheit geleitetes Interesse raten wird."[4]

All dies drückt eine Abneigung gegenüber ausländischen Abenteuern aus. Trotz der Veränderungen, welche die Nation in den folgenden Jahrzehnten durchlief, hat Amerikas Selbstbild als eine Großmacht, die vor territorialer Vergrößerung oder militärischer Dominanz zurückscheut, bis ins 20. Jahrhundert Bestand gehabt. Und dies dauerte auch trotz des Aufwands territorialer Anschaffungen als Folge des Spanisch-Amerikanischen Krieges fort, welcher der Nation den Besitz der Philippinen einbrachte, ihrem ersten Stützpunkt in Asien.[5] Aufkeimende Macht und Amerikas gelegentliche selbstherrliche Attitüden kratzten an den Gefühlen in Übersee, im Besonderen unter den lateinamerikanischen Nachbarn der Vereinigten Staaten.[6] Dennoch überlebte das Image einer Großmacht, die relativ frei von Landhunger war, das Ende des Kalten Krieges, welches den Vereinigten Staaten den Vorsitz über eine einpolige Weltordnung hinterließ. Um die Voraussagen von Realisten internationaler Beziehungen zu verwirren: Es ist noch keine Allianz oder Koalition entstanden, welche gegen die amerikanische Hegemonie opponiert hat, trotz gelegentlicher Bedenken hinsichtlich der Richtung amerikanischer Außenpolitik. Obwohl Amerika die Mittel besitzt, um eine Bedrohung darzustellen, sein Mangel an jeglicher offensichtlicher Neigung, dies zu tun, hilft die zurückhaltende Reaktion der Welt auf die amerikanische Hegemonie zu erklären.

Kurz gesagt, Amerikas brauchbare Geschichte, seine kulturellen Wegweiser und seine Traditionen drückten der Identität des Landes ihren Stempel auf. Diese erschaffene gemeinschaftliche Vergangenheit vereinigte nicht nur das amerikanische Volk, sondern signalisierte anderen Ländern, dass, durch den Maßstab vergangener Großmächte, ihre Republik eine geringe Begeisterung für Machtpolitik oder territoriale Vergrößerung hatte.[7] Die neue Identität der Nation schuf bestimmte Erwartungen im Hinblick auf das amerikanische Verhalten und half, die Besorgnis ausländischer Mächte über den Aufstieg der Vereinigten Staaten zu großer Macht und die Bedrohungen, die eine wohlhabende, den Kontinent umspannende Republik darstellen könnte, zu lindern. Es ist wenig überraschend, dass amerikanische Staatsmänner quer durch das politische Spektrum sich besonders angestrengt haben, um diesen unverkennbaren nationalen Charakter zu erhalten.[8] Es sendet eine Botschaft aus.

Das heutige China hat ein Interesse, selbst eine wohlwollende, selbstlose Identität zu schmieden. Peking hofft, eine Seefahreridentität zu schaffen, um die öffentliche Unterstützung für maritime Unternehmungen zu sammeln und um strategische Voraussetzungen in Übereinstimmung mit seinen außenpolitischen Zielen zu bilden. In Anbetracht seines abflauenden ideologischen Anreizes seit Ende des Kalten Krieges glaubt das kommunistische Regime, dass es die beeindruckende wirtschaftliche Leistung der Nation aufrechterhalten muss, um den Segen von ökonomischem Fortschritt zu liefern. In Wirklichkeit hofft Peking, die ideologische Leidenschaft durch Wohlstand zu ersetzen und somit der Herrschaft der Kommunistischen Partei eine neue Legitimität zu verleihen. Die wirtschaftlichen Imperativen daheim haben daher die Aufmerksamkeiten der chinesischen Führer auf die Sicherheit der Seewege fixiert, welche den Stoff für das moderne Wirtschaftsleben von den Anbietern im Nahen Osten und Afrika in die chinesischen Häfen bringen. Das Überleben des Regimes könnte Chinas Fähigkeit antreiben, eine Gesamtstrategie zu entwerfen, um seine Interessen auf der offenen See aufrechtzuerhalten.

Während es einen maritimen Faktor in sein Strategiedenken integriert, erkennt Peking, dass weitere asiatische Mächte und die Vereinigten Staaten, deren Marine die asiatische See seit dem Zweiten Weltkrieg beherrscht, einen misstrauischen Blick auf Chinas neue expansive Gesamtstrategie sowie dessen militärische Macht auf See haben werden, die diese Strategie sicherstellen soll. Die Beruhigung von Ängsten, welche zu einer entgegenwirkenden, vermutlich US-geführten Koalition führen könnten, sind daher zu einer Frage von gewisser Bedeutung für den Erfolg von Chinas Gesamtstrategie geworden. Dementsprechend versucht Peking, die Vergangenheit zu gebrauchen, um die nationale Identität und „strategische Kultur" mit heutigen Anforderungen neu auszurichten, um China als eine an sich friedvolle Seemacht darzustellen. Die Betonung der Leistungen solcher historischer Seefahrer wie Zheng He, der sich im maritimen Asien ohne den Versuch einer militärischen Eroberung bewegte, ist ein Mittel zur Erreichung dieses Ziels.

Die Art von maritimer Identität, die Chinas Führung formt, sagt daher viel darüber aus, wie China sich in die internationale Ordnung einfügen wird, die sich nun in Asien bildet. Was motiviert Peking? Eine Voraussage ist eine gewagte Angelegenheit, wie Yogi Berra weise rät – insbesondere wenn es die Zukunft einschließt. Jedoch sind zumindest drei analytisch unverkennbare Szenarien denkbar, von denen jedes über die Unterstützung von bedeutenden Gelehrten verfügt:

- *Konfuzianischer Pazifismus*: Aufgebaut auf Chinas Traditionen des Pazifismus und der Abneigung gegen den offensiven Einsatz von Gewalt verfolgen chinesische Führer reflexartig eine gewaltfreie Gesamtstrategie, die militärische Gewalt als letzten Ausweg ansieht. John King Fairbank, ein führender Vertreter dieser Ansicht, stellte Gewalt auf hervorragende Weise als ein „missachtetes" oder geschmackloses Hilfsmittel der Außenpolitik für chinesische Führer dar.[9] Die chinesische Diplomatie versucht, eine maritime Identität zu propagieren, die zu Fairbanks Einschätzung passt.

- *Kulturelle Handhabung*: Bei dieser Ansicht sind die chinesischen Führer keine Gefangenen der Kultur, sondern erfreuen sich einer gewissen Flexibilität, um Chinas strategische Kultur zu manipulieren, indem sie eine Gesamtstrategie verfolgen, die sich auf *Realpolitik* begründet, während sie den anderen Seemächten gegenüber ihre wohltätigen Absichten versichern. Obwohl sie sich darin – manchmal enorm – unterscheiden, wie sich die strategische Kultur verhält, stimmen Iain Johnston und Colin Gray, um zwei bekannte Theoretiker zu nennen, darin überein, dass Handlungen, die mit Kultur interagieren, möglich sind.

• *Der Kult der Verteidigung*: Gemäß dieses Denkmusters glauben chinesische Eliten ernsthaft, dass ihre Nation unfähig ist, gegen ihre pazifistischen Traditionen zu handeln – selbst wenn sie Gewalt offensiv oder präventiv einsetzt. Andrew Scobell schreibt von einem „chinesischen Kult der Verteidigung", einer geistigen Haltung, bei der chinesische Führer Gewalt aggressiv einsetzen, während sie inbrünstig behaupten – und offensichtlich glauben – dass ihre Handlungen defensiv sind.[10] Dies lässt eine außergewöhnliche Kapazität, eine kognitive Unstimmigkeit zu tolerieren, erkennen.

Jede der drei Denkschulen hat ihren Vorzug, doch bezweifeln wir, dass es ein für alle passendes Standardmodell gibt, welches das chinesische strategische Verhalten erklärt. Chinas Führer, so wie ihre Gegenspieler überall sonst, werden wahrscheinlich durch gemischte und veränderbare Motive angetrieben. Selbst dann sind die politischen Begleiterscheinungen jedes Szenarios für die asiatischen Nationen und für die Vereinigten Staaten durchaus unterschiedlich und machen daher die Durchführung einer Übung lohnenswert. Eine Unsicherheit, die durch diese Analyse aufkommt, besteht darin, ob Chinas ehrwürdige Kultur sich so formbar wie die des frühen Amerika erweisen wird, welches im Wesentlichen der Gründergeneration ein „weißes Blatt Papier" gab, um auf diesem die nationale Identität zu skizzieren. Können politische und militärische Führer die seewärtige Kultur Chinas ohne irgendein traumatisches Ereignis, welche das kulturelle Gleichgewicht der Nation stört, neu ausrichten und erlauben, eine neue Ausgeglichenheit auf dem Meer zu bilden? Wird Chinas Geschichte brauchbar sein oder wird sie sich als unentrinnbar erweisen?

DER EINFLUSS VON IDENTITÄT UND KULTUR

Um diese Fragen zu verdeutlichen, müssen wir einen kurzen Abstecher in die Theorie der internationalen Beziehungen unternehmen. Was ist eine Identität in internationalen Angelegenheiten, wie funktioniert sie und wie anfällig ist sie gegenüber einer bewussten Manipulation durch Entscheidungsträger? Wir vermischen Konzepte aus der Literatur über die Identität mit denen, die aus der Literatur über strategische Kultur stammen, wie dies die Mitwirkenden bei Peter J. Katzensteins bekanntem Buch *The Culture of National Security (Die Kultur der Nationalen Sicherheit)*, unter ihnen Alastair Iain Johnston, ein führender Spezialist für die chinesische strategische Kultur, tun.[11] Diese Verfasser unterscheiden sich, manchmal vehement, in verschiedenen Punkten. Aber selbst uneinige Ansichten kurbeln Analysen zur chinesischen Identität und Kultur an. Sie helfen asiatischen Seemächten, die möglichen Zukunftsperspektiven für Chinas Gesamtstrategie zu verfolgen sowie Variablen zu benennen, die diese Zukunftsperspektiven in die eine oder andere Richtung beeinflussen, um Strategien für zukünftige Eventualitäten zu ermitteln. Gelehrte der strategischen Kultur stimmen in dem grundlegendsten Punkt überein, dass „die Sicherheitsumfelder, in welche Staaten eingebettet sind, zum Teil eher kulturell und institutionell als nur materiell sind.[12] Sicherheit bedeutet mehr als die Zusammenzählung von Zahlen und Kapazitäten. Diese Erkenntnis von Gelehrten schafft Platz für die Bewertung von Chinas maritimer Identität.[13]

Die erste solche Beobachtung besteht darin, dass die Nationalstaaten ausgeprägte Identitäten haben und bestimmte Rollen im internationalen System spielen. Diese Erkenntnis stellt einen ernsten Bruch mit der Gewohnheit der Gelehrten internationaler Beziehungen dar, materielle und quantifizierbare Faktoren zu benutzen, um das Verhalten von Staaten zu erklären.[14] Der Aufbau eines Nationalstaats und der größeren Gesellschaft rührt nicht nur von externen Faktoren, sondern auch von Traditionen, Einstellungen und Fähigkeiten zur Weiterentwicklung her, die fundamental dafür sind, wie eine Gesellschaft ihre Angelegenheiten handhabt. Ideen zählen. Dies ist ein Grund, warum wir von der reinen realistischen Ansicht abweichen, welche die Handlungen einer Nation im Hinblick auf die Kosten-Nutzen-Analyse erklärt – eine Art der Analyse, die vermutlich auf alle Gesellschaften anwendbar ist. Obwohl es wahr sein kann, dass Führer und Institutionen in Kosten-Nutzen-Bedingungen denken, ist es eine Tatsache, dass es keinen eingleisigen Weg gibt, um den Wert einer bestimmten Variable – wie die Vorteile oder Risiken, die mit einer bestimmten Handlung oder Politik verbunden sind – zu ermitteln. Nationale Traditionen und Fähigkeiten zur Weiterentwicklung veranschaulichen die Einstellungen in Richtung dieser Güter.

Der griechische Historiker Thukydides erklärte auf hervorragende Weise, dass Angst, Ehre und Interesse die wichtigsten Antriebskräfte für die Handlungen von Staaten sind.[15] Von diesen Motivationskräften könnte das Interesse empfänglich für die realistische Kosten-Nutzen-Analyse sein, aber das Gewicht, das auf die Angst und die Ehre gelegt wird, wird von Gesellschaft zu Gesellschaft stark variieren. Um ein einfaches Beispiel aus Kapitel 3 zu verwenden: Die Geografie platzierte Großbritannien in eine nahe Umgebung zum kaiserlichen Deutschland, was nicht nur die britischen Interessen hinsichtlich einer freien Schifffahrt und der Heimatverteidigung, sondern auch die Ängste vor einem deutschen Militarismus sowie maritimer Schlagkraft und schließlich einer unerschütterlichen Entschlossenheit zur Erhaltung der Vormachtstellung auf See – die der Dreh- und Angelpunkt der britischen Nationalehre war – herausforderte. Die Vereinigten Staaten haben auf ähnliche Weise ein vitales Interesse an einer freien Schifffahrt in Asien, von der die globale Ordnung von Handel und Wirtschaft abhängt. Aber Nordamerika liegt weit entfernt von China und macht jegliche chinesische Bedrohung des US-Heimatlandes gering und abstrakt in den Augen der amerikanischen Volksmasse und der politischen Klasse. Und ob der chinesische Marineaufbau die amerikanische Nationalehre zu einem Grad wie dem des deutsch-britischen Flottenwettrüstens herausfordern wird, bleibt abzuwarten. Unsere Denkweise hat keine Algebraformel, die bestimmt, wie sich zwischenmenschliche Angelegenheiten entfalten.

Zweitens, die Identität eines Nationalstaates ist eine komplexe Sache, die sich aus einer Melange von Ideen und Traditionen zusammensetzt – und damit intellektuellen und emotionalen Faktoren, die zeitweise unbehaglich nebeneinander bestehen oder sich sogar gegenseitig widersprechen können. Eine Identität ist auch nicht veränderbar, selbst wenn viele strategisch-kulturelle Theoretiker andeuten, dass jeder Nationalstaat eine mehr oder weniger statisch-strategische „Kern"-Kultur hat, die sehr widerstandsfähig gegen Veränderungen ist. Eine gefügigere Ansicht wird angezeigt.

Wie Commagers Betrachtung einer *brauchbaren* Vergangenheit andeutet, können Eliten Geschichte, Traditionen und Symbole einsetzen, um sie für ihre eigenen Ziele zu nutzen, während sie ihre Ideen dem Charakter des Nationalstaates und seiner Rolle, die er im internationalen System spielen soll, aufstempeln. Johnston bemerkt: „Traditionen werden laufend von nachfolgenden Generationen von Eliten mit einem politischen Interesse neu definiert und neu interpretiert, um bestimmte Traditionen hervorzuheben oder herunterzuspielen."[16] Johnston betont auch, dass das komplexe Zusammenspiel von Geografie, Kultur und strategischer Erfahrung zu mannigfaltigen strategischen Kulturen führen kann. Falls dem so ist, drängen bestimmte Charaktereigenschaften andere in den Hintergrund oder schwinden zu bestimmten Zeitpunkten in der Geschichte einer Gesellschaft. Dies ist von den Umständen abhängig.[17] In Wirklichkeit bietet dies geschickten Eliten eine Auswahl an Optionen und hilft ihnen kulturelle Charakteristiken herauszuziehen, die sich mit ihren gewählten politischen Zielen, Richtlinien und Gesamtstrategien decken.

Drittens, wenn herrschende Eliten die Identität und Kultur manipulieren, erzeugen sie Erwartungen dahingehend, wie der Nationalstaat sich in einheimischen und internationalen Szenerien verhalten wird. Dies liegt zum Teil daran, weil die Kultur, obwohl sie nicht gänzlich renitent ist, sich langsamer als etwa politische Voraussetzungen verändert und dem Verhalten von Nationalstaaten eine Maßeinheit zur Berechenbarkeit gibt. Diese Sichtweise erhält durch das Werk von Charles Kupchan Unterstützung, der bemerkt, dass Eliten eine Sprache verwenden können, die bei den Volksmassen Anklang findet, um öffentliche Unterstützung für bestimmte strategische Wahlmöglichkeiten zu sammeln.[18] Kupchan stellt fest, dass sowohl Status-quo-Mächte als auch revisionistische Mächte anfällig für ein unbesonnenes „selbstzerstörerisches Verhalten" gegenüber möglichen Rivalen sind: das heißt die Verfolgung ihrer Interessen in einer übermäßig kooperativen oder übermäßig konkurrenzbetonten Art und Weise.[19] Zum Großteil, so sagt er, liegt dies daran, weil die Eliten dazu neigen, öffentliche Bedürfnisse zu wecken, die sie nicht erfüllen können: für Prestige und Einfluss der aufstrebenden Mächte und für die Erhaltung der vorhandenen Privilegien etablierter Mächte.[20] Die Handhabung der Kultur ist keine einfache Angelegenheit.

Kupchan definiert die strategische Kultur begrenzter, als Jack Snyder es tat, welcher den Begriff in den 1970er Jahren prägte, indem er ihn als „die Masse von Attitüden und Überzeugungen definierte, welche die Ideen bezüglich strategischer Fragen leitet und abgrenzt, die Art beeinflusst, wie strategische Belange formuliert werden, und das Vokabular und die Wahrnehmungskenngrößen der strategischen Debatte erstellt.[21] Für Kupchan ist die strategische Kultur „ein Bereich der nationalen Identität und des nationalen Selbstverständnisses". Diese besteht aus:

> Bildern und Symbolen, die gestalten, wie ein Gemeinwesen seine Beziehung zwischen großstädtischer Sicherheit und dem Imperium insgesamt versteht, seine Position in der internationalen Hierarchie darstellt sowie die Beschaffenheit und den Umfang der außenpolitischen Ambitionen einer Nation erkennt. Diese Bilder und Symbole *formen sogleich die öffentliche Gesinnung und werden in der Struktur und in dem Prozess der Entscheidungsfindung institutionalisiert sowie routinisiert* ... Dies setzt voraus, dass die strategische Kultur die Grenzen für eine

politisch legitime Außenpolitik umreißt und die Eliten bei der Gestaltung des nationalen Interesses und strategischer Prioritäten beeinflusst. Somit spielt die strategische Kultur eine entscheidende Rolle bei der Gesamtstrategie.[22]

Diese Definition liefert die ausschlaggebende Verbindung zwischen den abstrakten Konzepten von Identität und Kultur sowie dem handfesten Verhalten der Eliten und der Regierungsinstitutionen. Kupchan stellt fest, dass sich der Einfluss von Kultur im Besonderen während der Zeiten von Veränderungen ankündigt. Wenn sich Eliten „der Notwendigkeit gegenübersehen, unverzügliche, eigenständige politische Entscheidungen zu treffen, um auf die Veränderungen in der äußeren Umgebung zu reagieren" – wie Verschiebungen in der internationalen Aufteilung von Macht und Einfluss –, dann werden sie normalerweise „bei ihrer Aufgliederung von militärischen und wirtschaftlichen Ressourcen von strategischen Überzeugungen und einheimischen politischen Kräften geleitet."[23]

Kurzum, als Teil einer größeren Gesellschaft werden die Mitglieder der Elite von der vorherrschenden strategischen Kultur beeinflusst; sie verwenden Konzepte, die von der Kultur herrühren, welche die öffentlichen Attitüden formt, und sie agieren innerhalb der Beschränkungen einer strategischen Kultur. Dies sind Beschränkungen, bei deren Schaffung sie durch ihre Befürwortung im Interesse einer unverkennbaren Vision des Grundcharakters oder der Identität des Nationalstaates mitgeholfen haben. Colin Gray, ein Mitglied der Gründergeneration von Theoretikern strategischer Kultur, argumentiert, dass die Kultur in Ideen und Verhaltensweisen eindringt und somit einen „Zusammenhang" für die Strategiebildung auf allen Ebenen bietet:

Die strategische Kultur sollte als ein bildender Zusammenhang für das Verhalten und auch selbst als ein Bestandteil dieses Verhaltens behandelt werden ... Beide [Volk und Institutionen] haben die strategische Kultur verinnerlicht, und zum Teil gestalten, interpretieren und ergänzen sie diese Kultur. Anders ausgedrückt, der strategische kulturelle Zusammenhang für das strategische Verhalten schließt die menschlichen strategischen Akteure und deren Institutionen ein, welche „Kultur schaffen", indem sie das interpretieren, was sie wahrnehmen ... Die strategische Kultur ist nicht nur „da draußen", sie ist auch unter uns; wir, unsere Institutionen und unser Verhalten, sind das Konzept (unsere Betonung).[24]

Demzufolge verfügt die strategische Kultur zudem über eine wiederkehrende Qualität. Die Erwartungen, die der nationalen Identität, den Traditionen und Fähigkeiten zur Weiterentwicklung entspringen, gestatten es herrschenden Eliten, die Bedingungen für nationale Diskurse zu setzen, jedoch fesseln vergangene Erwartungen, die fest in den öffentlichen Meinungen und Institutionen verwurzelt sind, die strategischen Optionen der Eliten. Es bedarf klar einer Anstrengung durch die Führung eines Nationalstaates, um die Identität und Kultur in den Dienst der Gesamtstrategie zu stellen. Die Charakteristiken, die tief in der Geschichte und der Tradition verankert sind, und der nationale Geist mögen nicht so formbar sein wie Charles Kupchan und gleichgesinnte Gelehrte beteuern. In der Tat schreibt selbst Kupchan das selbstzerstörerische Verhalten seitens der aufstrebenden und etablierten Imperien der Unfähigkeit der Eliten zu, die strategische Kultur schnell genug zu modifizieren, um mit dem Wandel im internationalen System Schritt zu halten und somit die Erwartungen zu erfüllen, die sie selbst geschaffen haben. Die Kultur ist dann zugleich formbar und widerspenstig.

Viertens, die Identität und strategische Kultur können einen nützlichen Beitrag zur Gesamtstrategie leisten, wenn sie geschickt angewendet werden. Diese Charakteristiken geben einen Hinweis darauf, wie der Nationalstaat seine einheimischen und ausländischen Angelegenheiten handhaben wird und hierbei Erwartungen schafft, welche die politischen Ziele und die Strategie der Eliten unterstützen. Dies bezieht sich auf die Alltagsdiplomatie, was auch für Henry Steele Commagers frühe Amerikaner galt, die bewusst oder unbewusst die Natur des Landes, das sie gegründet hatten, vermittelten. Man ziehe Joseph Nyes Konzept der „Soft Power" in Betracht, welches sich auf die kulturellen Merkmale, Ideen und Richtlinien bezieht, die eine Nation für andere Völker und Länder attraktiv macht und somit eine Atmosphäre des guten Willens schafft, die ihren Führern hilft, Unterstützung für die von ihnen gewollten politischen Unternehmungen zu gewinnen.[25] Das Gerede im Volk neigt die Soft Power auf McDonald's und Hollywood zu reduzieren, aber Amerikas offene demokratische Gesellschaft und die Vorzüge, die hiervon herrühren, liefern der Nation ein großes Reservoir für Soft Power.[26] Als Asiens traditionelle „zentrale" Macht und durch seine wirtschaftliche und militärische Stärke im Aufschwung, genießt China selbst beträchtliche Soft-Power-Reserven.[27] Falls einer von beiden – entweder die USA oder China – die anderen Nationen überzeugen kann, in der Vergangenheit im internationalen Miteinander eine wohltätige Rolle gespielt zu haben, und dies noch immer durch selbstlose Traditionen tut, kann es die Neigung anderer Länder zu einem konzentrierten Gegengewicht verringern, welches seine eigene Außenpolitik hemmen würde. Die Aussichten auf einen diplomatischen oder militärischen Erfolg werden sich dann aufhellen.

Kurzum, ein Agieren in Übereinstimmung mit anderen Prinzipien, Überzeugungen und Traditionen, welche erkannt worden sind, um die strategische Kultur des Nationalstaates zu umfassen, verleiht den Absichtserklärungen der herrschenden Eliten Glaubwürdigkeit. Falls sie zeigen können, dass sie an Prinzipien festhalten oder sich in einer bestimmten Weise bei vergangenen Wechselbeziehungen verhalten haben, dann werden ihre Worte heute viel mehr Gewicht haben. Und falls die Eliten ein öffentliches Bekenntnis abgeben, dass sie diese oder jene Handlung durchführen – und sich somit zur Rechenschaft gegenüber den Wählern bereit erklären, welche von der Identität und Kultur der Gesellschaft geprägt sind – dann können sie auf eine besonders starke und kulturell fundierte Variante von Thomas Schellings „Bekenntnistaktik" („commitment tactic") zugreifen.[28] Eine solche Würdigung zu erhalten, ist eine machtvolle Sache. Falls die Führer sich öffentlich binden und dann bei ihrem Prinzip nachgeben oder dem Grundcharakter ihrer Nation widersprechen, riskieren sie, dass sie sich in den Augen der einheimischen Volksmasse sowie gegenüber ausländischen Diplomaten und Soldaten selbst diskreditieren. Kluge Staatsmänner appellieren sparsam an ihre brauchbare Vergangenheit.

EIN HISTORISCHER SEEFAHRER HILFT CHINA
BEI DER UMGESTALTUNG SEINER IDENTITÄT

Abermals haben die Erfordernisse der wirtschaftlichen Entwicklung die Aufmerksamkeit von Chinas Führung unwiderstehlich auf die Meere gelenkt und Peking veranlasst, seine traditionelle landgestützte Gesamtstrategie zu erneuern. Um die chinesische Volksmasse hinter den seewärtigen Bestrebungen zu vereinen, muss Chinas seeorientierte Führung irgendeine kulturelle Alchemie ausarbeiten, die jener der amerikanischen Gründer ähnelt. Die Chinesen haben über Jahrhunderte ihre Nation als eine reine Kontinentalmacht betrachtet.[29] Mao Tse-tung missbilligte die Meere und drängte die Nation, weiterhin von sich in kontinentaler Hinsicht zu denken.[30] Für Mao reichte die Kontrolle des Wassers, das unmittelbar an Chinas Küsten grenzte. Wie auch immer, während der Ära von Deng Xiaoping drängte Chinas höchster Militäroffizier, Admiral Liu Huaqing, Peking, mit der durch Mao inspirierten Tradition der Küstenverteidigung zu brechen. Wie in vorangegangenen Kapiteln angemerkt, befehligte Liu die PLA Navy während eines Großteils der 1980er Jahre und trat für eine maritime Strategie ein, die dafür entworfen war, China die Kontrolle über asiatische Wasserwege zusammen mit wichtigen Knotenpunkten wie den Inselketten, die fast parallel zu Chinas Küste verlaufen, zu geben. Schließlich würde die PLA Navy, um das Jahr 2050, ihren Platz als eine Hochseemarine, mit der US-Navy gleichgestellt, einnehmen und hierbei Flugzeugträger und eine ganze Bandbreite von Seewaffensystemen auf die Meere schicken.[31] Anfang 2009 bestätigten in Übereinstimmung mit den Feierlichkeiten anlässlich des 60. Jahrestags der Gründung der Marine Vertreter des Verteidigungsministeriums mehr oder weniger die Spekulationen, dass die PLA Flugzeugträger bauen wird, obwohl sie sich auf keinen genauen Zeitplan festlegte.

Admiral Lius Appelle in Bezug auf die Seemacht blieben jedoch größtenteils bis in die 1990er Jahre ungehört, als das schnelle Wirtschaftswachstum Chinas Führung die Bedeutung von sicheren Seewegen für den „friedlichen Aufstieg" zu ökonomischen Fortschritt und dem späteren zu regional großer Macht aufzeigte. Mit einer kommunistischen Ideologie in Verruf versucht das chinesische Regime zunehmend, seine Legitimation zu stützen und die öffentlichen Gemüter zu beruhigen, indem es die wirtschaftliche Entwicklung und die physischen Annehmlichkeiten, die der Wohlstand bringt, voranzutreibt. China wurde zum ersten Mal 1993 zu einem reinen Importeur von Öl, und sein Verlangen nach Energie ist seitdem nur gewachsen.[32] Die chinesischen Führer – aufmerksam hinsichtlich des Ressourcenbedarfs ihrer Nation – werden wahrscheinlich Lius abgestimmte maritime Strategie modifizieren, falls sie dies nicht bereits getan haben. Sie werden ihren strategischen Blick eher nach Süden, auf die Seewege für den Nachschub von Öl und Gas aus dem Nahen Osten und Afrika konzentrieren, anstatt nach Osten – auf eine Konkurrenz mit der US-Navy im weiten Pazifik – zu schauen.[33] Liu, heute im Ruhestand, stimmt zweifellos mit dieser Verschiebung des geografischen Schwerpunkts überein, welche die chinesische maritime Strategie in eine Linie mit den lebenswichtigen Interessen setzt. Ein direkter Wettstreit mit den Vereinigten Staaten um Macht und Einfluss kann warten, bis mehr konkrete Vorzüge greifbar sind.

Trotz des mageren Bestands an Seegeschichten der Nation haben Chinas strategische Eliten sich der Historie zugewandt, um dabei zu helfen, eine Affinität innerhalb des chinesischen Staatskörpers für seewärtige Unternehmungen in Südost- und Südasien zu kultivieren sowie eine öffentliche Unterstützung für ozeanische Anstrengungen zu vereinen. Hierbei ist China bemüht irgendwelche Bedenken auszuräumen, die der Flottenausbau unter asiatischen Seenationen provoziert. Kurzum, die Eliten versuchen einen seewärtigen Stamm in Chinas Identität und strategischer Kultur einzufügen. Es gibt in der Historie eine gewisse Grundlage für eine brauchbare chinesische maritime Vergangenheit. In der Tat, wie der inzwischen verstorbene Edward L. Dreyer aufzeigte, fand die Geburtsstunde der Ming-Dynastie, die China kurzzeitig zum Herrscher über asiatische Gewässer machte, durch einen Krieg auf Binnengewässern statt.[34] Chinesische Führer haben sich Zheng He als einen Partner bei ihrer diplomatischen Unternehmung ins Gedächtnis gerufen. Zheng leitete sieben Reisen zum Zwecke der Diplomatie, des Handels sowie der Entdeckung und lief Häfen an den Küsten in ganz Südost- und Südasien an. Peking hat den 600. Jahrestag der Ming-Reise geschickt genutzt und in der Tat Zheng He als einen Botschafter für seine nautischen Unternehmungen rekrutiert.

Zheng Hes Expeditionen förderten das einheimische Eigeninteresse – sein imperialer Herrscher, Kaiser Zhu Di (1360–1424), fürchtete, dass der Neffe, den er vom Drachenthron vertrieben hatte, aus dem Exil zurückkehren würde, um sich zu rächen – aber die Expeditionen waren in erster Linie diplomatischer und wirtschaftlicher Natur. Hohe chinesische Beamte haben die pazifistischen Gesichtspunkte von Zhengs Reise zu einer Hauptstütze ihrer Regionaldiplomatie gemacht.[35] Der sowohl in China, als auch im ganzen maritimen Asien sehr populäre Seefahrer hilft Peking, die chinesischen Bürger neu auf das Meer einzustellen, indem er ihnen den Sinn einer Mission einträufelt. „Heute gedenken wir Zheng Hes Reisen", kommentiert die *People's Daily*, die offizielle Zeitung des chinesischen Zentralkomitees der Kommunistischen Partei, „um den Ethos mit Patriotismus als den Kern zu fördern ... um den Sinn für die Identifikation mit der chinesischen Zivilisation zu stärken und ... um den Zusammenhalt und die Anziehungskraft der chinesischen Nation zu stärken."[36] Die *Liberation Army Daily*, das einflussreiche Sprachrohr des allgemeinpolitischen Departments der Volksbefreiungsarmee fügt hinzu:

> Die Meere sind nicht nur weite Straßen zu einem internationalen Austausch und einer Schatzkammer wertvoller strategischer Ressourcen für eine nachhaltige Personalentwicklung, sondern auch ein bedeutendes Feld in dem weltstrategischen Muster, in welchem große Mächte ihre strategischen Positionen und diplomatischen Stimmen stärken. Die Meere sind bereits zu „neuen Kommandofeldern" („command fields") im internationalen Wettstreit geworden ... Vor etwa 600 Jahren führte Zheng He eine gewaltige Flotte in dem Bemühen nach Übersee, um Ruhm und Träume durch die blauen Wellen zu verwirklichen. Unserer heutigen Generation ist die Aufgabe zur Verwirklichung des blauen Traums von einer friedlichen Nutzung der Meere durch die Geschichte erteilt worden.[37]

Durch die Berufung auf Zheng He kann Peking zudem die Hand nach Nationen entlang jener Wasserwege ausstrecken, welche die Ming-„Schatzflotte" – so benannt nach den Preziosen, die sie mitführte, um mit ausländischen Völkern zu handeln – einst befuhr. Wenn China dies tut, hilft es die Befürchtungen vor seinem maritimen Ehrgeiz zu mildern und die asiatischen Nationen daran zu erinnern, dass China einst eine gutartige Vormachtstellung über die Region auf See innehatte.

Und diese maritime Stellung dient nicht bloß der Show. Peking hat seine diplomatische Haltung seit den 1980er Jahren stets verschoben, wenn es vorzog, bilaterale Beziehungen mit seinen Nachbarn zu verfolgen. Es trotzte Kritikern, indem es Verbindungen mit dem Verband Südostasiatischer Nationen (Association of Southeast Asian Nations – ASEAN) einging und einem Verhaltenskodex im Südchinesischen Meer im Jahre 2002 zustimmte. Obwohl sehr symbolisch, lieferte der Verhaltenskodex eine wertvolle Botschaft. 2004, als Malaysia und Indonesien lautstark gegen die Pläne des US-Pacific Command, amerikanische Kriegsschiffe für die Patrouille der Straße von Malakka einzusetzen, protestierten, kooperierte China mit Japan, um eine alternative Strategie zu ermitteln, die den Interessen aller Parteien Rechnung trägt. Seine Gewandtheit bei maritimen Beziehungen hilft Peking dabei, Glaubwürdigkeit aufzubauen.

Pekings Gebrauch von Zheng He als ein diplomatisches Instrument rührt zum Teil von dem relativen Mangel an der „Hard" Power des Landes in südlichen Gewässern her. Ein auffälliges Beispiel folgte dem Dezember-Tsunami 2004, als Länder wie die Vereinigten Staaten, Japan, Singapur, Australien und Neuseeland Marineeinheiten nach Indonesien entsandten, um bei Rettungseinsätzen vor Aceh und der Küste Sumatras zu helfen. Peking äußerte Bedenken hinsichtlich des Einsatzes von Seestreitkräften, um Hilfsmaßnahmen zu unterstützen – und unterstrich so sein Unvermögen, militärische Stärke zu nutzen, um regionale sowie Weltereignisse zu beeinflussen.[38] Das Wohlwollen, das durch die beispielhafte Tsunami-Hilfsmaßnahme von der US-Navy hervorgebracht wurde, war im Besonderen eine irritierende Situation für Peking.

In ihrer überraschend schonungslosen Beurteilung porträtieren chinesische Analysten eindringlich Pekings Gefühl der Machtlosigkeit, als es – von der Seitenlinie aus – Zeuge von Amerikas beeindruckender Wandlungsfähigkeit von einem enormen Machtdemonstrator zu einem humanitären Helfer wurde. Qu Zhaowei lamentiert: „Obwohl China sich lange gewünscht hatte, sämtliche Mittel für seine eigene Soft Power in der Region einzusetzen – und weil es nicht über die adäquaten Mittel hierfür verfügte – konnte es den Vereinigten Staaten nur dabei zuschauen, wie diese ihr negatives Image in der asiatisch-pazifischen Region seit dem Irak-Krieg umkehrten."[39] Qu zufolge regten die chinesischen Befürchtungen, dass Amerikas „überwältigender Soft-Power-Einfluss" Chinas Bekenntnisstrategie in Asien zunichtemachen könnte, die PLA Navy an, große Hospitalschiffe als strategischen Gegenzug zu bauen. Die Tsunami-Erfahrung zeigte dann auf schmerzliche Weise die harte Realität, nämlich dass die Hard Power gewissermaßen die Garantie für die Soft Power übernehmen muss. Wie Bruce Elleman bemerkt: „Im Hinblick auf das konfuzianische Konzept des *ren* oder der *Menschlichkeit* war Washington fähig, Peking bei weitem in den Schatten zu stellen. China strebt es klar an, eine regionale Supermacht zu werden, indem es eine ganze Bandbreite von Regierungsleistungen einsetzt, einschließlich seiner Militärstreitkräfte. Doch als diese auf die Probe gestellt wurden, versagte seine Seestreitmacht."[40] Pekings andauernde militärische Schwäche, Unerfahrenheit in überseeischen Umgebungen und die Entsendung von Streitkräften, um die internationale Sicherheit in Provinzen wie Tibet und Xing-jiang zu gewährleisten, sowie die Kontrolle über Taiwan wiederzuerlangen, haben die PLA davon abgehalten, Streitkräfte in Regionen von wirklichem und wachsendem Interesse aufzustellen. Diese strategischen Hindernisse und dringlichen Prioritäten erklären die Untätigkeit im Jahre 2004.

Ohne Hard Power in diesen Regionen hat sich Peking zu Zheng He als einen Lückenbüßer gewandt, indem es geschickt eine vortreffliche Vorstellung von China durch seine ausgeklügelte historische Erzählung verbreitet hat. Dies erlaubt chinesischen Diplomaten ein gewisses Mitspracherecht bei Angelegenheiten in südost- und südasiatischen Angelegenheiten, selbst während Peking schwach auf See bleibt. Es hilft Peking auch, diplomatische Voraussetzungen im Südchinesischen Meer und im Indischen Ozean in

Erwartung eines zukünftigen Aufbaus von Seemacht in regionalen Gewässern zu schaffen, sollten chinesische Führer sich entscheiden, dass ihre Interessen einen solchen Aufbau rechtfertigen. Und seine erschaffene Soft Power kann zu einem harmlosen Eindruck von China führen und somit helfen, die zunehmende chinesische politische und militärische Präsenz in den Küstengewässern Asiens nicht nur schmackhaft, sondern auch willkommen bei regionalen Regierungen zu machen.

Die Geschichte beeinflusst dann Chinas Aussichten auf maritime Angelegenheiten und durchtränkt Pekings ozeanische Sehnsüchte mit einem Gefühl von Bestimmung. Chinas Führung verbindet routinemäßig seine Gesamtstrategie mit vergangenen Unternehmungen, während es versucht, seine maritimen Nachbarn zu beschwichtigen. Kurzum, die strategische Kultur hilft Chinas Führern, ein beeindruckendes Programm von öffentlicher Diplomatie zu formen, und verwendet hierzu die Taten einer verehrten historischen Figur, gestützt durch greifbare Zeichen guten Willens, um Unterstützung für die heutigen ozeanischen Bestrebungen zu erhalten.

DIE AUSWEITUNG VON CHINAS KULTURELLEM ANREIZ –
DAHEIM UND IM AUSLAND

Weil er Chinas heroische maritime Vergangenheit verkörpert, stellt Zheng He daher einen eleganten Gesandten für eine zunehmend selbstbewusste, nach außen schauende Nation dar, der Peking hilft, verschiedene Botschaften zu vermitteln. Die chinesischen Führer halten die Legende der Schatzflotte aufrecht, um zu zeigen, dass China von seiner Natur her ein zuverlässigerer Verwalter der maritimen Sicherheit in Asien ist als jede westliche Macht – insbesondere der Vereinigten Staaten, deren maritime Vorherrschaft in der Region sechs Jahrzehnte zurückreicht. Das wiederbelebte tributpflichtige System, über das die Ming-Dynastie den Vorsitz hatte, war in beträchtlichem Maße das Werk von Zheng He, der Abkommen aushandelte, unter denen lokale Potentaten die chinesische Oberhoheit als Gegenleistung für bestimmte wirtschaftliche und diplomatische Vorteile anerkannten. Zheng wandte selten Gewalt an, um das System aufrechtzuerhalten und selbst dann nur in begrenzter Weise. Die Selbstbeschränkung des Eunuchen-Admirals ist ein gemeinschaftlicher Kehrreim in der heutigen chinesischen Diplomatie und findet einen gewissen Halt in der Wissenschaft.

In der Tat bot im Jahre 2005 der 600. Jahrestag von Zheng Hes erster Reise eine günstige Gelegenheit für chinesische Analysten, um ihre Meinung zu der Relevanz der Expeditionen des Ming-Admirals zur gegenwärtigen chinesischen Außenpolitik zu äußern. Drei Leitmotive, die sich bei diesen Diskursen herausgebildet haben, sind besonders erwähnenswert. Erstens, die chinesischen Analysten schätzen einheitlich, dass Zheng He ein einmaliges historisches Fallbeispiel für eine harmonische internationale Ordnung setzte. Sie bemerken, dass trotz der militärischen Überlegenheit der Ming-Flotte Admiral Zheng von Nötigung und Eroberung in Südost- und Südasien absah und er sich ausschließlich für den friedlichen Handel und kulturellen Austausch einsetzte.[41] Als natürliche Folge weist Chinas maritimer Aufstieg heute nicht auf eine konkurrenzbetontere Zukunft in den asiatischen Küstengewässern hin. Wie ein chinesischer Artikel erklärt: „Während der ruhmreichen Ära, als Zheng He sich auf seine westliche Expedition begab, strebte China keine Hegemonie an: Heute und in Zukunft wird China friedlich wachsen und weiterhin keine Hegemonie anstreben."[42]

Zweitens, chinesische Kommentatoren bekunden eine Überzeugung, dass Zheng Hes friedliche Begegnungen mit anderen Handelspartnern Chinas einmaliger Zivilisation und Kultur zuzuschreiben sind. Analysten prahlen, dass ein viel stärkeres China eine „friedliche Gutmütigkeit" gegenüber schwächeren, kleineren asiatischen Nachbarn zeigte.[43] Die Vermutung ist, dass Peking heute die gutartigen ausländischen Beziehungen des Mittleren Königreiches wiederaufleben lassen würde. Andere schreiben Zheng Hes eingeschränktes Handeln Chinas konfuzianischen Traditionen zu.[44] Ausnahmslos zeichnen sie einen scharfen Kontrast zwischen den chinesischen Expeditionen und der westlichen Kolonisation derselben Länder, die der Ming-Admiral besuchte. Wie Xiao Yaocheng schlussfolgert: „Zheng Hes Frieden ist das Produkt einer friedlichen Wechselbeziehung auf Grundlage der Zivilisation ... Zheng Hes weite Reisen sind die Verkörperung der friedlichen Beziehungen des chinesischen Volkes mit der äußeren Welt... und dies ist tief im Boden verwurzelt, von welchem das Überleben unserer chinesischen Zivilisation abhängt."[45] Während einige der mitreißenden Behauptungen wahrscheinlich Übertreibung oder rhetorische Fanfaren sind, die man im Allgemeinen in der chinesischen Literatur findet, ist die weitverbreitete Wahrnehmung einer chinesischen Einzigartigkeit unter den Verfassern noch immer recht bemerkenswert. Es ist zum Beispiel schwer vorstellbar, dass japanische Kommentatoren über die Zukunft von Tokios Außenpolitik mit ähnlichem Triumphalismus schreiben.

Drittens, die Chinesen sehen Zheng He als das Symbol von Chinas gegenwärtiger Offenheit gegenüber der Welt und den Meeren. In der Tat betrachten einige seine Leistungen als einen wichtigen Vorreiter für Dengs umgestaltende wirtschaftliche Reformen und öffnende Entwicklung. Für Cai Yiming sind die Implikationen für Pekings Zukunft klar:

Die Geschichte beweist: „Die Zuwendung zur See bedeutet eine Einladung zur Erneuerung, während die Abwendung von der See die Herbeiführung des Niedergangs bedeutet". Die ozeanische Entwicklung und die Reform sowie die Öffnung sind untrennbar miteinander verbunden. Wir müssen von dem seefahrenden Geist von Zheng Hes Expeditionen zu den westlichen Meeren lernen. Gleichzeitig müssen wir voll und ganz dem seit langem bestehenden Mangel eines ozeanischen Bewusstseins bei Chinas historischen Traditionen und der Schädlichkeit des kurzfristigen Landmachtdenkens für die Entwicklung der Zivilisation des modernen China ins Auge sehen."[46]

Mit anderen Worten, Chinas langfristiger strategischer Erfolg hängt von der Art der friedlichen, maritimen Wirtschaftsbeziehungen ab, die Zheng He vor sechs Jahrhunderten begründet hat. Wichtig ist, dass ein solcher Erfolg eine gemeinschaftliche nationale Anstrengung erfordern wird, um die insulare und landwärtige Ausrichtung der Vergangenheit abzulehnen.

Diese Umarmung Zheng Hes als eine urbildliche Figur für die chinesische Außenpolitik ist nicht ein ausschließlich chinesisches Phänomen. Manche westliche Beobachter vergleichen die hierarchische Gliederung der Ming-Jahre positiv mit dem europäischen Balance-of-power-System und bemerken, dass die Zuflucht zu den Waffen relativ selten während der Ära chinesischer Dominanz geschah, im Gegensatz zu dem Blutvergießen, das bei den europäischen internationalen Beziehungen üblich war.[47] David Kang geht noch weiter, indem er argumentiert, dass die Rückkehr einer hierarchischen Ordnung in Asien mit einem aufsteigenden China im Zentrum leitfähig für eine zukünftige Stabilität im internationalen System wäre. Kang erklärt: „Das Ostasien von 1300 bis 1900 war wirtschaftlich und politisch bedeutsam; zudem war es stabiler und hierarchischer als das europäische System ... es gibt eine Logik der Hierarchie, die zu einem stabilen und relativ friedlichen hierarchischen System unter (frühen) modernen Voraussetzungen führen kann (und geführt hat)."[48] Während es jenseits des Umfangs dieser Analyse liegt, die theoretische Gültigkeit von Kangs Behauptung zu beurteilen, ist es klar, dass der Gedanke einer sinozentrischen Regionalordnung auf Grundlage der chinesischen Einzigartigkeit bei internationalen Angelegenheiten weiten Anklang findet. Für einige wird die Großmachtpolitik dann nicht immer tragisch sein. Die Popularität dieses Gedankenstamms in manchen westlichen akademischen Kreisen deutet an, dass die Zheng-He-Erzählung ein empfängliches Publikum weit jenseits von Chinas Küsten gefunden hat.

Ähnlich der Logik Kangs über die Hierarchie erklären chinesische Vertreter auf der höchsten Regierungsebene offen, dass ihre Nation einen friedlichen Aufstieg zu einer regionalen Eminenz oder, wie Pekings neueste Formulierung es ausdrückt, einen „friedlichen Fortschritt" beabsichtigt.[49] Hohe chinesische Beamte verwenden daher Zhengs Handels- und Entdeckungsreisen, um China als eine gutmütige und nicht als eine bedrohliche Macht darzustellen. Die chinesische Stärke, so deuten sie an, ist eigentlich selbstlos, und die Geschichte beweist dies. In einer in Südafrika gehaltenen Rede beteuerte Präsident Hu Jintao, dass Zheng Hes Armada „den afrikanischen Völkern eine Botschaft von Frieden und Wohlwollen und keine Schwerter, Kanonen, Ausplünderung oder Sklaverei brachte."[50] Premierminister Wen Jiabao erklärte während eines Besuchs der Vereinigten Staaten, dass Zheng den ausländischen Völkern „Seide, Tee und die chinesische Kultur" brachte, „jedoch wurde nicht ein Zoll Land besetzt."[51]

Guo Chongli, Chinas Botschafter in Kenia, verkündete, dass, obwohl „Zheng Hes Flotte groß (war) ... seine Reisen aber nicht der Erbeutung von Ressourcen" – dem chiffrierten Wort für westlichen Imperialismus – „sondern nur der Freundschaft dienten. Beim Handel mit anderen Ländern gab er viel mehr als er nahm", und förderte so „Verständnis, Freundschaft und Handelsbeziehungen zwischen Chinas Ming-Dynastie und anderen Ländern in Südostasien, Westasien und Ostafrika."[52] Die *People's Daily* stimmt zu, dass Zhengs Reisen „der chinesischen Gesinnung von *Harmonie* vollen Ausdruck gaben", wie es in konfuzianischen Lehren ausgedrückt wird, während Kolumbus und sein Nachfolger „eine große Anzahl von Kolonien in Nord-, Mittel-, und Südamerika begründeten, erpicht auf „einen typisch räuberischen Aufstieg."[53] Ein Kommentar, der im offiziellen *China Daily* erschien, ist sogar ausführlicher in Bezug auf den Vergleich Chinas mit dem Westen: „Im Gegensatz zu vielen seiner heutigen europäischen Gegenstücke, die über die großen Ozeane segelten, um andere Nationen mit Gewalt zu erobern, brachte die chinesische Flotte solchen fremden Ländern Tee, Porzellan, Seide und Handwerkskunst. Sie brachten der restlichen Welt Frieden sowie Zivilisation und besetzten niemals irgendein fremdes Land – eine Leistung, welche die Ernsthaftigkeit des alten Reiches symbolisiert, um den Austausch mit anderen Nationen zu verstärken."[54] Die Botschaft an die Länder, die Pekings Ambitionen misstrauisch gegenüberstehen, besteht darin, dass trotz seiner wachsenden politischen, wirtschaftlichen und militärischen Macht China vertrauenswürdig ist und dass es von territorialer Eroberung oder einer militärischen Oberherrschaft nach westlicher Art Abstand nimmt.[55] Chinas Identität und strategische Kultur werden seine Ambitionen auf dem offenen Meer in Schranken halten, genau wie dies in den Tagen der Schatzflotte geschah. Sich zu vereinen, um ein Gleichgewicht zu einem wiederauflebenden China zu schaffen, ist nicht notwendig. Wie der herrschende chinesische Staatsrat in einem „White Paper" mit dem Titel *China's Peaceful Development Road* (*Chinas friedliche Entwicklungsstraße*) verkündet:

Es ist *eine unvermeidbare Wahl auf Grundlage von Chinas historischer und kultureller Tradition*, dass China unentwegt darauf beharrt, die Straße der friedlichen Entwicklung zu nehmen ... Die Gesinnung des chinesischen Volkes hat *stets* seine Sehnsucht nach Frieden und sein Streben nach Harmonie ausgezeichnet. Vor 600 Jahren erreichte Zhen He mehr als dreißig Länder und Regionen in Asien und Afrika ... Was er zu den Orten brachte, die er besuchte, war Tee, Porzellan, Seide und Technologie, jedoch besetzte er nicht einen Zoll Land von jemand anderem. Was er der äußeren Welt brachte, waren Frieden und Zivilisation ... Auf Grundlage der gegenwärtigen Realität ist Chinas Entwicklung nicht nur dem Volk von 1,3 Milliarden Chinesen zugutegekommen, sondern hat auch große Märkte und Entwicklungsmöglichkeiten für Länder auf der ganzen Welt geschaffen. Chinas Fortschritt hilft auch, die Macht für Frieden auf der Welt zu verstärken.[56]

Chinas maritimer Aufstieg ist dann nicht nur unbedenklich, sondern qualifiziert diesen auch als einen positiven international-öffentlichen Nutzen, welcher der Region insgesamt zugutekommt. Während seiner programmatischen Rede an der Cambridge University kam Premierminister Wen auf die historische und kulturelle Dimension der gegenwärtigen chinesischen Außenpolitik zu sprechen. Wen berief sich abermals auf Zheng He, um Chinas Abneigung gegenüber Machtpolitik und Oberherrschaft zu betonen. Er verkündete:

Die kulturelle Tradition, die Harmonie zu schätzen, hat die Großzügigkeit des chinesischen Volkes wachsen lassen. So wie die Erde alles tragen kann, so übt unser Volk eine große Toleranz aus; wie die Lüfte mit Kraft wirken, so zeigt unser Volk Gerechtigkeit ... Während des 15. Jahrhunderts unternahm der berühmte chinesische Navigator Zheng He sieben Reisen zu den westlichen Meeren und erreichte dreißig Länder. Er brachte mit sich den chinesischen Tee, Seide und Porzellan. Er half auch einigen dieser Länder auf seiner Route bei der Ausrottung der Piraterie. Er verbreitete wahrlich Gutmütigkeit und freundliche Beziehungen. Die Vorstellung, dass ein starkes Land eine Vormacht sein muss, behagt China nicht so recht. Ein Hegemonismus steht im Konflikt mit unserer kulturellen Tradition, und er läuft den Wünschen des chinesischen Volkes zuwider. Chinas Entwicklung schadet niemandem, noch bedroht es irgendjemanden. China will ein großes Land des Friedens, ein großes Land des Lernens und ein großes Land der Zusammenarbeit sein, und China verwendet Anstrengungen auf den Aufbau einer harmonischen Welt.[57]

Chinesische Sprecher haben auch versucht, die Befürchtung der asiatischen Nationen bezüglich eines chinesischen Flottenausbaus wie in der extensiven historischen Form zu beschwichtigen. „Die Essenz von Zhengs Reisen liegt nicht darin, wie stark die chinesische Marine einst war", so erklärt Xu Zuyuan, der stellvertretende chinesische Minister für Kommunikation, „sondern darin, dass China an einer friedvollen Diplomatie festhielt, als seine große Macht war ... Zheng Hes sieben Reisen in den Westen erklären, warum eine friedliche Erscheinung das zwangsläufige Ergebnis der Entwicklung der chinesischen Geschichte ist.[58] Chinesische Staatsvertreter geben zu verstehen, dass die asiatische Geschichte einen anderen – und vermutlich humaneren – Verlauf unter chinesischer Aufsicht genommen hätte, wenn die Ming-Dynastie maritime Bestrebungen nach Zheng Hes letzter Reise nicht verboten hätte. Chinesische Staatsvertreter versuchen daher, den Gedanken zu propagieren, dass China eine qualitativ überlegene, pazifizierende Kraft in der Weltgeschichte darstellt.

Die chinesische Führung bedient sich auch der historischen Schatzreisen, um Chinas Ruf als eine Seefahrernation zu rühmen, welche die Seemannskunst und den Schiffbau sowie (obwohl Peking diesen maritimen Aspekt herunterspielt und bei seiner Botschaft bleibt) den Kampf auf See beherrscht. Zheng Hes Fahrten machten China in der Tat zum ersten Land, das ein Flottengeschwader im Indischen Ozean stationierte.[59] Die Schatzflotte war ein technologisches Wunder, gemessen an dem Stand jener Zeit. Chinesische Schiffe waren seit der Song-Dynastie mit Kompassanlagen ausgerüstet. Die Navigatoren wussten, wie man Breitengrade bestimmt und konnten einen Kurs zu einem festgelegten Zielort kartieren sowie verfolgen, indem sie Karten verwendeten, die so präzise waren, dass viele von ihnen noch im 18. Jahrhundert im Gebrauch waren.

Zhengs *baochuan*, oder Schatzschiffe – im Grunde gigantische seetüchtige Dschunken, einige mit nicht weniger als neun Masten bestückt – verfügten über technische Innovationen, die ihren Weg in den westlichen Schiffbau nicht vor dem 19. Jahrhundert fanden.[60] Falls ein Schatzschiff durch ein Gefecht oder Sturm einen Schaden am Rumpf erlitt, begrenzten die wasserdichten Schotten, die den Innenraum des Schiffs aufteilten, den Wassereinbruch und halfen so, den Untergang zu verhindern.[61] Wenn sich eine Schlacht abzeichnete, erhielten die *baochuan* feuerspeiende Waffen wie die von Katapulten geschleuderten Schießpulver-„Granaten", welche die Schatzflotte einsetzte, um eine Armada von Piraten bei der Straße von Malakka einzuschüchtern und zu besiegen – damals wie heute eine sehr wichtige Verbindung für auf See stattfindende Wirtschaft und Handel.[62] Bei der Berichterstattung über die Anstrengungen von Yao Mingde, dem hohen Beamten, der für die Organisation der Gedenkveranstaltung zu Ehren der Schatzflotte zuständig ist, bemerkte der offizielle Nachrichtendienst Xinhua, dass „Zheng He mit seiner Flotte alle anderen Navigatoren jener Zeit hinsichtlich Umfang, Erfahrung, Technologie und Organisationsfähigkeiten auf sieben Seereisen, die ein großes Ereignis in der Weltgeschichte der Navigation waren, übertraf.[63] Eine solche Prahlerei in Bezug auf Chinas maritime Fähigkeiten ist bei chinesischen Begleitstimmen reichlich vorhanden.

Zheng gestattet es Peking, sich auf Kosten des Westens einer Kunst zu frönen, den anderen eine Nasenlänge voraus zu sein und darüber hinaus die chinesische Seemannskunst und Technologie hervorzuheben. Auf einer Reise nach Europa zum Beispiel erinnerte Premierminister Wen die Zuhörerschaft, dass der chinesische Forschungsreisende „früher als Christoph Kolumbus in alle Richtungen gesegelt war."[64] Chinesische Sprecher kontrastieren immer die Größe und den technischen Entwicklungsstand von Zhengs Schiffen mit den relativ rückständigen Flotten, die im Europa des 15. Jahrhunderts zu Wasser gelassen wurden, einschließlich nicht nur Kolumbus' Flottille, sondern auch der des Vasco da Gama, der im Jahre 1498 entlang des Indischen Subkontinents seinen Anker warf.[65] Da Gamas Reise führte zu Jahrhunderten europäischer Oberherrschaft in Asien und gibt Peking so einen Bezugspunkt für seine Zheng-He-Erzählung.

Hohe chinesische Vertreter machen auch darauf aufmerksam, dass China zuerst eine Macht im maritimen Asien war, was der Seemannskunst der Ming-Zeit geschuldet wird.[66] Im Jahre 2003 zum Beispiel stellte Präsident Hu Jintao die Reisen des Zheng He als eine historische Grundlage für die chinesisch-australische Beziehung dar, indem er dem australischen Parlament sagte: „In den 1420er Jahren erreichte die Expeditionsflotte von Chinas Ming-Dynastie die australischen Küsten", brachte „chinesische Kultur in dieses Land" und „leistete einen ansehnlichen Beitrag zu Australiens Wirtschaft, Gesellschaft und seiner blühenden pluralistischen Kultur."[67] Hus Behauptung, dass sich chinesische Seefahrer in Australien während der Ming-Jahre niederließen, ist absonderlich, aber seine zentrale Botschaft ist genau richtig: Chinas Präsenz und Macht in maritimen Asien datieren sich vor der der Europäer.[68] Und seit das maritime Asien seinen Kurs auf eine wünschenswerte Zukunft aufnimmt, so deutet Hu an, sollte Chinas maritimer Aufstieg eher begrüßt als gefürchtet werden.

Eine solche Rhetorik eignet sich als ein hervorragender Blickpunkt für die chinesische Einzigartigkeit und den Nationalismus. Wie auch immer, so wie viele nationale Legenden – um zum amerikanischen Beispiel zurückzukehren denkt man an Parson Weems fantasiereiche Darstellung, wie George Washington den Kirschbaum fällt – bezeichnet die Zheng-He-Erzählung Pekings nur mäßig gute Fußnoten als Historie. Um nur eine Sache zu nennen: die Natur des herrschenden Regimes zählt – in China wie anderswo. Das kommunistische Regime in Peking kann kaum behaupten, ein direkter Nachkomme der Ming-Dynastie (oder einer anderen imperialen Dynastie) zu sein. In der Tat griff Maos Regime zu extremen Mitteln, China seiner althergebrachten Kultur und Traditionen zu berauben, welche die Kommunisten als ein Hindernis für ihre Revolution ansahen. Entgegen der chinesischen Diplomatie eignen sich deshalb die Ereignisse aus der Vergangenheit nur als eine unzuverlässige Vorhersage für das chinesische Verhalten heute.[69] Für andere umspannten Zhengs Reisen nur einen kurzen Zwischenakt in Chinas langer Geschichte. Es wäre voreilig, von Zhengs allgemein friedlichen aber nur über einem kurzen Zeitraum durchgeführten Unternehmungen Rückschlüsse darauf zu ziehen, dass China heute keine Neigung zu einer militärischen Dominanz hat.

Hätte die Ming-Dynastie sich nicht vom Meer zurückgezogen – und damit ihre beeindruckende Marine aufgelöst sowie schließlich den Bau von hochseetüchtigen Schiffen verboten – hätte sie sich in der Tat den Waffen als letztes Mittel zuwenden können, um das tributpflichtige System – nach mehr oder weniger westlicher Manier – aufrechtzuerhalten. Edward Dreyer macht keinen Hehl daraus, die Reisen des Zheng He als eine Handlung zur Machtprojektion zu nennen, die dazu gedacht war, um schwächere asiatische Gesellschaften einzuschüchtern – zu dem Grad, dass die Gewaltanwendung selten nötig war, um den Willen der chinesischen Kaiser durchzusetzen.[70] Doch wandte die Schatzflotte gelegentlich Gewalt an, um die Könige zu unterstützen, die loyal gegenüber dem Drachenthron waren. Im Jahre 1411 zum Beispiel intervenierten chinesische Marinesoldaten bei einem internen Krieg auf Ceylon (heute Sri Lanka), um einen Aufstand zu unterdrücken, der von dem Buddhistenführer Alakeshwara befehligt wurde, und die Ming-Herrschaft über die Insel durchsetzte.[71]

Es gibt noch einen anderen Faktor, der die chinesische maritime Diplomatie verschleiert: Es war genau der konfuzianische Argwohn der Profitmacherei, der die Ming-Dynastie veranlasste, sich vom Meer zurückzuziehen und Zheng Hes Flotte aufzulösen. Der über See stattfindende Handel und die Wirtschaft mögen nicht bequem neben den konfuzianischen Grundsätzen existieren, wie chinesische Diplomaten andeuten. Chinas Version der Geschichte ist ein bisschen zu schön, um die Fakten zu treffen. Diese Probleme mit der Erzählung eines an sich friedvollen, gutartigen China, das entschlossen ist, die Region mit einem international-öffentlichen Nutzen zu versorgen, sollte Außenstehende zum Nachdenken anregen, die Pekings Zheng-He-Diplomatie untersuchen. Kurzum, China könnte doch nicht so eine einmalige Großmacht sein, wie es vorgibt.

CHINAS MARITIME SOFT POWER UND DIE OPERATION ZU PIRATERIEBEKÄMPFUNG

Chinas Zuwendung zu seiner brauchbaren Vergangenheit überkreuzt sich mit realen Ereignissen auf See. Bis vor kurzem haben chinesische Diplomaten den Luxus gehabt, in Bezug auf den unbedenklichen, sogar stabilisierenden Einzug ihrer Nation in die maritime Domäne zu schwärmen, da die PLA Navy schließlich relativ nahe an ihrer Heimat geblieben ist. Chinas Nachbarn hatten kaum Grundlagen, um Pekings Beschwörung seiner Geschichte und kultureller Traditionen zu beurteilen, da dessen pathetische Rhetorik seine materiellen Möglichkeiten und seine Aktivitäten in der regionalen See, bei weitem übertraf. Als Folge haben asiatische Staatsvertreter dazu geneigt, die Zusicherungen Chinas entweder als Selbstdarstellung oder als eine zeitlich begrenzte Verschleierung eines *Realpolitik*-Denkens zurückzuweisen. Pekings Ernsthaftigkeit kann nun auf die Probe gestellt werden. Die Pirateriebekämpfungseinsätze der PLA Navy im Golf von Aden bieten eine bedeutende empirische Fallstudie für die Bewertung der Zheng-He-Erzählung.

Einige Fragen leiten die folgende Bemühung, die Effektivität der chinesischen Soft Power auf See zu erfassen und das Ausmaß einzuschätzen, zu welchem Peking die Worte mit Taten gefüllt hat. Haben die Chinesen den Eskorteinsatz ausdrücklich mit den Grundlagen der chinesischen Außenpolitik verbunden und ihre Ziele mit Zheng Hes Diplomatie? Wie haben die Empfänger von Chinas Soft-Power-Botschaft im Indischen Ozean auf die Präsenz von chinesischer Seemacht reagiert? Zu welchem Grad wird die chinesische Soft Power sich längerfristig auszahlen? Einige vorläufige Antworten auf diese Fragen werden sowohl die Verwendbarkeit als auch die Grenzen für die chinesische Soft Power auf See betonen.

Chinas Operationen auf See in den Gewässern Somalias wurden nicht über Nacht oder in einem politisch luftleeren Raum entwickelt. Im letzten Jahrzehnt haben Chinas politische Entscheidungsträger die Notwendigkeit vorausgeahnt, nicht-traditionellen Sicherheitsbedrohungen gewachsen zu sein, welche Drogen- und Menschenhandel, Piraterie, Terrorismus, menschliche Katastrophen, Waffenschmuggel, Internetkriminalität, internationale Wirtschafts- und Finanzvergehen und Pandemie umfassen. Analysten behaupten, dass aktive Anstrengungen, um solche Herausforderungen zu bekämpfen, nicht nur Chinas Verantwortlichkeiten als eine wachsende Großmacht erfüllen, sondern auch seine Soft Power über die Zeit anwachsen lassen. Wu Weixing erklärt: „Während Chinas internationaler Einfluss wächst und seine Erfahrung in der Lösung von Problemen bei Krisenherden zunimmt, haben die Aufforderungen der internationalen Gemeinschaft an China, die für Großmächte typischen Verantwortungen zu schultern, von Tag zu Tag zugenommen. Die Vermittlung eines Rufs als verantwortungsbewusste Großmacht gegenüber der internationalen Gemeinschaft nützt nicht nur Chinas friedlicher Entwicklung, sondern kommt auch dem Aufbau einer harmonischen Welt zugute."[72] Die Ansicht, dass Beiträge zur internationalen Sicherheit Pekings Image auf der Weltbühne aufpolieren und einen friedlichen Aufstieg Chinas vermitteln, findet klar seinen Nachhall bei chinesischen Strategen. Gleichzeitig stellt Wu ein internationales Umfeld dar, welches sehr empfänglich für Chinas Machtausübung im rechten Verhältnis zu seinem sich herausbildenden Status ist.

Diskussionen über die Rolle des Militärs bei dessen Umgang mit nicht-traditionellen Sicherheitsbedrohungen gehen bis in die späten 1990er Jahre zurück. Ähnlich wie der Ausdruck „military operations other than war" („Militäreinsätze, die anders als Krieg [sind]"), der in US-Militärkreisen benutzt wird, haben die Chinesen die Formulierung „non-war military operations" („nicht-kriegerische Militäroperationen") geprägt, um die Bandbreite von militärischen Aktivitäten zu beschreiben, die unter der Schwelle zu konventionellen Konflikten geführt werden. Zhu Zhijing definiert nicht-kriegerische (non-war) Militäroperationen als folgende Handlungen: Kriegsvermeidung, Konfrontationsminderung, Förderung von Frieden und Stabilität, Erreichung von Zielen, die von politischen Autoritäten gesetzt, aber nicht mit normalen militärischen Mitteln erlangt werden können, sowie die Einhaltung von Richtlinien internationalen Rechts und verwandten Kriegsgesetzen.[73] Im maritimen Zusammenhang betrachten manche die multinationalen, in Friedenszeiten stattfindenden Flottenmanöver als eine Form der nicht-kriegerischen (non-war) Militäroperation, die dazu bestimmt ist, um militärische Stärke zu signalisieren, die Abschreckung zu untermauern und dadurch der Stabilität Auftrieb zu geben.[74]

Diese weitere intellektuelle Tätigkeit und die Richtliniendebatte über nicht-traditionelle Bedrohungen und dazugehörige Non-war-Reaktionen prägen direkt das chinesische Strategiedenken über die Pirateriebekämpfung. Die Führung der PLA Navy begrüßt „eine gute Ordnung auf See in vollem Maße als eine Non-war-Militäraktion. Admiral Su Shiliang, der Stabschef der PLA Navy, erklärt: „In der letzten Zeit traten solche nicht-traditionellen Sicherheitsbedrohungen wie Piraterie, Terrorismus, große Katastrophen, Pandemien sowie eine weltweite Finanzkrise in den Vordergrund. Diese Faktoren stellen zunehmend ernste Herausforderungen für unsere Seetransporte, Ressourcenentwicklung, Fischereiindustrie und überseeischen Interessen dar. Zudem berohen sie unsere nationale Sicherheit und Entwicklung."[75] Su fordert seine Waffengattung mit Nachdruck auf, die zielorientierten Vorbereitungen für die Non-war-Militäroperationen zu verstärken, während sie ihre Kapazität, mehr konventionelle Schlachten auf See zu schlagen und zu gewinnen, noch verbessert. Die Direktive Sus an die chinesische Marine, eine mannigfaltigere Bandbreite an Rollen und Missionen zu erfüllen, ist die bis heute maßgeblichste und umfangreichste.

Chinas Marineführer stellen die maritime Expedition ausdrücklich als einen konkreten Ausdruck von Chinas verantwortungsbewusstem Großmachtstatus dar. Admiral Wu Shengli, der Kommandeur der PLA Navy, erklärt, dass der Erfolg der ersten Eskortmission „vollends das ausgezeichnete Verhalten unserer Nation als ein verantwortungsbewusstes großes Land demonstrierte, den hervorragenden Ruf unserer bewaffneten Streitkräfte als eine gewaltige und zivilisierte Kraft für den Frieden sowie die perfekte militärische und politische Güte der Volksmarine zeigte."[76] Wus Hinweis auf die Tugenden der chinesischen Zivilisation trägt eine bemerkenswerte Ähnlichkeit zu den Belobigungen, mit denen Zheng Hes Leistungen auf See überhäuft wurden.

Zahlreiche Schriften stimmen mit Admiral Wu überein, dass die Flottille im Indischen Ozean Chinas „Ruf als eine verantwortungsbewusste Großmacht" steigert.[77] In einer der deutlichsten Darstellungen der chinesischen Tragweite auf See und Chinas Reputation im Ausland behaupten Shan Dong und Wang Liwen:

> Die Eskortmission auf dem offenen Meer ist für China ein Durchbruchspunkt, um seine Großmachtverantwortungen abzuarbeiten. Während Chinas umfassende nationale Stärke täglich zunimmt, wird die internationale Gemeinschaft verlangen, dass China mehr großmachtartige Verantwortungen schultert. Über einen langen Zeitraum ist China immer ein freier Mitfahrer auf den Seeverbindungswegen gewesen. Wohin China sich nach seinem Aufstieg bewegen wird und ob es willig sein wird, seine entsprechenden großmachtartigen Verantwortungen zu erfüllen und hierdurch einen relevanten öffentlichen Nutzen für die internationale Gemeinschaft erbringt, ist für viele ein Anlass zur Sorge gewesen. Der Kampf gegen somalische Piraten bietet eine perfekte Gelegenheit für China, um deutlich unsere Willigkeit zu demonstrieren, unsere eigenen Beiträge zur Sicherheit auf den internationalen Seewegen zu leisten.[78]

Die Ansicht, dass ein engstirniges Eigeninteresse nicht länger ausschließlich die Chinesen bewegt, erfreut sich sich einer beträchtlichen Gewichtung in den politischen und akademischen Kreisen Chinas. Die Zurückweisung durch chinesische Analysten, dass Chinas Status der eines freien Mitfahrers im Vergleich zu dem der US-Navy ist, und ihre gleichzeitige Aufforderung an Peking, einen internationalen Nutzen auf See zu erbringen, deuten an, dass diese Analysten bedeutende Konzepte der internationalen Beziehungstheorie verinnerlicht haben. In der Tat würden Theoretiker der globalen Wirtschaftsinterdependenz den Schlussfolgerungen des Verfassers Beifall spenden und – wie sie es tun – eine aktive Rolle Chinas bei der Bewachung des seewärtigen Handels, dem Lebensnerv der globalen Wirtschaft, gutheißen.

Zheng He findet prominente Erwähnung in vielen Begleitstimmen über die Pirateriebekämpfungsoperation. Geografische Parallelen zu den Streifzügen des Ming-Admirals im Indischen Ozean sind nicht unbemerkt geblieben.[79] Die erste PLA-Navy-Entsendung, zwei Lenkwaffenzerstörer und ein Versorgungsschiff (combat logistics ship), erschien vor Somalia im Januar 2009. Die Flottille wurde prompt „die moderne Zheng-He-Flotte" genannt.[80] Historische Zufälle verzahnen sich mit Pekings einzigartigen Behauptungen über seine stabilisierende Außenpolitik. Insbesondere erfasst das chinesische Marinekommando klar die Soft-Power-Implikationen seiner Konvoianstrengungen. In einer

Rede an 29 Marinedelegationen, die dem 60. Jahrestag der Gründung der PLA Navy gedachten, zog Admiral Wu Shengli eine direkte Linie von Zheng Hes Reisen zu Chinas gegenwärtiger Zuwendung zur See:

> Das chinesische Volk setzte aktiv den Gedanken eines harmonischen Ozeans in die Praxis um ... Vor mehr als 600 Jahren führte Zheng He, der berühmte chinesische Navigator der Ming-Dynastie, die damals stärksten Flotten der Welt, um in die westlichen Meere zu segeln, wo er so weit wie bis zum Roten Meer und der Ostküste von Afrika gelangte und hierbei mehr als dreißig Länder und Regionen besuchte. Sie unterzeichneten keinen ungleichen Vertrag, beanspruchten keine Territorien und brachten nicht einmal einen Sklaven mit heim. Sie beseitigten die Piraterie für die Länder auf ihrer Route und verbreiteten allgemein Güte gegenüber freundlichen Nationen, transportierten chinesischen Tee, seidene Kleidung, Porzellan und östliche Zivilisation zu den Ländern, die sie besuchten und brachten das Vertrauen und die Freundschaft anderer Völker gegenüber der chinesischen Nation mit heim und schufen ein Beispiel für einen friedlichen und freundschaftlichen maritimen Austausch von Weltrang.[81]

Admiral Wus Darbietung der Zheng-He-Erzählung reflektiert einen hohen Grad an Vertrauen in die Stärke der Vergangenheit, um gegenwärtige Einstellungen zu und Wahrnehmungen von Pekings maritimem Aufstieg zu formen. Seine Rede war klar dazu gedacht, Präsident Hu Jintaos politische Vision einer „harmonischen Welt" zu unterstützen. Wus versöhnliche Erwähnung der wohltätigen Qualitäten der chinesischen Zivilisation und seine kaum verschleierten Seitenhiebe auf den westlichen Imperialismus sind nahezu ununterscheidbar von den Botschaften seiner politischen Lehrmeister, die bereits zitiert wurden. Die augenscheinliche Ausrichtung maritimer Mittel mit weiteren strategischen Zielen deutet an, dass Peking es bewerkstelligt hat, seine Gesamtstrategie besser zu synchronisieren als viele Sinologen glaubten.

Politische Entscheidungsträger, Wissenschaftler und führende Militäroffiziere begrüßen deutlich Pekings Interpretation von Zheng Hes Reisen. Sie behandeln dies als ein diplomatisches Tragmittel, um ein positives Image von Chinas Aufstieg zu exportieren. Ihr Gebrauch von maritimer Geschichte als eine Metapher für Chinas Zukunft ist kein vorübergehendes und vergängliches Phänomen. Dies zeigt sich seit einem Jahrzehnt in Form der freudigen Erwartung des 600. Jahrestages von Zhen Hes Reisen.[82] Doch obwohl chinesische Führer ausreichend Begleitstimmen in Bezug auf Chinas maritime Vergangenheit geliefert haben, bleibt abzuwarten, ob ihre Botschaft eine große Wirkung auf die Nachfrageseite der Gleichung hat: unter den wichtigen Zielgruppen in der Region des Indischen Ozeans. Wie die Empfänger von chinesischer Diplomatie auf die Zheng-He-Erzählung reagieren, stellt eine entscheidende Probe für den Wert von Chinas Anreizen dar.

DIE ERPROBUNG VON CHINAS SOFT POWER AUF SEE: DIE INDISCHE REAKTION

Die PLA Navy hat sich vor Somalia gut benommen und einen wertvollen Dienst aus Sicht des Interesses für die Allgemeinheit geleistet. Die chinesische Marine hat gezeigt, dass sie nicht länger eine Küstenverteidigungsstreitkraft ist, die kaum die Kapazität hat, Treibstoff, Waffen und Material auf See nachzufüllen oder entsandte Streitkräfte vor Ort zu entlasten. Sie hat mit einer ehrgeizigeren Flotte experimentiert. Diese gibt nun ihr Debüt. Obwohl es klar ist, dass Chinas Führer die Gelegenheit ergriffen haben, ihre Worte mit Taten zu füllen, lassen die strategischen Auswirkungen der Piraterieberkämpfungsmission auf sich warten. Trotzdem haben manche westliche Kommentatoren bereits einige bedenkliche und leicht atemlose Schlussfolgerungen hinsichtlich Chinas Charmeoffensive und seiner geopolitischen Konsequenzen gemacht. Sie spekulieren zum Beispiel, dass China seinen neuentdeckten Einfluss dazu verwenden könnte, um äußere Mächte von Asien auszuschließen. Während er das Schicksal von Südostasien unter Chinas Bann vorhersagt, vertritt Joshua Kurlantzick die folgende These: „Vielleicht könnte China – so wie es die jungen Vereinigten Staaten einst in der westlichen Hemisphäre taten – eine Region zu der seinigen machen: Eine chinesische Monroe-Doktrin für Südostasien würde Peking den Haupteinfluss über regionale Angelegenheiten geben und die US-Allianzen in der Region schmälern."[83] Doch eine solche Konsequenz ist weit davon entfernt, vorherbestimmt zu sein. Selbst im nahe gelegenen Südostasien, wo die Staaten relativ klein und schwach sind und wo sowohl Eliten als auch normale Bürger empfänglich für die Zheng-He-Erzählung zu sein scheinen, mögen Chinas Anreize durch seine Vorschläge die dortigen Regierungen nicht entscheidend beeinflussen. Obwohl Analysten wie David Kang zuversichtlich beteuern, dass eine hierarchische Ordnung, die dem sinozentrischen Tributsystem ähnelt, das von Zheng He wiederbelebt wurde, erneut erscheinen wird, wiederholt sich die Geschichte selten auf die exakt gleiche Weise.[84] Ein Verhalten Südostasiens, das dem Aufspringen auf einen fahrenden Zug ähnelt, ist trotz einer gewissen Beunruhigung weder bedingungslos, noch ist es in Stein gemeißelt. Südostasiatische Staaten neigen in Wirklichkeit dazu, subtilere und anspruchsvollere Strategien zu verfolgen, als viele Beobachter zugestehen, und vermeiden hierbei offenkundige Ausrichtungen. Sie navigieren vorsichtig unter den großen Mächten und ziehen es vor, keine Seiten zu wählen.[85]

Darüber hinaus wirkt sich die Anziehungskraft von Chinas Anreizen nicht gleichmäßig auf die verschiedenen Regionen und Nationen aus. Während China seinen Blick von Ostasien auf den Indischen Ozean richtet, erreicht seine Soft Power Empfänger, die nicht auf die Botschaft vorbereitet sind. Pekings einmalige Diplomatie wird voraussichtlich auf den heftigsten Widerstand in Südostasien treffen, wo – ironischerweise – China die größte Mühe in die Erbringung eines international-öffentlichen Nutzens auf See investiert hat. Der Ursprung dieses Widerstands liegt hauptsächlich bei dem bedeutendsten und mächtigsten Staat in der Region: Indien.

Die chinesische Soft Power auf See benötigt ein indisches Einverständnis, wenn sie im Indischen Ozean Sympathien sammeln will. Jedoch betrachten lautstarke Mitglieder in Neu-Delhis strategischer Gemeinschaft den chinesischen maritimen Eintritt in seinen Hinterhof nicht mit Gelassenheit. In der Tat deuten einige der eher schwarzmalerischenindischen Begleitstimmen, manchmal fast beunruhigend, eine Beinah-Taubheit hinsichtlich Chinas besänftigenden Angeboten an. Die Führer der indischen Außenpolitik und Verteidigung äußern eine tiefe Unsicherheit in Bezug auf Chinas Pirateriebekämpfungsmission im Golf von Aden.

Viele von ihnen stellen die Operation als Chinas ersten Schritt auf einem rutschigen Gefälle in Richtung einer dauerhaften Flottenpräsenz im Indischen Ozean dar – der

Art von Resultat, zu dem es im Südasien des 15. Jahrhunderts hätte kommen können, hätte die Ming-Dynastie sich nicht vom Meer zurückgezogen und stattdessen Zheng Hes Schatzflotte am besten an Ort und Stelle belassen.

Ein Skeptiker sagt offen: „Die Pirateriebekämpfungsoperationen haben China die beste Ausrede geliefert, um in den Indischen Ozean einzudringen und dort seine Streitkräfte dauerhaft zu stationieren. Chinesische Marineschiffe würden bei maritimen Langstreckenkampfoperationen an zusätzlicher Erfahrung als eine Vorbereitung für die Etablierung einer ozeantauglichen Flugzeugträgerflotte gewinnen."[86] Neu-Delhi ist auch überzeugt, dass Peking beabsichtigt, die „Kette von Perlen" („string of pearls") oder ein Netzwerk von Ankerrechten zu militarisieren, die es mit südasiatischen Staaten ausgehandelt hat. Der pensionierte Vizeadmiral P. S. Das warnt auf schroffe Weise:

> China ist noch nicht auf der Bühne, aber angesichts der Geschwindigkeit seiner Flottenmodernisierung, Energieinteressen und recht früh ausgesprochenen Zielen *ist es zwangsläufig, dass es anstreben wird, in Kürze ein IO-Akteur* (Indischer Ozean) *zu sein.* Seine Aktivitäten zum Hafenbau bei Gwadar in Pakistan, bei Sittwe (Akjab) in Myanmar und bei Hambantota auf Sri Lanka können die Vorboten von dem sein, was noch kommen mag. Es besitzt bereits Horchposten bei den Kokos-Inseln, in unmittelbarer Nähe zu den Andamanen, die es zu modernisieren plant. Wir müssen diese Entwicklungen vorsichtig beobachten.[87]

Ein namhafter Analyst erweitert die „String-of-pearls"-Metapher und skizzierte einen chinesisch-indischen „Rivalitätsbogen", der sich über die ganze Distanz von Japan, entlang der ersten Inselkette, und durch den Indischen Ozean erstreckt – und im Golf von Aden endet. In anschaulich geografischen Begriffen erklärt Commander Gurpreet Khurana, gleichzeitig der Direktor der Indian Navy Maritime Doctrine und des Concept Center: „Als aufsteigende Mächte haben sich ihre [Chinas und Indiens] vitalen Sicherheitsinteressen von ihrem unmittelbaren Umfeld auf regionale Endpunkte (und sogar darüber hinaus) erweitert. Mit anderen Worten gesagt, während ihre unmittelbaren Sicherheitsimperativen jeweils im westlichen Pazifischen Ozean und Indischen Ozean liegen, haben ihre strategischen Räume in beiden Gebieten angefangen, sich zu überlappen. Dies veranlasst sie dazu, ihren maritim-strategischen Fußabdruck über die ganze asiatische Region auszudehnen."[88] Bemerkenswerterweise überarbeitete Khurana die 2004er Indian Maritime Doctrine, welches in Wirklichkeit das Strategiekonzept der Marine ist, und veröffentlichte eine neue Indian Maritime Doctrine im Jahre 2009. Für einige einflussreiche Inder weisen die Anzeichen von chinesischer Seemannskunst und Tüchtigkeit auf zukünftigen Ärger hin, der Indien dazu veranlassen könnte, nicht nur seine eigene Flottengröße zu erweitern, sondern als Erwiderung auch Macht in den Pazifik zu projizieren, falls der Gedanke eines Rivalitätsbogens irgendeine Orientierungshilfe ist. Ein indischer Gegenzug in Chinas nautischem Hinterhof würde sicherlich viel dazu beitragen, um einen chinesisch-indischen Marinewettstreit zu entzünden.

Ferner vorausgesetzt, dass sich Indien rühmt, die führende Macht im Indischen Ozean zu sein, dann würden die Anzeichen, dass Peking Neu-Delhis regionale Überlegenheit anfechten könnte, vermutlich eine energische Erwiderung anregen. Genau wie chinesische Navalisten das Chinesische Meer als Pekings eigene Konserve ansehen, so sind indische Strategen gleichermaßen versessen auf das, was sie als das rechtmäßige Vorrecht ihrer Nation im Indischen Ozean betrachten. Ein früherer Stabschef der Marine, Admiral Arun Prakash, gibt diese Einstellung wieder, indem er schlussfolgert, dass „ob wir es mögen oder nicht, die Pflicht zur Wahrung strategischer Stabilität im IOR (Indischer Ozean Region) wird im Wesentlichen auf Indiens Schultern landen. Um dieser Herausforderung gewachsen zu sein, muss Indien nicht nur seine wirtschaftliche Stärke und Möglichkeiten festigen, sondern – und dies ist noch wichtiger – brauchbare Partnerschaften in der ganzen Region schmieden. Vor allem muss es empfindsam gegenüber sich ändernden geopolitischen Realitäten bleiben und mit einer Vision, Entschlossenheit und Eifer reagieren."[89] Dieser Sinn von Dringlichkeit, dass Indien jetzt auf Chinas maritimen Aufstieg antworten muss, verspricht stärker zu werden, da das Vertrauen in das US-Durchhaltevermögen abnimmt. Für Botschafter M.K. Bhadrakumar ist die Begründung für die indische Wachsamkeit einfach: „Die US-Dominanz auf See nimmt ab. Andererseits mag Chinas Marine im kommenden Jahrzehnt über mehr Kriegsschiffe als die Vereinigten Staaten verfügen."[90] Die mahanisch-klingende Logik regt dann das Denken von vielen indischen Strategen an.

Indische Analysten sind sich deutlich der Zheng-He-Erzählung – die sie genau verfolgen – bewusst.[91] Dennoch, im Gegensatz zu ihren südostasiatischen Pendants, ziehen sie wenig Trost aus den großen Taten des Ming-Admirals. Thomas Mathew, der stellvertretende Generaldirektor des Institute of Defense Studies and Analyses, behauptet, dass „nicht viele überzeugt waren" von dem Motto eines „harmonischen Ozeans", das von Präsident Hu Jintao und Admiral Wu Shengli während der internationalen Flottenschau im April 2009 in Qingdao vorgebracht wurde.[92] Einige indische Analysten haben sogar die Zheng-He-Erzählung auf den Kopf gedreht. In einer ähnlichen Bemerkung wie der von Edward Dreyer beschreibt G. Parthasarathy Zhengs Flotte als „eine Expeditionsstreitkraft" („expeditionary force") und beschuldigt Peking der „Wiederbelebung der imperialen Ambitionen der Kaiser der Ming-Dynastie". Falls Indien zu kraftlos auf diese Anstrengung reagiert, um die unliebsame Historie zu wiederholen, so warnt der Verfasser, „wird es strategisch an den Rand gedrängt und durch ein durchsetzungsfähiges und expansionistisches China überflügelt werden."[93] Vizeadmiral Arun Kumar Singh, ein früherer Stabschef des Eastern Naval Command, kehrt die chinesische Interpretation der Ming-Reisen auch um, indem er diese als einen bedenklichen Vorläufer für eine chinesische Entsendung von Jagd-U-Booten in den Indischen Ozean hält.[94] Falls Peking eine beruhigende Nachricht verkauft, werden viele Inder diese eindeutig nicht erwerben.

Angesichts der begrenzten Angriffe, die von der Zheng-He-Erzählung im Indischen Ozean gemacht werden, verdienen drei Themen in Verbindung mit der chinesischen Soft Power eine genauere Untersuchung. Erstens, unter bestimmten Umständen mögen manche Staaten starsinnig Chinas Anziehungskraft widerstehen, selbst wenn Peking dabei einen international-öffentlichen Nutzen erbringt. Peking mag erkennen, dass südasiatische Führer in der Öffentlichkeit im Bezug auf die chinesische konfuzianische und Zheng-He-Erzählung lächeln und nicken, jedoch nachlässig bei der Umsetzung dieser vermeintlichen „Ära der guten Gefühle" sind. Es mag sein, dass Soft Power effektiv das Misstrauen hinsichtlich der Handlungen einer Nation lindert, jedoch zu wenig Beweggründe liefert, um die Zielnation zu veranlassen, um positiv bejahend zu handeln. Die Unterlassung eines offenen Widerstandes gegenüber chinesischen Aktionen ist leicht;

die Aufwendung von nationalen Ressourcen im Namen von chinesisch-geführten Unternehmungen jedoch kann schwer sein, geschweige denn politisch riskant.

Zweitens, Walter Russell Mead hat argumentiert, dass der Anreiz von Nationen selten ganzheitlich ist und bemerkt, dass viele Völker noch nicht einmal die Zugkraft von Amerikas offener demokratischer Gesellschaft spüren.[95] Bestimmte Länder mögen radikal verschiedene Anschauungen bezüglich ihrer Gegenstücke haben oder abweichende Weltbilder besitzen, die sie immun gegen die beabsichtigten Wirkungen der Soft Power machen. Anhaltspunkte, die aus dem Indischen Ozean hervorgehen, wo China sich bereits einem teilnahmslosen Publikum in Neu-Delhi gegenübersieht, deuten an, dass Mead recht hat. Chinas Charmeoffensive scheint dazu bestimmt zu sein, auf irgendeine Kombination von Enthusiasmus, Gleichgültigkeit, Skepsis und sogar offene Feindseligkeit zu treffen.

Drittens, es ist eine relativ einfache Angelegenheit, ein attraktives Image zu erhalten, wenn dieses ein Abstraktum bleibt, aufgelockert durch chaotische Realitäten. Wenn eine Macht bestimmte ausländische politische Ziele verfolgt, manifestiert sich jedoch die Verfolgung dieser Ziele selbst in konkreten Handlungen, die oft im Widerspruch zu den strategischen Darstellungen wirken, die ihre Führung zu erbringen wünscht. Während Peking beginnt, „hard naval power" (Seemacht durch Material und Waffen) an Orten wie dem Indischen Ozean einzusetzen, wird es vermutlich erkennen, dass etwas, was die eine ausländische Zielgruppe anspricht, eine andere ablehnen mag. So kann sich Chinas Soft Power verringern oder zumindest eine aufwändige Pflege erfordern, weil das Land schließlich in seinem eigenen nationalen Interesse handelt.

Chinas zugegebenermaßen attraktive Zivilisation ist dann keine Garantie für diplomatischen und militärischen Erfolg. Falls Peking (oder irgendeine andere Regierung) Soft Power als einen Glücksbringer ansieht, der im Falle von unbeugsamen Widerständen eingesetzt werden soll, dann sind seine Anstrengungen dazu bestimmt, eine Frustration zu erleben. Es bleibt abzuwarten, ob China an seiner Zheng-He-Erzählung festhalten wird, sollten Teile von Indiens strategischer Gemeinschaft darauf beharren, Pekings Botschaft zurückweisen. China könnte weiterhin hoffen, Neu-Delhi durch eine unerschütterliche Kontinuität bei Wort und Tat zu überzeugen. Eine Veränderung bei Pekings Kommunikationstaktiken mag ein Anzeichen sein, dass die chinesischen Führer den Wert ihrer Geschichte aus der Ming-Ära neu eingeschätzt haben. Externe Beobachter und asiatische Hauptstädte würden gut beraten sein, wenn sie überwachen würden, wie Peking seine Anstrengungen zur Wirkungsweite auf See handhabt.

Die potenziellen Grenzen für die chinesische maritime Soft Power wirft Fragen über die Zukunft der chinesisch-indischen nautischen Wechselbeziehungen auf. Erstens, ist die Zheng-He-Erzählung bei Neu-Delhi einfach nur ein Rohrkrepierer? Wird diese Charmeoffensive ausnahmslos auf taube Ohren stoßen und daher dabei scheitern, Chinas nationale Ziele gegenüber Indien voranzutreiben? Zweitens, warum ist Indien für Chinas Botschaft unempfänglich? Wie verbreitet ist die Immunität in Indiens strategischer Gemeinschaft? Ist dies den Unterschieden bei den grundsätzlichen Weltanschauungen, Machtasymmetrien, einer institutionellen Voreingenommenheit oder persönlichen Überzeugungen zuschreibbar? Und schließlich, in welchem Ausmaß wird Peking seine Botschaft abstimmen oder sogar neu überarbeiten müssen, während es Einfluss im Indischen Ozean ausübt? Wie viel Anstrengung ist die Förderung von Chinas

Ruf wert, wenn dies bedeutet, auf den eventuell notwendigen Einsatz von Hard Power zu verzichten? Wird Peking die Erfahrung von sich verringernden Erträgen bei seinen Investitionen in die Zheng-He-Erzählung machen? Einige Antworten auf diese Fragen würden sowohl für politische Entscheidungsträger als auch für Akademiker von Wert sein.

IMPLIKATIONEN FÜR DIE VEREINIGTEN STAATEN

Angesichts der Ungewissheiten, die Chinas maritime Soft Power umgeben, sollten die Vereinigten Staaten von einer Überreaktion absehen. Washington sollte vorsichtig einige von Pekings Ansprüchen auf die Führerschaft in asiatischen Gewässern anerkennen und hierbei seine Akzeptanz an die Bedingung knüpfen, dass China willig ist, an regionalen Aktivitäten auf See wie der Proliferation Security Initiative (Initiative zum Schutz vor der Weiterverbreitung von Massenvernichtungswaffen) teilzunehmen, welche in der Theorie gemeinsame politische Ziele voranbringen soll. Kürzliche Kontakte von Militär zu Militär zwischen den zwei Mächten deuten an, dass die US-politische Führung, alt und neu, eine konstruktive chinesische Rolle bei der Aufrechterhaltung einer guten Ordnung auf See begrüßt. Gleichzeitig müssen die Vereinigten Staaten in Bezug auf jede Anstrengung Chinas, seine Überlegenheit in der Region wiederherzustellen, wachsam sein. Falls Chinas historischer Seefahrer Peking eine Möglichkeit liefert, Soft Power anzuwenden, bietet er auch den Vereinigten Staaten einen Messstab für Chinas Absichten. Nimmt man an, dass die Vereinigten Staaten ihre eigene Vormachtstellung in Asien erhalten wollen, muss es nach Anzeichen Ausschau halten, dass China sich von den wohltätigen Zielen abwendet, die in seiner Zheng-He-Diplomatie verkörpert werden. Da die Pirateriebekämpfungsmission gut zu Pekings Botschaft passt, sind die Prophezeiungen für eine weitere chinesisch-amerikanische Kooperation gut.

Nichtsdestotrotz tritt Washington einem konkurrenzbetonteren Umfeld um den Einfluss in Süd- und Südostasien entgegen. Es muss selbst eine zusammenhängende Gesamtstrategie für die Region entwickeln, damit seine Fähigkeit nicht weiter schwindet, die asiatischen Belange zu beeinflussen oder, im schlimmsten Fall, sein Ausschluss aus ganz Asien droht.[96] Eine vorgelagerte militärische Präsenz in Form von Schiffen, Flugzeugen und Raketen ist kein Ersatz für eine starke Diplomatie. Doch die Vereinigten Staaten haben den internationalen und öffentlichen Nutzen der freien Schifffahrt – der lange als selbstverständlich angesehen wurde – nun für sechs Jahrzehnte gewährleistet und als Gegenleistung hierfür wenig gefordert. Zheng Hes Ära war im Vergleich dazu nur vorübergehend. Seine Unternehmungen fanden in einem schon lange abgelaufenen Jahrhundert statt, und letzten Endes kann die Chinesische Kommunistische Partei den Verdienst für seine kurzlebigen Seefahrerheldentaten wohl kaum für sich beanspruchen.

Die greifbaren Sicherheitsvorzüge, die durch die US-Seemacht seit dem Zweiten Weltkrieg erbracht werden, bieten eine solide Grundlage für eine amerikanische Soft-Power-Gegenoffensive. Washington muss auf dieser Grundlage aufbauen, damit sein regionaler Vorrang nicht zur Neige geht.

KAPITEL 8
DIE US-STRATEGIE AUF SEE IN ASIEN

Das Konzept des Allgemeinguts (commons) bleibt in den Vereinigten Staaten wie auch in China weiterhin unwiderstehlich und findet seinen Weg in offizielle Dokumente wie dem National Defense Strategy und dem Quadrennial Defense Review (QDR – Untersuchung zur Verteidigungsplanung). In der Tat publizierte die Unterstaatssekretärin der Verteidigung, Michèle Flournoy (Undersecretary of Defense), ein Essay über die umstrittenen Allgemeingüter in Übereinstimmung mit der Veröffentlichung des 2010er QDR. Flournoy bemerkt: „Die Architektur des modernen internationalen Systems beruht auf einem Fundament des freien und ausreichenden Zugangs zu einer pulsierenden globalisierenden Wirtschaft, die Stabilität auf dem globalen Allgemeingut erfordert. Alfred Thayer Mahan war vielleicht der erste Stratege, der diesen Begriff prägte, indem er die Ozeane der Welt als einen großen Highway beschrieb: ein weites Allgemeingut in seinem klassischen Werk *The Influence of Sea Power upon History*."[1]

Es ist nicht verwunderlich, dass das Konzept eine Ansammlung von Erklärungen ist, die zur US-Strategie auf See gehören. Allerdings behandelt dieses Kapitel die „Cooperative Strategy for 21st Century Seapower" („Kooperative Strategie für die Seemacht des 21. Jahrhunderts"), die im Oktober 2007 veröffentlichte Direktive, nicht im Speziellen. Auch beabsichtigen wir nicht, die Geschichte der US-Strategie auf See in einer umfassenden Art und Weise aufzuzeichnen. Wir wollen stattdessen zwei in der Vergangenheit unternommene Anstrengungen der Strategiegestaltung vergleichen und kontrastieren: die Maritime Strategy der Reagan-Administration, die 1986 veröffentlicht wurde, und die Cooperative Strategy (kooperative Strategie der einzelnen Waffengattungen) selbst. Wir glauben, dass diese zurückblickende Betrachtungsweise den Vorteil der Sparsamkeit in sich trägt, während sie effektiv die Herausforderungen, Gelegenheiten und Kompromisse illustriert, denen sich amerikanische Strategen und Taktiker gegenübersehen. Grob gesagt, wir verwenden die Strategie von 1986 als einen Richtwert für die Entwicklung einer Strategie für „neo-Mahan'sche" strategische Umfelder in dem weiteren Sinn, dass der Begriff „mahanisch" für Antagonismus, Flottenrivalität und Kampf steht. In clausewitzianischer Sprache ist es ein grammatikalisches Dokument, das ausspricht, wie die Marine des Kalten Krieges beabsichtigte, mit einem ebenbürtigen Konkurrenten fertigzuwerden, sollte sich ein bewaffneter Zusammenstoß ergeben. Auch ist die Benennung der Arten von Plattformen und Waffensystemen, die für einen heftigen Kampf mit einem bestimmten Feind, der Sowjetmarine, benötigt wurden, nachvollziehbar. Es ist kein Wunder, dass Marineoffiziere, eine stark praktisch veranlagte Gruppe, dazu neigen, die 1986er Strategie anstelle ihres entfernten Nachfolgers von 2007 zu befürworten.

Im Gegensatz dazu arbeitet die „Cooperative Strategy for 21st Century Seapower" eine sorgfältige Logik der Seemacht aus, während sie so gut wie nichts über die grammatikalischen Fragen sagt – daher die oft gehörte Beschwerde, dass die Strategie überhaupt keine Strategie, sondern ein Projekt der Öffentlichkeitsarbeit sei. Und in der Tat ist sie im Gegensatz zu der 1986er Marinestrategie eher eine Darstellung von Prinzipien als ein real umsetzbares Dokument. In Geoffrey Tills Worten ist die Cooperative Strategy für eine „post-Mahan'sche" und „postmoderne" Welt entwickelt worden, in welcher der Kampf auf See nachlässt – obwohl er nicht ganz verschwindet – und die polizeilichen Einsätze wie die Bekämpfung von Piraterie, Weitergabe von Atomwaffen und verschiedene Arten von illegalem Handel in den Vordergrund treten. Sie legt die Vision der Seestreitkräfte von einer Welt dar, die dem Ideal von Norman Angellis näherkommt, in welcher die wirtschaftliche Interdependenz eine lindernde Wirkung auf die internationalen Beziehungen hat, indem sie die Kosten eines bewaffneten Konflikts auf beinahe unzumutbare Ebenen erhöht.[2] In einer solchen Weltordnung wird der Schutz des Seehandelssystems für alle Industrienationen zu einer Frage von gemeinschaftlicher Sorge und rechtfertigt daher gemeinsame Handlungen. Weil es jedoch ein Dokument auf Grundlage der Marinestrategie und strategischer Kommunikationen ist, hat die Cooperative Strategy einen fast schon himmlisch entrückten Beigeschmack, der vielen Praktikern von Marineoperationen Unbehagen bereitet.

Die Mahan'schen und post-Mahan'schen Denkmuster schließen sich nicht gegenseitig aus, noch sind die Missionen, die sie umfassen, in irgendeiner Weise neu. Nehmen wir die Piraterie. Thukydides berichtet, wie König Minos von Kreta die erste griechische Marine gründete, um diese schon vor der Zeit des Homer zu bekämpfen. Julius Cäsar wurde einmal von Piraten gefangen genommen, nur um dann zurückzukehren und Rache zu nehmen. Admiral Zheng He der Ming-Dynastie besiegte vor 600 Jahren eine Piratenflotte vor Malakka. Die Barbareskenkriege hauchten der US-Navy neues Leben ein, welche Gefahr lief, aufgelöst zu werden, um die Bundesausgaben zu senken. Die US-Navy führte während des Kalten Krieges eine Polizeifunktion aus, auch wenn diese nur ein „geringfügigerer integrierter" Bestandteil ihrer Strategie war. Die gegenwärtige Strategie, die auf internationalen Partnerschaften zur Stützung der Globalisierung basiert, erklärt, dass die Seestreitkräfte weiterhin bereit sind, Flotteneinsätze zu wagen und andere Kampfmissionen durchzuführen, sollte die Notwendigkeit hierzu erwachsen. Es gibt daher wenig Neues zu berichten. Da sowohl die traditionellen als auch die nicht-traditionellen Herausforderungen fortbestehen, vereiteln ungewisse Umfelder einen Lösungsansatz, der bei allen Angelegenheiten funktioniert (one-size-fits-all).

STRATEGIE FÜR EINE MAHAN'SCHE WELT:
DIE STRATEGIE FÜR DIE SEE VON 1986

Um einen Ansatzpunkt bei der Maritime Strategy von 2007 zu bekommen, ist es lohnenswert, Entwicklung, Grundsatz und die kritische Behandlung der James-Watkins-/ John-Lehman-Strategie aus den 1980er Jahren – das letzte offizielle seestrategische Papier – zu begutachten.[3] Die als ein Anhang einer 1986er Ausgabe des Magazins *Proceedings* (U.S. Naval Institute) enthüllte Maritime Strategy war ein Produkt aus Wechselwirkung, Neubewertung und Adaption während der Vorbereitungen auf einen Krieg – einer Phase, die den gesamten Kalten Krieg umfasste. Die Debatte über die

Natur der sowjetischen Bedrohung und der angemessenen US-Strategien, um dieser Bedrohung zu begegnen, bleibt weitgehend abstrakt. Thukydides verkündet, dass Krieg ein gewalttätiger Lehrmeister ist. Doch ohne einen tatsächlichen Krieg auf See zwischen dem Westen und der Sowjetunion wurden die US-Maritime-Strategy und die strategischen Konzepte, auf welche sich der Krieg begründete, niemals auf die Probe in Form eines wirklichen Gefechts gestellt. Die Bemühung in den 1980er Jahren, eine Seestrategie für eine unsichere Umgebung zu erstellen, die von einem „ebenbürtigen Konkurrenten" beherrscht und durch schwere finanzielle Belastungen beschränkt wird, verdeutlicht die beständigen Leitmotive.

Die Gestaltung einer Strategie ist ein schrittartiger Prozess. Das heißt, dass die Bemühungen, die Ziele mit Mitteln zu erreichen, zwangsläufig viele Phasen durchlaufen, wenn neue Ideen angeboten, angenommen, abgelehnt oder abgeändert werden. Wie Carl von Clausewitz und Michael Handel aufzeigen, schließt die Strategie zwei Kriegsgegner ein, die um komparative Vorteile ringen. Clausewitz behauptet, dass „Krieg aus einer fortlaufenden Wechselwirkung von Gegensätzen besteht", und ihn daher von Natur aus unvorhersehbar macht.[4] Handel fügt hinzu, dass „die Wechselwirkung der kriegsführenden Staaten, von denen jeder einen komparativen Vorteil sucht, *die einmalige Natur eines jeden Krieges definiert*. Wechselwirkung, Neubewertung und Adaption waren während des ganzen Kalten Krieges beständig – wie dies auch der Fall in Asien sein wird, dem Hauptschauplatz für amerikanische Bestrebungen auf See gemäß der 2007er Maritime Strategy.

Die US-Navy verrichtete eine Vielzahl von Aufgaben zwischen 1945 und 1970. Sie errichtete eine Blockade während der Kuba-Krise und projizierte Macht an Land in Korea und Vietnam, schreckte die sowjetische militärische Bedrohung ab und führte routinemäßige Marinediplomatietätigkeiten aus, indem sie in Schlüsselregionen ihre Flagge zeigte. Bezeichnenderweise kämpfte sie während dieser Zeit in keinen Flottengefechten. Ihre letzte große Schlacht, Flotte gegen Flotte, ereignete sich im Oktober 1944, als die US-Navy auf die Japanische Kombinierte Flotte (Japanese Combined Fleet) im Golf von Leyte traf. In einem klassischen Artikel über die „Transozeanische Strategie" („Transoceanic Strategy") bemerkt Samuel Huntington, dass die US-Navy in der Nachkriegszeit keinen Konkurrenten in Form einer anderen Großmacht hatte. Während der 1950er und 1960er Jahre, als die sowjetische Marine noch kraftlos war, gab der Mangel von Leyte-artigen Gefechten der US-Navy auch den Freiraum für ihre Missionen abseits der Beherrschung der See.[6] In gewissem Sinne waren die Vereinigten Staaten absurderweise ein Opfer ihres eigenen Kriegserfolgs, da sie einer rivalisierenden Flotte beraubt waren, um die herum sie ihre Strategie und Streitkräfte hätten aufbauen können.

Der Aufstieg einer ozeantauglichen, leistungsfähigen sowjetischen Marine nach der Kuba-Krise änderte alles. Die Flotte der UdSSR war traditionsgemäß eine Verteidigungsstreitkraft für das Heimatland. Josef Stalin hatte vor dem Zweiten Weltkrieg den Bau einer Mahan'schen Schlachtflotte angeordnet, aber Moskaus Mahan'sche Ambitionen kamen nicht zum Tragen und wurden durch eine rückständige Schiffbauindustrie und konkurrierende Anforderungen der Landverteidigung zunichtegemacht.[7] Stalin war über die Wahrscheinlichkeit von amphibischen Angriffen der North Atlantic Treaty Organization (NATO – Organisation des Nordatlantikvertrags) entlang der eurasischen Küstengewässer besorgt, jedoch nahmen seine Nachfolger eine entspanntere Haltung gegenüber einer maritimen Bedrohung ein und ließen die Überwasserflotte verkümmern. Während der Kuba-Krise war die sowjetische Marine unfähig, die amerikanische und westliche Seekontrolle außerhalb der Küstengewässer des Warschauer Pakts infrage zu stellen.

Moskau war somit nicht in der Lage, die US-Sperrzone – praktisch eine Blockade – die 1962 um Kuba herum errichtet worden war, anzufechten. Das kubanische Debakel legte die sowjetische Schwäche auf See bloß und veranlasste Moskau zum Handeln. Großadmiral Sergei Gorschkow, der Vater der sowjetischen Hochseeflotte, beaufsichtigte das Bemühen, die sowjetische Marinestrategie zu sanieren und eine Flotte zu bauen, die fähig war, diese Strategie umzusetzen. Wie China ist auch Russland traditionell eine Landmacht. Sein jüngster Ausflug in die Domäne der Seemacht endete 1905 in einer Katastrophe, als die Japanische Kombinierte Flotte unter dem Kommando von Admiral Togo Heihachiro die russische Ostseeflotte auf den Grund der Straße von Tsushima – der Meerenge, die Korea von Japan trennt – schickte.

Die russisch-sowjetische Marinegeschichte bot dann dem Westen kaum Anhaltspunkte, um die Zukunft der Seemacht der UdSSR grafisch darstellen zu können. Offizielle Erklärungen und Schriften waren unzuverlässige Orientierungshilfen in Bezug auf die sowjetische Strategie, die so verfärbt wie die marxistisch-leninistische Theorie, das nationale Interesse, die Bündnispolitik und sogar die Launen führender politischer Führer war. Die Schiffbaumuster stellten einen gleichermaßen groben Indikator für die sowjetische Strategien und Absichten dar. In der Sowjetunion, wie auch anderswo, verrichteten Schiffe eine Vielfalt von Aufgaben, für die sie bei weitem nicht entworfen worden waren. Wie bei anderen Versuchen einer „Kremlinologie" war die Vorausahnung der Prinzipien und Ziele hinter der sowjetischen Strategie auf See ein Akt des Vermutens.

Ein Konzept, welches das sowjetische Denken über maritime Belange formte, war der „blaue Verteidigungsgürtel" („blue belt of defense").[8] Dieser blaue Gürtel war eine geografisch festgelegte Zone auf dem Meer in Reichweite von küstengestützten Luft- und Marineeinheiten. Wie die gegenwärtige chinesische Art des Denkens bezüglich des Chinesischen Meeres sah das sowjetische Konzept die Umschließung und Verteidigung lebenswichtiger Räume vor, wie es Armeen auf Land tun sollten. Russische und sowjetische Strategen wendeten dann Konzepte der Landkriegsführung auf die maritime Domäne an. So sehr Stalin und seine Berater die Grenzen der UdSSR mit freundschaftlichen oder neutralen Staaten umgeben wollten, um so ein Polster gegen die Invasion über Land zu schaffen, so wollten Gorschkow und seine Untergebenen eine Verteidigungsbarriere gegen vordringende NATO-Flotten errichten.

Alfred Thayer Mahan kritisierte die Kaiserliche Russische Marine wegen ihres Konzepts der „Festungsflotte" („fortress-fleet"), welche die Marine in Wirklichkeit auf eine seewärtige Erweiterung der Küstenbefestigungen reduzierte.[9] Trotzdem blieb das Fortress-fleet-Konzept in den sowjetischen Marineüberlegungen bestehen. Neue Technologien wie Antischiffsraketen und die U-Boot-Abwehr (ASW) konnten den blauen Gürtel erweitern und so den Vereinigten Staaten und ihren Verbündeten die Kontrolle der Meere, welche die Küsten des Warschauer Pakts umspülen, verwehren. Dies war eine fundierte Logik. Europa ist eigentlich eine große Halbinsel, die aus Asien herausragt, und es einer dominanten Marine ermöglicht, sich frei entlang der Küsten zu bewegen, was die Voraussetzungen für deren Einsätze schafft. Huntingtons Werk über die transozeanische Strategie drängte die US-Navy, über das Mittelmeer als eine Bucht in

Eurasien zu denken, einer Plattform, von der man Macht in den Sowjetblock hineinprojizieren konnte. Die Fernhaltung westlicher Machtprojektion machte einen Wettstreit mit der NATO um die Kontrolle dieser Bucht nötig. Gorschkow sagte niemals, wie weit er den Verteidigungsgürtel einschätzte. Möglicherweise sollte er so weit sein, wie die sowjetischen Einsatzfähigkeiten auf See ihn machen konnten – daher der rasche quantitative und qualitative Aufbau, der in den 1960er Jahren einsetzte.

Im Bereich Ausstattung (Hardware) war die unterseeische Kriegsführung für den sowjetischen Flottenaufbau zentral. Die sowjetische Marine setzte in den frühen 1970er Jahren fünfzig nuklearbetriebene Unterseeboote mit ballistischen Raketen (SSBN) ein – und mit ihnen etwa dreihundert nuklearbetriebene Jagd-U-Boote (SSN). Es ist wichtig, die Unterseebootflotte nicht überzubewerten – trotz ihrer Anzahl und trotz Gorschkows (und vor ihm Stalins) Behauptungen, dass Quantität ihre ganz eigene Qualität hat. Die Qualität hinkte hinterher. Ein pensionierter amerikanischer U-Boot-Fahrer scherzt, dass die sonargestützte Ortung von frühen Klassen sowjetischer U-Boote dem Zuhören von zwei Skeletten beim Liebe-Machen in einer Mülltonne gleichkam. Das akustische Problem machte die sowjetischen Stückzahlen in der ersten Zeit weitgehend irrelevant. Zu den Problemen der sowjetischen U-Boot-Fahrer kam hinzu, dass die niedrige Reichweite von frühen SLBMs (U-Boot-gestützte ballistische Raketen) die SSBNs der UdSSR zu weit vorverlegten Patrouillen zwang, wenn ihre Raketen amerikanische Städte erreichen sollten. Die sowjetischen Strategiepräferenzen mussten unter den herrschenden Umständen zurückstehen.

In den frühen 1970er Jahren zeigten die Einsatzpraktiken der sowjetischen Marine, dass Moskau mehr Selbstvertrauen bei seinen Fähigkeiten erlangte, die Gewässer, welche die US-Navy seit 1945 beherrschte, anzufechten. Zum Beispiel führten die Sowjets eine beeindruckende Reihe von Übungen mit dem Namen *Okean* (Ozean) während der 1970er Jahre durch. Im Jahre 1970 setzte Moskau Flotten in traditionellen US-Navy-Gewässern wie dem Mittelmeer und dem Nordatlantik ein, während sie sich auch in das Nordmeer und in den Indischen Ozean vorwagten. Die amerikanische Kontrolle über die See war nicht mehr selbstverständlich. Die Übungen ließen sogar Zweifel aufkommen, ob die Vereinigten Staaten auf die Nutzung der atlantischen Seewege zählen konnten, um das NATO-Europa bei einem Landkrieg zu versorgen. Der Arabisch-Israelische Krieg 1973 (Jom-Kippur-Krieg) wurde durch den Eindruck einer zunehmend offensiv gesinnten sowjetischen Hochseemarine verstärkt. In der Tat war das sowjetische Mittelmeergeschwader der amerikanischen Sechsten Flotte bei diesem Konflikt zahlenmäßig überlegen – und jagte der US-Marineführung und der Nixon-Administration einen Schock ein. Die zunehmende Ungleichheit hinsichtlich der Anzahl war schwer von der Hand zu weisen und warf ein Schlaglicht auf das Missverhältnis zwischen den amerikanischen und sowjetischen Schiffbauraten und den Haushaltbudgets.

Bestimmte Anomalien wurden augenscheinlich. Trotz enormer Anstrengungen und Ressourcen, die Gorschkows Hochseeflotte zur Verfügung gestellt wurden, war die sowjetische Marine gegenüber der US-Navy nicht symmetrisch. Erstens, es gab keinen ersichtlichen Antrieb, um Großdeckflugzeugträger zu bauen, die mit amerikanischen Einheiten vergleichbar waren. Zweitens, die Marineführung zeigte wenig Dringlichkeit, sich von einer Seeverwehrung auf eine Seekontrolle zu verlagern. Die sowjetische Überwasserflotte betrachtete die U-Boot-Abwehr offensichtlich als eine zweitrangige

Sorge, selbst wenn der Schutz gegen Unterwasserangriffe stets essenziell für die aktive Seekontrolle gewesen ist. Drittens, während die Marinetechnologie reifte und sich die Reichweite von SLBMs erhöhte, begannen sowjetische SSBNs, näher an ihrer Heimat zu operieren. Sie konnten amerikanische Ziele angreifen, ohne sich aus dem Küstenschutz herauswagen zu müssen. Kurzum, die seit Jahrhunderten bestehenden strategischen Präferenzen erhielten eine neue Bedeutung, als die sowjetische Marine ihre Kampffähigkeiten verbesserte.

Diese Profile trotzten den westlichen Annahmen. 1981 äußerte Admiral Thomas Hayward, der Chief of Naval Operations (CNO – Chef der Marineoperationen) angeblich seinen Unglauben darüber, dass die Sowjets eine große Marine auf diese Art und Weise betreiben würden. Die Ungleichheit unter sowjetischen Plattformen, die augenscheinlich für offensive und defensive Einsatzprofile entworfen waren, verwirrten westliche Analysten, die darüber diskutierten, ob die Sowjets überhaupt eine Marinedoktrin hätten. Sie erörterten den Grad, zu welchem sowjetische Führer zwischen nuklearer und nicht-nuklearer Kriegsführung unterschieden und wie die UdSSR plante, taktische Nuklearwaffen während eines europäischen Landkriegs in den 1960er Jahren einzusetzen. Und es stellte sich die (vielleicht wichtigste) Frage, ob der Besitz einer imposanten Marine neue Absichten und strategische Präferenzen seitens der sowjetischen Führer hervorrufen würde. Falls Moskau einen Hammer hätte, dann könnten die Herausforderungen anfangen, wie Nägel auszusehen.

Die Worte der Führung lieferten einen Indikator. Admiral Gorschkow war ein produktiver Schreiber. Sein Buch *The Sea Power of the State* (*Die Seemacht des Staates*) widersprach Mahan, indem es festlegte, dass die Sowjetunion einst eine enorme Landmacht und auch eine gewaltige Seemacht gewesen war. Der Krieg zur See war bedeutend, doch die Zerstörung des seetüchtigen „großen Knüppels" der Imperialisten – und nicht das Entreißen der Seekontrolle vom Westen – war Moskaus Hauptziel. Die Vereitelung westlicher Anstrengungen durch ein Mittel der Bedrängung würde Moskau eine neue Handlungsfreiheit geben und damit etwas, was Staatsmänner und Kommandeure begehren. Gorschkow pries die SSBNs für ihre Überlebensfähigkeit, auch wenn er darauf bestand, dass sie am besten in den Gewässern patrouillieren sollten, die in Reichweite der eigenen Landunterstützung lagen. In der Tat sagte er voraus, dass die Vereinigten Staaten zu derselben Einstellung mit ihren Trident-SSBNs finden würden und gab so die Einsatzpraktiken der US-Navy spiegelbildlich wieder.

Während sie die Einsatzfähigkeiten der Flotte aufwertete, verlagerte die sowjetische Marine auch das Zentrum ihrer Schwungkraft in den Osten, um zum ersten Mal seit der Schlacht von Tsushima wieder eine ernst zu nehmende Präsenz in ostasiatischen Gewässern herzustellen. Durch ihre Stationierung in Wladiwostok ermöglichte die Pazifikflotte der sowjetischen Marine eine breite Auffächerung ihrer nuklearen Abschreckung. Nun kreuzten SSBNs als östliches Bollwerk sowohl im Ochotskischen als auch im Japanischen Meer. Die östliche Präsenz befähigte die Marine zudem, Aufgaben wie die Bedrängnisdiplomatie im asiatischen Umfeld auszuüben und dort operierende US-Navy-Einheiten zu beschatten. Außerdem eröffneten sich ihnen neue Optionen gegenüber einem zunehmend feindseligen China. Die Pazifikflotte war eine ernst zu nehmende Streitmacht, die aus mehr Schiffen als die Nordflotte bestand. Dreißig Prozent der gesamten Sowjetflotte, oder etwa neunzig Überwassereinheiten, waren im Fernen Osten stationiert.

Es war unklar, ob die Vereinigten Staaten im Angesicht eines solchen Widersachers noch immer die Meere beherrschten. Doch in den 1970er Jahren überdachten Kremlinologen und Marinestrategen die Natur der sowjetischen Herausforderung auf See. Eine sich abzeichnende Übereinstimmung besagte, dass die US-Navy eine Gelegenheit hatte, um die Initiative auf See wiederzuerlangen. Es schien, als hätten die Sowjets zum Beispiel die Hoffnung aufgegeben, dass der Kapitalismus aufgrund seiner inneren Widersprüche zusammenbrechen würde. Auch beabsichtigten sie anscheinend nicht, dem Kapitalismus einen Stoß zu versetzen, um ihn zum Sturz zu bringen. Falls diese Mutmaßungen korrekt waren, dann war die nukleare Eskalation kein von vornherein gefasster Schluss im Krieg. Das Sowjetregime mochte mürbe geworden sein, so wie George F. Kennan es treffend prophezeit hat.[11] Auch begannen sich die Belastungen auf das sowjetische Wirtschaftssystem zu zeigen – insbesondere als Moskaus Invasion in Afghanistan anfing, die Ressourcen abzuschöpfen, die sonst an die Flotte hätten gehen können.

Falls die UdSSR in der Tat zu einer reinen Defensive zurückkehrte, so mochten die Vereinigten Staaten in der Lage gewesen sein, ihre zentrale geografische Lage zu nutzen – von der sie auf den Atlantik und den Pazifik zugreifen konnten –, um ihre gewohnte Vorherrschaft auf See wiederzuerlangen. Durch ein kühnes Handeln gleich zu Beginn eines Konflikts mit dem Sowjetblock konnte Amerika einige der Vorteile abschwächen, welche die Sowjets im vorherigen Jahrzehnt aufgebaut hatten. Die Frage war, wie sollte Washington hierbei vorgehen.

George Baer bemerkt, dass eine effektive Strategie eine Bedrohung in Form eines Brennpunkts erfordert. Eine präzise Einschätzung der sowjetischen Bedrohung war zentral, um die US-Strategie den neuen Realitäten anzupassen. Die amerikanischen Marinestrategen beschäftigten sich intensiv mit der Anzahl und den Arten der sowjetischen Plattformen. Die Frage, ob Flugzeugträger das Kernstück der US-Seemacht bleiben sollten, wie sie es seit dem Zweiten Weltkrieg waren, rangierte hierbei an vorderster Stelle. Doch selbst wenn der Träger der König blieb, war es zweifelhaft, ob es politisch denkbar war, die nuklearbetriebenen „flat-tops" zu riskieren, um einen Showdown mit der sowjetischen Marine vor den eurasischen Küsten zu veranstalten.

Verschiedene Chiefs of Naval Operations (CNO) hatten abweichende Vorstellungen in Bezug auf diese Fragen, obwohl die allgemeine Neigung darin bestand, die Offensive wiederzuerlangen. Admiral Elmo Zumwalt, welcher das gemischte Glück hatte, während der letzten Vietnamjahre als CNO zu dienen, glaubte, dass die US-Navy ihre Strategie neu ausrichten und auf die Seekontrolle konzentrieren sollte. Die Kriege in Korea und Vietnam hatten der Marine die Machtprojektion auf asiatische Küsten mit einer geringen Furcht vor Eingriffen ermöglicht. Diese Ansicht war nicht länger gültig durch den Aufstieg der sowjetischen Marine, die weltweit mehr als 200 Schiffe gleichzeitig in See stechen lassen konnte, wie sie es bei der *Okean-70*-Übung gezeigt hatte. Dort existierte zum ersten Mal eine Bedrohung für die NATO-Seeverbindungswege (SLOC – sea lines of communication). Die Kontrolle der See, so behauptete Zumwalt, würde die Fähigkeit der Vereinigten Staaten sicherstellen, Männer und Material bei einem Kriegsausbruch quer über den Atlantik zu transportieren.

Admiral Zumwalt initiierte eine lange überfällige Diskussion über US-Marinestrategie, Missionen und Plattformen. Er gab auch zu, dass schmerzliche Kompromisse anstehen würden, sollte sich die Marine auf die Seekontrolle umorientieren. Auf höchst

kontroverse Weise bestand er darauf, dass die Marine kurzfristig eine kleinere Streitkräftestruktur akzeptieren müsste, um langfristig die Mittel für neue Schiffsbauten verfügbar zu machen. Dies schloss Risiken ein. Zumwalt trat für eine Flotte ein, die sich
auf einen „Hoch-und-niedrig"-Mix („high/low mix") begründete, bei dem sich eine große
Anzahl kostengünstigerer, weniger leistungsfähigerer Plattformen – die Fregatten der
Oliver-Hazard-Perry-Klasse sind die besten Beispiele – mit kostspieligen High-End-Platt-
formen wie den nuklearbetriebenen Trägern der Nimitz-Klasse sowie Kreuzern und Zerstörern – ausgestattet mit dem bahnbrechenden Aegis Combat System – vermischen
sollte. Für Zumwalt, welcher während der wirtschaftlichen Unbehaglichkeit der 1970er
Jahre als CNO diente, war dies eine einfache Realität.

Er schob eine quantitative Betrachtungsweise an, die sich mehr auf die Beschaf-
fung als auf die Strategie konzentrierte. Richtlinien und Strategien verschwanden größtenteils. Zum Beispiel beschäftigte sich das Project 60, eine von Zumwalt geförderte
Planungsanstrengung, fast ausschließlich mit Flottenstückzahlen, technologischen
Innovationen, neuen Plattformen und Waffensystemen. Neben Harpoon-Marschflugkör-
pern zur Schiffsbekämpfung zählten zu diesem Projekt auch die Lenkwaffenfregatten
der Perry-Klasse für die Seekontrolle. Sie waren eine Art „bezahlbarer Flugzeugträger"
und man konnte sie viel einfacher als einen teureren nuklearbetriebenen Träger riskieren. Das analytische Manko von Projekt 60 und ähnlicher Initiativen überzeugte viele
Offiziere, dass sie die Tradition des strategischen Denkens der Seestreitkräfte verjün-
gen müssten. Zumwalts Kritiker behaupteten, dass ein „High/low"-Mix die Marine zu
einer defensiven Streitkraft machen würde, die zwar zur Ausübung der Seekontrolle
fähig wäre, diese jedoch von vornherein gar nicht erst erringen könnte. Hochwertigere
Schiffe und Plattformen wären daher zu schwach an Zahl und Schlagkraft, um einen
Mahan'schen Sieg davonzutragen. Nach diesem Sieg könnten die geringwertigeren
Schiffe dann die Seekontrolle ausführen. Die Offiziere bestanden in der Tat auf einen
Vorstoß als die beste Verteidigung, da die Navy sonst ihre Offensive aufgeben würde.

Zumwalt übertrieb auch die Rationalität des Budgetierungsprozesses in Washington. Der Kongress kassierte unbehelligt die Ersparnisse, welche die Marine durch die
Außerdienststellung von alten Schiffen ermöglichte, doch die Gesetzgeber fühlten
keine Verpflichtung, eine Gegenleistung zu erbringen.[12] Die Schiffbaurate sank um
zwei Drittel von den 1960er bis zu den frühen 1970er Jahren und drückte die Größe
der Flotte unaufhaltsam nach unten. Die Flottenstärke verringerte sich von annähernd
900 Schiffen im Jahre 1965 auf gerade mal mehr als 500 im Jahre 1980. Die Qualität
verbesserte sich auf einer Schiff-zu-Schiff-Basis, da die Marine alte Einheiten allmählich aus dem Verkehr zog. Doch Qualität war nicht alles gegen eine zahlenmäßig über-
legenere sowjetische Marine.

Admiral James Holloway, Zumwalts Nachfolger als CNO, gab verschiedene Studien in Auftrag, um die Auswirkungen einer schrumpfenden Streitkräftestruktur zu
untersuchen.[13] „Durch die fortlaufende Abnahme bei unserem Bestand an Seestreitkräften", so erklärte Holloway dem Kongress, war die Waffengattung „zu einer Ein-
Ozean-Marine geworden". Der Pazifik war von eine von Amerika vernachlässigte
Zone.[14] Analysten kamen zu ähnlich düsteren Erkenntnissen. Eine Studie argumentierte in der Tat, dass eine Flotte von 500 Schiffen geringe Chancen haben würde,
auf den entscheidenden Wasserwegen wie den atlantischen SLOCs, auf welche die

NATO-Strategie angewiesen war, die Oberhand zu behalten. Die gilt auch für das Mittelmeer – die Bucht, bei der Huntington darauf bestanden hat, dass eine transozeanische Marine Freiheit braucht, um zu operieren; sowie für den westlichen Pazifik, einer Region, die von wichtigen Verbündeten wie Japan bevölkert wird. Die Marineführung drückte Zuversicht aus, dass eine 800-Schiff-Flotte alle Missionen erfüllen könnte, die man ihr auftrug.

Solche Erkenntnisse machten die zivile und uniformierte Führung fassungslos. Allein im Jahre 1978 sank die Rate von Schiffsneubauten um die Hälfte. Präsident Jimmy Carter und sein Verteidigungsminister Harold Brown schlugen vor, die Anzahl an Flugzeugträgern zu reduzieren und den Bau neuer nuklearbetriebener Einheiten zu stoppen. Carter und Brown regten an, weniger kostspielige Träger mit Senkrechtstart und -landungskapazitäten (VSTOL – very short takeoff and landing) zu bauen – solche, wie sie von kleineren Marinen auf der ganzen Welt im Einsatz waren. Admiral Thomas Hayward, welcher Holloway im Jahre 1978 nachfolgte, missbilligte öffentlich den Trend zu einer „Dritte-Welt-Strategie".[15] Um mitzureden, bemerkte sich Marineminister Graham Claytor, dass die Regierung die Marine auf eine nautische „Maginot-Linie" reduzieren würde.[16] Claytor wählte seine historischen Analogien sicherlich vorsichtig, um anzudeuten, dass eine solche Marine eine elende Niederlage verursachen würde.

Wie auch immer, obwohl sich vernünftige Marineführer für die Lobby einer größeren Streitkraft einsetzten, wichen sie von der herrschenden Meinung hinsichtlich der Außenpolitik und der Macht auf See ab. Die 1970er Jahre waren eine Blütezeit für Rüstungskontrollen und Abrüstungskonferenzen, nicht nur für die Carter-Administration, sondern auch für ihre republikanischen Vorgänger. Die Strategic Arms Limitation Treaty (Vertrag zur Verringerung strategischer Waffen), die Nuclear Non-Proliferation Treaty (Atomwaffensperrvertrag) und die Anti-Ballistic Missile Treaty (Vertrag zur Begrenzung von Abwehrsystemen gegen ballistische Raketen) waren nur einige der Verträge und Abkommen, die in den Jahren von Nixon, Ford und Carter ausgehandelt wurden.

Solche, die im Sinne von Rüstungskontrollen denken, vermuten, dass eine Parität – und nicht eine Überlegenheit oder eine siegreiche Schlacht – das Ziel militärischer Strategie und Streitkräfte ist. Es schien für Abgeordnete vermutlich normal zu sein, im Sinne einer maritimen Parität und nicht einer Seeherrschaft zu denken.

Es war auch nicht offensichtlich, dass die Marine eine große Rolle bei einem Krieg im NATO-Europa spielen würde. Die NATO-Doktrin einer „flexiblen Erwiderung" („Flexible Response") stellte fest, dass die Allianz in einem frühen Kriegsstadium taktische Nuklearwaffen an der mittleren Front einsetzen würde, um eine Bodenoffensive des Warschauer Pakts aufzuhalten. Die Angelegenheit würde entschieden werden, auf die eine oder andere Weise, bevor eine Macht auf See zum Tragen käme. Kurzum, die US-Navy spielte für die politischen Entscheidungsträger der 1970er Jahre im Vergleich zu anderen Instrumenten der nationalen Macht die zweite Geige. Diplomatie war als Option die erste Wahl, Seemacht die letzte. Verteidigungsminister Brown machte dies einfach deutlich, indem er die Marine zur Durchführung unbedeutenderer Missionen wie den Begleitschutz oder das Präsenzzeigen degradierte. Die Selbstisolation der Marine von der nationalen Politik ist ein riskantes Unterfangen, ungeachtet der Argumente der Führer hinsichtlich der Vorzüge der Waffengattung waren.

Doch die Marine tat es. Bereits in den Carter-Jahren befanden sich verschiedene neue Studien und strategische Konzepte in der Entwicklung, die Namen wie *Sea Plan 2000* und *Project Sea Strike* trugen.[17] Einige gemeinschaftliche Themen tauchten innerhalb der Marine und unter akademischen Experten am Center for Naval Analyses (Zentrum für marinebezogene Untersuchungen) und bei anderen Denkfabriken auf. Erstens, die Marinebefürworter gewöhnten sich die Erklärung an, dass die Mahan'sche Beherrschung der See die Grundvoraussetzung für alle anderen Marineeinsätze war und dass daher der offensive Vorstoß die erste grundlegende Hypothese für Debatten über die Strategie sein sollte. Die US-Navy sollte ihre maritime Vorherrschaft wieder geltend machen. Zweitens, Fachleute behaupteten, dass technologische Fortschritte eine Seeherrschaft nach Mahan'scher Manier wieder realisierbar machen würden. Neue Systeme wie Aegis, verbesserte Hardware und Software für die U-Boot-Abwehr und Marschflugkörper würden der Überwasserflotte das Überleben und den Erfolg selbst in einem sehr bedrohungsintensiven Umfeld ermöglichen. Kurzum, Kampfgruppen könnten Macht projizieren, selbst gegen eine sowjetische Marine, die kombinierte Waffen einsetzte, um ihren blauen Gürtel vor der Küste zu verteidigen.

Drittens, die US-Flotte sollte bei Kriegsausbruch die Initiative ergreifen und den Kampf zum Feind in der eurasischen Umgebung tragen. Operationen in diesem Umfeld würden die Sowjets und ihre Verbündeten überall zur Verteidigung zwingen, anstatt ihre Kräfte auf Deutschland zu konzentrieren. Seeoperationen entlang der Abgrenzungen könnten daher das Kampfgebiet an Land prägen. Marineanalysten schlussfolgerten demzufolge, dass die Carter-Administration die Pläne aufgeben sollte, in Krisenzeiten Schiffe von der Pazifikflotte zur Atlantikflotte zu „swingen" oder zu transferieren. Die Administration sollte die Atlantikflotte zusammenhalten, um ihre „Europe-First-Strategie" zu unterstützen, während die Pazifikflotte die sowjetische Pazifikflotte und deren pazifisches U-Boot-Bollwerk gefährden und somit das sowjetische ozeanische Umfeld bedrohen sollte. Die Eröffnung eines pazifischen Schauplatzes würde Moskau zwingen, seine spärlichen Ressourcen für die Verteidigung des Fernen Ostens aufzuwenden und dadurch den europäischen NATO-Schauplatz zu entlasten.

Das Fazit war, dass die US-Navy den sowjetischen blauen Gürtel überall in der eurasischen Umgebung durchstoßen sollte. Dies sollte Moskau dann eher zum Nachdenken als zur Planung eines Bodenkriegs in Europa anregen. Eine dominante Marine und nicht eine, die aus einem „High/low"-Mix von Schiffen besteht – könnte das Konzept des blauen Gürtels nach innen gegen die sowjetische Marine umkehren und so die Küstengewässer zu einer Gefahrenzone für die Seefahrer der UdSSR machen. Admiral Haywards Nachfolger als CNO, Admiral James Watkins und sein ziviler Vorgesetzter, Marineminister John Lehman, hielten es für passend, diesen Teil der strategischen Gedanken in einer formellen Erklärung der Marinestrategie zu verankern. Die Strategie wurde verschiedenen Zielgruppen bei geheimen Besprechungen vorgestellt und durchlief zahlreiche Verfeinerungen. Sie wurde im Jahre 1986 im *Proceedings*-Magazin vom U.S. Naval Institute veröffentlicht.

Watkins und Lehman prahlten, dass die Maritime Strategy die US-Navy und die US-Marines zum ersten Mal seit Jahren, wenn nicht seit Jahrzehnten, auf eine ähnlich hohe Ebene bei der nationalen Führung setzten.[18] Die Strategie wies Behauptungen zurück, dass jeder Krieg zwischen der NATO und dem Warschauer Pakt automatisch nukleare

Ausmaße annehmen würde und verleugneten die Seemacht als ein Instrument zur Kriegsführung. Die Strategie sah jedoch vor, dass die Vereinigten Staaten kumulative Marineoperationen im sowjetischen Umfeld durchführen konnten, um so den Krieg in die Länge zu ziehen und die Kosten für Moskau auf ein untragbares Maß zu steigern. Dieser Umweg würde den Vereinigten Staaten gestatten, den Krieg „zu günstigen Bedingungen" zu beenden.[19]

Die Strategie hatte ihre Gegner. Kritiker stellten die Annahmen ihrer Gestalter hinsichtlich der Natur des Krieges infrage. Sie bezweifelten, dass die Strategie Ressourcen von den Boden- und Luftstreitkräften des Warschauer Pakts in Europa abzweigen würde, wo der hauptsächliche Kraftaufwand stattfinden würde, und sie stellten die Strategie als ein Projekt zum „Drehbuchschreiben" oder zur „Werbeschriftkunst" dar. Einige der lautstärksten Kritiken kamen von dem Politikwissenschaftler John Mearsheimer von der University of Chicago, welcher im Jahre 1985 einen Artikel beim Naval War College vorlegte und diesen später im Magazin *International Security* veröffentlichte. Mearsheimer missbilligte entschieden die Strategie, weil sie die Seemacht dazu nutzte, um das nukleare Gleichgewicht in einem konventionellen Krieg zu verlagern. Der Angriff auf die sowjetische Unterseeflotte würde Moskau mit einer „Use-it-or-lose-it"-Verlegenheit („benutze es, sonst verlierst du es") gegenüber Nuklearwaffen konfrontieren. Moskau könnte eher ein Trommelfeuer von SLBMs in Gang setzen, als seine SSBN-Flotte durch einen amerikanischen Seeangriff zu verlieren.[20]

Es besteht weder Bedarf, diese Debatten an dieser Stelle zu wiederholen, noch ist das Resultat im Einzelnen für unsere Ziele wichtig. Der bedeutende Punkt ist, dass ungeachtet der imposanten Größe, welche die sowjetische Marine als Feind darstellte, die intellektuelle Herausforderung einer Konfrontation mit dieser relativ überschaubar war. Die Existenz einer abstrakten Bedrohung reduzierte den Strategiegestaltungsprozess auf eine eigenständige Reihe von Fragen und legte die Bestimmungsgrößen für Debatten fest. So bündelte auch die Kaiserliche Japanische Marine amerikanische Anstrengungen in den Zwischenkriegsjahren, als Marineplaner die berühmten farbcodierten Kriegspläne für einen Krieg im Pazifik verwarfen. Könnten Flugzeugträger beispielsweise Seegefechte in der Barentssee überstehen, wo die sowjetische Marine unter dem Schutzmantel von landgestützten Waffensystemen kämpfen würde? Wie viele U-Boot-Abwehrsysteme bräuchten die US-Navy und ihre Verbündeten, um sich gegen die große, wenn auch technologisch rückständige sowjetische Unterseebootflotte abzusichern?

Und dann war da noch etwas bezüglich der „Werbeschriftkunst". Aus strategisch-kommunikativen Gründen vereinfachte eine imposante rivalisierende Flotte als Feindbild die Aufgabe, die US-Regierung, die Wähler und das Militär hinter einer konfrontationsbereiten Marinestrategie zu vereinen. Mahan selbst erinnert sich reumütig, wie schwer es war, die Amerikaner des 19. Jahrhunderts zu überzeugen, den Anspruch auf eine Flottenbereitschaft zu erheben. Die „tödliche Apathie" im Anschluss an die Traumata des Bürgerkrieges verfrachtete die Marine in eine „fast unglaubliche" Epoche der Stagnation. Er führte diese „Trägheit" in großem Maße auf „die Lähmung der Gedanken zurück – einer mentalen Entwicklung, die der Bewegung der Welt entspricht". Wegen der fehlenden Unterstützung durch Öffentlichkeit und Regierung fiel die US-Navy in „die Gewohnheit eines von Tag-zu-Tag-Daseins mit Behelfsmitteln und Notlösungen."[21]

Für die Gleichgesinnten von Mahan und Theodore Roosevelt war es beispielsweise völlig begründet, die Bedrohung der Karibik durch große Mächte zur Geltung zu bringen. Doch den „abstrakten" Argumenten mangelt es an Gewicht, es sein denn, reelle und überzeugende Beweismittel stützen sie. Nur ein Krieg mit Spanien, so schrieb Mahan, konnte „die abstrakten Konzeptionen von Theoretikern und Extremisten − als welche sie damals erschienen − wieder auf den Boden der harten Realität zurückholen". Der Spanische-Amerikanische Krieg bewirkte einen radikalen Wandel in der amerikanischen Weltanschauung. Er regte die Bürger an, nach außen quer über den Pazifik zu schauen − im Besonderen auf die Philippinischen Inseln: heute ein amerikanischer Brückenkopf vor Chinas Küste. „Was einst Visionen waren", so schlussfolgerte er, „wird heute als solide Selbstverständlichkeit von unserer sehr praktisch veranlagten Nation angenommen". Die Republik überdachte ihre ehrwürdige, jedoch überholte „Bibel der amerikanischen Politiktradition."[22] Eine Mahan'sche Strategie, so scheint es, erfordert Mahan'sche Bedrohungen, um die öffentliche Diskussion zu bündeln.

STRATEGIEGESTALTUNG FÜR EINE GLOBALISIERTE WELT

Mahan würde vermutlich mit der gegenwärtigen Führung der Seestreitkräfte sympathisieren. Erstens, wie einst die Marine in den Jahren nach dem Bürgerkrieg, so wird die heutige Flotte mit strategischen Umfeldern konfrontiert, in denen der herkömmliche Wettstreit oder ein Konflikt als reelle Aussichten gelten, doch hat die Bedrohung noch nicht das volle Ausmaß erreicht. Debatten über maritime Belange bleiben weitgehend abstrakt und spekulativ. Zweitens, Mahan begrenzt seine strategischen Analysen hauptsächlich auf das Karibische Meer und den Golf von Mexiko. Er drängte die Vereinigten Staaten, ihren „Zugang" zum Pazifik und nach Asien zu bewachen. Die heutigen Seestreitkräfte sehen sich mit den Herausforderungen einer weltweiten geografischen Einflusssphäre konfrontiert − und dies wird so bleiben, solange die Vereinigten Staaten der selbsternannte Wächter der maritimen Sicherheit bleiben. Drittens, obwohl keine nichttraditionelle Herausforderung so bedrohlich wie eine starke Feindflotte ist, erfordern Herausforderungen wie die Piraterie oder die Waffenverbreitung Schiffe, Flugzeuge und Überwachungssysteme in großer Stückzahl, um schlicht eine angemessene flächenmäßige Abdeckung von Seeräumen, welche durch diese „Plagen" bedrängt werden, zu gewährleisten. Große Kriegsschiffe sind unnötig, um Piraten oder Waffenschmuggler, welche die See entweder nicht beherrschen brauchen oder nicht beherrschen können, zu bekämpfen. Die Maxime, dass Quantität ihre eigene Qualität hat, ist im Besonderen angemessen für Marinen und Küstenwachkräfte, die polizeiartige Dienste ausführen.

Die Zwickmühle für Amerika, das sich als ein Treuhänder der Seewege und zudem als Verteidiger seiner eigenen Interessen und Privilegien gegenüber rivalisierenden Seemächten betrachtet, besteht in der klugen Verteilung seiner Ressourcen. Die Vereinigten Staaten müssen ihre adäquaten Kampfkapazitäten beibehalten, während sie ausreichende Stückzahlen einsetzen müssen, um die Seekontrolle ausüben zu können. Dies ist keine neue Debatte. Der Herausgeber von *Harper's*, der Anti-Imperialist Carl Schurz, deutete 1897 Norman Angells Wirken im Voraus an, indem er Theodore Roosevelts martialisch-klingende Maxime, dass „kein Triumph des Friedens so großartig wie die überragenden Triumphe des Krieges sei", als selbstzerstörerisch ankündigte. Schurz rügte Roosevelts „streitlustige Begeisterung" und verspottete die Meinung, dass Großmächte Amerikas Sicherheit bedrohten. „Chauvinistisches Gerede" wie das von Roosevelt oder Mahan stellten „den größten Quatsch" dar. Der Friede würde durch unsere geografische Lage, den überall bekannten Überfluss unserer Ressourcen und die stets wachsame Missgunst anderer Mächte untereinander bestehen. Weit entfernt vom Großmachtstreit „sollten die Vereinigten Staaten eine gewiefte kleine Marine haben, die es uns erlaubt, unseren Teil zum Polizeidienst auf See beizutragen". Unabhängig davon sollte das amerikanische Volk den Segen eines waffenlosen Friedens genießen.[23]

Heute – wie damals – gibt es eine besondere Dualität bei Washingtons Zwickmühle. Bedrohungen wie die Piraterie sind nun eine Selbstverständlichkeit in Gebieten wie der Straße von Malakka oder im Golf von Aden. Allerdings sind sie weit entfernt vom Alltag der Bevölkerung und der Regierung. Umgekehrt hat sich eine Bedrohung, die sich auf das tägliche Leben auswirken würde – das Erscheinen eines gleichwertigen Konkurrenten, der mit den Vereinigten Staaten um die Dominanz auf See ringt –, noch nicht abgezeichnet, falls dies jemals geschehen wird. Eine ernsthafte chinesische Bedrohung scheint auf Jahre hinaus nicht absehbar zu sein und könnte sich als Trugbild erweisen. Es bleibt weiterhin eine abstrakte Konzeption – um Mahans Formulierung zu gebrauchen –, die die Zwickmühlen für Staatsmänner, Strategen und Streitkräfteplaner vergrößert.

Wir haben auch gesehen, dass China eine kluge Diplomatie angewendet hat, um die Besorgnis hinsichtlich seiner Rückkehr zu regionaler Eminenz zu lindern und seinen Aufstieg als einen international-öffentlichen Nutzen darzustellen, der alle Asiaten begünstigt. Chinesische Führer wollen jede maritime Bedrohung gegenüber den Vereinigten Staaten oder ihren asiatischen Verbündeten als abstrakt aufrechterhalten, um genau das zu vermeiden, was Washington als Rechtfertigung dienen könnte, um seine Streitkräftestellung in der Region wieder aufzubauen. Peking hat die Strömungen und Tendenzen unter den westlichen Gelehrten und Fachleuten internationaler Angelegenheiten gut genutzt. Die Abendländer stimmen zunehmend mit Norman Angell überein, dass die Welt die Machtpolitik weitgehend überwunden hat. Falls dem so ist, sind *Realpolitik*-Implikationen wie Schlachtflotten fraglich geworden.[24] Wenn nicht Peking die Belange in der Straße von Taiwan oder im Südchinesischen Meer auf eine indiskutable Weise verschlimmert, wird kein Anlass, der dem des Spanisch-Amerikanischen Krieges, des Pazifikkrieges oder des Kalten Krieges ähnelt, zu amerikanischen Gedanken über einen Kampf auf See entstehen lassen.

Sir Julian Corbetts Klugheit beruht auf seinem sogenannten „Strategieproblem". Er tritt dafür ein, dass eine herrscherlose See die normale Situation darstellt. Die Flächendeckung, die sich Mahan mit seinem Gedanken einer „überwältigenden Macht" ausmalte, die feindliche Flotten vom Meer fegt ist auch zu ressourcenintensiv, um über eine bedeutende Zeitspanne hinweg zu bestehen.[25] Der frühere CNO (und spätere Vorsitzende der Vereinigten Stabschefs), Admiral Mike Mullen, schlussfolgerte offenbar ebenso 2005, als er strategische Einstellgrößen begutachtete, die durch niedrige oder abnehmende Ressourcen und sich vermehrende operative Anforderungen charakterisiert werden. Der Schlüssel zum Schutz der Schifffahrt liegt in der Fähigkeit, die Streitkräfte über weite Flächen zu verteilen und sie gleichzeitig an lebenswichtigen Punkten zu konzentrieren – so wie Corbett dies von den Marinen verlangte, welche der Beherrschung der See nahekommen wollten, um in die Richtung eines klassischen „flexiblen Zusammenhalts" auf offener See zu streben.[26]

Für Admiral Mullen sah die Überredung der Verbündeten und Partner zu einer informellen „1.000-Schiff-Marine" („1,000-ship navy") – oder seetauglichen Koalition – wie der beste Weg aus, um Corbetts Ideal zu verwirklichen. Die aus 1.000 Schiffen bestehende Marine wurde in „The Global Maritime Partnership" umbenannt, nachdem ausländische Vertreter den Begriff „navy" abgelehnt hatten, weil sie beanstandeten, dass dies die Unterordnung unter ein US-Oberkommando andeuten würde. Die „Marine" stellte den einzigen Weg dar, ausreichend Ressourcen in lebenswichtigen Gewässern und Lufträumen aufbieten zu können.[27]

Betrachten wir die 2007er Maritime Strategy, die beim Naval War College mit großer Fanfare enthüllt wurde. Etwa hundert Vorgesetzte von Marinen und Küstenwachen weltweit reisten im Oktober 2007 nach Newport, um über die Vorzüge und Nachteile der Strategie zu debattieren. Die „Cooperative Strategy for 21st Century Seapower" ist eine präzise Erklärung von Zielen, die von den Dienstvorgesetzten der US-Navy, des Marine Corps und der Coast Guard unterzeichnet wurde. Falls wir Corbetts Darstellung einer maritimen Strategie als die Kunst der Bestimmung von Beziehungen zwischen Land- und Seestreitkräften anerkennen, dann qualifiziert sich die Maritime Strategy als eine wahrlich „maritime" Strategie, die nicht nur den Kampf, sondern auch polizeiliche Aufgaben umfasst.

Das Strategiedokument rühmt sich mit Recht, „dass niemals zuvor die Seestreitkräfte der Vereinigten Staaten – Navy, Marine Corps und Coast Guard – zusammengekommen sind, um eine vereinigte maritime Strategie zu gestalten."[28] In Wirklichkeit war die 1986er Maritime Strategy eine Flottenstrategie, die in nicht-geheimer Form in *Proceedings*-Artikeln vom CNO, Admiral James Watkins, und dem Generalstabschef der US-Marines, General P.X. Kelley, verfasst wurde. Nachfolgende Dokumente wie *„From the Sea"* (1992) und *„Forward ... from the Sea"* (1995) wurden vom Marineminister, dem CNO sowie dem Generalstabschef der US-Marines (Marine Commandant) unterzeichnet und gaben somit vor, eine einheitliche Strategievision der einzelnen Seestreitkräfte zu verkörpern.[29]

Obwohl es wichtig ist, sich nicht zu tief in die Gründe einzulesen, warum dieser oder jener Vertreter ein bestimmtes Dokument unterzeichnete, ist eine Spekulation aufschlussreich. Wie bereits erwähnt, ist die 2007er Maritime Strategy die erste, welche auch die US-Coast Guard einschließt. Dies deutet an, dass die bereitwillige Annahme der Seestreitkräfte, die Piraterie und Waffenverbreitung zu bekämpfen sowie andere Operationen durchzuführen, den Aktionen von Strafverfolgungen ähnelt. Es wurde ausschließlich von den drei Dienstvorgesetzten unterzeichnet. Kein politischer Beauftragter hinterließ seine Unterschrift – im Gegensatz zu vorangegangenen Dokumenten, die von den Marineministern bewilligt wurden. Warum nicht? Erstens, es gibt einen pragmatischen Grund. Im Gegensatz zu vorherigen Strategien erweitert sich die 2007er Strategie auf Institutionen außerhalb des Verteidigungsministeriums, im Besonderen auf die US-Coast Guard. Die Ausstellung eines gemeinschaftlichen Dokuments hätte behördenübergreifende Verhandlungen in Gang gesetzt, wie sie innerhalb der US-Regierung üblich sind. Durch die Erlangung des Eigentumsrechts an der Strategie umgingen die Dienstvorgesetzten den komplizierten, vielleicht langwierigen und zänkischen Prozess, zwei Kabinettsdienststellen mit sehr unterschiedlichen Weltanschauungen und Kulturen dazu zu bringen, den Zielen und Prinzipien zuzustimmen.

Zweitens, das Dokument konstituierte wahrscheinlich eine Anstrengung zur Meinungsbeeinflussung über die Zeit von George W. Bush hinaus, die nicht nur jenseits der amerikanischen Küsten die Gesinnungen formte – mit Regierungen, die fähig zur Erweiterung (oder Hemmung) der US-Strategie auf See sind –, sondern auch innerhalb der Administration, welche 2009 Bush nachfolgte. Marineminister Donald Winter würde das Pentagon etwas mehr als ein Jahr nach der Veröffentlichung der Strategie verlassen. Falls Winter als die letztendliche Bewilligungsautorität gehandelt hätte, hätte er das Eigenleben des Dokuments perspektivisch zeichnen können. Präsidiale Administrationen distanzieren sich von politischen Richtlinien, die von ihren Vorgängern geschaffen wurden, und drücken diesen dann ihren eigenen Stempel auf. Dies wird besonders wahr, wenn das Weiße Haus von einer zur anderen Partei wechselt, und vielleicht verstärkt die umstrittene Natur der bald aus dem Amt scheidenden Bush-Administration dies sogar noch. Die Dienstvorgesetzten glauben möglicherweise, dass ihre strategischen Ansichten bis in eine neue Administration hinein Bestand haben würden, wenn sie die Fingerabdrücke der Bush-Regierung von der Maritime Strategy fernhalten.

Dies hilft die Entscheidung der drei Dienstvorgesetzten zu erklären, die Strategie im Jahre 2007 während der schwachen Monate der Bush-Präsidentschaft zu veröffentlichen. Sie hofften, nach der spürbar konfrontierenden Haltung Washingtons während der ersten Bush-Amtszeit bei der Setzung eines Zeichens zu helfen und einen einvernehmlicheren Ansatz festzuschreiben, den die zweite Bush-Administration für klug hielt. Und in der Tat haben die Gestalter der Cooperative Strategy die Grundlage für einen nachhaltigen strategischen Ansatz gelegt. Die Strategieprinzipien, das globale System zu verteidigen, einen gesunden Anteil an Kampfkraft zu erhalten und den Blick der Seestreitkräfte auf Asien zu verlagern, passen zu den Neigungen der Administration Barack Obamas-trotz einiger möglicher Variationen in der Betonung. Es gibt gleichermaßen keinen Ausweg aus der Beständigkeit von Machtpolitik und systematischen Problemen.

So viel zu der Entstehung der 2007er Maritime Strategy. Die Verfasser zeigen auf, dass im Gegensatz zu vergangenen Strategien, die hinter verschlossenen Türen entworfen wurden, die Cooperative Strategy im hellen Licht der Öffentlichkeit entwickelt wurde – mit einer Seestreitkräfte-Delegation, die um einen öffentlichen Beitrag während der „Conversations with the Country" („Unterhaltung mit dem Land") bettelte. Diese „Conversations" wurden während der Wahlkampffahrten durch die Vereinigten Staaten geführt.[30] Die öffentliche Reaktion deutete drauf hin, dass das amerikanische Volk weiterhin starke Streitkräfte haben will, um mit ausländischen Partnern zum Zwecke der Kriegsvermeidung zu kooperieren und um sich auf die Verteidigung des Heimatlandes zu konzentrieren. Was sagt dies über den Durchhaltewillen der Maritime Strategy und die Vereinigten Staaten als die führende Seemacht der Welt aus?

Alfred Thayer Mahan sorgte sich, dass der Charakter des amerikanischen Volkes und seiner Regierung die Seemacht hemmen könnten. Die Vereinigten Staaten umspannten einen Kontinent. Ähnlich wie Frankreich erfreute es sich eines angenehmen Klimas und überreicher Ressourcen. Amerikas Fähigkeit, sich selbst zu versorgen, neigte dazu, die Aufmerksamkeit von seefahrenden Bestrebungen abzulenken. Die französische Demütigung in dem sich wiederholenden Wettstreit mit Großbritannien bot den Vereinigten Staaten ein warnendes Beispiel „in unserer Epoche von wirtschaftlicher und maritimer Dekadenz."[31] Dies war ein scharfer Kontrast zu den ärmlichen Bedingungen auf den Britischen Inseln, welche die Briten bei ihrer Suche nach Handel und Wohlstand zur See trieb.[32] Oder, so suggerierte Mahan, könnten die Amerikaner den Holländern in deren goldenem Zeitalter der Seemacht ähneln. Da Holland durch Kaufleute regiert wurde, die zögerlich waren, Steuern zu erheben, „wollte Amsterdam nicht für eine Marine zahlen", die fähig gewesen wäre, die Stellung des Landes gegenüber einem habgierigen England zu behaupten.[33] Die Amerikaner könnten das französische oder holländische Beispiel nachahmen und hierbei beim Ringen um die Seemacht aufgrund ihrer Versäumnisse verdrängt werden.

Gemäß der Mahan'schen Hinweise besteht heute etwas Grund zur Sorge. „Falls Seemacht wirklich auf einem friedlichen und weitreichenden Handel basieren soll", behauptete er, „so muss die Fähigkeit zu wirtschaftlichen Unternehmungen ein kennzeichnendes Merkmal von Nationen sein, die zu der einen oder anderen Zeit einmal groß auf See waren.[34] Trotz der globalen Finanzkrise genießen die Vereinigten Staaten weiterhin einen soliden Handel, aufgebaut durch das internationale Wirtschaftssystem, welches es nach dem Zweiten Weltkrieg zu schaffen half. Hawaii und Guam sind amerikanischer Boden und liefern dem US-Militär ein Bollwerk in der zweiten Inselkette. Trotzdem ist die Machtprojektion in die erste Inselkette hinein eine Frage von geschicktem Bündnismanagement mit Nationen wie Japan und Südkorea. In Bezug auf die Schifffahrt bleiben die US-Navy und das US-Marine Corps die führenden seefähigen Streitkräfte weltweit, doch die Handelsflotte unter US-Flagge ist nur wenig mehr als ein Schatten ihrer selbst. Der Großteil von amerikanischen Gütern reist auf Schiffen unter ausländischer Flagge. Die Aussichten für das Durchhaltevermögen in Asien und im Pazifik sind entschieden gemischt.

Die Maritime Strategy behandelt infolgedessen mit Feingefühl die strategischen Verbindungswege zu asiatischen Zielgruppen. Die Strategiegestalter vermeiden es daher, einen Feind zu benennen, und tatsächlich fehlt China sichtbar auf diesem Dokument. Die Empfindung ist verständlich. Falls die Strategie eine Erklärung von Prinzipien ist, die für die nächsten anderthalb Jahrzehnte Bestand haben soll, dann könnte die Heraushebung eines bestimmten Konkurrenten dem Konzept der Festigung alter Partnerschaften und der Suche nach neuen in die Quere kommen. Beispielsweise ist Peking der Proliferation Security Initiative (PSI – Initiative zum Schutz vor der Weiterverbreitung von Massenvernichtungswaffen) ferngeblieben. Es als den nächsten großen Antagonisten ins Ziel zu nehmen, würde wahrscheinlich jegliches Bemühen, China einen PSI-Beitritt schmackhaft zu machen, erübrigen.

Auch ist die Maritime Strategy nicht unbedingt das richtige Forum, um gezielt auf eine chinesische Bedrohung hinzuweisen. Das Pentagon veröffentlicht die Jahresberichte an den Kongress hinsichtlich der militärischen Stärke der Volksrepublik China, welche die Einschätzungen des militärischen Potenzials und der sich entwickelnden Strategie der PLA fortlaufend aktualisieren. Die chinesische Seemacht heute und im nächsten Jahrzehnt wird voraussichtlich nicht der globalen Reichweite und den Kapazitäten gleichkommen, welche die Sowjets in den 1970er Jahren massierten. Die Pirateriebekämpfungsmission im Golf von Aden verblasst beispielsweise im Vergleich zu den Okean-Flottenübungen im Jahre 1975, welche der Öffentlichkeit Moskaus Können aufzeigten. Solange nicht – oder bis – die chinesischen Handlungen die Flottenbedrohung in den Blickpunkt rücken, werden die Führer der US-Seestreitkräfte eine geringe

Notwendigkeit darin sehen, das Risiko einzugehen, eine selbsterfüllende Prophezeiung zu schaffen. Die Vermeidung eines selbstzerstörerischen Verhaltens war zentral für die Gestaltung der Cooperative Strategy.

Der Nachteil einer Beschwichtigung der chinesischen Sensibilitäten liegt darin, dass die US-Verbündeten in Asien, insbesondere Japan, sich sorgen, dass Washington die Versöhnung zu weit treibt. Vor langer Zeit verknüpfte Tokio seine nationale Sicherheit mit jener der Vereinigten Staaten durch die US-Japan-Security Treaty. Ein neues Verteidigungs-„White-Paper" mit dem Titel „Defense of Japan 2009" erklärt, dass „es praktisch unmöglich für Japan ist, seine nationale Sicherheit allein durch die selbstständigen Anstrengungen seiner Bevölkerung, des Landes und der Wirtschaft zu gewährleisten". Daher „unterhält Japan ein Bündnis mit der weltweit dominanten Supermacht", den Vereinigten Staaten. Die transpazifische Allianz konstituiert einen „zentralen Pfeiler von Japans nationaler Verteidigung."[35] Da sie ihr Schicksal untrennbar mit Amerika verknüpft haben, überwachen japanische Führer aufmerksam die Verlagerungen in der US-Politik und -Strategie und halten Ausschau nach Anzeichen auf eine Abkehr von Japan.

Doch Japans strategische Gemeinschaft ist tief zerstritten über die Zukunft von China und über Tokios langfristige Beziehung mit seinem riesigen Nachbarn. Auf keinen Fall ist die japanische Zwiespältigkeit hinsichtlich des chinesischen Aufstiegs einhellig. Solche, die einen weiteren Dialog mit China befürworten, wären wahrscheinlich erleichtert, zu sehen, dass ausdrückliche Anspielungen auf China in der Maritime Strategy fehlen. Mit Recht fürchten sie, dass ein provokantes Dokument, das seinen US-Verbündeten auf einen Kollisionskurs mit China setzt, das Risiko einer Falle für Japan beträchtlich erhöhen würde. Falls eine maritime Rivalität als Folge entsteht, könnte sich Tokio genötigt sehen, seine Politik von Washington zu distanzieren, während es eine eigenständigere Politik in Richtung Peking anstrebt. Washington im Gegenzug braucht die Allianz, um seine militärische Präsenz in der Region zu verankern und so seine Vormachtstellung aufrechtzuerhalten. Auf ähnliche Weise zählen mürrische Führer in Südostasien auf die Vereinigten Staaten, um chinesische Ansprüche in ihrer Heimatregion auszugleichen. Eine exzessive Ehrerbietung oder Feindseligkeit gegenüber China könnte dann die Ordnung auf See zerstören, über welche die US-Navy den Vorsitz seit 1945 innehat. Einen filigranen Mittelwegs bei jeder politischen Initiative für Asien zu finden, ist kein einfaches Kunststück.

Verschiedene Aspekte der Maritime Strategy rechtfertigen eine genaue Untersuchung. Die Verfasser beginnen, indem sie die ineinandergreifende Natur der globalisierten Welt zur Kenntnis nehmen. Sie stellen sich fest auf die Seite jener – wie dem Havard-Gelehrten Joseph Nye oder dem seit langem verstorbenen britischen Diplomaten Eyre Crowe – welche die Verteidigung des Systems als einen international-öffentlichen Nutzen darstellen, der allen seefahrenden Nationen zugutekommt.[36] Durch die Gewährleistung der maritimen Sicherheit über die letzten sechzig Jahre hat die US-Navy die amerikanische Herrschaft über die See genauso legitimiert wie die Royal Navy die britische Vormachtstellung in der Vergangenheit. Es ist wenig überraschend, dass die Maritime Strategy von der Theorie der internationalen Beziehungen trotz ihres Entstehens im Forschungsflügel des Naval War College geprägt ist.[37] Obwohl Mahan in diesem Dokument keine Erwähnung findet, stimmt es mit dessen Schriften über die vorrangige Stellung des Handels – wie in Kapitel 1 dargestellt – und daher mit seiner Gesamtlogik von Seemacht überein:

Die Sicherheit, der Wohlstand und die vitalen Interessen der Vereinigten Staaten sind zunehmend mit denen anderer Nationen verknüpft. Den Interessen unserer Nation wird am besten durch die Pflege eines friedlichen globalen Systems gedient, welches aus interdependenten Netzwerken aus Handel, Finanzen, Information, Rechtsprechung, Menschen sowie der Staatsführung besteht.

Wir prosperieren durch dieses System des Austauschs unter den Nationen, doch nehmen wir zur Kenntnis, dass es verwundbar gegenüber einer Reihe von Störungen ist, die weit von ihren Quellen ausufernde und schädliche Auswirkungen verursachen können. Der Krieg zwischen Großmächten, Regionalkonflikte, Terrorismus, Gesetzlosigkeit und Naturkatastrophen – alle haben das Potenzial zur Bedrohung der amerikanischen nationalen Sicherheit und des Weltwohlstands.[38]

Kriege, ob groß oder klein, können den Dienstvorgesetzten zufolge fortdauern, doch die Maritime Strategy porträtiert sie in erster Linie als Störungen des Systems, nicht als direkte Bedrohungen der US-Überlegenheit auf See. Sie setzt den Krieg auch auf eine Liste von Übeln, die nicht nur Bedrohungen umfasst. Dies schließt Herausforderungen ein, die eine Kapazität zu der festen Absicht eines lebenden Widersachers hinzufügen. Hinzu kommen Naturkatastrophen, der ungleichmäßige Fortschritt von wirtschaftlicher Liberalisierung und andere Phänomene, die keine Resultate von menschlichen Handlungen sind. Und die Rede des Dokuments von der Verhütung von zweit- und drittrangigen Auswirkungen dieser „Phänomene" ermöglicht es, bei einer Vielzahl von Eventualitäten aktiv zu werden. Die Rückverfolgung der „ausufernden und schädlichen Auswirkungen" bis zu ihrer Quelle, der Angriff auf diese – und dies ohne ernsthafte, unvorhersehbare Folgen – sind keine einfachen Angelegenheiten.

Dies ist ein deutlich anderer Blickwinkel auf die Strategie als der auf den Feind konzentrierte (enemy-centric), welcher während der Reagan-Administration vorangetrieben wurde, und dies ist kein Missgeschick. Der Kalte Krieg teilte die Welt in zwei rivalisierende Lager auf. Die 2007er Maritime Strategy sendet die Botschaft aus, dass alle Nationen Anteilseigner in diesem System sind und helfen sollten, es zu erhalten, indem sie gemeinschaftlich etwas zum öffentlichen Gut der freien Schifffahrt beitragen. Dabei werden die kombinierten Handlungen auf See „Zuversicht und Vertrauen unter den Nationen durch kollektive Sicherheitsanstrengungen schaffen, die sich auf gemeinschaftliche Bedrohungen und beiderseitige Interessen in einer offenen und multipolaren Welt konzentrieren". Die Schaffung einer Gewohnheit des Vertrauens und der Kooperation bei sachlichen Angelegenheiten, so verkündet die Maritime Strategy, wird ein gesünderes Weltsystem pflegen. Die Schlüsseltextstelle in dem Dokument erteilt den Seestreitkräften sechs „strategische Imperativen":

Da, wo Spannungen hoch sind oder wir gegenüber unseren Freunden und Verbündeten unser Bekenntnis zur Sicherheit und Stabilität demonstrieren wollen, werden die US-Seestreitkräfte charakterisiert werden durch regional konzentrierte, entsendete Kampfgruppen mit der Gefechtskraft, einen Regionalkonflikt zu begrenzen, vor einem Krieg zwischen Großmächten abzuschrecken und – sollte die Abschreckung misslingen – die Kriege unserer Nation als Teil einer gemeinschaftlichen oder kombinierten Kampagne zu gewinnen. Zusätzlich werden ausdauernde, auf den Einsatz zugeschnittene Seestreitkräfte global verteilt werden, um einen Beitrag zur erweiterten Heimatlandverteidigung zu leisten, kooperative Beziehungen mit einer wachsenden Gruppe von internationalen Partnern zu pflegen und fortzusetzen sowie Störungen und Krisen zu verhindern oder abzuschwächen.[39]

Anders gesagt bedeutet dies, dass die Seestreitkräfte ihre Gefechtsbereitschaft erhalten müssen, um sich gegen herkömmliche Militärkonflikte abzusichern und ihre Fertigkeiten bei polizeiartigen Aufgaben, Staatsbildung, Marinediplomatie und dergleichen zu verbessern. Die Maritime Strategy suggeriert eine ordentliche Aufteilung der Aufgaben – mit Kampf- und Polizeikräften, vorgesehen gemäß ihrer Fähigkeiten und Einsatzmöglichkeiten. Wahrscheinlicher ist es, dass die zum Dienst herangezogenen Einheiten von US-Navy, Marine Corps und Coast Guard in jeder Kapazität eingesetzt werden. Dies ist seit der Antike der Fall, in der die griechischen Marinen sich gegenseitig auf dem offenen Meer bekämpften, die Handelsschifffahrt angriffen oder verteidigten sowie gegen Piraten losschlugen – wie von ihren politischen Lehrmeistern bestimmt.

Was kann man zu den Mitteln dieser weitreichenden Ziele sagen? Die Maritime Strategy leitet die Seestreitkräfte, um sechs „ausgeweitete Kernfähigkeiten" zu verfolgen, einschließlich entsendeter Präsenz, Abschreckung, Seekontrolle, Machtprojektion an Land, Sicherheit auf See und humanitäre Hilfe sowie Katastrophensoforthilfe. Um diese Fähigkeiten umzusetzen, sind die US-Navy, Marine Corps und Coast Guard angewiesen, die Interoperabilität untereinander sowie diese mit ausländischen Verbündeten und Partnern zu verbessern. Hierbei müssen das Verständnis für die maritime Domäne und die Kapazitäten für Geheimdienst, Überwachung und Aufklärung verstärkt werden. Hinzu kommt die personelle Vorbereitung auf die stark wechselwirkenden strategischen Umfelder im westlichen Pazifik. Die Vorgesetzten sind bezüglich der Seekontrolle unverblümt:

> Es gibt viele Herausforderungen für unsere Fähigkeit, Seekontrolle auszuüben. Vielleicht ist keine so bedeutsam wie die wachsende Zahl von Nationen, die U-Boote betreiben, sowohl fortschrittliche dieselelektrische als auch nuklearbetriebene. Wir werden weiterhin Taktiken, Training und Technologien verbessern, die notwendig sind, um diese Bedrohung zu neutralisieren. Wir werden weder Bedingungen akzeptieren, unter denen unsere Seestreitkräfte in ihrer Handlungs- und Zugangsfreiheit behindert werden, noch werden wir zulassen, dass ein Gegenspieler die globale Versorgungskette durch Versuche, vitale Seeverbindungswege zu blockieren, stört. Wir werden in der Lage sein, eine lokale Seekontrolle *wo immer notwendig* zu errichten, idealerweise in Übereinstimmung mit Freunden und Verbündeten, *doch auch selbst, wenn wir müssen.*[40]

Das Dokument schlägt eine martialische Tonart an und ruft Erinnerungen an Mahans Grammatik der Marinestrategie wach. Auch konzentriert es sich klar auf Asien. Die gezielte Erwähnung von potenziellen feindlichen Einsatzmitteln, nämlich U-Booten, ist im Besonderen erwähnenswert. China ist die einzige Seemacht der Welt, die erstaunlicherweise eine unterseeische Macht auf sowohl konventionellem als auch nuklearem

Gebiet aufgebaut hat. Seit den 1990er Jahren hat die PLA Navy drei neue Klassen von fortschrittlichen dieselelektrischen Booten (die *Kilo*, die *Song* und die *Yuan*) und zwei Klassen der zweiten Generation von nuklearbetriebenen Booten (die *Jin*-SSBN und die *Shang*-SSN) eingeführt. Dies ist einzigartig. Die voranstehende Textstelle ist vielleicht das Präziseste, was die Maritime Strategy jemals über Chinas Flottenmodernisierung herausfinden kann, welche eine große Herausforderung für die Seekontrollmissionen der US-Navy darstellen. Falls die Bedrohung für die amerikanische Seeherrschaft im Hinblick auf die Kapazitäten des Widersachers, große Stückzahlen an modernen U-Booten einzusetzen, gemessen wird, dann wird China wahrscheinlich die Liste anführen oder nahe bei der Spitze liegen.

„Entscheidend für diesen Gedanken der Seekontrolle", so verfechtet die Cooperative Strategy, „ist die Wartung einer starken Flotte – Schiffe, Flugzeuge, Marine-Corps-Streitkräfte und küstengestützte Flottenaktivitäten –, die fähig ist, wahlweise die See zu kontrollieren, Macht an Land zu projizieren und befreundete Streitkräfte sowie zivile Bevölkerungen vor Angriffen zu beschützen". Dies ist eine Aufgabe der entsendeten Seemacht. „Eine glaubwürdige Kampfkraft wird weiterhin im westlichen Pazifik, im Persischen Golf und im Indischen Ozean vorhanden sein, um unsere vitalen Interessen zu beschützen, unseren Freunden und Verbündeten unsere fortdauernde Verpflichtung zur regionalen Sicherheit zu garantieren und potenzielle Widersacher sowie ebenbürtige Konkurrenten abzuschrecken und von Handlungen abzuhalten.[41] Eine solche Redeweise wäre Mahan in seiner meist streitbaren Laune sofort vertraut vorgekommen.

Darüber hinaus sagte die Maritime Strategy wenig über die Streitkräftestruktur aus – und dies aufgrund ihrer Gestaltung. Die Vorgesetzten der Seestreitkräfte hatten ihren Blick klar auf Mahans ersten Dreizack gerichtet, wie es sich für die kooperative Natur des Dokuments gehört. Wie bereits erwähnt, beabsichtigt die Strategie eine Logik der Seemacht auf Grundlage der US-Führungsrolle darzulegen. Ihr vorrangiges Zielpublikum residiert in ausländischen Hauptstädten und in der internationalen Gemeinschaft. Die Befürwortung eines bestimmten Aufbaus einer nationalen Flotte hätte wenig Zweck in einem solchen Dokument, besonders angesichts der ungewissen Voraussetzungen, die es in einer ungleichmäßig globalisierenden Welt voraussagt, und angesichts des Bedarfs, eine Botschaft zu gestalten, die gegenüber überseeischen Beobachtern gastfreundlich ist. Das Dokument kann auch nicht vorhersehen, welche ausländischen Partner sich an welchen einzelnen Unternehmungen beteiligen. Die Dienstvorgesetzten scheinen sich damit zufriedenzugeben, dass sich die Debatten über die Grammatik der maritimen Strategie und Streitkräfte von selbst an anderer Stelle klären. Aller Wahrscheinlichkeit nach wird Mahans zweiter Dreizack seine Form von Eventualität zu Eventualität verändern, abhängig von Art und Umfang der ausländischen Unterstützung, die Washington zusammentrommeln kann.

KRITISCHE ABHANDLUNG DER COOPERATIVE STRATEGY

Wenn man die Begleitstimmen von Experten hinsichtlich der Strategien von 1986 und 2007 bewertet, bildet sich eine Zweiteilung heraus. Die schärfsten Kritiker der 1986er Strategie, einem entschieden grammatikalischen Dokument, waren Akademiker wie John Mearsheimer und MIT-Vertreter Barry Posen. Der bis heute schärfste Kommentar zur 2007er Strategie, einer Erklärung der Seemachtlogik, stammt von aktiven oder pensionierten Fachleuten wie den früheren Marineoffizieren Robert Work und Jan van Tol. Warum? Die Theoretiker der 1980er Jahre waren womöglich besorgt über die Auswirkung der operativen Unternehmungen auf die Geometrie der Abschreckung, einem intensiv-theoretischen Thema und Fachgebiet akademischer Ermittlung seit dem Anbruch des nuklearen Zeitalters. Wenn Fachleute mit Praxiserfahrung sich beschweren, dass die 2007er Strategie überhaupt keine Strategie ist, dann meinen sie, dass sie im Vergleich zu einer Doktrin wenig bis gar keine Orientierungshilfe (ähnlich der Verfügung der 1986er Strategie, die sowjetische Marine in ihren Heimatgewässern anzugreifen) hinsichtlich Ressourcenverteilung oder präziser Stückzahlen von Schiffen und Flugzeugen bietet. Die 2007er Ausgabe beinhaltet kein Gegenstück zu der 600-Schiff-Marine der Reagan-Jahre.

Robert Work ist Vizepräsident des Center for Strategic and Budgetary Assessments (CSBA – Zentrum für Strategische und Finanzielle Prüfungen) und wurde im Mai 2009 als Unterstaatssekretär der Marine (Under Secretary of the Navy) eingesetzt. Die Vermutung ist begründet, dass er seinen einflussreichen Posten in der Obama-Administration zum Teil wegen seiner heftigen Kritik an der Maritime Strategy erhielt. Im Jahre 2008 stellten er und Jan van Tol, ein leitender Wissenschaftler am CSBA, die Strategie als die neueste Suche der Marine nach einem „heiligen Gral der See" dar. Dieser sollte den Mahan'schen Gral ersetzen, der bei Marineoffizieren der Zwischenkriegszeit genetisch codiert war. Der „Gral" ging jedoch nach der Niederlage Japans verloren. Durch ihren Sieg über diesen Gegner verloren die US-Strategen so einen Antagonisten, gegen den sie sonst planten. Die Marine polierte ihre Mahan'sche Tradition einer offensiven Strategie in den 1980er Jahren wieder auf, nur um Zeuge des Niedergangs der sowjetischen Marine zu werden.

Die Verfasser stellen drei Metriken auf, um die Effektivität jeder nachfolgenden Strategie zu messen: sie muss jenen Marineangehörigen, welche die Taktik ausführen werden, eine Orientierungshilfe liefern; sie muss einen Standard bieten, um den herum man die Unterstützung der Öffentlichkeit und der Eliten sowie Ressourcen sammelt; und sie muss „akzeptiert", wenn nicht sogar offen beklatscht und unterstützt von US-Marineverbündeten werden. Durch solche Standards, sagen Work und van Tol, erhält die Cooperative Strategy gemischte Bewertungen. Kritiker wie Robert Kaplan und zahlreiche Regierungen in Übersee haben sie begrüßt, während die Reaktion von den Waffengattungen, dem Kongress und dem amerikanischen Volk lau war.[42]

Work und van Tol fragen zuerst, ob die Maritime Strategy überhaupt eine Strategie ist. Bezeichnenderweise rahmen sie ihre Analyse, indem sie lieber die Definition des Begriffs *Strategie* benutzen, die in einer Publikation des Pentagons zu finden ist – Joint Publication 1-02, das „DOD Dictionary of Military and Associated Terms" –, anstelle eines der großen Werke über strategische Theorie als Quelle zu verwenden. Sie halten der Cooperative Strategy zugute, dass sie die Ziele und Wege der Strategie ausspricht, kommen jedoch zu dem Schluss, dass „sie an der gleichen allgemeinen Schwäche leidet, die jene US-Strategie-Dokumente aufweisen, die ausführlich bei Aufzählungen von lobenswerten Zielen, Teilzielen und Kernfähigkeiten, sich aber kurz fassen, *wie* diese Ziele und Teilziele erreicht werden könnten". Schlimmer noch, „ist der Mangel einer stichhaltigen Diskussion über die Mittel, die zur Durchsetzung der Wege und Ziele der Strategie erforderlich sind – oder wie Ressourcen zur Realisierung von Prioritäten „verschleppt" werden, was dazu führt, dass die Strategie als solche die Erwartungen nicht erfüllt. In der Tat entfernen sich die neuen Strategien komplett von einer eingehenden Befassung mit ihren spezifischen Ressourcen.[43] Das Versäumnis, die Anforderungen an die Ressourcen zu erläutern, bei denen die Ziele mit den Mitteln abgestimmt werden, lässt die Strategie scheitern. Work und van Tol räumen die Bedeutung der „Cooperative Strategy for 21st Century Seapower" ein, doch sie beschreiben sie nicht als eine Strategie, sondern als ein maritimes „Strategiekonzept". In Samuel Huntingtons Worten ist ein solches Konzept eine „Beschreibung, wie, wann und wo das Militär erwartet, die Nation gegen irgendeine Bedrohung ihrer Sicherheit zu beschützen.[44] Ohne ein bestimmendes Konzept ist eine Waffengattung intellektuell, moralisch und materiell steuerlos.

Zum Beispiel stellen Work und Tol fest, dass – auf der „Makroebene" – die Strategie recht gut abschneidet und mit den kooperativen Themen einhergeht, die in Dokumenten wie der 2005er Quadrennial Defense Review und dem 2006 National Defense Strategy artikuliert wurden.[45] Diese Dokumente tadeln die Maritime Strategy für das Fehlen einer Reihe von bedeutsamen Themen, insbesondere dem Aufstieg der chinesischen Seemacht: „Die meisten Leser des Dokuments würden wahrscheinlich daraus ableiten, dass die Verfasser des Konzepts den Aufstieg Chinas als einen potenziellen Konkurrenten unberücksichtigt lassen und sind daher zu dem Schluss gekommen, dass keine Gegenstrategien für diese Entwicklung erforderlich sind". Das löbliche Ziel einer Vermeidung, Peking zu einem Feind zu stempeln, „ist keine Entschuldigung dafür, dass die Führer der drei Seestreitkräfte es versäumen, anzuerkennen, dass die Vereinigten Staaten und China deutlich an der Schwelle zu einer maritimen Konkurrenz stehen."[46] Ohne jegliche Diskussion über China oder die Arten von Kriegen, welche die Vereinigten Staaten führen mögen, schlussfolgern sie, dass die Seestreitkräfte und der Kongress es als unmöglich ansehen werden, Prioritäten zu setzen oder Ressourcen zuzuweisen. Dies gilt besonders dann, wenn (durch die Bemessung des Ziels) nichttraditionelle Bedrohungen in der maritimen Domäne auf einem Tiefstand sind.

Die CSBA-Analysten deuten – ohne dies voll auszuführen – ein Problem an, dem Washington ausgesetzt werden kann, während es die Maritime Strategy verfolgt. Sie zeigen auf, ausreichend vernünftig, dass geheime Planungen gerade die Besonderheiten hinzufügen mögen, für welche sie die Strategie wegen der Aussparung kritisieren. Die Marineführung besteht im Gegensatz darauf, dass es keine geheime Ausgabe der Maritime Strategy gibt. Genau genommen ist dies zweifellos wahr. Jedoch überlistet sie auch die Wirklichkeit – aus Geheimhaltungsdirektiven befassen sich das Navy Operating Concept oder das Navy Strategic Concept mit kontroversen Themen wie der Frage, wie man gegen China kämpft. Ausländische Führer machen sich daher Sorgen, die Global Maritime Partnerships Initiative einfach aus dem Grund zu unterzeichnen, weil sie fürchten, einer Aufteilung der Aufgaben zuzustimmen, bei der das US-Militär die Kampfbereitschaft für sich selbst beansprucht und seine ausländischen Partner zum Polizeidienst degradiert. Sollte dies eintreten, so fürchten ihre Regierungen, würden sie sich an realen oder wahrgenommen amerikanischen Missetaten mitschuldig machen. Es gibt Fußangeln bei diplomatischen Dokumenten, welche den Leser dazu zwingen, zwischen den Zeilen zu lesen. Dort mögen sie Bedeutungen erkennen können, welche die Verfasser niemals beabsichtigten miteinzubeziehen.[47]

Seeoffiziere und Staatsvertreter haben die Maritime Strategy nicht im Hinblick hierauf analysiert, jedoch gibt es einen ausgeprägten clausewitzianischen Tenor bei der Debatte. Ist es speziell möglich, ein Volk, seine Regierung und sein Militär ohne eine greifbare Bedrohung einzuordnen? Dies ist keine neue Beobachtung; sie kam in den 1990er Jahren während der Debatte über „capabilities-based-planning" – der Planung auf Grundlage von Einsatzmöglichkeiten – auf. Die Debatte lenkte die US-Militäreinsatzmöglichkeiten von den Bedrohungen ab, für welche diese Einsatzmöglichkeiten als Erwiderung gedacht waren. Falls die Führer der Seestreitkräfte fleißig ihre Augen vor Chinas Aufstieg verschließen, geben sie dann nicht stillschweigend zu, dass die Vereinigten Staaten keine dominante Schlachtflotte brauchen? Insbesondere im aktiven Dienst stehende Offiziere befürchten neben einer Zerstreuung des Grundprinzips für eine dynamische Flotte auch, dass sie das Erscheinen eines gleichwertigen Konkurrenten unvorbereitet trifft. Sie verstehen, dass es leicht für einen Widersacher ist, seine Absichten zu ändern – und dass es schwierig für Marinen ist, die Einsatzfähigkeiten wiederherzustellen, wenn die Flotten dazu verurteilt wurden, inmitten einer scheinbar gutartigen Epoche zu verkleinert zu werden. Dies ist die harte Wahrheit im Industriezeitalter.

REGIONALE ERWIDERUNGEN AUF DIE MARITIME STRATEGY

Wie ist die Cooperative Strategy mit den Hauptzielgruppen auf den vorrangigen Schauplätzen, dem Indischen Ozean und dem westlichen Pazifik, umgegangen? Japanische, chinesische und indische Staatsvertreter und Wissenschaftler haben im Einklang mit der diplomatischen Natur der Strategie auf gemäßigte Art geantwortet. Tokio reagierte auf kennzeichnend schweigsame Weise – trotz der Tatsache, dass die Maritime Strategy in Wirklichkeit einen partnerschaftlichen Ansatz festgelegt, der die Initiative zum Schutz vor der Weiterverbreitung von Massenvernichtungswaffen unterstützt, welcher Japan beigetreten ist, und weitere wichtige Unternehmungen wie die gemeinschaftliche US-japanische Raketenabwehr-Kooperation vorsieht. Die Treibstoffergänzungseinsätze der Meeresselbstverteidigungsstreitkräfte im Indischen Ozean als Unterstützung der Operation Enduring Freedom (nun abgelaufen) und ihre Anstrengungen bei der Pirateriebekämpfung im Golf von Aden sprechen Bände über Japans Bereitschaft, die Prinzipien zu erfüllen, welche in dem Dokument dargelegt sind.

Gleichzeitig machen sich japanische Staatsvertreter Sorgen, dass die Strategie keine Erwähnung hinsichtlich Chinas Aufstieg oder der grundlegenden Bedeutung der US-japanischen Allianz findet. Für sie sieht die Strategie verdächtig nach einem Vorboten von Washingtons Versöhnung mit China aus. Sie befürchten, dass dies eine Abwertung der Beziehung zu Tokio oder, im Extremfall, die Auflösung der Allianz bedeuten könnte.[48] Die Maritime Strategy zieht Japan dann in zwei entgegengesetzte Richtungen. Einerseits steht die Betonung des Dokuments auf eine gute Ordnung im Einklang mit Tokios – wie japanische politische Entscheidungsträger es nennen – zunehmendem Enthusiasmus für „internationale Friedensunterstützungsoperation" („international peace support operations"). Andererseits bestätigt sein verdächtiges „Schweigen" in Bezug auf China anscheinend die andauernden japanischen Bedenken, dass Washington zu unbeschwert mit einer von Tokios beunruhigendsten Herausforderungen für dessen regionale Sicherheit umgeht.

Im Allgemeinen haben Kommentatoren im – laut Andrew Erickson – „öffentlichen intellektuellen Komplex" das Dokument der Maritime Strategy begrüßt, auch wenn sie sich eine Beurteilung über die amerikanische Ernsthaftigkeit vorbehalten. Zum Großteil stimmen Fachleute wie Su Hao von der China Foreign Affairs University (Universität für Auswärtige Angelegenheiten) zu, dass die Strategie eine neue strategische Richtung für die Vereinigten Staaten markiert. Sie begrüßen deren Betonung auf die Kriegsverhütung und schätzen das Bekenntnis zu nicht-kriegerischen Missionen – einer Art von Einsätzen, an denen Peking in den letzten Jahren bereitwillig teilgenommen hat, wie in Kapitel 6 erörtert.[49] Doch die Skepsis bleibt bestehen. Wang Baofu, Forscher an der National Defense University, führt die fortbestehende „maritim-hegemonische Mentalität" der amerikanischen Seestreitkräfte auf das Mahan'sche Denken zurück. US-Marinestrategen sind gekommen und gegangen, sagt Wang, doch die Streitkräfte sind niemals von der Mahan'schen Betrachtung der Marinestrategie abgerückt.[50]

Wang denkt deutlich in grammatikalischen Größen und unterstellt amerikanischen Marineangehörigen eine blutrünstig gesinnte Akzeptanz gegenüber dem Kampf auf See. Er erkennt auch den strategisch-kommunikativen Aspekt der Strategie an, allerdings interpretiert er dies im denkbar schlechtesten Licht, indem er behauptet, dass „einige Leute und militärindustrielle Interessengruppen" das Argument einer *chinesischen Marinebedrohungstheorie* oder *einer russischen Seebedrohung* fabriziert haben, um die Lobby für größere Marinebudgets zu schaffen.[51] Lu Rude von der Dalian Naval Vessel Academy stimmt zu, dass partnerschaftliche Unternehmungen schön und gut sind, doch es liegt bei den Vereinigten Staaten, die in der Strategie angekündigten Prinzipien vorzuleben. Lu verweist auf die Mission der „Abschreckung potenzialer Konkurrenten", die er – mit Recht – als einen Decknamen für China interpretiert. Lu streitet ab, dass die Maritime Strategy grundlegende Realitäten verändert hat: „Offensichtlich hat die Strategie (A Cooperative Strategy for 21st Century Seapower) das (US-)strategische Ziel der Dominanz über die Ozeane der Welt nicht verändert. Die Vereinigten Staaten versuchen noch immer, sich auf ihre herausragende Seemacht zu verlassen, um die Ozeane der Welt zu kontrollieren, globale Einsätze auszuführen (und) militärische Stärke zu zeigen, um die Großmächte vor Kriegen abzuschrecken, und so die US-Dominanz über die Ozeane der Welt aufrechtzuerhalten."[52] Auch scheint es, dass Lu chinesische Annahmen auf die Lenker der Maritime Strategy projiziert. Er schreibt, dass Washington als Teil der Strategie „eine Inselkettenverteidigung implementiert hat", und dass es die Absicht hat, den namenlosen strategischen Konkurrenten, von dem es spricht, „in Schach zu halten."[53] Wie die vorangegangenen Kapitel zeigten, sind die Inselkette und das Erbe der Eingrenzung belastete Konzepte für Peking, welche an das Unvermögen der Nation auf See erinnern. Chinesische Analysten neigen dazu, einen direkten Vergleich zwischen der „Abwehrlinie im Pazifik" von Dean Acheson zu der heutigen US-Strategie zu ziehen, wobei sie allerdings eine Kontinuität, die so nicht existieren mag, in die Situation hineininterpretieren.

Tatsächlich existierte diese Ambivalenz gegenüber den maritimen Absichten der Vereinigten Staaten schon lange vor der Enthüllung der Maritime Strategy. So haben chinesische Analysten zum Beispiel versteckte Motive in Admiral Mullens Aufruf 2005 zur Schaffung einer 1.000-Schiff-Marine gesehen (ähnlich, wie die Inder das Schlimmste in ihrer Betrachtung der derzeitigen Piateriebekämpfungsoperationen der PLA Navy gesehen haben). Du Chaoping nimmt einen breitgefächerten Angriff auf die amerikanische Mission zur See vor: „Nach dem Ende des Kalten Krieges wuchs und wuchs der Appetit des amerikanischen Militärs auf Hegemonie. Jedoch haben die Kampfeinsätze in Afghanistan und im Irak ein akutes Bewusstsein hervorgerufen, dass der Mangel von alliierter Unterstützung und Kooperation es schwermachen, diesen pausenlos wachsenden Hunger, mit Blick auf die limitierten Ressourcen, zu stillen. Durch die Schaffung der 1.000-Schiff-Marine können die Amerikaner ihre Verbündeten an ein einzelnes *Kriegsschiff* [als Analogie für eine gemeinsame Mission] binden und damit die Fortführung ihres Anti-Terror-Krieges unterstützen."[54] Der angesehene Militäranalyst Li Jie zählt vier verschiedene Motive der US-Navy für die Verfolgung des 1.000-Schiff-Konzepts auf: (1) Die Stärkung anderer Marinen und damit die Verringerung der eigenen finanziellen Belastung; (2) Ausnutzung des Bewusstseins der gegenwärtigen Situation sowie die Kenntnis der maritimen Gegebenheiten in der lokalen Umgebung durch regionale Akteure; (3) Entnahme ausführlicher Daten über die Hydrologie und Meteorologie der lokalen Gewässer durch Partner, was sowohl in Friedens- als auch Kriegszeiten der US-Navy dienlich ist; und (4) Verbesserung der Informationsteilung und Schaffung gemeinsamer Kommando-Systeme, was dann die amerikanische Reaktionsfähigkeit im Hinblick auf Veränderungen in den regionalen Entwicklungen beschleunigt.[55]

Chinesische Beobachter finden besonders die Annahme überzeugend, dass finanzielle Sorgen dieses lastenteilende Projekt vorantreiben. So vergleichen sie das 1.000-Schiff-Konzept – in negativer Hinsicht – mit dem Plan einer „100-Satelliten-Konstellation" des Pentagons für ihre NATO-Verbündeten und bezeichnen es als einen einfachen Plan zur Verteilung der finanziellen Last bei der Entwicklung einer neuen Raumfahrttechnologie.[56] Manche Chinesen sehen so einen Indikator für Schwäche – nicht für Stärke – in den Kooperations-Initiativen der Vereinigten Staaten. Hierin liegt eine sinnvolle Lektion: Was Washington als Botschaft auszusenden erhofft, kann, je nach Interpretation des Empfängers, vollständig missverstanden werden. Je nachdem, wie der Empfänger die Nachricht interpretiert, kann dies manchmal kontraproduktiv sein.

Wie bewerten die Inder die „Kooperative Strategie für die Seemacht des 21. Jahrhunderts"? Im Jahre 2008 hat ein indischer Marineoffizier dem amerikanischen CNO, Admiral Gary Roughead, mitgeteilt, dass die indische Marinehierarchie das ganze Dokument durchkämmt und „nicht ein Wort an der falschen Stelle" gefunden hätte.[57] Zweifellos ist dies eine Übertreibung, aber es ist wahr, dass indische Experten und offizielle Stellen die Maritime Strategy allgemein gelobt haben. Commander Gurpreet Khurana, einst ein Stipendiat am Institute for Defense Studies and Analysis in Neu-Delhi (Institut für Verteidigungs-Studien und Analyse), kommt zwar auch zu einem positiven Gesamturteil, weist aber auf Probleme hin, die sich im Laufe der Zeit herauskristallisieren könnten.[58] Der Schwerpunkt auf die Überwindung der Bedrohung des globalen Netzes von Handel, Wirtschaft und Transport hat beim Indischen Marine-Establishment, dem Hauptschutzherrn von Neu-Delhis Interessen auf dem Meer, Beifall ausgelöst. Auch wird die Klausel begrüßt, die aussagt, dass die Marine der Vereinigten Staaten in der vorhersehbaren Zukunft eine beträchtliche Präsenz im Indischen Ozean zeigen wird – voraussichtlich in den nächsten fünfzehn Jahren, wenn man von der beabsichtigten Lebensspanne der Cooperative Strategy ausgeht. Das offensive Aussenden von Einheiten, so glaubt Khurana, wird Freunde und Verbündete von Amerikas Engagement überzeugen, weil die Widersacher gleichzeitig abgeschreckt werden. Zusätzlich helfen gemeinsame Manöver wie die Malabar-Übungen Neu-Delhi, eine strategische Abschreckung gegenüber Peking zu schaffen.

Und gibt es Anzeichen auf Probleme? Während Indien wiederholt für eine multipolare Welt eingetreten ist, „erkennt es, das diese so schnell nicht entstehen wird", und begrüßt so Washingtons Anstrengung, ein friedliches Szenario zu projizieren. In der Zwischenzeit ist es notwendig, dass eine gleichbleibende US-Stärke die „globale und regionale Sicherheit" gewährleistet. Washington muss jedoch aufpassen, kein „hegemonisches Bild" von sich selbst zu zeichnen – also den Eindruck zu erwecken, dass es in Kauf nehmen würde, kleinere Mächte herumzuschubsen. Dieser Eindruck „könnte sich dann auf Indiens Ruf in der Region auswirken". Es könnte zu einer Gegenreaktion führen, falls es zu Handlungen in der Region kommt, die Amerikas Ansehen beschädigen. Dies könnte Indiens Soft Power erodieren lassen und so die amerikanisch-indische Freundschaft und Kooperation gefährden. „Dissonanzen" könnten die beiden Seemächte unter gewissen Umständen voneinander abgrenzen. Selbst harmlose Unternehmungen wie die Pirateriebekämpfung könnten Probleme verursachen, falls die Vereinigten Staaten zum Beispiel den Kampf gegen somalische Piraten zu Somalias Festland tragen würden, was ein Elend für die dortige Bevölkerung wäre.

Über das Gleichgewicht sagt Khurana, dass „die US-Strategie sehr gut mit dem gegenwärtigen indischen Denken harmoniert" im Hinblick auf Seemacht und wie man sie einsetzen sollte. Die US-Strategie könnte so das Fundament bilden, auf dem man eine langfristige maritime Partnerschaft errichten könnte. Die Wahrung des guten Rufs der Vereinigten Staaten in der Region und die gleichzeitige Vermeidung von Kontroversen, welche die diplomatischen Beziehungen mit Indien belasten könnten, sind für den Erfolg von zentraler Bedeutung. Hierbei gilt es auch geduldig zu bleiben, während Indien sich durch die politischen und operativen Details einer maritimen Partnerschaft arbeitet. Während die Logik der maritimen Zusammenarbeit, welche in der Maritime Strategy verkörpert ist, sinnvoll ist, könnten gelegentliche Meinungsunterschiede im Hinblick auf die Grammatik Neu-Delhi Grund zum Zögern geben.

Der grob betrachtete Konsensus scheint in Asien darin zu liegen, dass die asiatische maritime Geschichte sich in einer Zwischenphase befindet. Die Vereinigten Staaten beherrschen noch immer die Meere, aber der qualitative und quantitative Vorsprung gegenüber künftigen Mitstreitern ist geschrumpft. Tokio sorgt sich, dass sich die maritime Hierarchie tatsächlich in einem Umschwung befinden könnte und damit die amerikanischen Sicherheitsgarantien an Wert verlieren. Für Indien ist die Präsenz der US-Navy im Indischen Ozean ein Zeichen von Stabilität und Macht, die hilft, das Gleichgewicht der großen Mächte beizubehalten. Neu-Delhi scheint für die strategische „Auszeit", den es sich mit Hilfe der amerikanischen Vorherrschaft leisten konnte, dankbar zu sein. Diese Phase der amerikanischen Dominanz ermöglicht dem indischen Militär den Aufbau von Seestreitkräften gemäß ihres eigenen Zeitplans, ohne sich gleichzeitig in ein blitzartiges Marinerüstungsprogramm zu stürzen, welches seine wirtschaftliche Entwicklung – das Vorrangigste für alle aufsteigenden Großmächte – einschränken würde.

Auch Peking scheint sich – zumindest für den Moment – an die amerikanische Vorherrschaft in Ostasien gewöhnt zu haben. Genauso wie für Indien hat diese Dominanz auch Vorteile für China. Solange die Vereinigten Staaten Schutzpatron der maritimen

Sicherheit bleiben, kann die PLA Navy weiter ihre Flottenversuche fortführen und somit ihre Flotte und Strategie auf chinesische Interessen zuschneiden. Für Washington scheint es von großer Bedeutung zu sein, seine strategische Position in Asien nach außen hin sichtbar zu verstärken, für den Fall, dass es wirklich hofft, eine langlebige Partnerschaft mit Indien zu formen. Dies schließt sowohl Kooperationen mit China bei gemeinsamen Interessen, als auch die Beruhigung Japans ein, dass die US-Sicherheitsgarantie das zentrale Fundament für das transpazifische Verhältnis bleibt.

DIE GESCHICHTE ZWEIER STRATEGIEN

Welche Ratschläge können wir aus all dem gewinnen? Was tragen die Gemeinsamkeiten und Unterschiede zwischen den maritimen Strategien der Jahre 1986 und 2007 zu der Entwicklung einer Strategie in der zunehmend konkurrenzbetonten asiatischen maritimen Umgebung von heute bei? Erstens, beide Strategien wurden auf zwei unterschiedlichen analytischen Ebenen verfasst. Das 1986er Dokument spricht in erster Linie Kommandeure auf der operativen Ebene an, da es entsprechend den Mahan'schen Regeln der Flottentaktik sowie der clausewitzianischen Grammatik gestaltet ist. Das 2007er Dokument ist hingegen für die gesamtstrategische Ebene gedacht, da es sich an Mahans Philosophie der Seemacht, Clausewitz' Logik sowie an Huntingtons Definition eines strategischen Konzepts anlehnt. Wie wir in Kapitel 6 bei unserer Erörterung der Wechselwirkungen zwischen unterseeischer Abschreckung und maritimer Zugangsverwehrung gezeigt haben, gibt es ein beträchtliches Zusammenspiel zwischen den operativen und den strategischen Ebenen. Wie die Kritiker aufzeigten, sah die Watkins-Lehmann-Strategie eine Veränderung des nuklearen Gleichgewichts zu Amerikas Gunsten selbst in einem konventionellen Konflikt vor. Dies verlieh der Vision von offensiver Seekriegsführung eine gesamtstrategische Bedeutung. Und selbst wenn sich die Cooperative Strategy im Hinblick auf Operationen und Taktiken ausschweigt, so ist sie doch deutlich dazu vorgesehen, diese zu bestimmen. Dies ist eine weitere Facette der Wechselwirkungen, die Strategen im Hinterkopf behalten sollten, wollen sie keine unabsichtlichen Konsequenzen auf sich nehmen.

Die intellektuelle Herausforderung für Strategen vereinfacht sich durch einen Widersacher – der den eigenen Blick zu schärfen hilft, und durch eine Führung, die gewillt ist, den Widersacher öffentlich zu bestimmen und gegen ihn zu planen. Dies war der Fall bei der Gestaltung der 1986er Strategie. Es gibt jedoch enorme Unterschiede zwischen den strategischen Zusammenhängen von damals und heute. Als Watkins und Lehman ihren neuen Ansatz verbreiteten, war die sowjetische Flottenbedrohung seit mehr als einem Jahrzehnt real und dominant. Die Verfasser der 2007er Strategie hatten dieses Glück nicht. Die Cooperative Strategy selbst könnte dazu beitragen, die Art und das Ausmaß einer chinesischen Bedrohung zu formen, oder sie könnte sogar entscheiden, ob sich überhaupt eine Bedrohung abzeichnet. Überlegen wir einmal, wie die 1986er Strategie die Debatte in Moskau beeinflusst hätte, wenn sie, sagen wir, 1960 erschienen wäre – zu einer Zeit, bevor Admiral Gorschkow mit seinem Flottenaufbau begann, und bevor die sowjetische Marine zu mehr als nur einem kleinen Störenfried wurde. Aller Wahrscheinlichkeit nach hätte eine öffentlich erklärte Strategie der US-Navy, ihre sowjetischen Antagonisten in deren Heimatgewässern zu versenken, Gorschkows Durchsetzungskraft im internen Konkurrenzkampf mit Armee und Luftwaffe hinsichtlich Strategien und Ressourcen gestärkt.

Kriegerische Reden von der US-Navy und den US-Marines hätten Moskau womöglich zu einer weitaus offensiveren Position auf den Meeren gezwungen und damit die sowjetische Präferenz, in ihrem eigenen blauen Verteidigungsgürtel zu kämpfen, vielleicht außer Kraft gesetzt. Dies hätte die strategischen Herausforderungen für Washington vergrößert und verkompliziert. Die gleiche Logik kann man in Chinas Fall anwenden. Eine einfache Überarbeitung der 1986er Strategie, um sie an die ersten Jahrzehnte des 21. Jahrhunderts anzupassen, wäre auf den asiatischen Meeren zweifellos kontraproduktiv gewesen. Wie wir in Kapitel 7 gezeigt haben, haben die Chinesen in beharrlicher Weise ein pazifistisches Image in der Region kultiviert. Ein streitlustiges US-Dokument hätte die Richtlinien-Agenda der höchsten chinesischen Führer, Hu und Wen, welche bis jetzt nach außen eine Vorliebe für Mäßigung und Dialog demonstriert haben – während sie gleichzeitig die konservativen Kräfte in der chinesischen Regierung stärkten – untergraben. Wie Andrew Erickson schon kurz nach der Veröffentlichung der Maritime Strategy bemerkt hat: „eigene Mitglieder der Volksbefreiungsarmee … mögen bereits glauben, dass die US-Seemacht und ihre Absichten im Prinzip gleich bleiben, und dass beide somit weiterhin eine Herausforderung für Chinas Interessen darstellen."[59]

Es ist möglich, dass ein grammatikalisch bestimmter Ansatz in der maritimen Strategie der Vereinigten Staaten nicht nur die Neigung von Kernelementen des chinesischen außen- und sicherheitspolitischen Establishments verstärkt hätte, das Schlimmste im Hinblick auf die USA anzunehmen, sondern auch diejenigen ausgegrenzt hätte, die mehr an einem Dialog mit Washington interessiert sind. Ob chinesisch-amerikanische Feindseligkeit das Resultat gewesen wäre, ist nicht klar zu sagen, aber ein chinabetontes Dokument auf der Prämisse von kriegsführenden Aufgaben hätte sicherlich von vornherein die Aussichten auf eine Kooperation auf See unwahrscheinlich gemacht. Obwohl wir stets skeptisch gegenüber fahrlässigen Behauptungen sein sollten, dass Offenheit mit China eine selbsterfüllende Prophezeiung von Rivalität und Antagonismus hervorrufen wird, so können wir doch sagen, das ein Wiederbeleben der 1986er Strategie die Stimmung im maritimen Asien verdüstert und damit sowohl Verbündete als auch unentschiedene Mächte beunruhigt hätte.

Unter bestimmten Umständen werden dann Strategieerklärungen selbst ein Teil der strategischen Wechselbeziehung mit Widersachern, Verbündeten oder Unbeteiligten. Unüberlegte Formulierungen sind gleichbedeutend mit selbstzerstörerischen Handlungen. Sowohl die alte Strategie von 1986 als auch die neue von 2007 gleichen Übungen in strategischer Kommunikation. Das Publikum für strategische Kommunikation gleicht der clausewitzianischen Dreifaltigkeit – grob gesprochen: die Regierung, das Volk und die Streitkräfte. Jede dieser drei Gruppen hat ein wechselwirkendes Verhältnis zu den anderen – so wie dies auch bei internationalen Organisationen wie dem UNO-Sicherheitsrat oder der NATO der Fall ist, die ein Interesse am ozeanischen Geschehen haben. Die Geometrie der strategischen Kommunikation wird natürlich in dem Maße komplexer, wie sich die Zahl der Beteiligten erhöht. Die Geometrie der 1986er Maritime Strategy war relativ einfach, da sie nur aus der amerikanischen und der sowjetischen Dreifaltigkeit sowie aus der NATO und ihren Verbündeten bestand. Mit dem Versuch, alle zur See fahrenden Nationen in einem maritimen Konsortium zu vereinen, hat sich die 2007er Maritime Strategy ein weitaus höheres Ziel gesteckt. Da sie Prinzipien erläutert, ohne hierbei spezifisch zu sein, könnte sich die 2007er Strategie beständiger als ihre Vorgänger erweisen und gleichzeitig besser zugeschnitten auf Regionen wie Asien sein, wo die Zusammenstellung der Macht- und Interessenverhältnisse im Fluss bleibt.

Das Fazit: Offenheit ist wichtig, sie hat aber auch ihre Tücken. Von Theodor Roosevelt wurde mitunter folgendes westafrikanische Sprichwort vernommen: „Sprich leise und trage einen großen Knüppel bei dir – so wirst du weit kommen". Aber leise zu sprechen bedeutet keine Vertuschung unbequemer Themen wie die chinesisch-amerikanische Marinerivalität. Das Herunterspielen der Wahrscheinlichkeit eines traditionellen Konflikts auf See schwächt das Argument für teure Plattformen wie Flugzeugträger und Aegis-Zerstörer. Gleichzeitig verursacht dies in Asien Spekulationen darüber, was die amerikanischen Führungskräfte denn nun *wirklich* über die Realität eines aufsteigenden, militärisch mächtigen China denken mögen. Dies ist das schlechteste aller möglichen Szenarien für die strategische Kommunikation. Die Geschichte lehrt chinesische Funktionäre und Akademiker, dass sie im Hinblick auf die amerikanische Seemacht skeptisch bleiben sollten – ganz egal, was Washington sagt. Als genereller Leitsatz empfiehlt sich daher, dass es besser ist, leise – aber mit Offenheit – über den angemessenen Einsatz von Seemacht zu sprechen.

KAPITEL 9
WER HÄLT DIE DREIZACKE?

Im August 2009 veröffentlichte die RAND-Corporation eine Einzelanalyse, die ein Profil des militärischen Gleichgewichts in der Straße von Taiwan darstellte. Mit Hilfe von Kriegsspiel-Darstellungen zeigt das Papier ein hochintensives Invasionsszenario, welches das relative Gleichgewicht von Streitkräften bei einem Konflikt zwischen Taiwan und Festland-China (cross-strait) simuliert. Der Bericht verdient eine aufmerksame Betrachtung, da er eine ehrliche und ausführliche Neubewertung der vorangegangenen RAND-Abhandlung – die vor fast einem Jahrzehnt abgeschlossen wurde – darstellt. Drei der fünf Verfasser der neuen Ausgabe gehören zu der gleichen Gruppe, die bereits die Originalstudie zusammengestellt hatte, und schaffen somit eine solide Basis für die Beobachtung der wechselnden Betrachtungsweisen und Meinungen eines der wichtigsten Forschungszentren in den Vereinigten Staaten. Basierend auf einer quantitativen und qualitativen Analyse stellen die erfrischend klaren Ergebnisse der Gruppe eine substantielle Neubetrachtung von Chinas militärischen Optionen und operativer Effektivität gegenüber Taiwan dar.

Der Bericht warnt, dass Chinas große und moderne Raketen- und Luftstreitkräfte sehr wahrscheinlich eine praktisch unüberwindbare Hürde für die taiwanesischen und amerikanischen Anstrengungen darstellen, den Luftraum über der Meerenge und der Insel zu dominieren. Die Analysten glauben, dass massive Salven von ballistischen Raketen, abgefeuert gegen Taiwans Luftwaffenstützpunkte, dazu führen würden, dass Taipei in enorme Probleme geraten würde, genügend Kampfflugzeuge zur Verteidigung der Lufthoheit zu mobilisieren. Der Bericht behauptet: „Da China zunehmend über die Möglichkeiten verfügt, mit großer Genauigkeit über die Meerenge zu feuern, wird es für die Vereinigten Staaten und Taiwan immer schwieriger und vielleicht bald unmöglich sein, die militärischen und zivilen Anlagen der Insel vor großem Schaden zu schützen."[1] Als Resultat bemerken die Verfasser: „Chinas Möglichkeit, die taiwanesischen und amerikanischen Luftwaffenstützpunkte mit ballistischen Raketen und Marschflugkörpern zu unterdrücken, bedroht in ernster Weise die Fähigkeit der Verteidigung, den Luftraum über der Meerenge zu kontrollieren."[2] Die Verfasser schlussfolgern: „Die Vereinigten Staaten können nicht länger die Gewissheit haben, dass sie den Kampf um den Luftraum in der Luft entscheiden können. Dies stellt einen dramatischen Wechsel im Vergleich zu den ersten fünf Jahrzehnten der China-Taiwan-Konfrontation dar."[3] Dies sind kühle und ernüchternde Schlussfolgerungen.

Und sie stellen einen Bruch mit den Weisheiten der Vergangenheit dar. Für viele Jahre haben die US-Strategen darauf bestanden, dass die taiwanesische Luftüberlegenheit die ultimative Trumpfkarte gegen eine Invasion und Bedrängung durch China wäre. Ohne Luftunterstützung wären die Überwasserflotte und amphibischen Angriffseinheiten der Volksbefreiungsarmee (PLA) im Falle eines Luftangriffs völlig schutzlos, womit eine Invasion über die Meerenge zu einem riskanten, wenn nicht selbstmörderischen Unterfangen würde. Auch wenn eine chinesische Lufthoheit auf keinen Fall einen militärischen Erfolg gegen die Insel garantiert, so kann man doch sagen, dass sie die Chancen dramatisch zu Pekings Vorteil wendet. Die Ergebnisse der Studie widerlegen daher zentrale und bisher geltende Ansichten hinsichtlich Taiwans Verteidigungsmöglichkeiten. In der Tat geben die Verfasser der RAND-Studie zu: „Dies ist ganz klar ein weniger optimistisches Bild, als wir es noch bei unserer 2000er Studie hatten. Es stellt sowohl Washington als auch Taipei vor schwierige strategische, operative und programmatische Entscheidungen. Offensichtlich ist die gegenwärtige Situation nicht gut für die zukünftige Stabilität hinsichtlich der Lage an der Straße von Taiwan."[4] Über den kurzfristigen operativen Implikationen von Taiwans schwindender Stellung stehen noch fundamentalere Fragen über die Politik und Strategie der Vereinigten Staaten im Hinblick auf die Pattsituation in der Meerenge. Die Studie scheint schlussfolgernd einzugestehen, dass die geografische Distanz, welche die Vereinigten Staaten vom Einsatzort trennt – kombiniert mit der Leichtigkeit und Schnelligkeit, mit der China regionale Ziele in Asien treffen könnte –, die Verteidigung Taiwans untragbar machen könnte. Der Bericht sagt ganz unverhüllt: „Die geografische Asymmetrie (zwischen China und den Vereinigten Staaten), kombiniert mit der geringen Zahl von vorgelagerten Stützpunkten für US-Streitkräfte, und Chinas wachsende Fähigkeit, nachhaltige und effektive Angriffe gegen diese Stützpunkte zu führen, führen zu der Frage, ob Washington noch langfristig als Garant für Chinas Sicherheit dienen kann."[5]

Vergleichen wir die düsteren Einschätzungen dieser Studie mit denen der vorhergegangenen von vor fast 10 Jahren. Während der Bericht aus dem Jahre 2000 einen Krieg zwischen Taiwan und Festland-China für einen Zeitraum fünf Jahre nach Veröffentlichung der Studie prognostizierte, hat die Studie Taipei eine weitaus stärkere Position attestiert. Die gleichen Analysten argumentierten damals: „Taiwan könnte, wenn die richtigen Maßnahmen ergriffen würden, ein gesundes Maß an Vertrauen in die eigene Fähigkeit haben, einen chinesischen Luftangriff zurückzuschlagen und somit eine chinesische Invasion erfolgreich abzuwenden."[6] Die Schlüsse der Studie bekräftigten damals die vorherrschende Einschätzung, dass das militärische Gleichgewicht insgesamt noch immer zu Taiwans Gunsten stand. Sie bekräftigten: „Jeder kurzfristige Versuch Chinas einer Invasion Taiwans [um das Jahr 2005] wäre vermutlich eine blutige Angelegenheit und mit großer Wahrscheinlichkeit ein Fehlschlag. Die PLA kann sich nicht darauf verlassen, den Krieg in der Luft zu gewinnen, und ihren Schiffen fehlt eine adäquate Luft- und Raketenabwehr. Angenommen, dass die ROC (Republik Taiwan) ihre Luftwaffenstützpunkte im Falle eines Angriffs in Betrieb halten kann ... gibt es eine hohe Wahrscheinlichkeit, dass Taiwan Festland-China die Luft- und Seehoheit verwehren könnte, welche China jedoch benötigen würde, um eine große Anzahl von Bodentruppen sicher über die Meerenge zu bringen."[7] Die Analyse bestätigte damit erneut, wie entscheidend die Lufthoheit während der frühen Phase eines Angriffs gegen Taiwan wäre. Ohne diese würden nachkommende Streitkräfte der PLA Navy zu leichter Beute für taiwanesische Bombardierungen werden. Die RAND-Studie folgert so: „Peking wäre schlecht beraten, mit Hilfe von massiven Luft- und Raketenangriffen oder einer Invasion Taiwans eine Vereinigung herbeizuführen. Unsere Studie zeigt einen unglaublich kostspieligen Krieg, dessen Erfolg die PLA ernsthaft bezweifeln sollte. Die Chancen für das Festland scheinen noch schlechter zu stehen, wenn die Vereinigten Staaten aktiv in die Verteidigung Taiwans eingreifen würden – *selbst wenn dieser Eingriff minimal wäre.*"[8]

Einer der besorgniserregendsten Aspekte des Vergleichs betrifft die Rolle der Vereinigten Staaten. Für mehr als zehn Jahre wurde weitläufig als unumstößlich angenommen, dass mit einer Intervention durch Amerika zugunsten Taipeis die PLA-Streitkräfte entscheidend geschlagen werden würden. Tatsächlich hat die 2000er RAND-Studie anscheinend geglaubt, dass selbst eine relativ symbolische militärische Unterstützung der Vereinigten Staaten China vor Versuchen einer echten Invasion oder vor einer Einschüchterung der Insel abschrecken würde. Die Tatsache, dass die politischen Entscheidungsträger der USA sich nicht länger auf eine Marge der Überlegenheit verlassen können, die lange Zeit als unanfechtbar gehalten wurde, zeigt den dramatischen Anstieg von Chinas militärischer Stärke.

Während der analytische Wert dieses Buches nicht nur mit der Taiwan-Frage in Zusammenhang steht, so glauben wir, dass das Ende des militärischen Gleichgewichts in der Meerenge zugunsten Taipeis und Washingtons einen viel größeren – mit unserer Analyse übereinstimmenden – geostrategischen Trend darstellt. Militärische Modernisierungen, entwickelt im Hinblick auf das Taiwan-Szenario, könnten gegen größere chinesische Ambitionen angewandt werden, sollte Peking sich entschließen, eine expansivere Außenpolitik zu betreiben. So versicherte der 2009er Bericht: „Ein China, welches weitgehend prädominierend entlang des gesamtem ostasiatischem Küstenstreifens ist, könnte eine direkte, schwierige, weitgehende und nachhaltige Herausforderung für die Position der Vereinigten Staaten als Garanten der regionalen Stabilität und Sicherheit sein – eine Herausforderung, die weit über Taiwan hinausgehen könnte."[9] Wir haben in dieser Studie aufgezeigt, dass Chinas Möglichkeit, den Zugang innerhalb der ersten Inselkette zu blockieren, neue strategische Möglichkeiten an den asiatischen Küsten und darüber hinaus bietet. Die Zugangsverwehrung gibt per Definition dem Verwehrer selbst eine Zugangsmöglichkeit und zudem die Macht, für einen bestimmten Zeitraum die Kontrolle über eine in sich geschlossene Umgebung auszuüben. Selbst eine begrenzte Beherrschung der PLA über die chinesischen Küstenzonen könnte die Zusammensetzung der regionalen Machtgefüge ändern. Gleichzeitig würde eine stärkere Kontrolle des Allgemeinguts es Peking erlauben, seinen anderen strategischen Zielen näherzukommen – einschließlich seiner unterseeischen Abschreckungsstellung – während es gleichzeitig mehr Vertrauen in die chinesische Führungskraft aufbauen würde. Die Beherrschung des Allgemeinguts würde Chinas Staatsmänner dazu ermuntern, in ihrer Suche nach Zugang weiter über die Küste hinauszuschauen. Wir haben im Wesentlichen sowohl die graduellen Vorzüge (ease of access – Zugangserleichterung), als auch die sequenziell nachfolgenden Vorzüge (scope of access – Zugangsumfang) bestimmt, die wahrscheinlich durch den Aufwand einer gewaltsamen Lösung der Taiwan-Frage entstehen würden.

Mit einer gleichen Bedeutung bietet die Neueinschätzung der RAND-Corporation die Gelegenheit, einige der methodologischen Herausforderungen anzusprechen, die bei der Analyse der PLA auftreten. Hierbei hoffen wir, im Vorfeld einige der Kritiken vorwegzunehmen, die unsere Studie wahrscheinlich aufkommen lassen wird, und hoffen auch, dass wir diejenigen, die dazu neigen, die chinesische Militärstärke anzuzweifeln, überzeugen können, die nachhaltigen maritimen Herausforderungen, die wir in diesem Buch darstellen, nicht zu ignorieren. Die RAND-Studie von 2009 ist nicht die einzige, die eine Neubewertung von Chinas Militärstärke vornimmt. Bedeutende Akademiker haben sowohl Pekings Seemacht als auch die chinesischen Optionen gegen Taiwan überdacht. Im Jahre 2001 behauptete Robert Ross, dass Taipeis qualitative militärische Überlegenheit die Chinesen abschrecken würde – selbst ohne amerikanische Hilfe. Ross bemerkte Folgendes hinsichtlich der Wirksamkeit taiwanesischer Kampfflugzeuge: „Taiwans Ankauf von 150 F-16s und 60 Mirage-2000-Jets sowie seine eigene Produktion von Chingkuo-Kampfflugzeugen garantieren nahezu seine Lufthoheit über der Meerenge, da so dem Festland die Möglichkeit entzogen wird, nachhaltig offensive Operationen gegen die Insel durchzuführen. Dem Festland mangelt es noch immer an den erforderlichen amphibischen Möglichkeiten, um Taiwans Küstenverteidigungen zu bewältigen und es zu besetzen. Dessen Anlagen allein könnten ausreichend sein, um die Invasionsversuche des Festlands unmöglich zu machen."[10] Ross stimmte der RAND-Studie von 2000 zu, indem er hinzufügte, dass die Vereinigten Staaten fast mit Sicherheit auf Taiwans Seite eingreifen würden, und dass in diesem Falle die amerikanische Intervention den Ausgang wohl entscheiden würde: „Eine überwältigende Übermacht der USA bedeutet, dass die strategischen, wirtschaftlichen und politischen Konsequenzen einer amerikanischen Intervention für China astronomisch wären. Die etablierte Überlegenheit der USA und ihre starke politische Bindung zu Taiwan besagen, dass der Wahrheitsgehalt einer amerikanischen Drohung zur Intervention sehr hoch ist. In einer unsicheren Welt ist die abschreckende Position der Vereinigten Staaten in der Taiwan-Straße eine ungewöhnlich sichere."[11]

Nichtsdestotrotz revidierte Ross innerhalb von fünf bis sechs Jahren maßgeblich die Prämisse seines Arguments. Im Jahre 2006 schlussfolgerte er: „Pekings wachsende landgestützte Raketen- und Lufteinsatzmöglichkeiten in der Straße von Taiwan bieten ein nachgewiesenes Potenzial, um Taiwan bei einem Konflikt in der Meerenge schweren Schaden zuzufügen ... Zum ersten Mal seit dem amerikanischen Bekenntnis zur Verteidigung der Insel im Jahre 1950 kann das chinesische Militär in kritischer Weise an Taiwans Wirtschaft und Demokratie zerren; unabhängig vom Ausmaß einer militärischen US-Intervention."[12] Ein Jahr später erklärte er: „Die Vereinigten Staaten können Taiwan nicht länger verteidigen. Sie können es weder im Umgang mit Vergeltungssanktionen des Festlands unterstützen noch können sie Taiwan vor den Flugzeugen und Raketen Chinas schützen."[13] Dieser analytische Umschwung von einer hoffnungsvollen zu einer fatalistischen Einstellung bezüglich des Gleichgewichts in der Meerenge gehörte zu den radikalsten unter China-Spezialisten. Ross war vorherwissend und deutete die spezifischen Erkenntnisse im Voraus an, die dann durch die RAND-Corporation erhärtet wurden.

Das Aushebeln des Gleichgewichts in der Meerenge ist nicht das einzige Thema, welches eine Kehrtwendung unter China-Spezialisten eingeläutet hat. Auch auf dem maritimen Sektor haben westliche Beobachter ihre bisherigen Einschätzungen überdacht, da die Modernisierungsmaßnahmen der PLA bei weitem das übertroffen haben, was die Beobachter einst für unerreichbar gehalten hatten. Bernard Cole, Verfasser einer wegbereitenden Studie über die chinesische Marine, schrieb im Jahre 2001:

Die PLAN (People's Liberation Army Navy) ist noch weit davon entfernt, zur beherrschenden Seemacht in Ostasien zu werden; ungeachtet der maritimen Präsenz der Vereinigten Staaten. Die JMSDF (Japan Maritime Self Defense Force) ist der PLAN sicherlich überlegen, und die ROKN (Republic of Korea Navy) wäre ein schwieriger Gegner. Selbst die taiwanesische Marine wäre kein Kinderspiel für die PLAN. So ist es offensichtlich, dass ein kluger Stratege in Peking im Falle eines Konflikts die PLAN nicht „eins-gegen-eins" gegenüber einer dieser modernen Seestreitkräfte aufstellen würde.[14]

In einer 2003er Analyse über den Umgang mit der Kapazität der chinesischen Marine während einer taiwanesischen Eventualität blieb Cole eher optimistisch im Hinblick auf Taipeis Verteidigungsmöglichkeiten. Er stellte eine Frage, die er dann selbst beantwortete: „Ist die PLAN schon jetzt eine Bedrohung für Taiwans Sicherheit oder wird sie es 2005 sein? Ja, aber nicht im Sinne eines Konflikts zwischen zwei Marinen und auch nicht für die Seestreitkräfte Taiwans – und ganz sicher nicht im Falle einer US-Intervention."[15] Im Jahre 2007 gab Cole jedoch zwei deutlich pessimistischere – wenn auch leicht unterschiedliche – Einschätzungen hinsichtlich des Gleichgewichts in der Meerenge in einer 10-Jahres-Vorschau preis. In der ersten Studie revidierte der Verfasser seine vorherige Einschätzung, indem er feststellte, dass die taiwanesische Marine auf sich alleine gestellt einen Konflikt mit der PLAN nicht mehr gewinnen könne. Zu diesem Zeitpunkt bestand Coles Einschätzung darin, dass nur eine Hilfe durch die Vereinigten Staaten eine Niederlage der taiwanesischen Marine vermeiden könnte. Er prophezeite, „dass bis zum Jahre 2016 China Taiwan mit seiner Seemacht unter, auf, und über der Wasseroberfläche der Ozeane klar überlegen sein werde". Sollte sich die gegenwärtige Entwicklung fortsetzen, würde im Falle einer Taiwan-Eventualität nur eine erfolgreiche US-Intervention das Gleichgewicht zu Taiwans Gunsten noch umkehren."[16]

In seiner zweiten Studie kam Cole zu noch weitreichenderen Schlussfolgerungen. Seine Erkenntnisse verdienen hier in voller Länge wiedergegeben zu werden, um so seiner Neueinschätzung in ihrer Größenordnung vollends gerecht zu werden. Er stellte fest:

Bis zum Jahre 2016/17 wird China über eine Marine verfügen, welche als Instrument nationaler Macht in der Lage sein wird, ihr zugeteilte ambitionierte Einsätze auszuführen. Das verworrene Taiwan-Szenario mag dann immer noch an der Spitze dieser Liste von Einsätzen stehen, aber innerhalb eines Jahrzehnts (nach dem Jahr 2007) wird die PLAN auch in der Lage sein, einer anderen Macht die Beherrschung des Ost- und Südchinesischen Meeres zu verwehren und selber diese Meere für bestimmte Zeiträume kontrollieren ... Die PLAN der Jahre 2016/2017 wird mit dem Dreifachen ihrer jetzigen Größe die ostasiatischen Seemächte dominieren (mit der möglichen Ausnahme der JMSDF) ... und wird auch für die US-Navy eine ernsthafte Herausforderung darstellen, wenn diese in diesen Gewässern operiert. Bis zum Jahre 2016/17, so zeigen es die gegenwärtigen Entwicklungen, wird die chinesische Marine es Peking ermöglichen, hegemonialen Druck auf das maritime Ostasien auszuüben.[17]

Auch wenn Cole den Begriff „hegemonialen Druck" („hegemonic leverage") nicht definierte, so ist seine Einschätzung doch weit entfernt von früheren Betrachtungen, denen zufolge China selbst zweitrangigen Regionalseemächten unterlegen wäre. Eine hegemoniale PLA Navy würde es Peking vermutlich erlauben, den Ton nicht nur in der Meerenge, sondern auch bei Ereignissen an anderen Schauplätzen vor der asiatischen Seeküste anzugeben.

Wir legen diese Rezension der Literatur nicht vor, um andere China-Spezialisten zu verunglimpfen. Die Vorhersage von Entwicklungen ist von sich aus eine gewagte Sache. Wir besprechen die Literatur, weil es bemerkenswert ist, dass leitende Analysten sich in einem Zeitraum von nur ein paar kurzen Jahren gezwungen sahen, vorher als korrekt betrachtete Einblicke in Chinas militärische Stärke plötzlich zu verwerfen. Wir glauben, dass diese analytische Exkursion ein hilfreicher Denkanstoß ist, der uns an die Schwierigkeiten erinnert, militärische Zusammenhänge und Entwicklungen in China, einer geschlossenen Gesellschaft, zu studieren. Auch sagt die Rückschau auf die Studien viel über den Eifer aus, dem sich Peking bei seinen maritimen Unternehmungen verschrieben hat. Indem wir diese gelernten Lektionen erforschen, hoffen wir, dass wir China-Beobachter dazu ermuntern können, aufgeschlossen gegenüber den Aussichten von Chinas Seemacht zu sein, ohne dabei Pekings maritimes Potenzial über- oder unterzubewerten.

ALTE DENKMUSTER ÜBER DIE CHINESISCHE SEEMACHT

Ein Rückblick auf die westliche Forschung und Analyse seit der Tiananmen-Krise von 1989 bietet eine Grundlage für die Bestimmung von analytischen Defiziten, welche wiederum helfen können, die Trägheit bei der Bewertung der PLA im Allgemeinen und bei der chinesischen Marine im Besonderen zu erklären. Vor 20 Jahren konnte man die westlichen Koryphäen im Hinblick auf die chinesische Marineentwicklung noch an einer Hand abzählen. Viele von ihnen haben das Ausmaß und die Geschwindigkeit der chinesischen Flottenmodernisierung unterschätzt, weil sie gleichzeitig die Kompetenz von Pekings wissenschaftlicher und ingenieurstechnischer Gemeinschaft – die während des „Großen Sprungs nach vorn" und der Kulturrevolution dezimiert wurde – diskreditierten. Als Deng Xiaoping dem Militär im Juni 1989 befahl, die pro-demokratische Bewegung gewaltsam niederzuschlagen, wurde die Volksbefreiungsarmee zu einer Zielscheibe für Spott und Lächerlichkeit in der westlichen Welt. Die vorherrschende Meinung war, dass das chinesische Militär immer noch eine isolierte, schlecht ausgestattete und landgebundene Organisation war, die im maoistischen Dogma des Volkskrieges (People's War) gefangen war.

Weniger als zwei Jahre nach der Niederschlagung der Tiananmen-Proteste schien der spektakuläre Einsatz der US-Militärmacht gegen Saddam Hussein nochmals den Beweis zu liefern, dass das chinesische Militär hoffnungslos inadäquat in einem Zeitalter der High-Tech-Kriegsführung sei. Viele Experten prophezeiten zuversichtlich, dass die PLA im Hinblick auf Professionalität und Ausstattung bis weit ins 21. Jahrhundert rückständig bleiben würde. Die Abendländler betrachteten die chinesische Marine gleichermaßen geringschätzend. Sinnbildlich für die allgemeine Einstellung während der Zeit nach Tiananmen erklärte die 1990er Ausgabe des angesehenen *Jane's-Fighting-Ships*-Magazins, dass die PLA Navy eine „technisch rückständige und operativ unausgereifte Marine mit rudimentären Kommando- und Kontrollsystemen sei und nur wenig Hochsee-Erfahrung vorweisen könne."[18] Nachfolgende Studien während der 1990er Jahre schlossen sich dieser Einschätzung an.

Ein im Jahre 1994 erschienener Artikel im Journal *International Security* katalogisierte eine endlose Liste von Unzulänglichkeiten, welche die PLA Navy plagte. An oberster Stelle stand der Mangel an modernen Schiffen und U-Booten, Engpässe bei Finanzierungen sowie Schwächen in der Forschungs- und Entwicklungskapazität. Der Autor Michael Gallagher gab sich besonders pessimistisch in seiner Prognose hinsichtlich Pekings Industrie- und Militärkomplexes: „Die PLA steht mit hoher Wahrscheinlichkeit davor, in noch größerem Ausmaß in veralteter Technologie gefangen zu sein, als dies jetzt schon der Fall ist."[19] Mit anderen Worten: Das chinesische Militär könne in den 1990er Jahren noch weiter hinter den Standards des Westens zurückfallen. Genauso stritt eine Studie des Center for Naval Analysis aus dem Jahre 1996 Chinas Möglichkeit ab, selbst bis zum Jahre 2010 eine regionale Marine aufzustellen. Der Bericht trug in treffender Weise den Titel „Der Krieg des Volkes auf See" („People's War at Sea"). Nachdem der Autor die innere Produktivität, Rückentwicklung (reverse engineering) und den Kauf von ausländischer Technologie als potenzielle Wege zur Modernisierung betrachtet hatte, kam er zu dem Schluss, dass keine dieser Maßnahmen, alleine oder im Verbund mit den anderen, der PLA Navy eine einsatzfähige regionale Flotte bis zum Jahre 2010 ermöglichen würden. Der Bericht sagte stattdessen voraus, dass eine „regional orientierte chinesische Marine" bis zum Jahre 2020 unwahrscheinlich bleiben würde.[20]

Solche Einschätzungen blieben auch noch bestehen, als das neue Jahrhundert anbrach. Verallgemeinernde Aussagen wie „China ist eine zweitklassige Militärmacht"[21], oder „Chinas Militär ist einfach nicht sehr stark"[22], stellten eine gewisse Einheitlichkeit unter PLA-Beobachtern dar. Wie bereits bemerkt, glaubten Beobachter, dass sich Taiwan der chinesischen Marine mit hohem Selbstbewusstsein für viele Jahre entgegenstellen kann. Führende Verteidigungsanalysten wiegten sich in der Sicherheit, dass Taipeis überlegene Luft- und Seestreitkräfte, die zur Verteidigung vorteilhafte Geografie sowie Pekings begrenzte militärische Optionen Taiwan zu einer uneinnehmbaren Inselfestung machten. So versicherte Michael O'Hanlon in einem provokativen Essay: „China kann Taiwan nicht einnehmen, selbst wenn die vorteilhaftesten Voraussetzungen für den Verlauf des Konflikts angenommen würden. China wird dies auch in den nächsten zehn Jahren nicht möglich sein, wenn nicht sogar noch für viel länger."[23] Schlimmer noch hallte der respektlose Kommentar in den Gängen der Denkfabriken in Washington nach, dass China nur wenige Druckmittel besäße, außer „einer Million Mann, die durch die Meerenge schwimmen."[24]

Wie wir heute wissen, waren diese Bewertungen weit verfehlt. Es wäre jedoch unfair, sie komplett abzuschreiben. Die Verfasser haben zu einer Zeit geschrieben, als es weniger offene Quellmaterialien gab und diese gleichzeitig deutlich schwerer zugänglich waren als in der Gegenwart, in der Analysten regelrecht von den riesigen Mengen an Informationen überflutet werden, die sowohl in den Vereinigten Staaten als auch in China erhältlich sind. Es ist daher wichtig, anzuerkennen, dass sie in bestimmten Punkten richtiglagen. Man sollte ihnen gutschreiben, dass sie Hindernisse und einschränkende Faktoren erkannt haben, welche wahrscheinlich auch die nächsten Jahre noch weiter bestehen werden.

Erstens, das Gesamtwachstum der PLA-Navy-Struktur ist sicherlich reell, aber es läutet nicht eine radikale Veränderung des regionalen Gleichgewichts der Seemächte ein. Besonders im Hinblick auf die Überwasserflotte scheinen die Chinesen einen Prozess des methodischen Experimentierens verfolgt zu haben. So baut die PLA Marine in der für sie typischen Weise ein paar Schiffsrümpfe in jeder Schiffsklasse, um dann die Fähigkeiten dieser Schiffsklasse zu evaluieren und die Ergebnisse als Grundlage für die folgenden Klassen zu nehmen. Die Marineführung hat sich offensichtlich noch nicht für ein serienreifes Schiffsdesign entschieden. Der Westen sollte dementsprechend ein Auge darauf haben, ob Peking anfängt, deutlich größere Gruppen von nahezu identischen Zerstörern oder Fregatten auf Kiel zu legen. Diese werden die zukünftigen Überwasserkombattanten der PLA Navy sein, mit denen sich die Flotten der US-Navy und ihrer Verbündeten messen müssen – und sie könnten mit hoher Geschwindigkeit gebaut werden.

Zweitens, wie Mao lehrte, sind Menschen – nicht Maschinen – die wahren Entscheidungsfaktoren, die zum Sieg führen. Die chinesische Marine hat noch einen langen Weg bei der „Software" vor sich, wie zum Beispiel Training, Ausbildung, Seefahrtkunst und die Unzahl von anderen Eigenschaften, die letztendlich die Kampfbereitschaft gewährleisten. Noch wichtiger ist es, zu erwähnen, dass die PLA Navy noch nie mit der Präzision von moderner Seekriegsführung konfrontiert wurde. Es ist eine oft wiederholte Aussage unter PLA-Beobachtern, dass China in den letzten dreißig Jahren seit den chinesisch-vietnamesischen Grenzzwischenfällen keinen größeren Krieg mehr geführt hat. Die PLA Navy hat noch nie Krieg geführt. Wie sich die chinesische Flotte im Ernstfall unter echten Kriegsbedingungen gegen eine einsatzstarke regionale Marine – von der US-Navy gar nicht erst zu reden – schlagen würde, kann man nur raten. Das anhaltende Zögern der Marine, sich an ernsthaften gemeinsamen Operationen (über oberflächliche Hafenbesuche und Übungen hinaus) mit anderen Flotten zu beteiligen, lässt auf ein unzureichendes Maß an Selbstvertrauen oder eine Leidenschaft zur Geheimniskrämerei schließen. Oder beides.

Drittens, der geografische Einflussbereich von Chinas Seemacht ist noch immer begrenzt, besonders wenn er mit der globalen Reichweite der US-Navy verglichen wird. Die PLA Navy ist immer noch hauptsächlich mit Zugangsverwehrungsmissionen (sea-denial missions) beschäftigt, welche dazu dienen sollen, die amerikanische Beherrschung der ostasiatischen Seeküste anzufechten. Ihnen fehlen weiterhin die Fähigkeiten, um die Seekontrolle in einer Umgebung wie dem offenen Meer geltend zu machen. Wie jedoch Kapitel 4 und 5 gezeigt haben, ist die PLA Navy bereits jetzt in der Lage, ihren Willen an kritischen Transportrouten, die das Chinesische Meer durchlaufen und das Herz-Kreislauf-System der Weltwirtschaft bilden, durchzusetzen. Wir entschuldigen uns bei Thomas Christensen, aber China *besitzt* die nautischen Werkzeuge, um massive Probleme für die Vereinigten Staaten und ihre Verbündeten zu erzeugen – auch ohne jemals in symmetrischer Hinsicht aufzuholen.[25]

Im Hinblick auf das Gleichgewicht haben China-Beobachter jedoch viele kritische Indikatoren übersehen und so nicht erkannt, dass sich die chinesische Marine und die chinesische Seemacht im allgemeineren Sinne an der Schwelle zu einer großen Verwandlung befanden. Gutmütige Einschätzungen und herablassende Betrachtungsweise haben für Jahre vorgeherrscht, selbst wenn die Indizien in eine andere Richtung wiesen.

Daher macht es nun Sinn, einige schwierige Fragen zu stellen. Um ein Zitat von Bernard Lewis zu borgen: Was ging schief? Warum existieren solch kolossalen Unterschiede zwischen den früheren Prognosen und der tatsächlichen Entwicklung von Chinas Seemacht? Warum dauerte es so lange, veraltete Einschätzungen zu revidieren? Politische Entscheidungsträger in Washington und asiatischen Hauptstädten sollten diese unbequemen Fragen beantworten – sonst laufen sie Gefahr, zum Leidwesen des maritimen Gleichgewichtes die Entwicklung der chinesischen Marine erneut falsch einzuschätzen.

EINE ERKLÄRUNG DER ANALYTISCHEN TOTEN WINKEL

Als ersten, vorsichtigen Schritt zur Lösung dieses Rätsels werden wir ein paar Behauptungen wagen. Erstens, westliche Analysten sind zu hochmütig, um Chinas Vergangenheit als einen Anhaltspunkt zur Betrachtung von Gegenwart und Zukunft zu nutzen. Zu den am öftesten gehörten historischen Betrachtungen gehört, dass Chinas fehlende maritime Tradition auch ein fehlendes Fundament für die Entwicklung einer Seemacht ist. So beobachtete Cole: „Die Planer in Chinas Marine stehen vor einer fehlenden maritimen Tradition: Seereisen, die vor einem halben Jahrtausend gemacht wurden, stellen kein hilfreiches Erbe dar, wenn die dazwischenliegenden Jahrhunderte von introvertiertem Nationalismus geprägt waren."[26] Dies ist jedoch eine engstirnige Betrachtung der chinesischen Geschichte. Zeitgenössische Literatur über Chinas maritime Geschichte offenbart, dass die Berührungspunkte mit der See durch die Dynastien hindurch bei weitem tiefgreifender und intensiver waren, als einst angenommen wurde.[27] Dazu ist die Verbindung zwischen maritimer Tradition und Seemacht eher korrelativ als kausal zu betrachten. Ein offensichtliches Beispiel aus dem asiatischen Raum: Maritime Tradition kann nicht den Aufstieg von Japans Seemacht erklären – ob gesamt gesehen oder teilweise betrachtet, da den nach innen schauenden Bewohnern des Archipels die Seefahrererfahrung für Jahrhunderte vor der Meiji-Restauration fehlte. 1898, dreißig Jahre nach dieser Restauration, hatte die japanische Marine die materiell überlegene Flotte der Qing-Dynastie besiegt und bereitete sich auf den Showdown mit der Marine des Russischen Reiches im Jahre 1904 / 1905 vor – ein Showdown, der anschließend zwei russische Flotten auf dem Meeresgrund zurückließ. Ein entschlossenes Volk kann eine große Marine mit erstaunlicher Eile bauen.

Wir haben in Kapitel 3 gezeigt, dass oberflächliche Gemeinsamkeiten zwischen dem kaiserlichen Deutschland vor fast einem Jahrhundert und dem heutigen China allein nicht das Gesamtbild offenbaren. Die Unfähigkeit einer Kontinentalmacht, sich in eine Seemacht zu verwandeln, heißt noch lange nicht, dass eine andere Macht das gleiche Schicksal ereilen wird. Tatsächlich werden geostrategische Vorteile höchstwahrscheinlich Chinas Entwicklung auf See unterstützen, womit die PLA eine viel breitgefächertere und nachhaltigere Herausforderung für das Standvermögen der US-Navy darstellt, als es damals die deutsche Hochseeflotte gegenüber der Royal Navy getan hat.

Für andere Beobachter stellt Chinas Geschichte ein weiteres Indiz für Pekings magere Aussichten auf See dar. Die während der Qing-Dynastie fehlgeschlagene Flottenmodernisierung im 19. Jahrhundert und die Niederlagen auf See, die China zum Tiefpunkt der Qing-Dynastie-Herrschaft hinnehmen musste, werden als Prophezeiungen für Chinas gegenwärtige maritime Ambitionen angesehen. Während er den ärmlichen Zustand von Chinas Militärindustriekomplex bedauert, sagt Cole: „Die heutige PLAN wird im gleichem Stil modernisiert, wie vor mehr als einem Jahrhundert, als Li Hongzhang versuchte, eine chinesische Marine zu erschaffen. Er verfolgte drei unterschiedliche Strategien: Bau im eigenen Lande, Ankäufe aus dem Ausland sowie die Rückentwicklung ausländischer Systeme. Diese Strategien funktionierten schon damals nicht sonderlich gut, und es ist unwahrscheinlich, dass sie im 21. Jahrhundert besser funktionieren werden."[28] Jedoch hat die Qing-Marine diese drei Ansätze gewählt, um eine Flotte zu erschaffen, die als modern und einsatzstark betrachtet wurde. Die Ursache für die Niederlage dieser Flotte lag eher in der fehlenden Seemannskunst als in der materiellen Unterlegenheit begründet: dem Mangel an offensivem Denkansatz im eigenen Offizier-Corps und der überlegene Elan sowie die Geschicklichkeit auf der Gegenseite. Wie wir in den vorherigen Kapiteln bemerkt haben, nehmen chinesische Analysten heutzutage die Kaiserliche Japanische Marine – nicht die Qing-Marine – als Beispiel für die Herrschaft auf See. Das kaiserliche China ist dagegen ein negatives Beispiel für sie.

Wieder andere verweisen auf das Chaos und das damit verbundene Erbe, welches die maoistische Zeit als allgegenwärtiges Hindernis für Chinas industrielle Kapazität sowie wissenschaftliche und ingenieurstechnische Schöpfungskraft darstellt. Nach einer Betrachtung der Rückentwicklungsanstrengungen, die China von den 1950er bis zu den 1980er Jahren unternommen hat, fand ein Analyst heraus, dass China im Durchschnitt fünfzehn Jahre benötigte, um bei der Rückentwicklung ausländischer Technologie zur Serienreife zu gelangen. Hochgerechnet auf der Grundlage von Mustern, die vier Jahrzehnte zurückdatieren, schlussfolgert er, dass sich diese schwache Leistung bis weit in das 21. Jahrhundert hinein fortsetzen wird. Jedoch ist das China der Gegenwart weder eine Dynastie, die von innen heraus zerfällt, noch ein Revolutionsstaat, der von radikalen Ideologien zerstört wird. Während der weiterhin spürbare Einfluss von Chinas maoistischer und imperialer Vergangenheit nicht vergessen werden sollte, muss auch erkannt werden, dass andere nationale Erfahrungen in Asien die Möglichkeit einer rasanten technischen Entwicklung eröffnet haben. Diese Erfahrungen sind im Zusammenhang unserer Betrachtung geeigneter und sollten Teil unserer Analyse von historischen Beispielfällen sein. Wiederum könnten nachlässige historische Vergleiche andererseits unsere Analyse verzerren.

Zweitens, einige Aussagen, welche die zukünftige chinesische Seemacht abwerten, gleichen Scheinargumenten. Sie behaupten, dass chinesische Ambitionen und Bedrohungen für die US-Interessen minimal bleiben werden, da eine globale Hochseemarine für Peking gänzlich eine Sehnsucht bleiben wird. Wie Anthony Cordesman und Martin Klieber argumentieren, „ist es allgemein üblich geworden, die Anschaffung von modernen Schiffen, besonders solchen mit Hochseefähigkeiten, mit expansiven geopolitischen Ambitionen gleichzusetzen."[29] Diese Parole kann man wie folgt zusammenfassen: Kein Flugzeugträger, keine Bedrohung. Wir möchten widersprechen. Die Unterscheidung zwischen Absichten und Fähigkeiten ist ein schwieriges Unterfangen, welches gespickt mit Doppelaussagen und Beweisfehlern ist.

Noch wichtiger ist, dass wir in diesem Buch demonstriert haben, dass China nicht in symmetrischer Weise oder quer über den ganzen Globus wetteifern muss, um eine große Herausforderung für die Standkraft der Vereinigten Staaten in Asien, dem Hauptschauplatz, darzustellen. Dass Peking Amerika nicht in einem Konflikt auf Basis von Einer-gegen-Einen im Pazifik herausfordern kann, sagt wenig über die Vielzahl von Belastungen aus, welche die PLA Navy der US-Navy auch ohne einen Seekrieg im Mahan'schen Stil auferlegen könnte. Mahan selbst ermahnte die Vereinigten Staaten dazu, ihre seefahrerischen Ambitionen auf die Karibik und den Golf zu konzentrieren, wo eine regionale Überlegenheit gegenüber europäischen Flotten denkbar und notwendig war. Wir haben in Kapitel 4 ausführlich beschrieben, wie Peking ausgeklügelte Flottentaktiken entwickelt, welche sich genauso tödlich für US-Seestreitkräfte wie eine Mahan'sche Einer-gegen-Einen-Schlacht erweisen könnten – selbst wenn man die vollkommene Abwesenheit von Flugzeugträgern und vergleichbaren Waffensystemen einkalkuliert. Die Entwicklung von Flugzeugträgern ist ein unangemessen anspruchsvoller Standard für Chinas maritime Kapazitäten..

Die gleiche Problematik macht Debatten über den Umfang einer zukünftigen chinesischen Machtprojektion schwierig. Manche würden sagen, dass Pekings Fähigkeit (oder sein Mangel hieran), seine Seekontrolle bis zur zweiten Inselkette auszubauen, Zweifel an Chinas seefahrerischem Potenzial entstehen lässt. Um genauer zu sein: Da die PLA begrenzte Kapazitäten zeigt, die See selbst über die erste Inselkette hinaus zu beherrschen, rechtfertigen Pekings maritime Anstrengungen und Fähigkeiten wenig Aufmerksamkeit. Dies ist erneut ein Scheinargument. Verlockende und anhaltende chinesische Interessen leiten Pekings Blick nach Süden und Südwesten – zum Indischen Ozean, anstatt auf die Mitte des leeren Pazifiks. Kapitel 7 beschrieb ausführlich Pekings Anstrengungen, eine freizügige Umgebung im Indischen Ozean zu kultivieren, da die chinesische Wirtschaft aufgrund ihres Rohstoffbedarfs auf diese Region angewiesen ist. Es gibt wenig Anlass, anzunehmen, dass China die Verfolgung von geopolitischen Interessen in Südasien aufgeben wird, um die Kontrolle über weit entfernte, östlich von ihm gelegene Gewässer zu erlangen. Kluge Voraussicht gibt zwingend vor, limitierte Ressourcen nur für Dinge von kritischer Wichtigkeit zu verwenden.

Es ist wahr, dass sich chinesische Strategen Sorgen um den markanten Standort machen, den Guam in der regionalen Strategie der Vereinigten Staaten eingenommen hat. Guam ist der regionale Sammelpunkt für amerikanische Militärstreitkräfte und Ausgangspunkt für Einsätze in Chinas maritimer Umgebung. Peking jedoch hat geringes Interesse daran gezeigt, eine erdrückende Macht auf Guam auszuüben, und erfolgreich vermieden, Anstrengungen auf sinnlose Seegefechte zu amerikanischen Bedingungen zu verschwenden. Im Frühling des Jahres 2009 enthüllte Admiral Timothy Keating, Kommandeur des US-Pacific Command, dass ein hochrangiger PLA-Navy-Offizier vorgeschlagen hatte, das Becken des Pazifiks zwischen China und Amerika aufzuteilen.[30] Wahrscheinlich hat der chinesische Offizier diese Sache halb im Scherz gemeint, aber sowohl die Logik als auch die Grammatik der chinesischen Seemacht weisen auf einander berührende chinesische und amerikanische Interessengebiete hin, wobei die Trennlinie irgendwo in der Nähe der zweiten Inselkette liegt. Mehr noch, wie wir in Kapitel 2 gezeigt haben, würde China es bevorzugen, „den Feind in die Weite zu locken" – und somit in die Nähe oder in die direkte Umgebung der ersten Inselkette –, bevor es entscheidende Schläge nach Maos Manier der aktiven Verteidigungsdoktrin austeilen würde.

Drittens, einige Kommentare basieren auf zweifelhaften Annahmen. Die Projektion amerikanischer Effektivitäts- und Effizienzkonzepte auf die chinesische Marineentwicklung ist ein immer wiederkehrendes Muster. Ein Beispiel ist die Annahme, dass die PLA Navy mehr oder weniger einen nuklearbetriebenen amerikanischen Flugzeugträger der

Nimitz- oder *Ford*-Klasse (CVN) nachbauen müsste, um ihre Ziele zu erreichen. Dies hat manche zu dem – allerdings verfrühten – Schluss gebracht, dass dieses Unterfangen für China bei weitem zu komplex und nicht finanzierbar sei. Während dies oberflächlich gesehen auch sinnvoll erscheint – chinesische Werften mögen ihre Zeit für den Bau von CVNs benötigen, besonders wenn man bedenkt, dass sie das Produkt jahrzehntelanger amerikanischer Erfahrung mit Trägern sind –, ist diese Weise der Beobachtung dennoch verfehlt. Falls die PLA die ballistische Antischiffsrakete (antiship ballistic missile – ASBM) perfektioniert, könnte sie hoffen, die US-Kampfgruppen von Operationen in Asien abzuhalten, und würden damit einen Abwehrschirm errichten, unter dem kleinere und weniger leistungsfähigere chinesische Flugzeugträger ihren Dienst in der asiatischen Umgebung verrichten könnten. Sie würden so nicht das große Risiko eingehen, in einen Konflikt mit einem amerikanischen 100.000-Tonnen-Giganten zu geraten. Sie hätten dagegen andere Aufgaben wie zum Beispiel druckausübende Diplomatie, das Zeigen der Flagge und Ähnliches. Sie brauchen in ihrem Portfolio keine Flotteneinsätze vorzuweisen, solange die küstengestützten Einheiten die US-Navy-Flugzeugträger-Flotte auf sicherer Distanz halten.

Selbst wenn Peking sich entschließen würde, doch Großdeck-CVNs zu bauen, könnte es mit weniger Trägerkampfgruppen auskommen, als Washington im Einsatz hat. Es sei denn – oder es kommt der Zeitpunkt –, dass Peking sich zu einer globalen maritimen Strategie entschließt, die mit der amerikanischen vergleichbar wäre. Das ist der Vorteil, den man als Verteidiger einer strittigen Region hat. Mit weniger und kleineren Seeräumen, die es zu befahren gilt, könnte die PLA Navy wahrscheinlich mit einer Zwei-zu-Eins-Ratio zwischen kampfbereiten Einheiten und solchen in der Wartung auskommen. Dieses Muster ist im Vergleich zu der Drei-zu-Eins-Ratio zu sehen, welche den amerikanischen Zyklus von Training, Wartung und Einsatz bestimmt.

Chinesische Schiffe würden wahrscheinlich mehr Zeit am Pier verbringen, so wie Zheng Hes Flotte regelmäßig nach Ostasien zurückkehrte, nachdem sie die Einwohner von Südost- und Südasien an die Oberhoheit des Drachenthrons erinnert hatte. Falls Peking in den kommenden Jahrzehnten eine ähnliche Absicht erkennen lässt, wird die Flugzeugträgerflotte der PLA schlicht und einfach nicht den üblichen Verschleiß erleiden und daher weniger häufige Wartungszeiten erfordern. Zudem werden die Schiffe im Hafen sein, wenn solche Arbeiten anfallen. Die einfache Maßnahme, den Radius der PLA-Navy-Operationen auf Asien zu beschränken, wird die Kosten und technischen Ansprüche von langfristigen Flugzeugträgeroperationen senken. Aller Wahrscheinlichkeit nach wird Peking im Vergleich zur US-Navy niedrigere operative Ansprüche an die PLA Navy stellen und daher keine den USA zahlenmäßig ebenbürtige Trägerflotte benötigen.

Die Debatte über chinesische nuklearbetriebene U-Boote mit ballistischen Raketen (nuclear powered ballistic-missile Submarines – SSBNs) erzeugt Druck bei der Flugzeugträger-Kontroverse. Wie wir schon in Kapitel 6 argumentiert haben, treffen amerikanische Annahmen über eine nachhaltige unterseeische Abschreckung vielleicht nicht auf Chinas operative Bedürfnisse zu. Im Vergleich zu den vierzehn Booten der US-Navy könnte aus Pekings Sicht eine eher bescheidene SSBN-Flotte ausreichen, um eine glaubhafte Vergeltungsschlag-Bereitschaft sicherzustellen. Wir glauben, dass spiegelbildliche Annahmen einen unheilvollen Einfluss ausgeübt haben, und dass so der kreative Denkprozess gelitten hat, welcher sich mit Chinas Möglichkeit beschäftigt, seine relative quantitative und qualitative Unterlegenheit durch das Ausnutzen seiner eigenen Vorteile zu überwinden.

US-Analysten haben auch in fahrlässiger Weise das Verhalten und Potenzial von früheren Feinden Amerikas auf die Chinesen übertragen. Beispielsweise haben Beobachter Zweifel an Chinas Aussichten aufkommen lassen, ASBMs einzusetzen, wobei diese Zweifel hauptsächlich von fehlgeschlagenen sowjetischen Versuchen, ähnliche Waffensysteme während des Kalten Krieges zu bauen, herrühren. Ein früherer Direktor des US-Navy-Geheimdienstes argumentierte, dass die Sowjets die Entwicklung von ASBM-Waffensystemen aufgrund von technischen Schwierigkeiten aufgegeben hätten – aber auch aus Furcht vor einer nuklearen Eskalation und der Verfügbarkeit von alternativen Plattformen zum Start von Antischiffsraketen.[31] Als natürliche Folge müsste auch China auf dieselben Barrieren und Opportunitätskosten stoßen und wird so davon abgebracht werden, ASBMs einzusetzen.

Wenn man von der Tatsache absieht, dass Moskau sein ASBM-Programm schon vor beinahe vier Jahrzehnten aufgegeben hat und dass die heutigen Technologien in den 1970er Jahren noch undenkbar gewesen wären, kann dieser historische Vergleich einer genaueren Untersuchung nicht standhalten. Technische Zugangsschranken als alleinigen Grund für alle strategischen Entscheidungen zu sehen reicht nicht aus. Es ist durchaus möglich, dass die Sowjets auch dann die ASBM-Systeme aufgegeben hätten, wenn die technische Herausforderung sich als überwindbar herausgestellt hätte. Nicht-materielle Faktoren, wie die operative oder strategische Präferenz, waren vielleicht stattdessen ihre Beweggründe. Im Gegensatz hierzu verfolgen die Chinesen die Entwicklung von ASBM-Systemen stur weiter – aber aus unterschiedlichen Wertvorstellungen und Neigungen. Hierbei werden Ineffizienz oder Kompromisse in der operativen Effektivität in Kauf genommen. In Kapitel 5 haben wir angesprochen, dass einzigartige, nicht direkt mit der Kriegsführung verbundene Eigenschaften, wie zum Beispiel das unauffällige politische Profil der ASBM-Systeme, die Attraktivität dieser Technologie für die Chinesen steigern. Welche Eigenschaften ein Waffensystem „gut genug" machen, liegt fast immer im Auge des Betrachters.

Viertens, die Angewohnheit von Analysten, das chinesische Marinepotenzial unterzubewerten, wird von ihrer zweiten Angewohnheit ergänzt, die Kampfkraft der Vereinigten Staaten in Asien überzubewerten. Selbst zu einer Zeit, in der China-Experten schon begonnen haben, warnend auf die strategische Position der Amerikaner in der Region hinzuweisen, und trotz seiner neugefundenen Sorge über die zweifelhafte Fähigkeit der US-Streitkräfte, Taiwan in einer Kriegssituation zu unterstützen, besteht Robert Ross immer noch darauf, dass die US-Navy jeglicher potenziellen Herausforderung durch China weiterhin gewachsen ist. Obwohl Ross eingesteht, dass die US-Navy „nicht länger die Sicherheit eines Flugzeugträgers garantieren kann", meint er, dass die Vereinigten Staaten angemessene Gegenmaßnahmen entwickeln und somit ihre Fähigkeit, Einfluss in der asiatischen See auszuüben, absichern. Im Hinblick auf die U-Boot-Abwehr bemerkt er: „Dank besserer Finanzierung, ausgereifterer Technologie und der Beobachtung der chinesischen U-Boote während der Friedensjahre verbessern sich die Möglichkeiten der amerikanischen Flugzeugträgerkampfgruppen, die chinesischen U-Boote zu orten und zu verfolgen, ständig; auch die U-Boot-Abwehrsysteme der US-Navy entwickeln sich laufend weiter. Die Bekämpfung der elektronischen Kampfführung (counter-electronic-warfare) durch die US-Streitmacht kann außerdem die Ortungssysteme der PLA Navy beeinflussen.[32] Dementsprechend versichert Professor Ross dem Leser: Auch wenn die US-Navy-Einheiten „einen größeren Sicherheitsabstand zu Chinas Küste halten müssten, würden solche (Untersee-)Komplikationen Washingtons Fähigkeit, überlegenen Einfluss auf den maritimen Schauplatz zu nehmen, nicht nennenswert einschränken."[33] Wir können uns vorstellen, dass chinesische Strategen – als begeisterte Beobachter des Falkland-Konflikts, in dem britische Flugzeugträger Schwierigkeiten hatten, die gewöhnliche Einsatzfrequenz über die längere Entfernung aufrechtzuerhalten – mit dieser Einschätzung nicht übereinstimmen würden.

Wir haben folgende verschieden geartete Schwierigkeiten mit der Prognose von Professor Ross: Wenn die Vereinigten Staaten nicht nach ihrem Belieben in der Nähe der chinesischen Küste operieren können, dann haben die chinesischen Zugangsverwehrungskontrollen und -strategien per Definition schon jetzt einen gewissen Teilerfolg gegen einen gegenüberstehenden und angeblich weit überlegenen Widersacher erzielt. Wenn wir annehmen, dass „ein größerer Abstand" von Chinas Küste bedeutet, sich von den Gewässern innerhalb und außerhalb der ersten Inselkette fernzuhalten –, im Wesentlichen alle Seegebiete, welche den ostasiatischen Küstenstreifen ausmachen – dann ist es nicht ganz klar, welche Gebiete dann noch übrig sein sollten, auf welche die US-Navy Einfluss nehmen könnte. Die US-Navy hat keine Flugzeugträgerkampfflugzeuge oder andere Waffensysteme mit genügender Reichweite im Einsatz, damit ihre Trägergruppen deren Geschosse über die größere Distanz noch ins Ziel bringen könnten. Ganz im Gegenteil. Die A-6-Intruder-Angriffsflugzeuge mit hoher Bombentragfähigkeit und großer Reichweite wurden schon vor Jahren ausrangiert. US-Marine F/A-18-E/F-Super-Hornet-Kampfflugzeuge, das Herzstück einer jeden Flugzeugträgerflugstaffel, stellen – wenn man die Einsatzreichweite vergleicht – einen Schritt zurück im Vergleich zu vorherigen Generationen von Angriffsflugzeugen dar. Der Flugzeugträger ist somit in seiner Angriffsreichweite beschnitten worden, was bedeutet, dass er sich dem Ziel weiter nähern muss, um die gleiche Mission zu erfüllen. Die Kampfkraft hat somit in gleichem Maße abgenommen, während die Verwundbarkeit des Schiffes nun größer ist, als sie es jemals war.

Wenn die US-Navy nicht länger die Verteidigung ihrer Flugzeugträger garantieren kann, dann steht die PLA Navy bereits jetzt an der Schwelle zur erfolgreichen Seeverwehrung in den näheren Gewässern, während gleichzeitig die Kontrolle der regionalen See in Pekings Reichweite gerückt ist. Genauso wenig teilt die größere Marinegemeinschaft das Vertrauen von Professor Ross, dass die US-Navy noch die Kapazität habe, Asiens See zu kontrollieren. Durch das Eingeständnis, dass die Vereinigten Staaten das Überleben ihrer Flugzeugträger nicht garantieren können – eine Mission, die in ihrer Wichtigkeit an etwas Hochheiliges grenzt –, kommt wie eine kühle Brise zu den Einsatzgebiets- und Flottenkommandeuren, die mit der Situation im westlichen Pazifik betraut sind. Unsere Analyse in Kapitel 8 hat betont, welche Zwickmühle bei Meereseinsätzen entsteht, die sowohl konventionelle High-End-Missionen als auch Polizei-Funktionen beinhalten – alles mit dem Problem des immer kleiner werdenden Budgets im Rücken. Um ein Zitat von Robert Kaplan zu borgen: Wie die US-Navy ihren „eleganten Zerfall" verwaltet, wird von zentraler Bedeutung für die Zukunft der amerikanischen maritimen Strategie in Asien sein.[34]

Letztendlich ist Zeitplanung immer von außerordentlicher Bedeutung. Marine- und Militär-Modernisierungsprogramme sind stets außerordentlich kostspielig. Der Lebenszyklus von exorbitant teuren Gegenständen wie Kriegsschiffen – von Forschung und Entwicklung bis hin zur Serienproduktion und regulärer Wartung und schließlich zur Entsorgung – wird in Jahrzehnten gemessen. So müssen viele der chinesischen Einheiten, welche zu den operierenden PLA-Streitkräften nach der Jahrhundertwende hinzukamen, während der 1990er Jahre entwickelt worden sein – als westliche Beobachter sich nur auf lückenhafte und rargesäte Quellen verlassen konnten. Im Endeffekt waren diese Forschungsprogramme für den Außenstehenden unsichtbar. Die Geschwindigkeit, mit der die PLA im letzten Jahrzehnt großformatige Waffensysteme eingeführt hat, deutet darauf hin, dass hier eine Parallelentwicklung betrieben wurde. So entsteht der Eindruck, dass das chinesische Militär es geschafft hat, in seiner Waffentechnologie einen gewaltigen Sprung nach vorne zu machen.

Ohne dass sie sich dessen bewusst waren, haben Analysten in den späten 1990er Jahren und im frühen 21. Jahrhundert ihre Arbeiten verfasst, als die Erfolgskurve der chinesischen Militärmodernisierung an einem Wendepunkt stand. Es war damals noch einfach, der chinesischen Militärmacht gegenüber gelassen zu bleiben, da die Investitionen und Arbeit der PLA noch keine Früchte trug. Dies erklärt, warum Institutionen wie die RAND-Corporation erst 2005 angefangen haben, ihre Einschätzungen zu ändern – während die Bugwelle der chinesischen Marinemodernisierung anfing, an ihre Küsten zu schlagen. Wir behaupten nicht, dass wir niemals in solche analytischen Fallen gehen und ähnlichen Trugschlüssen erliegen könnten. Die einzige Vorhersage, die wir mit absoluter Sicherheit treffen können, ist, dass manche unserer Erkenntnisse den Lauf der Zeit nicht überstehen werden. Wenn man vorausdenkt, ist es immer ratsam, sich Michael Handels Porträt des Kriegs und, wenn wir dies hinzufügen dürfen, aller menschlichen Wettbewerbssituationen zu vergegenwärtigen: als einen kontinuierlichen Prozess von Wechselwirkungen zwischen Kampfeslustigen im Wettstreit um einen verhältnismäßig betrachteten Vorteil.[35] Voraussicht ist ein ehrenwertes Ziel, aber eine nüchterne Betrachtung ist die beste Gesinnung bei der Analyse internationaler Beziehungen in Asien als der wohl dynamischsten Region der Erde.

Diese kurze Studie über die Debatte um Chinas maritimen Aufstieg offenbart, wieder einmal, dass es gefährlich ist, die Regeln der Mahan-Schule so weit zu betonen, dass diese Grundsätze die sie beherrschende Logik außer Kraft setzen. Es ist wahr, dass es sein könnte – so wie es zu Lebzeiten Mahans im Hinblick auf Deutschland und Japan der Fall war –, dass die Grammatik des Seekriegs das Rennen der chinesischen Strategieüberlegungen gewinnen wird und somit Chinas maritime Strategie auf einen ominösen Kurs lenkt. Natürlich wären die Chinesen nicht die Ersten, die in den Bann von beindruckenden Waffensystemen und maritimem Heldentum gezogen werden. Aber wir sollten nicht annehmen, dass dies tatsächlich der Fall wird. Wie es auch immer kommen wird, die Möglichkeit der Umkehrung des Verhältnisses zwischen maritimer Grammatik und maritimer Logik gibt uns einen zusätzlichen Ansatz, mit dem wir die Entwicklung der chinesischen Strategie verfolgen können. Falls chinesische Überlegungen einsetzen sollten, von der Logik der Zugangskontrolle abzuweichen und sich stattdessen auf Waffensysteme um ihrer selbst willen einzupendeln, würde dies ein Warnsignal für die Vereinigten Staaten und ihre Verbündeten sein.

Bis dahin jedoch ist die sicherste Annahme, dass die Logik der Seemacht – und nicht die technischen Eckdaten von diesem oder jenem Marinewaffensystem – das Schicksal Chinas auf den Meeren bestimmen wird. Die Betrachtung von Mahans erstem Dreizack des Handels, der Politik und der militärischen Stärke in Kombination mit seinem zweiten Dreizack der Seekriege, wird die Diskussion über Chinas Seemacht enorm bereichern – all die Amerikaner und Asiaten, die auf Schiffen zur See fahren, werden für diese Überlegungen dankbar sein.

ANHANG

Der Verlag schließt nicht aus, dass einige der im Anhang aufgeführten Links nicht mehr zur Verfügung stehen.

KAPITEL 1. DIE BEIDEN DREIZACKE DES MAHAN

1. David Lague: *China Airs Ambitions to Beef Up Naval Power.* New York Times, 28. Dezember 2008, http://www.nytimes.com/2006/12/28/worldasia/28ihtchina.4038159.html

2. Paul Kennedy: *The Rise and Fall of Navies.* New York Times, 5. April 2007, http://www.nytimes.com/2007/04/05/opinion/05iht-edkennedy.1.5158064.html

3. Gespräche d. Verf. mit europ. Staatsvertretern u. Wissenschaftlern; u. Konferenz über: *Pioneering for Solutions against Piracy.* Netherlands Institute of International Relations, 8. Juli 2009, http://www.clingendael.nl/cscp/events/20090708/

4. Jasper Gerard: *Ministers Accused of 'Sea Blindness' by Britain's Most Senior Royal Navy Figure.* Telegraph, 12. Juni, 2009, http://www.telegraph.co.uk/news/newstopics/politics/defence/5517833/Ministers-accused-of-sea-blindness-by-Britains-most-senior-Royal-Navy-figure.html

5. Tim Webb: *MoD May Sell Aircraft Carrier to India to Limit Cuts.* The Guardian, 15. November 2009, http://www.guardian.co.uk/politics/2009/nov/15/mod-may-sell-carrier

6. Kennedy: *Rise and Fall of Navies.* Für mehr Information, siehe Bruce Swanson: *Eighth Voyage of the Dragon: A History of China's Quest for Sea Power.* Annapolis, Md.: Naval Institute Press, 1982, 28–43 und Louise Levathes: *When China Ruled the Seas: The Treasure Fleet of the Dragon Throne, 1405–1433.* London: Oxford University Press, 1994).

7. Julian S. Corbett: *Some Principles of Maritime Strategy*, Einf. Eric J. Grove. 1911; Neudruck, Annapolis, Md.: Naval Institute Press, 1988, 94; K. M. Panikkar: *Asia and Western Dominance: A Survey of the Vasco da Gama Epoch of Asian History, 1498–1945.* New York: Day, 1954 und K. M. Panikkar: *India and the Indian Ocean: An Essay on the Influence of Sea Power on Indian History.* New York: Macmillan, 1945.

8. Nicholas Evan Sarantakes: *The Last Days of the Royal Navy: Lessons from Britain's Strategic Retreat from the Pacific* in *Asia Looks Seaward: Power and Maritime Strategy.* Bearbeitung Toshi Yoshihara und James R. Holmes. Westport, Conn.: Praeger, 2007, 32–45. Siehe auch Panikkar: *Asia and Western Dominance.*

9. Zhang Ming und Chen Xiangjun: *Collision in the Pacific: Assessing the Development of Sino-Japanese Maritime Power and Possible Confrontation in the New Century.* Shipborne Weapons, November 2005, 19.

10. Geoffrey Till: *Maritime Strategy in a Globalizing World.* Orbis 51, no. 4, Herbst 2007: 569–575 und Geoffrey Till: *Seapower.* London: Frank Cass, 2003.

11. *Chasing Ghosts*. Economist, 11. Juni 2009, 48, http://www.economist.com/display Story.cfm?story_id=13825154

12. Robert D. Kaplan: *America's Elegant Decline*. Atlantic, November 2007, http://www.theatlantic.com/doc/200711/america-decline

13. Robert D. Kaplan: *The Revenge of Geography*. Foreign Policy, Mai/Juni 2009, http://www.foreignpolicy.com/story/cms.php?story_id=4862&print=1

14. Margaret Tuttle Sprout: *Mahan: Evangelist of Sea Power* in *Makers of Modern Strategy: Military Thought from Machiavelli to Hitler*. Bearb. Edward Meade Earle. Princeton, N.J.: Princeton University Press, 1943, 415; Robert Seager II und Doris D. Maguire. Bearb.: *Letters and Papers of Alfred Thayer Mahan, vol. 2, 1890–1901*. Annapolis, Md.: Naval Institute Press, 1975, 342.

15. Für eine Definition von „antiaccess", siehe Roger Cliff, Mark Burles, Michael S. Chase, Derek Eaton und Kevin L. Pollpeter: *Entering the Dragon's Lair: Chinese Antiaccess Strategies and Their Implications for the United States*. Santa Monica, Kalif.: RAND, 2007, 11.

16. Thomas P. Ehrhard und Robert O. Work: *Range, Persistence, Stealth, and Networking: The Case for a Carrier-Based Unmanned Combat System*. Washington, D.C.: Center for Strategic and Budgetary Assessments, 200, S. 137–138.

17. Ebd., 195.

18. Mark Cozad: *China's Regional Power Projection: Prospects for Future Missions in the South and East China Seas* in *Beyond the Strait: PLA Missions Other Than Taiwan*. Bearb. Roy Kamphausen, David Lai und Andrew Scobell. Carlisle Barracks, Carlisle, Pa.: Strategic Studies Institute, 2008, 287–325.

19. Alfred Thayer Mahan: *The Influence of Sea Power upon History, 1660–1783*. 1890; Neudruck, New York: Dover, 1987, 25.

20. Alfred Thayer Mahan: *The Problem of Asia*. 1900; Neudruck, Port Washington, N.Y.: Kennikat Press, 1970, 124.

21. Alfred Thayer Mahan: *The Interest of America in Sea Power, Present and Future*. 1897; Neudruck, Freeport, N.Y.: Books for Libraries Press, 1970, 65–83, 277–292.

22. Mahan: *Problem of Asia*, 124.

23. Carl von Clausewitz: *On War*, übersetzt v. Michael Howard und Peter Paret. Princeton, N.J.: Princeton University Press, 1976, S. 605.

24. Harold Sprout und Margaret Sprout: *The Rise of American Naval Power*. Princeton, N.J.: Princeton University Press, 1939, S. 203, 217–222.

25. James R. Holmes: *China's Way of Naval War: Mahan's Logic, Mao's Grammar*. Comparative Strategy 28 (2009), 1–27.

26. Mahan: *Problem of Asia*, 33.

27. Mahan: *Influence of Sea Power upon History*, 22–23.

28. Alfred Thayer Mahan: *Retrospect & Prospect*. Boston: Little, Brown, 1902, 246.

29. Ebd., 246.

30. Mahan: *Influence of Sea Power upon History*, 71.

31. Ebd., 53.

32. Ebd., 138.

KAPITEL 2. CHINA BESCHÄFTIGT DIE STRATEGIETHEORETIKER

1. Robert S. Ross: *The Geography of the Peace: East Asia in the Twenty-first Century.* International Security 23, no. 4, Frühjar 1999, 81–118. Siehe auch Andrew J. Nathan und Robert S. Ross: *The Great Wall and the Empty Fortress: China's Search for Security.* New York: Norton, 1998.

2. Michael O'Hanlon: *Why China Cannot Conquer Taiwan.* International Security 25, no. 2, Herbst 2000, 51–86.

3. Bernard D. Cole: *The Great Wall at Sea: China's Navy Enters the Twenty-first Century.* Annapolis, Md.: Naval Institute Press, 2001, S. 181.

4. Siehe Keith Crane, Roger Cliff, Evan Medeiros, James Mulvenon und William Overholt: *Modernizing China's Military: Opportunities and Constraints.* Santa Monica, Kalif.: RAND, 2005, 91–134.

5. U.S. Department of Defense: Jahresbericht an den Kongress: *Military Power of the People's Republic of China.* Washington, D.C.: Department of Defense, 2008, http://www.defenselink.mil/pubs/pdfs/China_Military_Report _08.pdf

6. *China's Navy: Distant Horizons.* Economist, 23. April 2009, http://www.economist.com/world/asia/displaystory.cfm?story_id=13527838

7. Wang Jianfen und Nie Ligao: *Japan Defense Minister's China Visit a Sign of Warming Relations.* China Daily, 23. März 2009, http://www.chinadaily.com.cn/china/2009-03/23/content_7607571.htm

8. *Secret Sanya – China's New Nuclear Naval Base Revealed.* Jane's Intelligence Review, 21. April 2008, http://www.janes.com/news/security/jir/jir080421_1_ n.shtml

9. Ian Storey: *China's Malacca Dilemma.* China Brief 6, no. 8, 12. April 2006, http://www.jamestown.org/programs/chinabrief/single/?tx_ttnews%5Btt_news%5D=31575&tx_ttnews%5BbackPid%5D=196&no_cache=1

10. Bill Gertz: *China's Pearls.* Washington Times, 1. Januar 2009, http://www.washingtontimes.com/news/2009/jan/01/inside-the-ring-84163751/

11. Gurpreet Khurana: *China-India Maritime Rivalry.* Indian Defense Review 23, no. 4, Juli–September 2009, http://www.indiandefencereview.com/2009/04/china-india-maritime-rivalry.html

12. Julian S. Corbett: *Some Principles of Maritime Strategy*, Einf. Eric J. Grove. 1911; Neudruck, Annapolis, Md.: Naval Institute Press, 1988, 94.

13. K. M. Panikkar: *Asia and Western Dominance: A Survey of the Vasco da Gama Epoch of Asian History, 1498–1945.* New York: Day, 1954 und Panikkar: *India and the Indian Ocean.* New York: Macmillan, 1945.

14. Ni Lexiong: *Sea Power Yesterday, Today, and Tomorrow – Reading Mahan's The Influence of Sea Power upon History.* China Book Review, no. 8, 2006, 23.

15. Alfred Thayer Mahan: *The Influence of Sea Power upon History, 1660–1783.* 1890; Neudruck, New York: Dover, 1987, 138.

16. *Asia's Maritime Rivalries.* Economist, 11. Juni 2009, http://www.economist.com/displayStory.cfm?story_id=13825154

17. Alfred Thayer Mahan: *The Problem of Asia.* 1900; Neudruck, Port Washington: Kennikat, 1970, 38.

18. Ebd., 29–30.

19. George W. Baer: *One Hundred Years of Sea Power: The U.S. Navy, 1890–1990.* Stanford, Kalif.: Stanford University Press, 1994, 12.

20. V. R. Berghahn: *Germany and the Approach of War in 1914.* New York: St. Martin's Press, 1973, 35.

21. Siehe Sadao Asada: *From Mahan to Pearl Harbor: The Imperial Japanese Navy and the United States.* Annapolis, Md.: Naval Institute Press, 2006.

22. Siehe z.B. David Hale: *China's Growing Appetites.* The National Interest 76, Sommer 2004, 137–147.

23. Bezüglich Chinas Aufbau der Handelsflotte siehe David Lague: *The Making of a Juggernaut.* Far Eastern Economic Review, 18. September 2003, 30–33. „Mahan ist lebendig und lebt in Peking", erklärt Lague und verweist auf das schnelle Wachstum von Chinas Handelsflotte. Einige Nachrichtenkanäle haben die Konzentration auf Taiwan beim chinesischen Flottenausbau beachtet. Siehe als Beispiel Edward Cody: *With Taiwan in Mind, China Focuses Military Expansion on Navy.* Washington Post, 20. März, 2004, A 12.

24. Harold Sprout und Margaret Sprout: *The Rise of American Naval Power.* Princeton, N.J.: Princeton University Press, 1939, 203, 217–222.

25. Carl von Clausewitz: *On War.* Übersetzt v. Michael Howard und Peter Paret. Princeton, N.J.: Princeton University Press, 1976, 605.

26. Michael I. Handel: *Masters of War: Classical Strategic Thought*, 3. Auflage, Nachdruck London: Frank Cass, 2004, bes. 119–134.

27. Wu Shengli und Hu Yanlin: *Building a Powerful People's Navy that Meets the Requirements of the Historical Mission for Our Army.* Qiushi 14, 16. Juli 2007, FBIS- CPP20070716710027.

28. Jiang Shiliang: *The Command of Communications.* Zhongguo Junshi Kexue, 2. Oktober 2002, 106–114, FBIS-CPP20030107000189.

29. Ye Hailin: *Safe Seas.* Beijing Review 13, 2. April, 2009, FBIS-CPP200904 30716005.

30. Bruce Elleman: *A Comparative Historical Approach to Blockade Strategies: Implications for China* in *China's Energy Strategy: The Impact on Beijing's Maritime Policies.* Bearb. Gabriel B. Collins, Andrew S. Erickson, Lyle J. Goldstein und William S. Murray. Annapolis, Md.: Naval Institute Press, 2008, 365–386.

31. Dean Acheson: *Remarks by the Secretary of State (Acheson) before the National Press Club,* Washington, 12. Januar 1950 in *Documents on American Foreign Relations, vol. 12.,* 1. Januar–31. Dezember 1950. Bearb. Raymond Dennett und Robert K. Turner. Princeton, N.J.: Princeton University Press, 1951, 431.

32. Zitiert in Samuel Eliot Morison: *The Two-Ocean War: A Short History of the United States Navy in the Second World War.* Boston: Little, Brown, 1963, 476.

33. Zitiert in Courtney Whitney: *MacArthur: His Rendezvous with History.* New York: Knopf, 1956, 378–379.

34. Siehe Zhan Huayun: *Oceanic Exits: Strategic Passageways to the World.* Modern Navy, April 2007: 28; Li Yuping. *Interpreting Sea Power through Taiwan's Strategic Geography.* Modern Ships, April 2004: 5; Bai Yanlin. *Island Chains and the Chinese Navy.* Modern Navy, Oktober 2007: 18 und Lu Baosheng und Guo Hongjun:

Guam: A Strategic Stronghold on the West Pacific. Jiefangjun Bao, 19. Juni, 2003, FBIS-CPP20030619000057.

35. Peng Guangqian und Yao Youzhi: *The Science of Military Strategy.* Peking: Military Science Publishing House, 2005, 443.

36. Chin. Staatsrat: *China's National Defense in 2004.* Dezember 2004, Federation of American Scientists, http://www.fas.org/nuke/guide/china/doctrine/natdef 2004.html

37. Chin. Staatsrat: *China's National Defense in 2006.* Dezember 2006, http://www.china.org.cn/english/features/book/194485.htm

38. Chin. Staatsrat: *China's National Defense in 2008.* Januar 2009, National Defense University, http://merln.ndu.edu/whitepapers/China_English2008.pdf

39. Siehe Nan Li: *The Evolution of China's Naval Strategy and Capabilities: From 'Near Coast' and 'Near Seas' to 'Far Seas'.* Asian Security 5, no. 2, 2009, 145.

40. Jeffrey B. Goldman: *China's Mahan.* U.S. Naval Institute Proceedings 122, no. 3, März 1996, 44–47.

41. Liu Huaqing: *Liu Huaqing Memoir.* Peking: Liberation Army Press, 2004), 434.

42. Redaktioneller Ausschuss der chinesischen Marine-Enzyklopädie: *Chinese Navy Encyclopedia.* Peking: Haichao Publishers, 1999, 1154.

43. Yao Youzhi und Chen Zeliang: *Initial Exploration of Communication Battlefields in High-Technology Wars.* China Military Science 15, Nr. 3, 2002, 61.

44. Dai Xu: *Rise of World Powers Cannot Do without Military Transformation.* Huanqiu Shibao, 15. März 2007, FBIS-CPP20070326455002.

45. Für eine Darstellung von Chinas Marinebestrebungen siehe John Wilson Lewis und Xue Litai: *China's Strategic Sea Power: The Politics of Force Modernization in the Nuclear Age.* Stanford, Kalif.: Stanford University Press, 1994; Alexander Chieh-cheng Huang: *The Chinese Navy's Offshore Active Defense Strategy.* Naval War College Review 47, no. 3, Sommer 1994, 9–18 und Jun Zhan: *China Goes to the Blue Waters: The Navy, Sea Power Mentality, and the South China Sea.* Journal of Strategic Studies 17, no. 3, September 1994, 180–208.

46. Mao Tse-tung: *Strategy in China's Revolutionary War* in *Selected Writings of Mao Tse-Tung, vol. 1.* Peking: Foreign Languages Press, 1966, 207, 224.

47. Sunzi: *The Art of Warfare*, übersetzt d. Roger T. Ames. New York: Ballantine, 1993; Mao: *Strategy in China's Revolutionary War*, 217–218.

48. Mao: *Strategy in China's Revolutionary War*, 220, 234.

49. Ebd., 208, 211, 217, 234.

50. Milan N. Vego: *Naval Strategy and Operations in Narrow Seas.* London: Frank Cass, 85–88. Für die US-Army-Definition von „Inneren Linien", siehe *Headquarters, U.S. Department of the Army, Field Manual 3-0, Operations.* Washington, D.C.: U.S. Army, Juni 2001, 5-7-5-9, http://www.dtic.mil/doctrine/jel/service_pubs/fm3_0b.pdf

51. Mao Tse-tung: *Problems of Strategy in Guerrilla War* in *Selected Writings of Mao Tse-Tung, vol. 2.* Peking: Foreign Languages Press, 1966, 83.

52. Ebd., 82–84.

53. Mao Tse-tung: *On Protracted War* in *Selected Works of Mao Tse-tung*, http://www.marxists.org/reference/archive/mao/selected-works/volume-2/mswv2_09.htm

54. Mao: *Strategy in China's Revolutionary War*, 207, 224.

55. Eine offensive Denkweise „bedeutet jedoch nicht, dass wir Revolutionäre, wenn wir uns bereits im Gefecht mit einem Feind befinden, welcher Überlegenheit genießt, keine defensive Maßnahmen anwenden sollten, selbst wenn wir stark bedrängt werden. Nur ein überstolzer Idiot würde auf diese Weise denken". Ebd., 208.

56. Admiral Liu wird die Prägung des Ausdrucks „Aktive Verteidigung auf hoher See" („offshore active defense") zugeschrieben. Er drängte China, eine Phasenstrategie anzuwenden, um der US-Navy die Kontrolle über die Gewässer innerhalb der ersten Inselkette abzuringen, bevor China seine Aufmerksamkeit auf die Gewässer innerhalb der „zweiten Inselkette", weiter raus auf den Pazifik und schließlich auf den globalen Wettstreit um die maritime Vorherrschaft richten kann. Siehe Cole: *Great Wall at Sea*, 165–168; Goldman: *China's Mahan*; Jun: *China Goes to the Blue Waters*, 189–191 und Huang: *Chinese Navy's Offshore Active Defense Strategy*, 18.

57. Hinweise auf eine US-„Einkreisung" („encirclement") und „Eindämmung" („containment") sind allgegenwärtig in der chinesischen Presse. Siehe z.B. Willy Wo-Lap Lam: *Hu's Central Asian Gamble to Counter the U.S. 'Containment Strategy*. China, Brief 5, no. 15, 5. Juli 2005, 7–8.

58. Mao: *Strategy in China's Revolutionary War*, 205–249.

59. Alfred Thayer Mahan: *From Sail to Steam: Recollections of Naval Life*. 1907; Neudruck, New York: Da Capo, 1968, 313–316.

60. Ebd., 302.

61. Alfred Thayer Mahan: *Retrospect & Prospect: Studies in International Relations, Naval and Political*. Boston: Little, Brown, 1902, 8–10.

62. Robert K. Massie: *Dreadnought: Britain, Germany, and the Coming of the Great War*. New York: Random House, 1991, xxiii–xxiv. Siehe auch Margaret Tuttle Sprout: *Mahan: Evangelist of Sea Power* in *Makers of Modern Strategy: Military Thought from Machiavelli to Hitler*. Bearb. Edward Meade Earle. Princeton, N.J.: Princeton University Press, 1943, 415–445.

63. Wolfgang Wegener: *The Naval Strategy of the World War*. 1929; Neudruck, Annapolis, Md.: Naval Institute Press, 1989, 22.

64. Mahan: *From Sail to Steam*, 303.

65. Shinohara Hiroshi: *Kaigun sosetsu shi [History of the Navy's Establishment]*. Riburo-poto, 1986, 409–13; David C. Evans und Mark R. Peattie: *Kaigun: Strategy, Tactics, and Technology in the Imperial Japanese Navy, 1887–1941*. Annapolis, Md.: Naval Institute Press, 1997, 67–71.

66. Sadao: *From Mahan to Pearl Harbor*.

67. Für eine Auswahl der übertriebenen Konzentration auf die kriegerischeren Ausmaße von Mahans Schriften siehe Liu Xinhua und Qin Yi: *Modern Sea Power and National Maritime Strategy*. Journal of Social Sciences März 2004, 73.

68. Zhan Huayun: *Strategic Uses of the Sea – Knocking at the Door of a Grand Strategy*. Dangdai Hiajun, 1. Mai 2007, 17–19, FBIS-CPP20070626436011.

69. Feng Zhaokui: *China's Rise Cannot Rely Only on Heading towards the Sea*. Huanqiu Shibao, 23. März 2007, FBIS-CPP20070402455001.

70. Gao Xinsheng: *Islands and China's Coastal Defense in the New Century*. Guofang, 28. Dezember 2006, FBIS-CPP20061228478003.

71. Chen Zhou: *The Evolution of U.S. Strategy toward China and China's Peaceful Development*. Peace and Development, no. 4, November 2008, 9–13.

72. Siehe Liu Zhongmin: *The Question of Sea Power in Geopolitical Theory. Parts 1–3*. Ocean World, Mai–Juli 2008.

73. Wang Sujuan: *Globalization Era and Chinese Sea Power*. Journal of Chifeng College, Februar 2007, 87 und Zhang Wenmu: *Survival, Development, Sea Power*. Contemporary Military Digest, Juli 2006, 30.

74. Siehe Pu Yao: *The History, Current State, and Development Trends of Geopolitical Theory*. Social Scientist, Juni 2008, 144.

75. Huang Jiang: *On Modern Command of the Sea*. China Military Science 16, no. 2, 2003, 25.

76. Corbett: *Some Principles of Maritime Strategy*, 91.

77. Ji Rongren und Wang Xuejin: *Assessing the Relationships between Command of Communications, Command of the Air, and Command of the Sea*. China Military Science 15, no. 4, 2002, 114. Für eine sehr ähnliche Beschreibung der Herrschaft über die See siehe Liu Yijian: *Theory of the Command of the Seas and Its Trend of Development*. Zhongguo Junshi Kexue, Januar 2005, FBIS-CPP20050427000217.

78. Luo Yuan: *Call from Blue Sea to Protect Development Interests of Country*. Liaowang, 9. Februar 2009, FBIS-CPP20070621436010.

79. Mahan: *Problem of Asia*, 190–191.

80. Für die verschiedenen chinesischen Verwendungen dieser Passage durch Mahan siehe Li Yihu: *Sea Power Theory and the Sea-Land Relationship*. Pacific Journal, no. 3, 2006, 21; Liu Jiangping und Zhui Yue: *Ocean Planning in the 21st Century – What Course for the Chinese Navy?* Modern Navy, Juni 2007, 8 und Liu Jiangping: *Chinese Navy Should Use Asymmetric Operations to Fight Against Sea, Air Threats*. Huanqiu Shibao, 4. Juni 2009.

81. Andrew Erickson und David D. Yang: *On the Verge of a Game Changer*. U.S. Naval Institute Proceedings 135, no. 5, Mai 2009, 26–32.

82. Siehe Liu Congde und We Xiaobo: *An Unchanging Formula? The Three Tests of Halford Mackinder's 'Heartland' Theory*. Journal of Central China Normal University 40, no. 5, September 2001, 52–56 und Wu Zhengyu: *Reacquainting 'Heartland Theory' and Its Strategic Meaning*. Contemporary International Relations, no. 3, 2005, 55–61.

83. Siehe Yu Sui: *Rice's Trip Highlights Central Asia Hot Spots*. Liaowang, 15. Oktober 2005, 45–47, FBIS-CPP20051021510020 und Yang Danzhi: *Asia-Europe Meeting Poses No Threat to Anybody*. Jiefangjun Bao, 27. Oktober, 2008, 5, FBIS-CPP 20081027710009.

84. Für seine vorherige kritische Behandlung von Seemachtadvokaten, siehe Ye Zicheng und Mu Xinhai: *A Few Thoughts on China Sea Power Development Strategy*. Studies of International Politics, August 2005, 5–17.

85. Ye Zicheng: *China's Peaceful Development: The Return and Development of Land Power*. World Economics and Politics, Februar 2007, 24.

86. Ebd., 29.

87. Ebd., 31.

88. Ye Zicheng: *Examining Geopolitics from the Perspective of Grand History.* Contemporary International Relations, Juni 2007, 2.

89. Ebd., 4.

90. Liu Zhongmin: *Argument about China-U.S. Sea Battle Misleading.* Huanqiu Shibao, 12. März 2008, 11, FBIS-CPP20080407587002.

91. Liu Zhongmin: *Some Thoughts on the Issue of Sea Power and the Rise of Great Nations.* Shijie Jingji Yu Zhengzhi, Dezember 2007, 6–14, FBIS-CCP20080111590002.

92. Zhang Minqian: *Geopolitical Changes and China's Strategic Choices.* Xiandai Guoji Guanxi [Contemporary International Relations], 20. Mai 2008, 18–19, FBIS-CPP 20080724508001.

93. Cheng Yawen: *The Eurasian Continent Is the Center of Gravity of China's Interests.* Huanqiu Shibao, 15. November 2007, FBIS-CPP20071211587001.

94. Ye Zicheng: *China's Sea Power Must Be Subordinate to Its Land Power.* Guoji Xianqu Daobao, 2. März 2007, FBIS-CPP20070302455003.

95. Lu Rude: *Former Naval Lecturer Argues China Needs Strong Navy.* RenminHaijun [People's Navy], 6. Juni 2007, 4.

96. Ni Lexiong: *The Historical Inevitability of the Transition from Land Power to Sea Power.* World Politics, November 2007, 31.

97. Lu Ning: *Merging into 'Maritime Civilization', China Should Have an Aircraft Carrier Battle Group.* Dongfang Zaobao, 24. März, 2009, FBIS-CPP20090325066002.

98. Li Yihu: *From Sea-Land Division to Sea-Land Integration – Reexamining China's Sea-Land Relations.* Contemporary International Relations, August 2007, 6. Siehe auch Li Yihu: *Changes in the Entity of Geopolitics.* Xiandai Guoji Guanxi, 20. Mai 2008, 6–7, FBIS-CPP20080718508008.

99. Li: *From Sea-Land Division,* 6.

100. Feng Liang und Duan Tingzhi: *Characteristics of China's Sea Geostrategic Security and Sea Security Strategy in the New Century.* Zhongguo Junshi Kexue, Januar 2007, 22–29, FBIS-CPP20070621436010.

101. Shi Chunlin: *A Commentary on Studies of the Last Ten Years Concerning China's Sea Power.* Xiandai Guoji Guanxi , 20. April, 2008, 53–60, FBIS-CPP20080603590001.

102. Siehe redaktionelle Bemerkung in Wang Zaibang: *The Globalization Process and Evolution of the Geo-strategic Pattern.* Xiandai Guoki Guanxi, 20. Mai 2008, 1–2, FBIS-CPP20080715508001.

KAPITEL 3. DAS DEUTSCHE BEISPIEL FÜR DIE CHINESISCHE MACHT AUF SEE

1. Aaron Friedberg: *Will Europe's Past Be Asia's Future?* Survival 42, no. 3 Herbst 2000, 147–159.

2. Avery Goldstein: *Rising to the Challenge: China's Grand Strategy and International Security.* Stanford, Kalif.: Stanford University Press, 2005, 204–219.

3. *Erklärung von Dr. Arthur Waldron bei einer Ausschusssitzung bezüglich der strategischen Absichten und Ziele von China.* House Armed Services Committee, 21. Juni 2000, http:// armedservices.house.gov/comdocs/testimony/106thcongress/00-06-21waldron.html

Frühere führende politische Entscheidungsträger von Demokratischen und Republikanischen Administrationen haben die Erfahrung des kaiserlichen Deutschland auf ähnliche Weise als ein warnendes Beispiel verwendet. Trotzdem haben sie sich bemüht, nicht die Vorstellung zu erwecken, dass Chinas Zukunft besiegelt ist. Siehe Zbigniew Brzezinski: *Living with China*. National Interest 59, Frühjahr 2000, 11, und Paul Wolfowitz: *Remembering the Future*. National Interest 59, Frühjahr 2000, 42.

4. China Central Television. *The Rise of Great Powers: Germany*. Peking: China Democracy and Law Publisher, 2006, 137.

5. Tang Yongsheng: *Construct a Solid Geostrategic Prop*. Xiandai Guoji Guanxi [Contemporary International Relations], 20. Mai 2008, 20–21.

6. Siehe Qiu Huafei: *The Development Trend in Sino-U.S. Strategic Relations in the New Century*. Shehui Kexue [Social Science], 20. Februar 2006, 18–26.

7. Wolfgang Wegener: *The Naval Strategy of the World War*. 1929; Neudruck, Annapolis, Md.: Naval Institute Press, 1989, xxvii, 96–100.

8. Holger H. Herwig: *Introduction* in ebd., XXVIII, XXXVI, XXXIX–XLI.

9. Zitiert in Robert K. Massie: *Dreadnought: Britain, Germany, and the Coming of the Great War*. New York: Random House, 1991, XXIII–XXIV. Siehe auch Margaret Tuttle Sprout: *Mahan: Evangelist of Sea Power* in *Makers of Modern Strategy: Military Thought from Machiavelli to Hitler*. Bearb. Edward Meade Earle. Princeton, N.J.: Princeton University Press, 1943, 415–445.

10. Holger H. Herwig: *The Influence of A. T. Mahan upon German Sea Power* in *The Influence of History on Mahan*. Bearb. John B. Hattendorf. Newport, R.I.: Naval War College Press, 1991, 70–71.

11. Mahan: *Influence of Sea Power upon History*, 71.

12. Die Londoner Times verglich die Revolution, die von Mahans Werken eingeleitet wurde, mit der, die von „Kopernikus auf dem Gebiet der Astronomie bewirkt worden war". Gregory Weeks: *Mahan, Alfred Thayer* in *Encyclopedia of Historians and Historical Writing, vol. 2*. Bearb. Kelly Boyd. Oxford: Routledge, 1999, 754.

13. Wegener: *Naval Strategy of the World War*, 22.

14. Ebd., 14.

15. Ebd.

16. Herwig: *Introduction*, XXXIX–XLI.

17. Paul M. Kennedy: *The Rise and Fall of British Naval Mastery*. London: Ashfield, 1986, 205–218.

18. Meng Xiangqing: *When the Periphery Is Stable, China Is at Peace*. Huanqiu Shibao [Global Times], 4. April 2007, FBIS-CPP20070420455004.

19. Department of Defense: *Annual Report to Congress: Military Power of the People's Republic of China, 2007*. Washington, D.C.: Department of Defense, 2007, 16.

20. Jiang Hong und Wei Yuejiang. *100,000 US Troops in the Asia-Pacific Look for 'New Homes'*. Guofang Bao, 10. Juni 2003, 1, FBIS-CPP20030611000068.

21. Feng Liang und Duan Tingzhi: *Characteristics of China's Sea Geostrategic Security and Sea Security Strategy in the New Century*. Zhongguo Junshi Kexue [China Military Science], 1. Januar 2007, 22–29.

22. Zitiert in Ma Haoliang: *China Needs to Break through the Encirclement of First Island Chain.* Ta Kung Pao, 21. Februar 2009, FBIS-CPP20090221708020.

23. Jiang Yu: *Island Chain and Far Seas Development of the Chinese Navy.* Shipborne Weapons, no. 12, 2008, 30–31.

24. Zhan Huayun: *Oceanic Exits: Strategic Passageways to the World.* Modern Navy, April 2007, 28.

25. Li Yuping: *Interpreting Sea Power through Taiwan's Strategic Geography.* Modern Ships, April 2004, 5.

26. Zitiert in Ma: *China Needs to Break.* Siehe auch Peng Guangqian und Yao Youzhi: *The Science of Military Strategy.* Peking: Military Science Publishing House, 2005, 443.

27. Lin Sixing: *Sino-North Korean Relations Are Indestructible though Not Stable.* Yazhou Zhoukan, no. 32, 13. August 2006, OSC-CPP20060814720006.

28. Wang Wei: Thoughts on Taiwan Strait Strategy. Shipborne Weapons, no. 11, 2005, 79.

29. Jiang: *Island Chain and Far Seas Development*, 31.

30. Bai Yanlin: *Island Chains and the Chinese Navy.* Modern Navy, Oktober 2007, 18.

31. Yu Fengliu: *The Best Sea Lane In and Out of the Pacific: Strait of Luzon.* Modern Navy, Mai 2007, 20.

32. Wegener: *Naval Strategy of the World War*, 11.

33. Paul M. Kennedy: *The Development of German Naval Operations Plans against England, 1896–1914* in *The War Plans of the Great Powers, 1880–1914.* Bearb. Paul M. Kennedy. Boston: Unwin Hyman, 1979, 171.

34. Paul G. Halpern: *A Naval History of World War I.* Annapolis, Md.: Naval Institute Press, 1994, 2.

35. Holger H. Herwig: *Luxury Fleet: The Imperial German Navy, 1888–1918.* London: Allen & Unwin, 1980, 95–110 und James R. Holmes: *Mahan, a 'Place in the Sun', and Germany's Quest for Sea Power.* Comparative Strategy 23, 2004, 27–61.

36. V. R. Berghahn: *Germany and the Approach of War in 1914.* New York: St. Martin's, 1973, 25–42.

37. Alfred von Tirpitz: *My Memoirs, vol. 1.* New York: Dodd, Mead, 1919, 142–165.

38. Ebd., 170–177.

39. Herwig: *Introduction*, XVIII.

40. Holger H. Herwig: *Imperial Germany: Continental Titan, Global Aspirant* in *China Goes to Sea: Maritime Transformation in Comparative Historical Perspective.* Bearb. Andrew S. Erickson, Lyle J. Goldstein und Carnes Lord. Annapolis, Md.: Naval Institute Press, 2009, 172–174.

41. Eyre Crowe: *Memorandum on the Present State of British Relations with France and Germany, January 1, 1907* in *British Documents on the Origins of the War 1898–1914, vol. 3, The Testing of the Entente, 1904–1906.* Bearb. G. P. Gooch und Harold Temperley. London: His Majesty's Stationery Office, 1927, 402–417.

42. Paul M. Kennedy: *Tirpitz, England and the Second Navy Law of 1900.* Militärgeschichtliche Mitteilungen 8, 1970, 38.

43. Herwig: *Introduction.* XVIII.

44. Alfred Thayer Mahan: *Armaments and Arbitration: Or, the Place of Force in the International Relations of States.* New York: Harper, 1912, 57.

45. Theodore Ropp: *Continental Doctrines of Sea Power* in *Makers of Modern Strategy: Military Thought from Machiavelli to Hitler.* Bearb. Edward Meade Earle. Princeton, N.J.: Princeton University Press, 1943, 446–456.

46. Alfred Thayer Mahan: *The Interest of America in Sea Power, Present and Future.* 1897; Neudruck, Freeport: Books for Libraries Press, 1970, 198.

47. Tirpitz: *My Memoirs*, 57–62.

48. Herwig: *The Influence of A. T. Mahan*, 72–73.

49. Siehe David G. Muller: *China as a Maritime Power.* Boulder, Colo.: Westview, 1984, 44–56, 111–116.

50. Ting Yu: *Complete Remake or 'Old Medicine in New Bottle'? A Brief Discussion of the Role and Application of the Type 022 Stealth Missile Boat.* Xiandai Bingqi [Modern Weaponry], 2. September 2008, 35–43.

51. Roger Cliff, Mark Burles, Michael S. Chase, Derek Eaton und Kevin L. Pollpeter: *Entering the Dragon's Lair: Chinese Antiaccess Strategies and Their Implications for the United States.* Santa Monica, Kalif.: RAND, 2007, 11.

52. Mahan: *Influence of Sea Power upon History*, 50–89.

53. Wegener: *Naval Strategy of the World War*, 95.

54. Ebd., 96.

55. Bezüglich der sich verschärfenden Rivalität siehe Paul M. Kennedy: *The Rise of the Anglo-German Antagonism, 1860–1914.* London: Ashfield, 1980, 410–431.

56. Winston S. Churchill: *The World Crisis.* New York: Scribner, 1923, 115.

57. Wegener: *Naval Strategy of the World War*, 11.

58. Howard K. Beale: *Theodore Roosevelt and the Rise of America to World Power.* Baltimore, Md.: Johns Hopkins, 1956, 36–38.

59. Für eine kurze Erklärung von Dengs „24-character-strategy" siehe U.S. Office of the Secretary of Defense: *Annual Report to Congress: Military Power of the People's Republic of China, 2007.* http://www.defenselink.mil/pubs/pdfs/070523-China-Military-Power-final.pdf7

60. Informationsbüro des Staatsrats der Volksrepublik China: *China's National Defense in 2008*, Januar 2009, 31, GOV.cn Webseite, http://english.gov.cn/official/2009-01/20/content_1210227.htm

61. Quan Jinfu: *The Innovations and Development of the Chinese Navy's Strategic Theory in the New Century.* Journal of PLA Nanjing Institute of Politics, 3. März, 2004, 81–85.

62. Cao Zhi und Chen Wanjun: *Hu Jintao Emphasizes When Meeting Deputies to 10th Navy CPC Congress.* Xinhua, 27. Dezember 2006.

63. Fang Yonggang, Xu Mingshan und Wang Shumei: *On Creative Development in the Party's Guiding Theory for Naval Building.* Zhongguo Junshi Kexue [China Military Science], 20. August 2007, 66–77.

64. Wu Shengli und Hu Yanlin: *Building a Powerful People's Navy that Meets the Requirements of the Historical Mission for Our Army.* Qiushi 14, 16. Juli 2007, FBIS-CPP20070716710027.

65. Der ONI-Beport stammt von der Federation of American Scientists gemäß des Free-dom of Information Act. Hans Kristensen: *Chinese Submarine Patrols Doubled in 2008.* Federation of American Scientist Strategic Security Blog.http://www.fas.org/blog/ssp/2009/02/patrols.php#more-731

66. *Aircraft Carrier Project.* GlobalSecurity.org. http://www.globalsecurity.org/military/world/china/cv.htm

67. Andrew S. Erickson und David D. Yang: *On the Verge of a Game-Changer.* U.S. Naval Institute Proceedings 135, no. 5, Mai 2009, 26–32.

68. Mahan: *Influence of Sea Power upon History,* 35–42.

69. Webseite des Marineschiffsregisters. http://www.nvr.navy.mil/nvrships/FLEET.HTM und James W. Crawley: *Navy Has Fewest Ships since before World War I.* San Diego Union-Tribune, 2. Oktober 2003, GlobalSecurity.org Webseite, http://www.globalse-curity.org/org/news/2003/031002-usn.htm

70. U.S. Navy, Marine Corps und Coast Guard: *A Cooperative Strategy for 21st Century Seapower,* Oktober 2007, http://www.navy.mil/maritime/MaritimeStrategy.pdf

71. Yoichi Funabashi: *As a Maritime Nation, the Seas Await Japan.* Asahi Shimbun, 2. Februar 2004.

72. Bai: *Island Chains and the Chinese Navy,* 17.

73. Barry R. Posen: *Command of the Commons: The Military Foundation of U.S. Hegemony.* International Security 28, no. 1, Sommer 2003, 22.

KAPITEL 4. FLOTTENTAKTIKEN MIT CHINESISCHEM CHARAKTER

1. Andrew J. Nathan und Robert S. Ross: *The Great Wall and the Empty Fortress: China's Search for Security.* New York: W. W. Norton, 1997, 24–26.

2. Siehe zum Beispiel J. Noel Williams and James S. O'Brasky: *A Naval Operational Architecture for Global Tactical Operations* in *Globalization and Maritime Power.* Bearb. Sam J. Tangredi. Washington, D.C.: National Defense University Press, 2002), http://www.ndu.edu/inss/Books/Books_2002/Globalization_and_Maritime_Power_Dec_02/29_ch28.htm

3. Mahan dachte an die Fähigkeit der US-Navy, die Seeherrschaft über den Golf von Mexiko und die Karibik zu erlangen – beidseitig der Eingänge zum Isthmus-Kanal – trotz der Gesamtunterlegenheit der US-Navy gegenüber europäischen Marinen. Seine ausführlichste geopolitische Analyse dieser Gewässer erschien in Form von zwei Essays: *The Strategic Features of the Gulf of Mexico and the Caribbean* (1887 in *Harper's* erschienen) und *The Isthmus and Sea Power* (1893 in *The Atlantic* erschie-nen).

4. Martin Andrew: *The Dragon Breathes Fire: Chinese Power Projection.* China Brief 5, no. 16, 19. Juli 2005, 5–8.

5. Alfred Thayer Mahan: *Naval Administration and Warfare.* Boston: Little, Brown, 1908, 155–156.

6. Keith Crane, Roger Cliff, Evan S. Medeiros, James C. Mulvenon und William H. Over-holt: *Modernizing China's Military: Opportunities and Constraints.* Santa Monica, Kalif.: RAND, 2005.

7. James R. Holmes und Toshi Yoshihara: *The Influence of Mahan upon China's Maritime Strategy*. Comparative Strategy 24, no. 1, Januar–März 2005, 53–71 und Lyle Goldstein und William Murray: *Undersea Dragons: China's Maturing Submarine Force*. International Security 28, no. 4, Frühjahr 2004, 162–194.

8. Mao schrieb über die japanische Invasion von China: „Obwohl Japan stark ist, hat es nicht genügend Soldaten. Obwohl China schwach ist, hat es ein weites Territorium, eine große Bevölkerung und viele Soldaten". Selbst wenn starke feindliche Streitkräfte die wichtigsten städtischen Gebiete und Kommunikationsknotenpunkte besetzen würden, würde China eine „allgemeine und vitale Basis erhalten, von welcher es den langwierigen Krieg zum endgültigen Sieg fortführen würde". Mao Tse-tung: *Problems of Strategy in Guerrilla War* in *Selected Writings of Mao Tse-Tung, vol. 2*. Peking: Foreign Languages Press, 1966, 158.

9. Mao Tse-tung: *Strategy in China's Revolutionary War* in *Selected Writings of Mao Tse-Tung, vol. 1*. Peking: Foreign Languages Press, 1966, 220, 234.

10. Wayne P. Hughes Jr.: *Fleet Tactics and Coastal Combat*, 2nd ed. Annapolis, Md.: Naval Institute Press, 2000. Dieses Werk ist eine leicht überarbeitete Version von Hughes' Klassiker: *Fleet Tactics: Theory and Practice*. Annapolis, Md.: Naval Institute Press, 1986.

11. Hughes: *Fleet Tactics*, 266.

12. Hughes: *Fleet Tactics and Coastal Combat*, 268–274.

13. Chester W. Richards: *A Swift, Elusive Sword: What If Sun Tzu and John Boyd Did a National Defense Review?* Präsentation während der Boyd-Konferenz, Marine Corps Base Quantico, Virginia, Herbst 2001, Center for Defense Information Webseite, http://www.cdi.org/mrp/swift_elusive_sword.rtf

14. Mao Tse-tung: *On Protracted War* in *Selected Works of Mao Tse-tung*, http://www.marxists.org/reference/archive/mao/selected-works/volume-2/mswv2_09.htm

15. Ni Lexiong: *Sea Power and China's Development*. Liberation Daily, 17. April 2005, 5, U.S.-China Economic and Security Review Commission, http://www.uscc.gov/researchpapers/translated_articles/2005/05_07_18_Sea_Power_and_Chinas_Development.pdf

16. Sunzi: *The Illustrated Art of War*. Übersetzt d. Samuel B. Griffith. 1963; Neudruck, Oxford: Oxford University Press, 2005), 125.

17. Samuel B. Griffith: *Introduction* in Sunzi: *Illustrated Art of War*, 17–30.

18. Carl von Clausewitz: *On War*. Bearb. übersetzt d. Michael Howard und Peter Paret. Princeton, N.J.: Princeton University Press, 1976, 605.

19. Barry R. Posen: *Command of the Commons: The Military Foundation of U.S. Hegemony*. International Security 28, no. 1, Sommer 2003, 5–46.

20. Bernard Brodie: *A Guide to Naval Strategy*, 3rd ed. Princeton, N.J.: Princeton University Press, 1944, 252.

21. Ebd.

22. Hughes: *Fleet Tactics*, 244.

23. Mahan missbilligte die Festungsflotte oder Flotten, die nur zur Unterstützung von Landbefestigungen (und in Reichweite der landgestützten Feuerunterstützung) eingesetzt wurden. Wie auch immer, würde er heute schreiben, so würde er seine Ana-

lyse abändern. Die Reichweite von küstengestützten Waffensystemen würde es einer Festungsflotte ermöglichen, weiter umherzustreifen als zu Mahans Zeiten und somit den Unterschied zwischen einer selbstständigen Flotte und einer, die von landgestütztem Feuerschutz abhängig ist, verringern. Das Zögern russischer Kommandeure, Togos Kaiserliche Flotte ebenfalls in weiter Ferne von Port Arthur herauszufordern, löste Mahans Zorn aus, aber eine PLA Navy, die, sagen wir, durch ballistische Antischiffsraketen unterstützt zum Angriff auf Feindschiffe in 2.500 km Entfernung fähig ist, wäre eine weitaus andersartige Schöpfung. Alfred Thayer Mahan: *Retrospect upon the War between Japan and Russia* in *Naval Administration and Warfare*. Boston: Little, Brown, 1918, 133–173.

24. Clausewitz: *On War,* 528. Siehe auch James R. Holmes: *Roosevelt's Pursuit of a Temperate Caribbean Policy* [Naval History 20, no. 4, August 2006, 48–53], welches Theodore Roosevelts Versuch, eine umstrittene Zone in der Karibischen See und im Golf von Mexiko zu schaffen, beschreibt.

25. Michael I. Handel: *Masters of War: Classical Strategic Thought,* 3. Aufl. Neudruck, London: Frank Cass, 2004, besonders 119–134.

26. Donald C. Winter: *Navy Transformation: A Stable, Long-term View.* Heritage Lecture no. 1004, 7. Februar 2007, Heritage Foundation Webseite, http://www.heritage.org/Research/NationalSecurity/hl1004.cfm

27. Ni: *Sea Power and China's Development.* 2. Für einen ausführlicheren Blick auf Mahans Einfluss in Peking siehe Holmes und Yoshihara: *Influence of Mahan,* 53–71.

28. Ni: *Sea Power and China's Development.* 1–2. Bezüglich Deutschlands Streben nach Seemacht siehe James R. Holmes: *Mahan, a 'Place in the Sun', and Germany's Quest for Sea Power.* Comparative Strategy 23, no. 1, Januar–März 2004, 27–62.

29. Thomas P. M. Barnett: *The Pentagon's New Map: War and Peace in the Twenty-first Century.* New York: G. P. Putnam's Sons, 2004, 62, 108, 152, 169.

30. Ni: *Sea Power and China's Development,* 4.

31. Alfred Thayer Mahan: *Considerations Governing the Disposition of Navies,* National Review, Juli 1902, 706.

32. Mahan betrachtete Schlachtschiffe als die Verkörperung einer offensiven Strategie: „Das Rückgrat und die wahre Stärke einer jeden Seemacht sind die Schiffe, die, bei entsprechendem Verhältnis zwischen defensiven und offensiven Stärken, in der Lage sind, harte Schläge einzustecken und auszuteilen". Mahan: *The Interest of America in Sea Power, Present and Future.* Boston: Little, Brown, 1919, 198.

33. Richard W. Turk: *The Ambiguous Relationship: Theodore Roosevelt and Alfred Thayer Mahan.* New York: Greenwood Press, 1987, 1–6, 101–107.

34. W. S. Sims: *The Inherent Qualities of All-Big-Gun, One-Caliber Battleships of High Speed, Large Displacement, and Gun Power.* U.S. Naval Institute Proceedings 32, no. 12, Dezember 1906, 1337–1366 und Hughes: *Fleet Tactics and Coastal Combat,* 69–70.

35. Richard A. Hough: *Dreadnought: A History of the Modern Battleship.* New York: Macmillan, 1964, 34–37.

36. Für eine Darstellung von Chinas maritimen Anstrengungen während des Kalten Krieges siehe John Wilson Lewis und Xue Litai: *China's Strategic Sea Power: The Politics of Force Modernization in the Nuclear Age.* Stanford, Kalif.: Stanford University Press, 1994.

37. Alexander Chieh-cheng Huang: *The Chinese Navy's Offshore Active Defense Strategy.* Naval War College Review 47, no. 3, Sommer 1994, 9–18 und Jun Zhan: *China Goes to the Blue Waters: The Navy, Sea Power Mentality, and the South China Sea:* Journal of Strategic Studies 17, no. 3, September 1994, 180–208.

38. Mao: *Strategy in China's Revolutionary War*, 207, 224.

39. Mao war bei operativen Fragen nicht doktrinär. Eine offensive Denkweise „bedeutet jedoch nicht, dass wir Revolutionäre, wenn wir uns bereits im Gefecht mit einem Feind befinden, welcher Überlegenheit genießt, keine defensive Maßnahmen anwenden sollten, selbst wenn wir stark bedrängt werden. Nur ein überstolzer Idiot würde auf diese Weise denken." Ebd., 208.

40. Hinweise auf eine US-„Einkreisung" („encirclement") und „Eindämmung" („containment") sind allgegenwärtig in der chinesischen Presse. Siehe z.B. Willy Wo-Lap Lam: *Hu's Central Asian Gamble to Counter the U.S. 'Containment Strategy'.* China Brief 5, no. 15, 5. Juli 2005, 7–8 und Mao: *Strategy in China's Revolutionary War*, 205–249.

41. Jiang Shiliang: *The Command of Communications.* Zhongguo Junshi Kexue, 2. Oktober 2002, 106–114, FBIS-CPP20030107000189.

42. Bernard D. Cole: *The Great Wall at Sea: China's Navy Enters the Twenty-first Century.* Annapolis, Md.: Naval Institute Press, 2001, 165–168; Jeffrey B. Goldman: *China's Mahan.* U.S. Naval Institute Proceedings 122, no. 3. März 1996, 44–47; Jun: *China Goes to the Blue Waters*, 189–191 und Huang: *Chinese Navy's Offshore Active Defense Strategy*, 18.

43. Bruce Elleman: *A Comparative Historical Approach to Blockade Strategies: Implications for China* in *China's Energy Strategy: The Impact on Beijing's Maritime Policies.* Gabriel B. Collins, Andrew S. Erickson, Lyle J. Goldstein und William S. Murray. Bearb. Annapolis, Md.: Naval Institute Press, 2008, 365–386.

44. Etwa 80 Prozent von Chinas Ölimporten, welche 40 Prozent des gesamten chinesischen Ölverbrauchs ausmachen, passieren die Meerenge (strait) und führen zum „Malakka-Dilemma". Office of the Secretary of Defense: *Military Power of the People's Republic of China, 2005.* Washington, D.C.: U.S. Department of Defense, 2005, 33. Bezüglich Chinas Bedarf an Mineralöl siehe David Hale: *China's Growing Appetites.* National Interest 76, Sommer 2004, 137–147.

45. You Ji: *Dealing with the Malacca Dilemma: China's Effort to Protect Its Energy Supply.* Strategic Analysis 31, no. 3, Mai 2007, 467–490.

46. Xu Zhiliang: *Clearly Delineate PRC Territorial Waters in Map Making.* Nanfang Ribao, 26. April 2001, FBIS-CPP20010427000033.

47. *Secret Sanya – China's New Nuclear Naval Base Revealed.* Jane's Intelligence Review, 21. April 2008, http://www.janes.com/news/security/jir/jir080421_1_n.shtml

48. Gurpreet Khurana: *New 'Revelations' on China's Nuclear Submarine Base at Hainan: Must India Be Anxious?* South Asia Defense & Strategic Review 2, no. 4, Juli–August 2008, 28–29.

49. Gespräche der Verfasser mit US-Wissenschaftlern, Newport, R.I., September 2008.

50. James R. Holmes und Toshi Yoshihara: *China's 'Caribbean' in the South China Sea.* SAIS Review of International Affairs 26, no. 1, Winter–Frühjahr 2006, 79–92.

51. Wendell Minnick: *RAND Study Suggests U.S. Loses War with China* Defense News, 16. Oktober 2008, http://www.defensenews.com/story.php?i=3774348&c=ASI&s=AIR

52. *Hangzhou Type 956 Sovremennyy.* GlobalSecurity.org, http://www.globalsecurity. org/military/world/china/haizhou.htm

53. Ted Parsons: *China Develops Antiship Missile.* Jane's Defense Weekly, 18. Januar 2006, http://www.janes.com/defence/naval_forces/news/jdw/jdw060118_1_n.shtml und Wendell Minnick: *China Developing Antiship Ballistic Missiles.* Defense News, 14. Januar 2008, http://www.defensenews.com/story.php?i= 3307277

54. Für mehr Einzelheiten über die FT-2000, siehe James C. O'Halloran. Bearb. *Jane's Land-Based Air Defense.* Surrey, U.K.: Jane's Information Group, 2004, 109–110.

55. Gemäß eines Pentagon-Jahresberichts über die chinesische Militärstärke trumpfte eine Informationsschrift, welche die FT-2000 bei der Farnborough Air Show 1998 anpries, damit auf, dass das System ein „AWACS-Killer" sei. Siehe Jahresbericht des U.S. Department of Defense: *Annual Report on the Military Power of the People's Republic of China.* Washington, D.C.: Department of Defense, Juli 2003, 30.

56. Für einen Einblick in die Pentagon-Berichte, die seit 2002 veröffentlicht wurden, siehe *Annual Report to Congress: Military Power of the People's Republic of China.* Department of Defense Webseite, http://www.defenselink.mil/pubs/china.html

57. Für weitere Information über die chinesische Unterseebootflotte siehe Andrew S. Erickson, Lyle J. Goldstein, William S. Murray und Andrew R. Wilson: *China's Future Nuclear Submarine Force.* Annapolis, Md.: Naval Institute Press, 2007, besonders 59–76, 359–372.

58. Andrew Hind: *The Cruise Missile Comes of Age.* Naval History 22, no. 5, Oktober 2008, 52–57 und Lloyd de Vries: *Israel: Iran Aided Hezbollah Ship Attack.* CBS News, 15. Juli 2006, http://www.cbsnews.com/stories/2006/07/15/world/main1807117.shtml? tag=contentMain;contentBody

59. Zhang Wenmu: *China's Energy Security and Policy Choices.* Shijie Jingji Yu Zhengzhi 5, 14. Mai 2003, 11–16, FBIS-CPP20030528000169. Siehe auch Zhang Wenmu: *Sea Power and China's Strategic Choices.* China Security, Sommer 2006, 17–31.

60. *J-11 [Su-27 FLANKER], Su-27UBK /Su-30MKK/Su-30MK2.* GlobalSecurity.org, http:// www.globalsecurity.org/military/world/china/j-11.htm

61. *RIM-7/-162 Sea Sparrow/ESSM.* Jane's Strategic Weapon Systems, 8. Februar 2008 und Joris Janssen Lok und Richard Scott: *Navies Face Choice Questions for Defense of Surface Combatants.* International Defense Review, 1. Februar 2005.

62. Die Studie wurde von Wayne Hughes geleitet. Chase D. Patrick: *Assessing the Utility of an Event-Step ASMD Model by Analysis of Surface Combatant Shared Self-Defense.* Monterey, Kalif.: U.S. Navy Postgraduate School, September 2001, 51–54.

63. *MK 15 Phalanx Close-In Weapons System (CIWS).* GlobalSecurity.org, http://www.globalsecurity.org/military/systems/ship/systems/mk-15-specs.htm

64. *F/A-18 Hornet.* GlobalSecurity.org, http://www.globalsecurity.org/military/systems/ aircraft/f-18-specs.htm und *BGM-109 Tomahawk.* GlobalSecurity.org, http://www.globalsecurity.org/military/systems/munitions/bgm-109-specs.htm

65. *AGM-84 Harpoon; SLAM [Stand-Off Land Attack Missile].* GlobalSecurity.org, http:// www.globalsecurity.org/military/systems/munitions/agm-84-specs.htm

66. Hughes: *Fleet Tactics,* 247.

KAPITEL 5. WECHSELWIRKUNG VON RAKETEN UND RAKETENABWEHR AUF SEE

1. Yan Weijiang: *1982: The War Record of the Second Naval Aviation Squadron.* World Outlook, Februar 2003, 75.

2. Lyle Goldstein: *China's Falklands Lessons.* Survival 50, no. 3, Juni–Juli 2008, 65.

3. Siehe Bates Gill, James Mulvenon und Mark Stokes: *The Chinese Second Artillery Corps: Transition to Credible Deterrence* in *The People's Liberation Army as an Organization.* Bearb. James Mulvenon und Andrew Yang. Santa Monica, Kalif.: RAND, 2002, 555.

4. Roger Cliff, Mark Burles, Michael S. Chase, Derek Eaton und Kevin L. Pollpeter: *Entering the Dragon's Lair: Chinese Antiaccess Strategies and Their Implications for the United States.* Santa Monica, Kalif.: RAND, 2007, 11.

5. Ebd., 81–90.

6. William S. Murray: *Revisiting Taiwan's Defense Strategy.* Naval War College Review 61, no. 3, Sommer 2008, 24.

7. Mark A. Stokes: *China's Strategic Modernization: Implications for the United States.* Carlisle Barracks, Carlisle, Pa.: Strategic Studies Institute, U.S. Army War College, 1999, 89.

8. Mark A. Stokes: *Chinese Ballistic Missile Forces in the Age of Global Missile Defense: Challenges and Responses* in *China's Growing Military Power: Perspectives on Security, Ballistic Missiles, and Conventional Capabilities.* Bearb. Andrew Scobell und Larry M. Wortzel. Carlisle Barracks, Carlisle, Pa.: Strategic Studies Institute, U.S. Army War College, 2002, 114.

9. *Jane's Defence Weekly* berichtete zuerst über die ONI-Erkenntnisse. Siehe Ted Parsons: *China Develops Antiship Missile.* Jane's Defence Weekly, 17. Januar 2006.

10. ONI, Office of Naval Intelligence: *Worldwide Maritime Challenges.* Suitland, Md.: Office of Naval Intelligence, 2004, 22.

11. Office of the Secretary of Defense: *Annual Report to Congress: Military Power of the People's Republic of China, 2005, 33.* http://www.defenselink.mil/pubs/china.html

12. Office of the Secretary of Defense: *Annual Report to Congress: Military Power of the People's Republic of China, 2009,* 21. http://www.defenselink.mil/pubs/china.html Die 2009er Ausgabe weist auch die Flugbahn einer ballistischen Antischiffsrakete auf, die von einem maßgebenden Artikel stammt, der 2006 vom Second Artillery Engineering College veröffentlicht wurde.

13. National Air and Space Intelligence Center: *Ballistic and Cruise Missile Threat.* Wright-Patterson Air Force Base, April 2009, NASIC-1031-0985-09, 14.

14. Ronald O'Rourke: *China Naval Modernization: Implications for U.S. Navy Capabilities.* Washington, D.C.: Congressional Research Service, 8. Oktober 2008, 2–4.

15. Siehe Paul S. Giarra: *A Chinese Antiship Ballistic Missile: Implications for the USN.* U.S.-China Economic and Security Review Commission, 11. Juni 2009, http://www.uscc.gov/hearings/2009hearings/written_testimonies/09_06_11_wrts/09_06_11_giarra_statement.pdf

16. Siehe Andrew Erickson und David D. Yang: *On the Verge of a Game-Changer.* U.S. Naval Institute Proceedings 135, no. 5, Mai 2009, 26–32.

17. ONI: *Worldwide Maritime Challenges*, 21.

18. Evan S. Medeiros: *'Minding the Gap': Assessing the Trajectory of the PLA's Second Artillery* in *Right-Sizing the People's Liberation Army: Exploring the Contours of China's Military*. Bearb. Roy Kamphausen und Andrew Scobell. Carlisle Barracks, Carlisle, Pa.: Strategic Studies Institute, 2007, 173.

19. Eric McVadon: *China's Maturing Navy*. Naval War College Review 59, no. 2, Frühjahr 2006, 96.

20. Cliff et al.: *Entering the Dragon's Lair*, 92–93.

21. Andrew F. Krepinevich Jr.: *The Pentagon's Wasting Assets: The Eroding Foundations of American Power*. Foreign Affairs 88, no. 4, Juli/August 2009, 23.

22. Wayne P. Hughes: *Fleet Tactics and Coastal Combat*. Annapolis, Md.: Naval Institute Press, 2000, 305.

23. Lisle A. Rose: *Power at Sea: A Violent Peace*. Columbia: University of Missouri Press, 2007, 216–218.

24. Für einen allgemeinen Blick auf das US-Verteidigungssystem gegen ballistische Raketen seit 2006, siehe Wang Shubin und Rong Xiangsheng: *The Historical Evolution of the U.S. Ballistic Missile Defense System*. Jiangsu Aviation, no. 3, 2007, 30–31; Zhu Wei: *The Gradual Formation of a Four Dimensional Integrated Missile Defense System*. National Defense Science and Technology, Januar 2007, 49–51; Wen Deyi: *Building a Sky Net: What Is the United States Busy Doing These Days?* Global Military, no. 124, April 2006, 38–39 und Wen Deyi: *The New Trends in U.S. Missile Defense Deployment Plans*. Defense Science and Technology Industry, April 2006, 59–60. Für eine Übersetzung eines Artikels von Konteradmiral Admiral Alan B. Hicks, dem Programmdirektor der Aegis-Ballistic-Missile-Defense, siehe Shi Jiangyue: *U.S. Sea-Based Ballistic Missile Defense System*. Modern Ships 4A, 2007, 16–19. Die Literaturstelle für den Originalartikel ist Alan B. Hicks: *Extending the Navy's Shield: Sea-Based Ballistic Missile Defense*. U.S. Naval Institute Proceedings 133, no. 1, Januar 2007, 56–59.

25. Ren Dexin: *Aegis Ships Encircle China*. Naval and Merchant Ships, September 2007, 12.

26. *Seventeen Aegis Vessels Surround China*. Sunset, Juli 2007, 18.

27. Yang Xiaowen: *BMD: 'Three Kingdoms' Is Being Performed on China's Periphery*. Global Military, no. 1, 2008, 11.

28. Chen Lihao: *Aegis Ship Successfully Intercepts Medium-Range Ballistic Missile*. World Outlook, no. 531, Januar 2006, 9.

29. Ren Dexin: *Aegis Anti-Ballistic Missile System in the Pacific*. Contemporary Military Digest, Oktober 2007, 18–19.

30. Hai Yan: *Strategic Military Site – Yokosuka Naval Base*. Modern Navy, September 2006, 59.

31. Liu Jiangping: *Aegis Anti-Ballistic Missile Fleet in the Pacific*. Modern Navy, Juni 2008, 29.

32. Ren Dexin und Cheng Jianliang: *The Deployment and Use of Aegis Anti-Ballistic Missile System in the Pacific*. Naval and Merchant Ships. Juli 2007, 17.

33. Dai Yanli: *The Functioning and Threat of Aegis Ships on Our Periphery*. Naval and Merchant Ships, September 2007, 18.

34. Qi Yanli: *The U.S. Sea-Based Midcourse Defense System*. Missiles and Space Vehicles, no. 3, 2005, 61.

35. Bai Yanlin: *World Navies along the Island Chains*. Modern Navy, Oktober 2007, 14.

36. Siehe Lu Desheng: *America's BMD, Which Way Is It Going?* China Militia, no. 3, 2008, 50–51.

37. Feng Huo: *Extreme Interception: Analysis of the Standard Missile-3 Destruction of Satellite*. Modern Ships 4A, 2008, 16.

38. Huo Mu: *What Is the Real Intention behind the U.S. Use of Sea-Based Ballistic Missile to Destroy an Out-of-Control Satellite?* Modern Navy, April 2008, 23; Wu Ganxiang: *The New Space Threat?* Beijing Review, 20.–26. März 2008, CPP20080401715024 und Li Daguang: *What Is the Significance behind US Decision to Down a Satellite by Missile?* Banyue Tan, 1. April 2008, 85–87, CPP20080501436001.

39. Hong Yuan: *US 'Ulterior Motives' in Destroying Satellite with Missile*. Xinjing Bao, 28. Februar 2008, CPP20080222050001.

40. Dai Yanli: *Discussion of U.S. Sea-Based Anti-Ballistic Missile System's Interception of Satellite*. Ordnance Knowledge, no. 4, 2008, 39.

41. Wu Qin: *The Spear and the Shield of U.S. Space Warfare. Contemporary Military*, Mai 2005, 47.

42. Yuan Chonghuan: *Global Ballistic Missile Defense System: Can It Really Effectively Protect America's Own Security?* Recent Developments in Science and Technology Abroad, no. 4, 2006, 38–48.

43. Guo Lisong, Liu Zhichun, Song Yifei und Zhang Rui: *Analyzing the Development of the U.S. Navy's Ballistic Missile Defense System*. Ship Electronic Engineering, no. 6, 2007, 53 und Xu Liming und Li Xun: *Standard Missile-3 Singlehandedly Supports the U.S. Navy's Theater Ballistic Missile Defense System*. Modern Ships 7A, 2005, 37.

44. Peng Hao und Zhang Sumei: *A View of Japan's Ballistic Missile System*. Winged Missiles 1, 2007, 22.

45. Wang Chengyang: *Japan Test Fires New Standard Missile-3 Sea-Based Ballistic Missile Interceptor*. Modern Navy, Mai 2006, 15.

46. Lin Guoli, Zhu Jingcheng und Yang Hairong: *A Perspective on Japan's Ballistic Missile System Development*. National Defense Science and Technology, Dezember 2005, 35.

47. Wang Baofu: *Why U.S., Japan Speed Up Missile Shield Deployment?* Renmin Ribao, 17. Juli 2006, CPP20060717701001.

48. Shen Hung und Liang Yu-kuo: *Japan Seeks Hegemony under Pretext of 'Missile Defense'*. Ta Kung Pao, 6. Juli 2006, CPP20060712715004.

49. Chen Jiaguang, Wu Zhenxue und Chen Hao: *Japan's Defense White Paper Makes Irresponsible Remarks to Other Countries*. Global Military, no. 155, August 2007.

50. Luo Shanai: *What Does Japan Use to Protect Tokyo?* Global Military, no. 118, Januar 2006, 17. Für einen ähnlichen Kommentar, siehe Lin Yan: *An Analysis of Japan's First Sea-Based Ballistic Missile Interception*. Modern Navy, Februar 2008, 17.

51. Yuan Chong: *Japan Accelerates Steps to Deploy Anti-Ballistic Missiles*. International Data Information, no. 4, 2008, 39.

52. Zhou Xiaoguang und Chen Yonghong: *New Trends in Japan's Naval Strategy*. Modern Navy, Juli 2006, 64.

53. Shi Jiangyue: *Who Is America's Accelerated Increases in Pacific Military Power Directed At?* Modern Ships, 10A, 2006, 11.

54. Wang Pengfei und Sun Zhihong: *Joining U.S. and Taiwan, BMD Will Soon Enable Japan's Anti-Ballistic Missile System to Intervene over Taiwan.* World Outlook, no. 18, 2007, 55.

55. Für chinesische Beschreibungen der operativen Vorzüge einer seegestützten BMD, siehe Meng Shaoxiang: *Aegis of the Twenty-First Century.* Information Command Control System and Simulation Technology, no. 6, Dezember 2005, 3 und Zhong Jianya: *Japan's Ballistic Missile Defense System.* Aerospace China, no. 10, Oktober 2005, 38.

56. Hou Jianjun: *The New Strategy and New Equipment of Japan's Maritime Self-Defense Forces.* Modern Navy, Februar 2006, 20 und Lu Xiushun: *Comments on Japan's and South Korea's Newest Aegis Destroyers.* Shipborne Weapons, Juli 2007, 64.

57. Gao Shan: *Coping with China – The Conceptual Development of Japan's Future Capital Ships.* Modern Ships, 2A, 2006, 31; Li Jie: *Japan's and South Korea's New Generation Aegis Destroyers.* Modern Navy, Mai 2007, 33 und: *Raytheon Corporation Will Soon Develop Standard Missile-3 Block 2A.* Winged Missiles, no. 9, 2006, 9.

58. Bo Huijun: Japan: *Forging Ahead Rapidly to Become a Great Military Power.* Global Military, no. 120, Februar 2006, 59–60.

59. Wen Deyi: *The Shield and the Sword – The Influence of Japan's Accelerating Development of Ballistic Missile Defense System.* Modern Weaponry, Januar 2006, 12.

60. Yuan Lin und Jin Lin: *The Subtlety of Ballistic Missile Defense Is in the Offense.* Contemporary Military Digest, Juni 2006, 64.

61. Yuan Lin: *Ballistic Missile Defense System Relies on Offense for Defense.* China Newsweek, 23. Januar 2006, 87.

62. Li Rui: *The Influence of Rapid U.S.-Japan Military Integration on Taiwan Strait Security.* The Science Education Article Collects, Dezember 2007, 124–125.

63. Wang und Sun: *Joining U.S. and Taiwan*, 55.

64. Li Jie: *Why Are Aegis Ships Gathering in the Asia Pacific?* Modern Navy, November 2007, 26. Für eine Analyse von Südkoreas möglicher Teilnahme am US-japanischen-BMD-Aufbau siehe Liang Feng und Guan Tianxia: *Why Is South Korea in a Hurry to Build the Aegis?* Modern Navy, Juli 2008, 45. Die Verfasser behaupten, dass eine südkoreanische Mitgliedschaft in einem trilateralen BMD-Gefüge eine wetteifernde Reaktion Russlands hervorrufen könnte.

65. Cao Zhigang: *US, Japan Suffer from 'Missile Allergy.* Jiefangjun Bao, 19. Juli 2007, 5, CPP20070719710015.

66. Ren: *Aegis Ships Encircle China*, 15.

67. Du Chaoping: *The Net at East Longitude 135 Degrees – The Direction of Japanese-Australian Military Cooperation.* Modern Ships, Mai 2007, 10–11.

68. Für einen Überblick über die Evolution des Aegis-Systems, siehe Shi Zheng: *The U.S. Navy's Protective Umbrella–The Aegis System.* Ocean World, no. 8, 2006, 40–46.

69. Ding Guangchao, Lu Weimin, Peng Jin und Liu Dong: *A Study of Antiship Cruise Missile Penetration Tactics against Carrier Formations.* Winged Missiles, no. 10, 2008, 37.

70. Xiao Peng: *A Close Look at Competition between Two Types of Modern Cruisers – Ticonderoga vs. Kirov.* Contemporary World, no. 4, 2007, 58.

71. Wang Yifeng: *Carrier Killer vs. Carrier Guardian – A Review of the Slawa-class and the Ticonderoga-class*. Shipborne Weapons, Mai 2005, 17.

72. Yi Xiang: *A Close Look at Aegis*. Modern Weaponry, August 2008, 7.

73. Wen Wu: *Atago-class vs. KDX-3 – Aegis Competition in Northeast Asia*. Modern Navy, Juli 2007, 73.

74. Chen Angang: *Opening Up Japan's Aegis Warship*. Modern Ships 10A, 2006, 22.

75. Tian Ying: *The Sword and Shield – The Sovremenny and the Kongo in East Asian Waters*. Shipborne Weapons, März 2007, 44.

76. Da Li: *Small 'Moskit' Can Swallow Big Carrier*. Space Exploration, no. 10, 2008, 49.

77. Hai Chao: *Japan Forges an Air Defense Shield at Sea – The Evolution of the Performance of Japan's Kongo-class Aegis Destroyer*. Shipborne Weapons, August 2005, 56.

78. Wu Hongmin: *Target – Kongo Fictitious Battlefield*. Shipborne Weapons. Juni 2004, 87.

79. Guan Dai: *The Influence of the Ticonderoga Cruise on Taiwan*. Modern Ships 2A, 2005, 22.

80. Zhao Yu: *Comprehensive Assessment of Japan's Naval Power – The Navy's Combat Power*. Modern Navy, September 2005, 58.

81. *How China's Air Arm Can Penetrate Aegis Encirclement*. Naval and Merchant Ships, Oktober 2007, 18.

82. Xu Cheng, Li Yongsheng und Sun Jin: *An Assessment of Antiship Missile Penetration Capabilities against Fleet Formations Based on the MARKOV Process*. Flight Dynamics 27, no. 2, April 2009, 95.

83. Chen Na: *Unlimited Striking Power of the Sword – Taking Stock of America's Future Shipborne Combat Systems*. World Outlook 24, 2007, 53.

84. Wang wird von Wu Guifu vom China Institute for International Strategic Studies und Yang Chengjun vom Second Artillery Army Institute bei seiner Zusammenfassung einer Konferenz begleitet, die vom Institute of International Studies an der Qinghua University veranstaltet wurde. Wu Guifu, Yang Chengjun und Wang Xiangsui: *Aerospace Technology and the Transformation of New Military Affairs in the Early Twentyfirst Century*. Pacific Journal, no. 3, 2006, 14.

85. Yu Jixun. Bearb.: *The Science of Second Artillery Campaigns. Peking*: People's Liberation Army Press, 2004, 402.

KAPITEL 6.
CHINAS AUFSTREBENDES NUKLEARES UNTERSEEABSCHRECKMITTEL

1. John Wilson Lewis und Xue Litai: *China's Strategic Sea Power: The Politics of Force Modernization in the Nuclear Age.* Stanford, Kalif.: Stanford University Press, 1994.

2. Bezüglich der technischen Aspekte des Betriebs von U-Booten mit ballistischen Raketen während des Kalten Krieges, siehe Robert G. Loewenthal: *Cold War Insights into China's New Ballistic-Missile Submarine Fleet* in *China's Future Nuclear Submarine Force. Red.* Andrew S. Erickson, Lyle J. Goldstein, William R. Murray und Andrew R. Wilson. Annapolis, Md.: Naval Institute Press, 2007, 286–303.

3. John Foster Dulles: *The Evolution of Foreign Policy*. Department of State Bulletin 30, 25. Januar 1954.

4. Für eine hervorragende Momentaufnahme der Debatten über die US-Nuklearstrategie siehe Lawrence Freedman: *The First Two Generations of Nuclear Strategists* in *Makers of Modern Strategy from Machiavelli to the Nuclear Age*. Bearb. Peter Paret. Princeton, N.J.: Princeton University Press, 1986, 735–778.

5. Ebd.

6. Siehe z.B.: *SSBN-726 Ohio Class FBM Submarines*. GlobalSecurity.org, http://www.globalsecurity.org/wmd/systems/ssbn-726.htm und *Trident II D-5 Fleet Ballistic Missile*. GlobalSecurity.org, http://www.globalsecurity.org/wmd/systems/d-5.htm Die Boote der *Ohio*-Klasse können bis zu 24 Trident-SLBMs mitführen, welche Ziele in einer Entfernung von mehr als 4.600 Meilen (8.046 km) treffen und mit MIRV-Sprengköpfen bestückt werden können.

7. Interview mit einem US-Unterseebootoffizier, Newport, R.I., 15. Februar 2008.

8. U.S. Department of Defense: *Soviet Military Power: Prospects for Change, 1989*. Federation of American Scientists, http://www.fas.org/irp/dia/product/smp_89.htm Für eine Sammlung von Ursprungsdokumenten, welche die US-Erwägungen hinsichtlich der Rolle der SSBNs bei der US-Marinestrategie (sowie eine Bandbreite weiterer Themen) ausführlich beschreiben, siehe John B. Hattendorf: *U.S. Naval Strategy in the 1970s*. Newport Paper no. 30. Newport, R.I.: Naval War College Press, 2007.

9. John B. Hattendorf: *The Evolution of the U.S. Navy's Maritime Strategy, 1977–1986*. Newport Paper no. 19. Newport, R.I.: Naval War College Press, 2004, 23–36.

10. Siehe z.B.: *R-39M/Grom [Bark]/RSM-52V/SS-N-28*. GlobalSecurity.org, http://www.globalsecurity.org/wmd/world/russia/r39m.htm and http://www.globalsecurity.org/wmd/world/russia/r39m-specs.htm Diese fortschrittliche SLBM trumpft mit einer Reichweite von mehr als 5.000 (8.046 km) Meilen auf und könnte bis zu zehn MIRV-Sprengköpfe tragen.

11. Hattendorf: *Evolution of the U.S. Navy's Maritime Strategy*, 23–36.

12. Ebenfalls lohnt sich die Hinzuziehung von Avery Avery Goldstein: *Deterrence and Security in the 21st Century: China, Britain, France, and the Enduring Legacy of the Nuclear Revolution*. Stanford, Kalif.: Stanford University Press, 2000, 139–216.

13. Siehe Jin Qifeng: *The Last Work – The French Le Terrrible Strategic Nuclear Submarine*. Modern Ships 5A, 2008, 17–20 und Ji Yaojiu: *The French Le Triomphant-Class Ballistic Missile Nuclear Submarine*. Modern Ships, no. 1, 2004, 27–28.

14. Xia Liping: *The Characteristics and Influence of French Nuclear Policy and Nuclear Strategy*. Peace and Development, no. 2, Mai 2008, 56.

15. Cha Changsong, Jing Tao und Zhang Longfu: *French Sea-Based Strategic Nuclear Power in the New Century*. Contemporary Military, April 2005, 56.

16. Sun Ye: *French Nuclear Weapons, Standing Tall at Sea*. Global Military, no. 7, 2008, 50.

17. Im Hinblick auf maritime Angelegenheiten bemerkt Hattendorf, „neigten die Amerikaner dazu, die neuen sowjetischen Einsatzmöglichkeiten in Form eines Spiegelbilds zu betrachten und den Zweiten Weltkrieg erneut zu führen". Jack Snyder von der RAND-Corporation focht die Meinung an, dass Leute von allen Gesellschaften Strategie auf dieselbe Weise machen würden. Snyder prägte den Begriff „strategic cultur", was zu einer noch heute anhaltenden Debatte geführt hat. Hattendorf: *Evolution of the U.S. Navy's Maritime Strategy*, 23 und Jack Snyder: *The Soviet Strategic Culture: Implications for Nuclear Options*. Santa Monica, Kalif.: RAND, 1977, 9.

18. Hattendorf: *Evolution of the U.S. Navy's Maritime Strategy*, 33.

19. Die Begriffe, die Chinas nuklearer Stellung, einschließlich „Minimalabschreckung" (minimum deterrence), zugeschrieben werden, sind im Westen sehr umstritten. Zudem benutzt die chinesische politische Gemeinschaft keine Begriffe oder Konzepte, die sich mit jenen im westlichen Lexikon decken. Zum Zweck der terminologischen Klarheit benutzen wir den Begriff „Minimalabschreckung" etwas lose und verbinden mit ihm die Bedeutung eines hohen Vertrauens in die Fähigkeit, bescheidenen Schaden anzurichten, der nichtsdestotrotz für einen Gegner unzumutbar ist.

20. Siehe z.B.: *Information Office of China's State Council. China's Endeavors for Arms Control, Disarmament and Non-Proliferation*. 1. September 2005, http://www.china.org.cn/english/features/book/140320.htm

21. Informationsbüro des chin. Staatsrats: *China's National Defense in 2006*. 29. Dezember 2006, http://www.defenselink.mil/pubs/china.html

22. Informationsbüro des chin. Staatsrats: *China's National Defense in 2008*. 20. Januar 2009, http://www.defenselink.mil/pubs/china.html

23. Wang Zhongchun: *Nuclear Challenges and China's Choices*. China Security, Winter 2007, 60.

24. Bates Gill, James Mulvenon und Mark Stokes: *The Chinese Second Artillery Corps: Transition to Credible Deterrence* in *The People's Liberation Army as an Organization: Reference Volume v 1.0*. Bearb. James C. Mulvenon und Andrew N. D. Yang, Washington, D.C.: RAND, 2002, 536.

25. Jeffrey G. Lewis: *The Minimum Means of Reprisal: China's Search for Security in the Nuclear Age*. Cambridge, Mass.: MIT Press, 2007, 52.

26. Jing-dong Yuan: *Effective, Reliable, and Credible: China's Nuclear Modernization*. Nonproliferation Review 14, no. 2, Juli 2007, 276.

27. Für eine hervorragende Zusammenfassung der terminologischen Evolution, siehe Liu Bin: *China's Nuclear Strategy: Adapting to Change*. Nanfang Zhoumo, 17. Juni 2009, OSC-CPP20090622682003. Für „effective defense", siehe Wei Guoan: *What NuclearStrategy Should China Maintain?* Huanqiu Shibao, 6. März 2009, OSCCPP20090309710002. Für „limited self-defense counterattack", siehe Jiang Yifeng: *New Strategy Ballistic Missile Force Strengthens China's Nuclear Defense Power*. Baokan Huicui 7, 2008, 72 und Sun Kuaiji: *Interpreting Our Nation's Self Defensive Nuclear Strategy*. Shishi Baogao, no. 2, 2007, 58–60. Für „counter nuclear coercion", siehe Li Bin: *An Analysis of Chinese Nuclear Strategy*. World Economics and Politics, no. 9, 2006, 17. Für „counter nuclear deterrence", siehe Rong Yu und Hong Yuan: *From Counter Nuclear Deterrence Strategy to Minimum Nuclear Deterrence Strategy: The Evolutionary Path of China's Nuclear Strategy*. Journal of Contemporary Asia-Pacific Studies, no. 3, 2009, 122.

28. Rong und Hong: *From Counter Nuclear Deterrence Strategy*, 130.

29. Sun Xiangli: *An Analysis of the Characteristics and Distinguishing Features of Chinese Nuclear Strategy*. World Economics and Politics, no. 9, 2006, 26.

30. Jing Zhiyuan und Peng Xiaofeng: *Constructing the Strategic Missile Force with Chinese Characteristics*. Seeking Truth, no. 3, 2009, 54.

31. Für chinesische Kritiken westlicher Einschätzungen, siehe Rong und Hong: *From Counter Nuclear Deterrence Strategy*, 120–122 und Li: *An Analysis of Chinese Nuclear Strategy*, 16–17.

32. Diese Vermutung unterstellt Chinas strategisch-nuklearer Stellung keine Beständigkeit. Sollten die Umstände (wie eine radikale Neuordnung der internationalen Sicherheitsumgebung) dies rechtfertigen, würde China den notwendigen politischen Willen und die Ressourcen zur Geltung bringen, um von einer Minimalabschreckung abzurücken.

33. Informationsbüro des chin. Staatsrats: *China's National Defense in 2004*. 27. Dezember 2004, http://www.defenselink.mil/pubs/china.html

34. Informationsbüro des chin. Staatsrats: *China's National Defense in 2006* und *China's National Defense in 2008*, http://www.defenselink.mil/pubs/china.html

35. Hans M. Kristensen, Robert S. Norris und Matthew G. McKinzie: *Chinese Nuclear Forces and U.S. Nuclear War Planning*. Washington, D.C.: FAS/NRDC, November 2006, 89.

36. Die Einsatzfähigkeit von ICBMs, Chinas strategische Weiten voll auszunutzen, würde davon anhängen, ob die Straßennetzwerke des Landes flächenmäßig ausreichend und robust genug sind, um die Größe und das Gewicht der DF-31 zu bewältigen.

37. Paul Godwin nennt diese qualitative und quantitative Mischung „assured minimum deterrence". Seine Einschätzung verzahnt sich mit Schlussfolgerungen, die von Gill, Mulvenon und Stokes (an früherer Stelle zitiert) gemacht wurden, dass die strategischen Waffensysteme der zweiten Generation schließlich (nach Jahrzehnten einer „unglaublichen" Abschreckung) China mit einer glaubwürdigen Vergeltungskapazität bescheren. Paul H. B. Godwin: *Potenzial Chinese Responses to U.S. Ballistic Missile Defense* in *China and Missile Defense: Managing U.S.-PRC Strategic Relations*. Bearb. Alan D. Romberg und Michael McDevitt. Washington, D.C.: Henry L. Stimson Center, 2003, 66–67.

38. Die einzig effektive Erwiderung auf ein leistungsfähiges chinesisches SSBN ist die Anwendung herkömmlicher U-Boot-Abwehrsysteme, insbesondere SSNs.

39. Yang Lianxin: *Exploring Nuclear Submarines*. Peking: Ocean Press, 2007, 120.

40. Jing-dong Yuan: *Do China's New Submarines Signal a New Strategy?* WMD Insights, Juli/August 2007, 4.

41. Hong Hai: *China Should Develop Sea-Based Nuclear Capabilities*. Naval and Merchant Ships, no. 4, 2009, 24–26.

42. Lan Hai: *Doubts About China's Development of Sea-Based Nuclear Capabilities*. Naval and Merchant Ships, no. 4, 2009, 27–29.

43. Für eine Bewertung der Herausforderung für Kommando und Kontrolle siehe Andrew S. Erickson und Lyle J. Goldstein: *China's Future Nuclear Submarine Force. Insights from Chinese Writings*. Naval War College Review 60, no. 1, Winter 2007, 69–70.

44. Li Bin und Nie Hongyi: *Exploring Sino-U.S. Strategic Stability*. World Economics and Politics, no. 2, 2008, 15–17.

45. Lewis und Xue: *China's Strategic Sea Power*.

46. Für eine kurze Geschichte der Entwicklung der *Xia*-Klasse, siehe Hong Lu: *The Sea-Based Nuclear Deterrent of the People's Navy – A Record of the Development of China's Nuclear Submarines*. Shipborne Weapons, no. 1, 2004, 31–34.

47. Diese Studie erkennt die Kostenunterschiede zwischen zwei verschiedenen Wirtschaften, einschließlich der Kalkulationen zur Erreichung einer Machtparität, an. Jedoch sind die diese Zahlen suggestiv. Ted Nicholas und Rita Rossi: *U.S. Weapons Systems Costs, 1994*. Fountain Valley, Kalif.: Data Search Associates, April 1994, 6–10. Diese

Zahl schließt nicht die Kosten für Forschung, Entwicklung, Ausbildung und Unterricht sowie den Anschaffungspreis von SLBMs im Vorfeld oder während des Baus eines jeden SSBNs ein.

48. Entsprechend eines anonymen PLA-Marineoffiziers, der für einen Bericht interviewt wurde, sind die Kosten eines nuklearen U-Boots für China einfach zu hoch. Er bemerkt: „Für den Preis eines nuklearen U-Boots kann man mehrere – gar mehr als zehn konventionelle U-Boote anschaffen ... Als ein Entwicklungsland ist unser Militärhaushalt noch immer recht niedrig, und daher kann die Größe der nuklearen U-Boot-Flotte in der Marine nur auf einem grundlegenden Umfang beibehalten werden (jiben gueimo)". Siehe Gangtie Shayu: *Sanlian Shenhuo Zhoukan* 20, 19. Mai 2003, 29–30.

49. Zhang Baohui: *The Modernization of Chinese Nuclear Forces and Its Impact on Sino-U.S. Relations.* Asian Affairs 34, no. 2, Sommer 2007, 92. Open-source-Fotos des Typs 094 zeigen nur zwölf Abschussvorrichtungen an Bord des U-Boots. Nichtsdestotrotz ist die mit Mehrfachsprengköpfen verbundene Arithmetik aufschlussreich.

50. Zum Beispiel reflektiert Washingtons Unwilligkeit, sein nukleares Arsenal weiter zu beschneiden, eine Befürchtung, dass China versuchen könnte, zu einer „Parität zu rasen".

51. Trotz der nuklearen US-Überlegenheit gegenüber China ist sich Washington weiterhin überaus des chinesischen nuklearen Modernisierungsprogramms bewusst und hat explizite Sicherheitsrichtlinien aufgestellt, um die Chinesen zu gefährden. Siehe Auszüge aus dem 2002er *Nuclear Posture Review*, GlobalSecurity.org, http://www.globalsecurity.org/wmd/library/policy/dod/npr.htm Tatsächlich deutet Amerikas sich entwickelnde Nuklearstellung an, dass Verteidigungsplaner nach einer „absoluten Sicherheit" bei den Abschreckungsbeziehungen mit Russland und China suchen. Entsprechend einer RAND-Studie weisen große technologische Fortschritte in Kombination mit der voraussichtlichen US-Nuklearstreitkräftestruktur darauf hin, dass die Vereinigten Staaten zunehmend in der Lage sein werden, eine „kriegsentscheidende" Strategie auszuführen, die auf der Grundlage von präventiven Nuklearschlägen beruht, große Mächte zu entwaffnen. Der Bericht erklärt: „Wofür die geplante Streitkraft außer der traditionellen Abschreckung am besten geeignet ist, scheint eine präventive Gegenkraftfähigkeit gegen Russland und China zu sein. Andererseits ergäben die Anzahl und die Einsatzverfahren einfach keinen Sinn". Glenn C. Buchan, David Matonick, Calvin Shipbaugh und Richard Mesic: *Future Roles of U.S. Nuclear Forces: Implications for U.S. Strategy.* Santa Monica, Kalif.: RAND, 2003, 92. In diesem weiteren Kontext der US-Nuklearstrategie (und der Annahme, dass diese Analytiker richtigliegen), ist es schwer vorstellbar, dass US-Verteidigungsplaner untätig danebenstehen würden, wenn China sein Arsenal ausbaut.

52. Department of Defense: *Annual Report to Congress: Military Power of the People's Republic of China 2009, 48,* http://www.defenselink.mil/pubs/china.html

53. Office of Naval Intelligence: *Seapower Questions on the Chinese Submarine Force.* Deklassifizierte Dokumente, die gemäß dem Freedom of Information Act von Hans M. Kristensen bezogen wurden.

54. Stephen Saunders: *Jane's Fighting Ships.* Surrey, UK: IHS Jane's, 2009, 128 und Duncan Lennox: *Jane's Strategic Weapons Systems.* Surrey, UK: Jane's Information Group, 2009, 38.

55. Eleanor Keymer: *Jane's World Navies.* Surrey, UK: IHG Jane's, 2009, 84 und Lyle Goldstein und William Murray: *China Emerges as a Maritime Power.* Jane's Intelligence Review, Oktober 2004, 35. Für weitere Studien zu der Logik einer chinesischen SSBN-Bollwerksstrategie, siehe z.B.: *Chinese Navy's Submarine Development Strategy.* Kanwa Defense Review, 1. Juli, 2005, 44–46, FBIS-CHI-CPP20050801000242. Ein japanischer Analyst spekulierte, dass China Nordkorea aus der Befürchtung heraus unterstützten wird, dass im Falle eines nordkoreanischen Zusammenbruchs dies den chinesischen SSBN-Einsatzoptionen im Golf von Bohai schaden würde, welcher durch die Demokratische Volksrepublik Korea flankiert wird. Siehe Junichi Abe: *Why China Does Not Want to See the Unification of the Korean Peninsula.* Sekai Shuho, 8. Februar 2005, 54–55, FBIS-JPP20050203000035.

56. Siehe Dong Qifeng: *Comparative Analysis of U.S. and Soviet/Russian Nuclear Submarine Development Strategies.* Modern Ships, no. 11B, November 2007, 34. Der Verfasser behauptet, dass die Bollwerksstrategie der Sowjetunion die Verteidigungssysteme zur U-Bootsabwehr, die von den Vereinigten Staaten und ihren NATO-Verbündeten im Nordmeer und entlang der Grönland-Island-UK-Lücke entwickelt wurden, im Wesentlichen obsolet machten.

57. Ein chinesischer Analyst argumentiert, dass Geografie ein wichtiger Bestimmungsfaktor ist, wie Länder ihre SSBNs und damit verbundene Einsatzoptionen entwerfen. Ein langer Küstenstreifen, der direkt auf den Ozean zeigt und schnellen Zugang zu tiefen Gewässern genau vor der Küste bietet, ist die ideale operative Voraussetzung für ein SSBN. In einem stillschweigenden Bezug auf China bemerkt er, dass ein Land, dessen Küstengewässer Teil des Kontinentalsockels sind, die U-Boote über 200 Kilometer weit auf das Meer hinausschicken muss, um in Gewässer zu gelangen, die tief genug sind, damit die Boote sich verstecken können. Er schlussfolgert, dass solche geografischen Einschränkungen das Land zwingen würden, kleinere SSBNs zu entwickeln, um in seichteren Seewegen und Häfen zu operieren. Siehe Wu Xie: *Zhanlue Heqianting Sheji Fangan Jianxi.* Bingqi Zhishi, no. 4, April 2004, 53.

58. Es ist erwähnenswert, dass die SSBNs der *Xia*-Klasse im U-Boot-Stützpunkt Jianggezhuang stationiert sind, fünfzehn Meilen östlich von Qingdao am Gelben Meer. Für Satellitenbilder der Xia-Boote in Jianggezhuang, siehe: Thomas B. Cochran, Matthew G. McKinzie, Robert S. Norris, Laura S. Harrison und Hans M. Kristensen: *China's Nuclear Forces: The World's First Look at China's Underground Facilities for Nuclear Warheads.* Imaging Notes, Winter 2006, http://www.imagingnotes.com/go/page4a.php?menu_id=23. Es wird spekuliert, dass dieser Standort zum Heimathafen des Typ 094 werden könnte – ein Ort, der eine Bollwerksstrategie begünstigen könnte.

59. Mit einer offensichtlichen Bezugnahme auf die ersten 48 Staaten betonen die Federation of American Scientists und das Natural Resources Defense Council, dass „die JL-2 selbst mit einer möglichen Reichweite von 5.095 Meilen (8.200 km) nicht in der Lage wäre, die kontinentalen Vereinigten Staaten von der Bohai-Bucht aus zu treffen". Trotzdem würde eine Reichweite von 5.000 (8.046 km) Meilen es China erlauben, die kompletten Staaten Alaska und Hawaii sowie den wichtigen Knotenpunkt Guam ins Ziel zu nehmen. Eine solche begrenzte Reichweite würde noch immer weitgehend mit Chinas minimalistischer Doktrin im Einklang stehen. Kristensen, Norris und McKinzie: *Chinese Nuclear Forces*, 85.

60. Chinesische Verteidigungsplaner haben ihre Aufmerksamkeit (fast ausschließlich) auf eine Taiwan-Eventualität seit der Raketenkrise von 1995/96 gerichtet. In diesem weiteren strategischen Kontext einer dringlicheren Sicherheitsherausforderung erscheint es unwahrscheinlich, dass Peking den SSBN-Schutz vor einer weiteren voraussichtlichen Konfrontation wegen Taiwan einordnen würde. Gleichzeitig ist es trotzdem wichtig einzuräumen, dass die maritimen Einsatzmöglichkeiten, die zum Schutz der SSBNs im Bohai-/Gelben-Meer-Bollwerk entwickelt wurden, eine ergänzende Rolle bei einer Krise in der Straße von Taiwan oder einem Krieg spielen könnten. Zudem könnte eine SSBN-Flotte eine direktere Rolle bei einem Taiwan-Szenario spielen, sollte die chinesische nukleare Abschreckung oder Bedrängung in der Gleichung auftauchen. Für eine theoretische und allgemeine Analyse, wie nukleare Waffen die Intervention durch eine Großmacht im Interesse eines Klientelstaats abschrecken können, siehe Chang Ying: *Qiantan Heweishe de Liangge Zuoyong*. Bingqi Zhishi, no. 4, April 2004, 51–52. Einige US-Analysten haben drüber spekuliert, dass eine gesicherte Zweitschlagfähigkeit, die von einem überlebensfähigeren Arsenal unterstrichen wird, China ermutigen könnte, eine waghalsige Nuklear-politik – einschließlich eines „Demonstrationsschusses" auf dem Schauplatz – zu betreiben, um die Vereinigten Staaten und ihre Verbündeten von einer Intervention in der Straße von Taiwan abzubringen. Ein Artikel beschreibt Chinas SSBN faszinierenderweise als „assassin's mace" (shashoujian), einer *Keule des Attentäters oder Meuchlers*, welche angewendet werden kann, um eine amerikanische und japanische Intervention in einem Konflikt zwischen Festland-China und Taiwan abzuschrecken. Gao Xintao: *Zhongguo Haijun Qianting Zhanlue*. Guang Jiao Jing, 16. Januar–15. Februar 2005, 69.

61. Toshi Yoshihara und James R. Holmes: *Command of the Sea with Chinese Characteristics*. Orbis 49, no. 4, Herbst 2005, 677–694.

62. Christopher McConnaughy: *China's Undersea Nuclear Deterrent: Will the U.S. Navy Be Ready?* in *China's Nuclear Force Modernization*. Bearb. Lyle J. Goldstein und Andrew Erickson. Newport, R.I.: Naval War College Press, 2005, 44.

63. Liu Jiangping: *Maritime Challenges Hasten a Naval Transition*. Ocean World, no. 8, 2007, 72.

64. Richard Fisher Jr.: *Developing US-Chinese Nuclear Naval Competition in Asia*. International Assessment and Strategy Center Webseite, http://www.strategycenter.net/research/pubID.60/pub_detail.asp.

65. Ronald O'Rourke: *Navy Attack Submarine Procurement: Background and Issues for Congress*. Washington, D.C.: Congressional Research Service, 20. Mai 2009, 3.

66. Die Chinesen sind sich der ASW-Herausforderung ziemlich bewusst. Die dauerhafte Stationierung von SSNs der *Los-Angeles*-Klasse auf Guam ist in China nicht unbemerkt geblieben. Für eine ausführliche Analyse von Guams Bedeutung für Amerikas Sicherheitsstellung in Asien, siehe Li Wensheng: *Jujiao Guandao*. Bingqi Zhishi, no. 9, September 2004, 15–19. Ein chinesischer Verfasser behauptet, dass die PLA Navy ihre eigenen ASW-Plattformen anschaffen muss, um auf eine solche Verlagerung der US-Marinestellung reagieren zu können. Siehe Tai Feng: *Does China Need Anti-submarine Patrol Aircraft?* Jianzai Wuqi, 1. März 2005, 70–75.

67. Oga Ryohei: *What the PRC Submarine Force Is Aiming For*. Sekai no Kansen, 1. Juli 2005, 96–101.

68. Ein chinesischer Analyst behauptet, dass SSBN-Patrouillen im offenen Ozean nicht stattfinden werden, bis die PLA Navy eine ausgewogenere Streitkräftestruktur entwi-

ckelt, welche Flugzeugträger einschließt. Strategische nukleare U-Boote würden dann in der Lage sein, auf dem offenen Meer unter dem Schutzmantel vor Trägerflugzeugen zu operieren. *Heqianting yu Zhongguo Haijun*. Jianchuan Zhishi, no. 306, März 2005, 13.

69. Li Jie und Liu Tao: *Key Debates and Thinking about Strategic Nuclear Submarine Development*. Modern Ships 11A, 2008, 19.

70. Für das am häufigsten zitierte Werk bezüglich dieses Themas, siehe Alastair Iain Johnston: *China's New 'Old Thinking': The Concept of Limited Deterrence*. International Security 20, no. 3, Winter 1995/96, 18–38.

71. Robert A. Manning, Ronald Montaperto und Brad Roberts: *China, Nuclear Weapons, and Arms Control*. New York: Council on Foreign Relations, 2000, 47.

72. Stephen J. Hadley: *A Call to Deploy*. Washington Quarterly 23, no. 3, Sommer 2000, 26.

73. Für eine Bandbreite möglicher technologischer Durchbrüche in der Zukunft, siehe Stephen F. Cimbala: *Nuclear Weapons in the Twentieth Century: From Simplicity to Complexity*. Defense and Security Analysis 21, no. 3, September 2005, 279.

74. Die niedrige Flugbahn von SLBMs verringert ihre Verwundbarkeit durch Raketenverteidigungen und strapaziert die Reaktionszeiten der ballistischen Raketenverteidigungssysteme beträchtlich.

75. Jeffrey Lewis: *China and 'No First Use'*. 17. Juli 2005, http://www.armscontrolwonk.com/677/china-and-no-first-use

76. Shen Dingli: *Nuclear Deterrence in the 21st Century*. China Security 1, Herbst 2005, 13.

77. Für die amerikanischen Analysten dieses Punktes, siehe James Mulvenon: *Missile Defenses and the Taiwan Scenario* in *China and Missile Defense: Managing U.S.-PRC Strategic Relations*. Bearb. Alan D. Romberg und Michael McDevitt. Washington, D.C.: Henry L. Stimson Center, 2003, 58–60. Der Verfasser setzt ein zum Nachdenken anregendes Szenario voraus, in dem Taiwan einseitig offensive konventionelle Präzisionsschläge gegen das Festland während eines Konflikts zwischen Festland-China und Taiwan ausführt. Die Unfähigkeit, den wahren Ausgangsort dieser Angriffe zu bestimmen, könnte Peking in der Annahme des schlimmsten Falles irrtümlich schlussfolgern lassen, dass Washington seine Präventivoption in einem Anlauf zur Entwaffnung der chinesischen Nuklearstreitkräfte ausführen würde. Zu diesem Zeitpunkt der Krise würde die Volksrepublik China (PRC) sich demselben beschlussfassenden Scheideweg gegenübersehen, den Zhu und Shen an vorheriger Stelle gekennzeichnet haben.

78. Rong Yu und Peng Guangqian: *Nuclear No-First-Use Revisited*. China Security 5, no. 1, Winter 2009, 85.

79. Für eine Analyse möglicher BMD-Gegenmaßnahmen, siehe Andrew S. Erickson: *Chinese BMD Countermeasures: Breaching America's Great Wall in Space?* in *China's Nuclear Force Modernization*. Bearb. Lyle J. Goldstein und Andrew Erickson. Newport, R.I.: Naval War College Press, 2005, 77–88. Für einen chinesischen Überblick über die Täuschkörpertechnologien gegen ballistische Raketen, siehe Li Wensheng: *Manhua Zhanlue Dandao Daodan Youer* Jishu. Bingqi Zhishi, no. 2, Februar 2005, 28–31

KAPITEL 7. „SOFT POWER" AUF SEE

1. Confucius Institute Online, http://www.uri.edu/confucius/

2. Siehe Henry Steele Commager: *The Search for a Usable Past and Other Essays in Historiography.* New York: Knopf, 1967, 3–27. Commagers Ansicht der allgemeinen Geschichte, Traditionen und Legenden deckt sich mit der Wissenschaft des Ethno-Nationalismus. Siehe z.B. Ted Robert Gurr: *Minorities at Risk: A Global View of Ethnopolitical Conflicts.* Washington, D.C.: U.S. Institute of Peace Press, 1993; Benedict Anderson: *Imagined Communities.* Überarbeit. Aufl. London: Verso, 1991 und Anthony D. Smith: *The Ethnic Origins of Nations.* Oxford: Blackwell, 1986.

3. Ronald L. Jepperson, Alexander Wendt und Peter J. Katzenstein: *Norms, Identity, and Culture in National Security* in *The Culture of National Security: Norms and Identity in World Politics.* Bearb. Peter J. Katzenstein. New York: Columbia University Press, 1996, 33.

4. George Washington: *Farewell Address* in *George Washington: Writings.* New York: Library of America, 1997, 962–977. Für eine Auswahl von Kommentaren über das frühe Amerika, siehe Alexander Hamilton, James Madison und John Jay: *The Federalist Papers.* Bearb. Clinton Rossiter. New York: Penguin, 1961, besonders 77–84, 320–325; Thomas Paine: *The Thomas Paine Reader.* Bearb. Michael Foot und Isaac Kramnick. London: Penguin, 1987, 65–115; Alexis de Tocqueville: *Democracy in America.* Übersetzt d. George Lawrence. Bearb. J. P. Mayer. New York: Harper Perennial, 1988, besonders 226–230 und Bernard Bailyn: *The Ideological Origins of the American Revolution.* Cambridge, Mass.: Harvard University Press, 1967, 55–93.

5. Samuel Flagg Bemis: *A Diplomatic History of the United States.* Überarbeit. Aufl. New York: Henry Holt, 1942, 463–478. Bemis gab dem Kapitel über den Spanisch-Amerikanischen Krieg und seinen Nachwirkungen den Namen *The Great Aberration of 1898.*

6. Siehe z.B. Richard H. Collin: *Theodore Roosevelt's Caribbean: The Panama Canal, the Monroe Doctrine, and the Latin American Context.* Baton Rouge: Louisiana State University Press, 1991.

7. Reginald Stuart untersucht den „Kriegsmythos", dass die Vereinigten Staaten durch ihre Geschichte hindurch sich nur auf moralische Kreuzzüge begaben, die in totalem Krieg gipfelten. In Wirklichkeit, so behauptet Stuart überzeugend, neigten die Erwägungen der amerikanischen Gründer stark zu der Art von begrenzten Kriegen, die der preußische Strategietheoretiker Carl von Clausewitz vorsah. Siehe Reginald C. Stuart: *War and American Thought: From the Revolution to the Monroe Doctrine.* Kent, Ohio: Kent State University Press, 1982, 182–194. Siehe auch Max Boot: *The Savage Wars of Peace: Small Wars and the Rise of American Power.* New York: Basic Books, 2002.

8. Jepperson, Wendt und Katzenstein: *Norms, Identity, and Culture,* 60.

9. John King Fairbank: *Introduction: Varieties of the Chinese Military Experience* in *Chinese Ways in Warfare.* Bearb. Frank A. Kierman und John King Fairbank. Cambridge, Mass.: Harvard University Press, 1974, 7.

10. Andrew Scobell: *China and Strategic Culture.* Carlisle Barracks, Penn.: Strategic Studies Institute, U.S. Army War College, Mai 2002, 3–4. Für eine ausführlichere Darstellung siehe Andrew Scobell: *China's Use of Military Force: Beyond the Great Wall and the Long March.* Cambridge: Cambridge University Press, 2003.

11. Siehe z.B. Alastair Iain Johnston: *Thinking about Strategic Culture*. International Security 19, no. 4, Frühjahr 1995, 32–64 und Alastair Iain Johnston: *Cultural Realism: Strategic Culture and Grand Strategy in Chinese History*. Princeton, N.J.: Princeton University Press, 1995, besonders 1–31, 61–108.

12. Jepperson, Wendt und Katzenstein: *Norms, Identity, and Culture*, 33.

13. Für eine sorgfältige Rezension der Literatur über strategische Kultur siehe Jeffrey S. Lantis: *Strategic Culture and National Security Policy*. International Studies Review 4, no. 3, Dezember 2002, 87–113 und Toshi Yoshihara: *Chinese Strategic Culture and Military Innovation: From the Nuclear to the Information Age*. Ph.D. diss., Fletcher School, Tufts University, 2004, 13–62.

14. Beispielsweise behaupten International-Relations-Wissenschaftler der Realismus-Denkschule, am auffallendsten Kenneth Waltz, dass kleinere Mächte dazu tendieren, sich zusammenzutun, um ein Gleichgewicht gegenüber dem Aufstieg einer neuen, möglicherweise dominanten Macht herzustellen. Kürzlich haben einige Wissenschaftler des Bereichs der Asienpolitik erklärt, dass die Balance-of-power-Politik in erster Linie ein westliches Phänomen ist und dass das asiatische System weniger zur Balance als zur Hierarchie neigt. Für einen Überblick der Realistenanalyse siehe Kenneth N. Waltz: *The Emerging Structure of International Politics*. International Security 18, no. 2, Herbst 1993, 44–79 und Kenneth N. Waltz: *Theory of International Politics*. Reading, Mass.: Addison-Wesley, 1979. Für eine Auswahl weiterer Realistenanalysen, siehe Aaron Friedberg: *Ripe for Rivalry*. International Security 18, no. 3, Winter 1993/94, 5–33; Richard K. Betts: *Wealth, Power, and Instability: East Asia and the United States after the Cold War*. International Security 18, no. 3, Winter 1993/94, 34–77 und Avery Goldstein: *Great Expectations: Interpreting China's Arrival*. International Security 22, no. 3, Winter 1997/98, 36–73. Für eine Erwiderung auf die Realisten, siehe David C. Kang: *Getting Asia Wrong: The Need for New Analytical Frameworks*. International Security 27, no. 2, Frühjahr 2003, 57–85 und David C. Kang: *Hierarchy in Asian International Relations: 1300–1900*. Asian Security 1, no. 1, Januar 2005, 53–79.

15. Thukydides: *The Landmark Thucydides: A Comprehensive Guide to the Peloponnesian War*. Bearb. Robert B. Strassler, Einf. Victor Davis Hanson. New York: Free Press, 1996, 43.

16. Johnston: *Cultural Realism*, 10.

17. Ebd., 10–11.

18. Charles Kupchan: *The Vulnerability of Empire*. Ithaca, N.Y.: Cornell University Press, 1994, 1–32.

19. Ebd., 5.

20. Um einem Durcheinander aus dem Weg zu gehen, haben wir es vermieden, die strategische Theorie in diese Analyse einzufügen. Es ist dennoch bemerkenswert, dass der Gedanke, eine strategische Kultur zu nutzen, um die öffentliche Unterstützung für bestimmte Entscheidungen zu sammeln, vereinbar mit Carl von Clausewitz' Ansicht der „paradoxen Dreifaltigkeit" ist. Clausewitz verkündete, dass kluge Staatsmänner die Regierung, die Streitkräfte und das Volk führen müssen, um eine geschlossene Kriegsanstrengung aufrechtzuerhalten. Sprache und Konzepte, die von den Traditionen einer Gesellschaft herrühren, bieten politischen und militärischen Führern einen Mechanismus, um die Bürgerschaft zu beeinflussen, welche der preußische Theoretiker als das Tätigkeitsfeld primitiver Leidenschaften darstellte. Diese Begriffsbildung der Öffentlich-

keit hilft zu erklären, warum politische Führer es für schwierig erachten, die öffentlichen Erwartungen zu kontrollieren, die sie geschaffen haben. Siehe Carl von Clausewitz: *On War*. Bearb. u. übersetzt d. Michael Howard und Peter Paret. Princeton, N.J.: Princeton University Press, 1976, 89.

21. Jack Snyder: *The Soviet Strategic Culture: Implications for Nuclear Options*. Santa Monica, Kalif.: RAND, 1977, 9.

22. Kupchan: *Vulnerability of Empire*, 5–6.

23. Um der analytischen Klarheit halber haben viele Analysten die strategische Kultur ausschließlich auf das Gebiet der Militärstrategie beschränkt. Beispielsweise behaupten Alan Macmillan, Ken Booth und Russell Trood, „dass, falls der Strategie zugestanden wird, mehr zu bedeuten als die militärische Dimension der Sicherheit, dann wird das Wort einfach gleichbedeutend mit der Sicherheit und verliert seine besondere Bedeutung ... In diesem Fall wird die strategische Kultur einfach gleichbedeutend mit der politischen Kultur. Dies – und die meisten werden zustimmen – wird nicht hilfreich sein". Macmillan, Booth und Trood: *Strategic Culture* in *Strategic Cultures in the Asia-Pacific Region*. Bearb. Ken Booth und Russell Trood. New York: St. Martin's, 1999, bes. 10–11. Eine Tugend von Charles Kupchans Analyse liegt darin, dass er die strategische Kultur nicht auf militärische Angelegenheiten beschränkt, sondern sie erweitert, um zu prüfen, wie Staaten diplomatische, wirtschaftliche und ideologische Instrumente neben militärischen Mitteln einsetzen. Falls wir das Konzept der Gesamtstrategie berücksichtigen, müssen wir der Kultur ermöglichen, auf der Ebene der Gesamtstrategie zu arbeiten. Alastair Iain Johnston kommt zu einer ähnlichen Vermutung. Colin Gray, trotz heftiger Meinungsverschiedenheiten mit Johnston auf vielen Gebieten, argumentiert, dass die Kultur einen „Zusammenhang" liefert, der alle Aspekte der Strategiegestaltung abdeckt – nicht nur die militärische Domäne. Und in einem ähnlichen Stil sieht Toshi Yoshihara eine umfassende „Hierarchie der Strategie, die als eine verkettete Ansammlung von Präferenzen ausgedrückt wird, die von der Gesamtstrategie zu den Operationen und Taktiken fließen". Siehe Kupchan: *Vulnerability of Empire*, 7–8; Johnston: *Cultural Realism*; Colin S. Gray: *Strategic Culture as Context: The First Generation of Theory Strikes Back*. Review of International Studies 25, 1999, 49–69 und Yoshihara: *Chinese Strategic Culture*, v, 89, 105.

24. Gray: *Strategic Culture as Context,* 50. Gray geht hier auf die Kritik von Iain Johnston ein, welcher Grays Generation von Theoretikern beschuldigt hat, eine nicht-falsifizierbare Theorie der strategischen Kultur – neben anderen Sünden – vorausgesetzt zu haben. Falls die strategische Theorie sowohl Ideen als auch Handlungen völlig durchdringt – behauptet Johnston im Wesentlichen –, dann gibt es keine Möglichkeit, sie wissenschaftlich zu messen. Er versucht daher, die Kultur auf die Domäne von Ideen in dem Bemühen zu beschränken, seinen Einfluss auf die Handlungen zu messen. Grays Erwiderung: „Jeder, der nach einer nicht-falsifizierbaren Theorie der strategischen Kultur in der Denkschule von Johnston sucht, begeht denselben Fehler wie der Arzt, welcher die Menschen betrachtet, als wären sie völlig in Körper und Geister getrennt ... Wir können ein strategisches Verhalten durch diese Methode nicht verstehen und sei dies noch so drastisch (ebd., 53). Ken Booth stimmt zu: „Theorien in diesen Themengebieten könnten reichhaltiger werden, falls weniger Gewicht auf die Starrheit gelegt wird". Booth: *The Concept of Strategic Culture Affirmed* in *Strategic Power: USA/USSR*. Bearb. Carl G. Jacobsen. New York: St. Martin's, 1990, 125.

25. Joseph S. Nye: *Soft Power: The Means to Success in World Politics.* New York: Public Affairs, 2004 und Joseph S. Nye: *Asia's Allure Lies in Soft Power.* Straits Times, 16. November 2005.

26. Joseph S. Nye: *The American National Interest and Global Public Goods.* International Affairs 78, no. 2, April 2002, 238.

27. Chen Jian unterscheidet zwischen „Zentralität" und „Dominanz" bei chinesischen politischen Überlegungen. Er bemerkt, dass „das chinesische kollektive Gedächtnis die ruhmreiche Vergangenheit des Zentralen Königreichs – immer im Gedächtnis als nicht nur das Zentrum der Zivilisation, sondern als Zivilisation in toto – und die demütigenden Erfahrungen im modernen Zeitalter eine dauerhafte Bezugsquelle für die nationale Mobilisierung im 20. Jahrhundert begründen". Für Chen braucht Chinas Aufstieg zum Großmachtstatus daher nicht Eroberung oder militärische Dominanz einzuschließen. Siehe Chen Jian: *The China Challenge for the Twenty-first Century.* Washington, D.C.: U.S. Institute of Peace Press, 1998, 4–8.

28. Thomas C. Schelling: *The Strategy of Conflict.* New York: Oxford University Press, 1963, besonders 21–52 und Thomas C. Schelling: *Arms and Influence.* New Haven, Conn.: Yale University Press, 1966, besonders 35–91. Siehe auch Jeffrey Z. Rubin und Jeswald W. Salacuse: *The Problem of Power in International Negotiations.* International Affairs 66, April 1990, 21–80.

29. Für die Abwendung der Ming-Dynastie von den Ozeanen, siehe z.B. Valerie Hansen: *China in World History 300–1500 CE.* Education about Asia 10, no. 3, Winter 2005, 4–7.

30. Für eine Darstellung von Chinas maritimen Anstrengungen während des Kalten Krieges siehe John Wilson Lewis und Xue Litai: *China's Strategic Sea Power: The Politics of Force Modernization in the Nuclear Age.* Stanford, Kalif.: Stanford University Press, 1994.

31. Bernard D. Cole: *The Great Wall at Sea: China's Navy Enters the Twenty-first Century.* Annapolis, Md.: Naval Institute Press, 2001, 165–168; Jun Zhan: *China Goes to the Blue Waters: The Navy, Sea Power Mentality, and the South China Sea.* Journal of Strategic Studies, September 1994, 180–203 und Alexander Chieh-cheng Huang: *The Chinese Navy's Offshore Active Defense Strategy.* Naval War College Review 47, no. 3, Sommer 1994, 9–18.

32. Siehe z.B. David Hale: *China's Growing Appetites.* National Interest 76, Sommer 2004, 137–147.

33. Taiwan ist gewiss ein komplizierter Bestandteil bei Chinas neu entstehender Strategie auf See, jedoch betrachten wir dies in der hier dargelegten Untersuchung als einen neutralen Faktor. Die Insel sitzt nicht nur am Mittelpunkt der ersten Inselkette auf offener See, wo sie möglicherweise Chinas Zugang zum offenen Pazifik blockiert, sie befindet sich auch zwischen den Seewegen, welche die nördlichen chinesischen Seehäfen mit der Straße von Malakka verbinden und von dort mit den Anbietern des dringend gebrauchten Öls und Erdgases. So oder so, die Beilegung der Taiwan-Frage zu Chinas Bedingungen wird weiterhin an höchster Stelle in den Köpfen von Chinas Führung bleiben. Siehe Toshi Yoshihara und James R. Holmes: *Command of the Sea with Chinese Characteristics.* Orbis 49, no. 4, Herbst 2005, 677–694. Für eine gegensätzliche Sichtweise, siehe Robert D. Kaplan: *How We Would Fight China.* Atlantic 295,

no. 5, Juni 2005, 49–64. Kaplan prophezeite, dass die PLA in der Tat nach Osten in den Pazifik vorpreschen wird, wie Liu Huaqing drängte.

34. Edward L. Dreyer: *The Poyang Connection, 1363: Inland Naval Warfare in the Founding of the Ming Dynasty in Chinese Ways in Warfare*. Bearb. Frank A. Kierman und John King Fairbank. Cambridge, Mass.: Harvard University Press, 1974, 202–240.

35. Louise Levathes: *When China Ruled the Seas: The Treasure Fleet of the Dragon Throne, 1405–1433*. New York und Oxford: Oxford University Press, 1994, 73.

36. *Carry Forward Zheng He Spirit, Promote Peace and Development.* Renmin ribao, People's Daily, 13. Juli 2005, FBIS-CHN-200507131477. Siehe auch die weiteren Fortsetzungen dieser Reihe, die im People's Daily am 15., 19. und 20. Juni veröffentlicht wurden.

37. Leitartikel: *On Our Military's Historic Missions in the New Century, New Stage.* Geschrieben anlässlich des 50. Jahrestages der Gründung der Jiefangjun Bao. Jiefangjun bao, 17. Februar 2006, FBIS-CHN-200602171477.

38. Bruce A. Elleman: *Waves of Hope: The U.S. Navy's Response to the Tsunami in Northern Indonesia*. Newport, R.I.: Naval War College Press, Februar 2007, 103–105.

39. Qu Zhaowei: Hospital Ship: *The Maritime Platform for China to Maximize Its Soft Power*. Modern Weaponry, no. 3, 2009, 14.

40. Elleman: *Waves of Hope*, 104.

41. Wei Zhenhua: *Zheng He's Expedition to the Western Seas and China's Oceanic Culture*. Pearl River Water Transport 7, 2006, 144.

42. Zhu Guangyan. *Awakening Sea Power from Its 600-Year Deep Slumber*. Gedenkfeier für und Besinnung auf Zheng Hes Expedition zu den westlichen Meeren. Freunde von Parteimitgliedern und Kader, Juli 2005, 19.

43. Wang Xiang: *An Inquiry into the Peaceful Foreign Policy of Zheng He's Expeditions to the Western Seas*. China Water Transport 4, no. 3, März 2006, 12–13 und Yun Fei: *Promote the Zheng He Spirit, Toward an Oceanic Power*. Pearl River Water Transport 7, 2006, 152.

44. Zhou Siming: *Interpreting Zheng He's Expedition to the Western Seas from the Angle of Confucian Thought*. Journal des Jilin Teachers Institute of Engineering and Technology 22, no. 10, Oktober 2006, 29–30.

45. Xiao Yaocheng: *China's Oceanic Consciousness and the Current State of Sea Power*. Journal des Yunyang Teachers College 25, no. 5, Oktober 2005, 88.

46. Cai Yiming: *On Zheng He's Seafaring Spirit and Our Nation's Harmonious Ocean Outlook*. Navigation of China, no. 4, Dezember 2006, 3.

47. Siehe z.B. Kang: *Hierarchy in Asian International Relations*, 53–79.

48. David Kang: *China Rising: Peace, Power, and Order in East Asia*. New York: Columbia University Press, 2007, 49.

49. Zheng Bijian: *China's 'Peaceful Rise' to Great-Power Status*. Foreign Affairs 84, no. 5, September/Oktober 2005, 18–24 und Esther Pan: *The Promise and Pitfalls of China's 'Peaceful Rise'*. Council on Foreign Relations Webseite, 14. April 2006, http://www.cfr.org/publication/10446/

50. Rede Präsident Hu Jintaos an der Universität von Pretoria bei der China-Africa Cooperation: *Enhance China-Africa Unity and Cooperation to Build a Harmonious World*. 7. Februar 2007, http://www.internationalepolitik.de/

51. Chen Jian und Zhao Haiyan: *Wen Jiabao on Sino-U.S. Relations: Cherish Harmony; Be Harmonious but Different.* Zhongguo xinwenshe (China News Service), 8. Dezember 2003, FBIS-CPP-20031208000052.

52. *Kenyan Girl Offered Chance to Go to College in China.* Xinhua, 20. März, 2005, FBIS-CHN-200503201477.

53. *Enlightenment Drawn from Global Worship of Confucius.* Renmin ribao, 29. September 2005, FBIS-CHN 200509291477. Pekings Netzwerk von Konfuzius-Instituten versucht, die Lehren des Konfuzius populär zu machen und dabei Chinas Soft Power gegenüber seinen Nachbarn zu stützen. Für weitere Informationen über Chinas Anwendung von Soft Power siehe James R. Holmes: *'Soft Power' at Sea: Zheng He and China's Maritime Diplomacy.* Southeast Review of Asian Studies 28, 2006, http://www.uky.edu/Centers/Asia/SECAAS/Seras/2006/2006TOC.html

54. Yu Sui: *Peace Is Priceless in the Pursuit of Happiness.* China Daily, 14. August 2006.

55. In den Tagen Zheng Hes, bemerkt ein chinesischer Kommentator in einer Gegendarstellung gegenüber dem 2005er Pentagon-Bericht über die chinesische Militärstärke, dass die Ming-Dynastie „ihre außerordentliche nationale Stärke nicht dazu nutzte, um ihre Grenzen und ihr Territorium zu erweitern; sie erweiterte und verstärkte vielmehr die Chinesische Mauer zu ihrer eigenen Verteidigung. Darüber hinaus – anstatt Überseekolonien einzurichten und andere Länder auszuplündern – behandelte Chinas gewaltige Flotte andere Nationen freundlich und großzügig, forderte jedoch wenig als Gegenleistung". Li Xuejiang: *U.S. Report 'The Military Power of the People's Republic of China' Harbors Sinister Motives.* Renmin ribao, 27. Juli 2005, FBIS-CHN-200507271477.

56. Informationsbüro des Staatsrats: *White Paper: China's Peaceful Development Road.* Xinhua, 22. Dezember 2005, FBIS-CHN-200512221477. Siehe auch Hu Jintao: *Strengthen Mutually Beneficial Cooperation and Promote Common Development.* Rede vor dem mexikanischen Senat, 12. September 2005, Xinhua, 13. September 2005, FBIS-CHN-200509131477.

57. *See China in the Light of Her Development.* Rede von Wen Jiabao, dem Premier des Staatsrats der Volksrepublik China, Cambridge University, United Kingdom, 2. Februar 2009.

58. Siehe z.B.: *China Celebrates Ancient Mariner to Demonstrate Peaceful Rise.* Xinhua, 7. Juli 2004.

59. Bruce Swanson: *Eighth Voyage of the Dragon: A History of China's Quest for Sea Power.* Annapolis, Md.: Naval Institute Press, 1982, 28.

60. Die Abmessungen der *baochuan* sind Gegenstand einiger Diskussionen. Die Ming-Historien berichten, dass die Schiffe 134 Meter (440 Fuß) lang und 55 Meter (180 Fuß) breit waren – ein Längen-Breiten-Verhältnis, welches sie so breit gemacht hätte, dass sie nach Meinungen eines neuzeitlichen Analysten, Bruce Swanson, „selbst bei mäßigem Seegang nicht steuerbar gewesen wären". Swanson behauptet, dass die Schatzschiffe mehr den großen Dschunken ähnelten, die in den nachfolgenden Jahrhunderten in See stachen, deren Länge er auf 55 Meter (180 Fuß) schätzt. Er erklärt weiter, dass Schiffe mit diesen Abmessungen groß genug gewesen wären, um Besatzungen von der Größe Platz zu bieten, von denen in den Geschichten berichtet wird. Andere, besonders Louise Levathes, erkennen die Zahl aus den Geschichten an. So oder so stellten die Schatzschiffe jene Schiffe, die von Zheng Hes Beinahezeitgenossen, Christoph Kolumbus und

Vasco da Gama, in den Schatten (Kolumbus' Santa Maria war insgesamt 26 Meter/85 Fuß lang). Siehe Swanson: *Eighth Voyage of the Dragon*, 33–34 und Levathes: *When China Ruled the Seas*, 19.

61. Swanson: *Eighth Voyage of the Dragon*, 34–36. Im zeitgenössischen Sprachgebrauch beschränkte die Separierung – die Verwendung wasserdichter Schotten, um den Innenraum des Schiffsrumpfs in kleine Abteilungen aufzuteilen – den Wassereinbruch auf eine oder ein paar Abteilungen. Da dieses System den Schaden am Rumpf begrenzt, der sonst verschiedene Schotten brechen lassen würde, haben Schiffe mit wasserdichten Unterteilungen gute Chancen, „fortschreitende Wassereinbrüche" zu überstehen – während Schiffe ohne diesen Schutz sinken könnten.

62. Levathes: *When China Ruled the Seas*, 47, 50–52. Über Chinas gegenwärtiges „Malakka-Dilemma", siehe Ian Storey: *China's 'Malacca Dilemma'*. China Brief 6, no. 8, 12. April 2006, 4–6 und Liu Jiangping und Feng Xianhui: *Going Global: Dialogue Spanning 600 Years*. Liaowang (Outlook), 8. September 2005, FBIS-CHN-200509081477.

63. *China Launches Activities to Commemorate Sea Navigation Pioneer Zheng He*. Xinhua, 29. September 2003, FBIS-CPP-20030928000052.

64. *Premier Wen's Several Talks during Europe Visit*. Xinhua, 16. Mai 2004, FBISCPP-20040516000069. Wen ließ ähnliche Themen während einer Südasienreise im Frühjahr 2005 verlauten. Siehe Xiao Qiang: Premier Wen's South *Asian Tour Produces Abundant Results*. Renmin ribao, 13. April 2005, FBIS-CHN-200504131477. Bezüglich des Ausmaßes chinesischer Vorherrschaft im Asien des 15. Jahrhunderts siehe Roderich Ptak: *China and Portugal at Sea: The Early Ming Trading System and the Estado da Índia Compared* in Roderich Ptak: *China and the Asian Seas: Trade, Travel, and Visions of the Others (1400–1750)*. Aldershot, U.K.: Ashgate, 1998, 21–37.

65. *China Launches Activities*, siehe Note 61.

66. Es ist erwähnenswert, dass die Inder anmerken, dass Hindu-Königreiche den Indischen Ozean vor den Schatzreisen der Ming beherrscht haben. Obwohl sie nicht so effektive Fürsprecher ihrer maritimen Vergangenheit sind wie die Chinesen, verweisen die Inder im Allgemeinen auf ihre eigene große Seefahrervergangenheit. Das Zeitalter der Hindu-Vormachtstellung auf See endete ein Jahrhundert vor Zheng Hes Reisen und gibt den indischen See-Enthusiasten einen Nachteil gegenüber der chinesischen maritimen Diplomatie.

67. Hu Jintao: *Constantly Increasing Common Ground*. Rede vor dem australischen Parlament, 24. Oktober 2003, http://www.australianpolitics.com/news/2003/10/03-10-24b.shtml

68. Interessanterweise basierten Hus fragwürdige Behauptungen auf Menzies' „1421" – einer Darstellung, die weitgehend von den meisten akademischen Experten als spekulativ angesehen wird. Menzies behauptet zum Beispiel, dass Zheng He die amerikanische Küste siebzig Jahre vor Kolumbus erreichte. Siehe Gavin Menzies: *1421: The Year China Discovered America*. New York: William Morrow, 2003; Hansen: *China in World History*, 4–7 und Wang Gungwu: *China's Cautious Pride in an Ancient Mariner*. YaleGlobal Online, 4. August 2005.

69. Chinesische Sprecher haben Pekings gegenwärtige Richtlinien, insbesondere die friedliche Entwicklung, als eine Fortsetzung von Chinas ehrwürdigen Traditionen porträtiert. Um einen solchen Sprecher zu benennen: Xiong Guangkai, der stellvertretende Chef des

PLA-Generalstabs behauptet, dass „Chinas beharrlicher Weg der friedlichen Entwicklung die herausragende traditionelle Kultur des alten Landes geerbt hat und dem Gedanken einer friedlichen Diplomatie Ausdruck gegeben hat". Was die chinesische Nation während Zheng Hes Reisen der äußeren Welt zeigte, war eine freundliche und von Herzen kommende Sehnsucht nach Frieden, Entwicklung und Kooperation. Siehe Xiong Guang-kai: *Unswervingly Take the Road of Peaceful Development and Properly Deal with Diversification of Threats to Security*. Xinhua, 28. Dezember 2005, FBIS-CHN-200512281477.

70. Edward L. Dreyer: *Zheng He: China and the Oceans in the Early Ming Dynasty, 1405–1433*. Old Tappan, N.J.: Pearson Longman, 2006, XII.

71. Levathes: *When China Ruled the Seas*, 114–118; Frank Viviano: *China's Great Armada*. National Geographic, Juli 2005, 41.

72. Wu Weixing: *Thoughts on the Strengthening of China-ASEAN Nontraditional Security Cooperation in Recent Years from a Soft Power Perspective*. Around Southeast Asia, September 2008, 69.

73. Zhu Zhijiang: *On Non-War Military Operations*. Journal of Nanjing Institute of Politics 19, no. 5, 2003, 84.

74. Gao Yue. *Military Exercises: Non-Contact Style Confrontation and Political Contest*. Shipborne Weapons, no. 11, 2005, 15–18.

75. Su Shiliang: *Persistently Follow the Guidance of Chairman Hu's Important Thought on the Navy's Building, Greatly Push Forward Innovation and Development in the Navy's Military Work*. Renmin Haijun, 6. Juni 2009, 3, CPP20090716478009.

76. Zitiert in Lu Xiang: *Navy Holds Meeting to Sum Up Experience in the First Escort Mission*. Renmin Haijun, 29. Mai 2009, CPP20090702318002.

77. Siehe Li Daguang: *Gulf of Aden Escort – New Milestone in the Chinese Navy's Development*. Defense Science and Technology Industry 1, 2009, 20 und Bei Jun: *Chinese Navy Bound for Somalia*. Ocean World 1, 2009, 18.

78. Shan Dong und Wang Liwen: *The Chinese Navy's Open Ocean Escort Mission Conveys Great Meaning*. World Affairs, no. 3, 2009, 4.

79. Siehe Li Daguang: *Chinese Navy Has Capacity to Fight against Piracy*. Wen Wei Po, 28. Dezember 2008, CPP20081225716007 und Lin Dong: Global War on Terror Shifts from Land to Sea, Zhongguo Qingnian Bao, 28. November 2008, CPP20081128710011.

80. Li Daguang: *Combating Somali Piracy, China Displays Responsible Great Power Image*. Life and Disaster 1, 2009, 23.

81. Wu Shengli: *Make Concerted Efforts to Jointly Build Harmonious Ocean*. Renmin Haijun, 22. April 2009, 1, CPP20090615478011.

82. Jiang Zemin: *Enhance Mutual Understanding and Build Stronger Ties of Friendship and Cooperation*. 1. November 1997, Harvard University, http://www.china-embassy.org/eng/zmgx/zysj/jzxfm/t36252.htm

83. Joshua Kurlantzick: Charm Offensive: *How China's Soft Power Is Transforming the World*. New Haven, Conn.: Yale University Press, 2007, 10–11.

84. Siehe z.B.: Kang: *Getting Asia Wrong*.

85. Siehe Evelyn Goh: *Great Powers and Southeast Asian Regional Security Strategies*. Military Technology, Januar 2006, 321–323 und Denny Roy: *Southeast Asia and China: Balancing or Bandwagoning?* Contemporary Southeast Asia, August 2005, 311–312.

86. Bhaskar Balkrishnan: *China Woos Mauritius, Eyes Indian Ocean*. Political and Defence Weekly 7, no. 41, Juli 2009, 7–9, SAP20090731525005.

87. P. S. Das: *India's Strategic Concerns in the Indian Ocean* in South Asia Defence and Strategy Year Book. Red. Rajan Arya, New Delhi: Panchsheel, 2009, 96–100.

88. Gurpreet Khurana: *China-India Defense Rivalry*. Indian Defense Review 23, no. 4, Juli–September 2009, http://www.indiandefencereview.com/2009/04/china-india-maritime-rivalry.html

89. Arun Prakash: *Indian Ocean: A Zone of Conflict?* in *South Asia Defence and Strategy Year Book*, Red. Rajan Arya. New Delhi: Panchsheel, 2009, 43–50.

90. M. K. Bhadrakumar: *Sri Lanka Wards Off Western Bullying*. Asia Times, 27. Mai 2009.

91. Für die indische Ansicht von Präsident Hu Jintaos Wiedergabe der Zheng-He-Erzählung siehe Sunanda K. Datta-Ray: *Frozen by China – India Has to Snap Out of Its Stupor if It Wants to Be a Force to Reckon With in Asia*. Hindustan Times, 8. Januar 2007, 10, SAP20070108384011. Datta-Ray war ein Gastforschungsbeauftragter am Institute of Southeast Asian Studies in Singapur.

92. Thomas Mathew: *Mighty Dragon in the Sea*. Hindustan Times, 24. Juni 2009.

93. G. Parthasarathy: *Challenges from China: India Faces Growing Hostility after 26/11*. Tribune, 19. März 2009, SAP20090319378013.

94. Arun Kumar Singh: *Let's Prepare to Meet the Chinese in India's Ocean*. Deccan Chronicle, 20. Februar 2009.

95. Walter Russell Mead: *Power, Terror, Peace, and War: America's Grand Strategy in a World at Risk*. New York: Alfred A. Knopf, 2004, 37.

96. Chinas Ambition, Amerika von seiner Führungsrolle bei asiatischen Angelegenheiten zu verdrängen, zeigt sich bereits. Mitte Dezember 2005, zum Teil auf Pekings Beharren hin, veranstalteten die asiatischen Nationen ihren Ostasiatischen Eröffnungsgipfel – eine Versammlung, die demonstrativ die Vereinigten Staaten ausschloss.

KAPITEL 8. DIE US-STRATEGIE AUF SEE IN ASIEN

1. Michele Flournoy und Shawn Brimley: *The Contested Commons*. U.S. Defense Department Webseite, http://www.defense.gov/qdr/flournoy-article.html

2. James R. Holmes und Toshi Yoshihara: *China and the Commons: Angell or Mahan?* World Affairs 168, no. 4, Frühjahr 2006, 172–191.

3. Für die Geschichte der 1986er Strategie verlassen wir uns hauptsächlich auf drei Leitfäden: John B. Hattendorf: *The Evolution of the U.S. Navy's Maritime Strategy, 1977–1986*. Newport Paper no. 19. Newport, R.I.: Naval War College Press, 2004; Bearb. John B. Hattendorf, Newport Paper no. 30: *U.S. Naval Strategy in the 1970s: Selected Documents*. Newport, R.I.: Naval War College Press, 2007 und John B. Hattendorf, Bearb.: *U.S. Naval Strategy in the 1980s: Selected Documents*. Newport Paper no. 33. Newport, R.I.: Naval War College Press, 2008.

4. Carl von Clausewitz: *On War*. Bearb. u. übersetzt d. Peter Paret und Michael Howard. Princeton, N.J.: Princeton University Press, 1976, 136, 139.

5. Michael Handel: Masters of War: *Classical Strategic Thought,* 3. Aufl. London: Frank Cass, 2001, 117.

6. Samuel Huntington: *National Policy and the Transoceanic Navy.* U.S. Naval Institute Proceedings 80, no. 5, Mai 1954, 483–493.

7. Milan L. Hauner: *Stalin's Big-Fleet Program.* Naval War College Review 57, no. 2, Frühjahr 2004, 87–120.

8. George W. Baer: *One Hundred Years of Sea Power: The U.S. Navy, 1890–1990.* Stanford, Kalif.: Stanford University Press, 1994, 395, 398, 420, 422; Robert Waring Herrick: *The USSR's „Blue Belt of Defense" Concept: A Unified Military Plan for Defense against Seaborne Attack by Strike Carriers and Polaris/Poseidon SSBNs.* Arlington, Va.: Center for Naval Analyses, 1973.

9. Alfred Thayer Mahan: *Naval Strategy Compared and Contrasted with Principles and Practices of Military Operations on Land.* Boston: Little, Brown, 1911, 385, 391, 393, 397, 403, 441.

10. Sergei G. Gorschkow: *The Sea Power of the State.* Annapolis, Md.: Naval Institute Press, 1979.

11. George F. Kennan: *The Sources of Soviet Conduct.* Foreign Affairs, Juli 1947, verfügbar auf der *History Guide* Webseite: *Lectures on Twentieth Century Europe,* http://www.historyguide.org/Europe/kennan.html

12. Norman Friedman: *The Fifty-Year War: Conflict and Strategy in the Cold War.* Annapolis, Md.: Naval Institute Press, 2000.

13. Hattendorf: *U.S. Naval Strategy in the 1970s,* 53–101.

14. James L. Holloway III: *Aircraft Carriers at War: A Personal Retrospective of Korea, Vietnam, and the Soviet Confrontation.* Annapolis, Md.: Naval Institute Press, 2007, 31.

15. William M. McBride: *Technological Change and the United States Navy, 1865–1945.* Baltimore: Johns Hopkins, 2000, 233.

16. Nathan Miller: *The U.S. Navy: A History* , 3. Aufl. Annapolis, Md.: Naval Institute Press, 1997, 273.

17. Hattendorf: *U.S. Naval Strategy in the 1970s,* 102–133.

18. Hattendorf: *Evolution of the U.S. Navy's Maritime Strategy,* 75.

19. *The Maritime Strategy, 1986* in Hattendorf: *U.S. Naval Strategy in the 1980s,* 203–258.

20. John J. Mearsheimer: *A Strategic Misstep: The Maritime Strategy and Deterrence in Europe.* International Security 11, no. 2, Herbst 1986, 3–57. Für eine Auswahl weiterer Kommentare zur Maritime Strategy siehe Robert W. Komer: *Maritime Strategy vs. Coalition Defense.* Foreign Affairs 60, no. 5, Sommer 1982, 1124–1144; Barry R. Posen: *Measuring the European Conventional Balance: Coping with Complexity in Threat Assessment.* International Security 9, no. 3, Winter 1984–1985, 47–88 und Christopher A. Ford und David A. Rosenberg: *The Naval Intelligence Underpinnings of Reagan's Maritime Strategy.* Journal of Strategic Studies 28, no. 2, April 2005, 379–409.

21. Alfred Thayer Mahan: *From Sail to Steam: Recollections of Naval Life.* 1907; Neudruck, New York: Da Capo, 1968, 267–268.

22. Alfred Thayer Mahan: *Retrospect & Prospect: Studies in International Relations, Naval and Political.* Boston: Little, Brown, 1902, 8–12.

23. Carl Schurz: *Armed or Unarmed Peace.* Harper's Weekly Magazine, 19. Juni 1897, 603.

24. Ivo H. Daalder und James M. Lindsay: *'For America, the Age of Geopolitics Has Ended and the Age of Global Politics Has Begun'*. Boston Review, Februar/März 2005, http://www.cfr.org/publication/9186/ und Ivo H. Daalder und James M. Lindsay: *America Unbound: The Bush Revolution in Foreign Policy*. Washington, D.C.: Brookings, 2003. Für eine Auswahl ähnlicher Sichtweisen, siehe Joseph S. Nye: *Power in the Global Information Age: From Realism to Globalization*. London and New York: Routledge, 2004 und Michael Mandelbaum: *The Ideas That Conquered the World: Peace, Democracy, and Free Markets in the Twenty-first Century*. New York: Public Affairs, 2002.

25. Julian S. Corbett: *Some Principles of Maritime Strategy*. 1911; Neudruck., Einf. Eric J. Grove, Annapolis, Md.: Naval Institute Press, 1988, 91–94.

26. Für Corbett war die Konzentration eine Art „Parole", welche die Lektionen der britischen Marinegeschichte verschleiert. „Die Aufteilung", so behauptete er, „war nur dann schlecht, wenn sie über die Grenzen eines gut durchdachten Einsatzes hinausgedrängt wurde". Ebd., 131–132, 134.

27. Geoff Fine: *Global Maritime Partnership Gaining Steam at Home and with International Navies*. Defense Daily, 25. Oktober 2006, http://www.navy mil/navydata/cno/mullen/DEFENSE_DAILY_25OCT06_Global_Maritime_Partnership_Gaining_Steam_At_Home_And_With_International_Navies.pdf

28. U.S. Navy, Marine Corps und Coast Guard: *A Cooperative Strategy for 21st Century Seapower*. Washington, D.C.: Department of the Navy, Oktober 2007, http://www.navy.mil/maritime/MaritimeStrategy.pdf 3.

29. U.S. Secretary of the Navy:... *From the Sea*. September 1992, http://www.globalsecurity.org/military/library/policy/navy/fts.htm.; U.S. Secretary of the Navy: *Forward... from the Sea*. 1995, http://www.globalsecurity.org/military/library/policy/navy/forward-from-the-sea.pdf

30. Karl Walling: *Why a Conversation with the Country? A Backward Look at Some Forward-Thinking Maritime Strategists*. Joint Force Quarterly 50, 3. Quartal 2008, http://www.ndu.edu/inss/Press/jfq_pages/editions/i50/28.pdf

31. Alfred Thayer Mahan: *The Influence of Sea Power upon History, 1660-1783*. 1890; Neudruck, New York: Dover, 1987, 76.

32. Ebd., 39, 53–54, 70–82.

33. Ebd., 38, 49, 68–69.

34. Ebd., 50.

35. Japanisches Verteidigungsministerium: *Defense of Japan 2009*. Ministry of Defense Webseite, http://www.mod.go.jp/e/publ/w_paper/pdf/2009/Part3-chap2.pdf

36. Joseph S. Nye: *The American National Interest and Global Public Goods*. International Affairs 78, no. 2, April 2002, 238 und Eyre Crowe: *Memorandum on the Present State of British Relations with France and Germany, January 1, 1907* in *British Documents on the Origins of the War 1898-1914, vol. 3, The Testing of the Entente, 1904-6*. Bearb. G. P. Gooch und Harold Temperley. London: His Majesty's Stationery Office, 1927, 403–417.

37. Peter Dombrowski und Andrew C. Winner: *The U.S. Maritime Strategy and Implications for the Indo-Pacific Region*. Fachvortrag präsentiert bei der Royal Australian Navy Seapower Conference, Sydney, Australien, Februar 2008.

38. U.S. Navy, Marine Corps und Coast Guard: *A Cooperative Strategy*, 4.

39. Ebd., 8.

40. Ebd., 13.

41. Ebd., 9.

42. Robert O. Work und Jan van Tol: *A Cooperative Strategy for 21st Century Seapower: An Assessment*. Washington, D.C.: Center for Strategic and Budgetary Assessments, 26. März 2008, 1–3.

43. Ebd., 4.

44. Huntington: *National Policy and the Transoceanic Navy*, 483.

45. Work and van Tol: *An Assessment*, 12.

46. Ebd., 20.

47. Ebd., 25.

48. Dombrowski und Winner: *U.S. Maritime Strategy*, 11–13.

49. Andrew S. Erickson: *Assessing the New U.S. Maritime Strategy: A Window into Chinese Thinking*. Naval War College Review 61, no. 4, Herbst 2008, 36, 38–39 und Su Hao: *The U.S. Maritime Strategy's New Thinking: Reviewing the 'Cooperative Strategy for 21st Century Seapower'*. Naval War College Review 61, no. 4, Herbst 2008, 70.

50. Wang Baofu: *The U.S. Military's 'Maritime Strategy' and Future Transformation*. Naval War College Review 61, no. 4, Herbst 2008, 62–64.

51. Ebd., 66. Es ist erwähnenswert, dass einige amerikanische Beobachter, insbesondere Thomas Barnett, dem Pentagon auf ähnliche Weise vorgeworfen haben, China zynischerweise zu benutzen, um Unterstützung für einen größeren Militärhaushalt durchzupeitschen. Barnett erklärt, dass China seinen Platz im Reich des Friedens unter den fortschrittlichen Nationen eingenommen hat. Siehe Thomas P. M. Barnett: *The Pentagon's New Map: War and Peace in the Twenty-first Century*. New York: Putnam, 2004, 62, 108, 152, 169.

52. Lu Rude: *The New Maritime Strategy Surfaces*. Naval War College Review 61, no. 4, Herbst 2008, 58.

53. Ebd., 57.

54. Du Chaoping: *Dance with Wolves – America's 'Thousand-Ship Navy' Plan and China's Choices*. Shipborne Weapons, Dezember 2007, 25–26.

55. Li Jie: *The Unfathomable 'Thousand-Ship' Navy*. Ordnance Knowledge, no. 2, 2007, 44.

56. Yang Chengjun und Sun Yi: *The One-Hundred Satellite Plan – Joy with Pain*. Ordnance Knowledge, no. 8, 2007, 22 und Lu Desheng: *'100 Satellite Program' Might Not Work as Wished*. Jiefangjun Bao, 19. Juni 2007, 5, OSC CPP20070619702001.

57. Gespräche der Verfasser, Naval War College, Newport, R.I., 8. August 2008.

58. Zitate in diesem Abschnitt stammen von einer E-Mail-Korrespondenz zwischen James Holmes und Gurpreet Khurana, 28.–30. September 2008.

59. Andrew S. Erickson: *New U.S. Maritime Strategy: Initial Chinese Responses*. China Security 3, no. 4, Herbst 2007, 45.

KAPITEL 9. WER HÄLT DIE DREIZACKE?

1. David A. Shlapak, David T. Orletsky, Toy I. Reid, Murray Scot Tanner und Barry Wilson: *A Question of Balance: Political Context and Military Aspects of the China-Taiwan Dispute*. Santa Monica, Kalif.: RAND, 2009, 126.

2. Ebd., 139.

3. Ebd., 131.

4. Ebd., 139.

5. Ebd., 140.

6. David A. Shlapak, David T. Orletsky und Barry A. Wilson: *Dire Strait? Military Aspects of the China-Taiwan Confrontation and Options for U.S. Policy*. Santa Monica, Kalif.: RAND, 2000, 56.

7. Ebd., XVI.

8. Ebd., 30.

9. Shlapak et al.: *A Question of Balance*, 141.

10. Robert S. Ross: *The Stability of Deterrence in the Taiwan Strait*. National Interest 65, Herbst 2001, 70.

11. Ebd., 72.

12. Robert S. Ross: *Balance of Power Politics and the Rise of China: Accommodation and Balancing in East Asia*. Security Studies 15, no. 3, Juli–September 2006, 372.

13. Robert Ross: *For China, How to Manage Taiwan?* Forbes, 27. Oktober 2007.

14. Bernard D. Cole: *The Great Wall at Sea: China's Navy Enters the Twenty-first Century*. Annapolis, Md.: Naval Institute Press, 2001, 174.

15. Bernard D. Cole: *The Modernization of the PLAN and Taiwan's Security* in *Taiwan's Maritime Security*. Bearb. Martin Edmonds und Michael M. Tsai. London: Routledge, 2003, 72.

16. Bernard D. Cole: *The Military Instrument of Statecraft at Sea: Naval Options in an Escalatory Scenario Involving Taiwan: 2007–2016* in *Assessing the Threat: The Chinese Military and Taiwan's Security*. Bearb. Michael D. Swaine, Andrew N.D. Yang und Evan S. Medeiros. Washington, D.C.: Carnegie Endowment for International Peace, 2007, 198.

17. Bernard D. Cole: *Right-Sizing the Navy: How Much Naval Force Will Beijing Deploy?* in *Right-Sizing the People's Liberation Army: Exploring the Contours of China's Military*. Bearb. Roy Kamphausen und Andrew Scobell. Carlisle Barracks, Carlisle, Pa.: Strategic Studies Institute, U.S. Army War College, 2007, 552–553.

18. Richard Sharpe, Bearb. *Jane's Fighting Ships*. Surrey, UK: Jane's Information Group, 1990, 79.

19. Michael G. Gallagher: *China's Illusory Threat to the South China Sea*. International Security 19, no. 1, Sommer 1994, 181.

20. Christopher D. Yung: *People's War at Sea: Chinese Naval Power in the Twenty-First Century*. Alexandria, Va.: Center for Naval Analyses, 1996, 52.

21. Gerald Segal: *Does China Matter?* Foreign Affairs 78, no. 5, September/Oktober 1999, 29.

22. Bates Gill and Michael O'Hanlon: *China's Hollow Military*. National Interest 56, Sommer 1999, 62.

23. Michael O'Hanlon: *Why China Cannot Conquer Taiwan*. International Security 25, no. 2, Herbst 2000, 82.

24. Phillip C. Saunders und Scott Kastner: *Is a China-Taiwan Peace Deal in the Cards?* Foreign Policy, 27. Juli 2009, http://www.foreignpolicy.com/articles/2009/07/27/is_a_china_taiwan_peace_deal_in_the_cards

25. Thomas J. Christensen: *Posing Problems without Catching Up: China's Rise and Challenges for U.S. Security Policy*. International Security 25, no. 4, Frühjahr 2001, 5–40.

26. Cole: *Great Wall at Sea*, 184.

27. Siehe Peter Lorge: *War, Politics and Society in Early Modern China*. London: Routledge, 2005, 89–90; Ralph D. Sawyer: *Fire and Water: The Art of Incendiary and Aquatic Warfare in China*. Boulder, Colo.: Westview, 2004; Peter Lorge: *Water Forces and Naval Operations* in *A Military History of China*. Bearb. David A. Graff und Robin Higham. Boulder, Colo.: Westview, 2002; David A. Graff: *Medieval Chinese Warfare*. London: Routledge, 2002, 131–135; David A. Graff: *Dou Jiande's Dilemma: Logistics, Strategy, and State Formation in Seventh-Century China* in *Warfare in Chinese History*. Bearb. Hans Van den Ven. Leiden, Niederlande: Brill, 2000, 77–104; Billy K. L. So: *Prosperity, Region, and Institutions in Maritime China: The South Fukien Pattern, 946–1368*. Cambridge, Mass.: Harvard University Press, 2000 und Gang Deng: *Maritime Sector, Institutions and Sea Power of Premodern China*. Westport, Conn.: Greenwood Press, 1999.

28. Cole: *Great Wall at Sea*, 186–187.

29. Anthony Cordesman und Martin Klieber: *Chinese Military Modernization: Force Development and Strategic Capabilities*. Washington, D.C.: Center for Strategic and International Studies, 2007, 137.

30. Manu Pubby: *China Proposed Division of Pacific, Indian Ocean Regions, We Declined: U.S. Admiral*. Indian Express, 15. Mai 2009, http://www.indianexpress.com/news/China-proposed-division-of-Pacific_Indian-Oceanregions-we-declined-US-Admiral/459851

31. T. A. Brooks: *Comments and Discussion*. U.S. Naval Institute Proceedings 135, no. 6, Juni 2009, http://www.usni.org/magazines/proceedings/archive/story.asp?STORY_ID=1898

32. Robert S. Ross: *Myth*. National Interest Online, 25. August 2009, http://www.nationalinterest.org/Article.aspx?id=22022

33. Ebd.

34. Robert D. Kaplan: *America's Elegant Decline*. Atlantic, November 2007, http://www.theatlantic.com/doc/200711/america-decline

35. Michael I. Handel: *Masters of War: Classical Strategic Thought*, 3. Aufl. London: Frank Cass, 2001, 117.

INDEX

DIE AUTOREN

TOSHI YOSHIHARA ist Dozent am Institut für Strategie und Politik am Naval War College in Newport, Rhode Island, und wirkte im Vorfeld als Gastprofessor in der Strategie-Abteilung des Air War College. Er promovierte an der Fletcher-Fakultät für Internationales Recht und Internationale Beziehungen an der Tufts University, Massachusetts.

JAMES R. HOLMES ist Dozent im Fachbereich Strategie am Naval War College und ein Mitglied an der Fakultät für Öffentliche und Internationale Angelegenheiten an der Universität von Georgia. Nach einer Laufbahn als Offizier an Bord von Marineschiffen promovierte er an der Fletcher-Fakultät für Internationales Recht und Internationale Beziehungen an der Tufts University, Massachusetts.